高等教育财会精品系列教材

CHENBEN KUAIJI

成本会计

（第五版）

丁元霖　主编

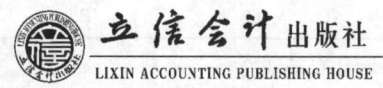

图书在版编目(CIP)数据

成本会计 / 丁元霖主编. —5 版. —上海：立信会计出版社，2023.3
ISBN 978-7-5429-7049-7

Ⅰ.①成… Ⅱ.①丁… Ⅲ.①成本会计—教材 Ⅳ.①F234.2

中国国家版本馆 CIP 数据核字(2023)第 039172 号

策划编辑　　蔡莉萍
责任编辑　　蔡莉萍

成本会计(第五版)

CHENGBEN KUAIJI

出版发行	立信会计出版社
地　　址	上海市中山西路 2230 号　　邮政编码　200235
电　　话	(021)64411389　　传　真　(021)64411325
网　　址	www.lixinaph.com　　电子邮箱　lixinaph2019@126.com
网上书店	http://lixin.jd.com　　http://lxkjcbs.tmall.com
经　　销	各地新华书店
印　　刷	浙江临安曙光印务有限公司
开　　本	787 毫米×960 毫米　　1/16
印　　张	24.5
字　　数	537 千字
版　　次	2023 年 3 月第 5 版
印　　次	2023 年 3 月第 1 次
书　　号	ISBN 978-7-5429-7049-7/F
定　　价	49.80 元

如有印订差错，请与本社联系调换

高等教育财会精品系列教材编写说明

　　为了满足高等财经类专业教学的需要,我们在立信会计出版社的支持下,出版了高等教育财会精品系列教材。该套教材包括《会计学基础》《财务会计》《财务管理》《成本会计》《税务会计》和《管理会计》共六本,并同步出版了与教材相配套的习题与解答。

　　该套教材的特点是:理论联系实际,深入浅出,通俗易懂;遵循循序渐进的原则,合理安排各门学科的教学内容,详略得当;教材之间既衔接紧密,又保持相对独立。教材的主要内容均由丁元霖执笔编写,连贯性好,系统性强;并根据会计改革的需要,不断地修订、充实更新教材内容,因此深受读者欢迎。

　　目前《财务会计》已出了第九版,《会计学基础》已出了第五版,《财务管理》也已出了第四版,《成本会计》也已出了第五版,《管理会计》也已出版。总之,这套书的市场效应和社会效应都相当好。其中《财务会计(第六版)》荣获华东地区大学出版社第七届优秀教材、学术专著二等奖;《管理会计》一书荣获华东地区大学出版社第八届优秀教材、学术专著一等奖。

丁元霖

2023 年 2 月

第五版前言

本书自初版以来，承蒙广大读者厚爱，已出了四版，印刷了17次。为了体现教材内容的先进性和时代性，我们又进行了本次再版，并精心制作了配套习题解答和其他资源。

本书全面系统地阐述了成本的含义和作用，成本会计的意义、内容和任务，成本会计工作的组织，成本核算的原则和要求，费用的分类，产品成本核算的账户体系和程序，费用的归集与分配，生产费用在在产品与完工产品之间的分配和完工产品成本的结转，工业企业产品成本的计算，施工企业、交通运输企业和商品流通企业成本的核算，成本预测、成本决策、成本计划和成本控制，成本报表和成本分析，以及作业成本法。

本书的特点是内容新颖、重点特出、详略得当、结构合理；注重基本理论的阐述，并能理论联系实际；注重基本技能和基本方法的训练。全书深入浅出，通俗易懂。本次修订除了保持原有的特点，结构更趋合理，内容也更趋完善。但由于编者水平有限，可能会有疏漏之处，恳请广大读者多提批评与建议，以利于今后改进，作者电子信箱 dingyuanlin @ hotmail.com。

本书第一章至第七章、第十一章由丁元霖修订，第八章至第十章由励丹修订。各章的思考题、习题由刘芳源、应红梅、马洪照、孙伟桓、朱建华修订。全书最后由丁元霖主编并定稿。

编　者

2022 年夏

扫码获取本书配套习题答案

扫码获取其他教学资源

初版前言

财政部1992年颁布的《企业会计准则》和《企业财务通则》，揭开了我国财务会计与国际会计接轨的序幕，以后财政部又陆续颁布了大量的具体企业会计准则。2000年12月，财政部又颁布了《企业会计制度》。这10年来，我国的会计工作处在不断变革和完善之中。为了适应改革的需要，我们编写了这本《成本会计》。本书可作为高等财经院校的教材，也可作为经济管理人员自学参考用书。与本书配套的《成本会计习题与解答》和《成本会计习题练习册》也已出版。

《成本会计》是《财务会计》的后续教材，是作者根据财政部颁布的会计准则和制度，汲取了西方现代成本会计的精华，运用长期会计教学和会计实践的经验，联系我国企业具体实际情况编写而成的。

成本会计学科内容丰富，涉及面广。本书的编写以深入浅出、循序渐进为原则。编写时，抓住重点，着重阐述了工业企业的成本核算、成本预测、成本决策、成本计划、成本控制、成本报表和成本分析，详略得当。同时，根据各行业成本核算上的差别，简要地介绍了施工企业、房地产企业和商品流通企业等的成本核算。此外，我们在编写时还吸收了西方先进的成本会计理论，阐述了作业成本法，反映了成本会计的新发展，这使本书具有前瞻性，有利于推动成本会计的核算，使管理工作上一个新台阶。

本书共分十一章。第一章至第六章、第十一章由丁元霖编写；第七章由丁元霖和汪正干编写；第八章至第十章由励丹编写；各章的思考题、习题由刘芳源、朱建华、丁辰和傅秋菊编写。全书由丁元霖主编并定稿，励丹为副主编。

由于我们水平有限，不足之处在所难免，恳请广大读者批评指正。

编　者
2002年4月

目　　录

第一章　总论 ·· 1
　第一节　成本概述 ··· 1
　第二节　成本会计的意义和内容 ·· 3
　第三节　成本会计的任务 ·· 6
　第四节　成本会计工作的组织 ··· 7
　课后练习题 ··· 9

第二章　成本核算概述 ··· 12
　第一节　成本核算的原则 ·· 12
　第二节　成本核算的要求 ·· 14
　第三节　费用的分类 ··· 18
　第四节　产品成本核算的账户体系和程序 ································ 20
　课后练习题 ··· 22

第三章　费用的归集与分配 ··· 25
　第一节　材料费用的归集与分配 ·· 25
　第二节　人工费用的归集和分配 ·· 34
　第三节　外购动力费用的归集与分配 ······································ 48
　第四节　固定资产折旧费用与低值易耗品摊销的分配 ················ 51
　第五节　其他费用的归集与分配 ·· 55
　第六节　辅助生产费用的归集与分配 ······································ 56
　第七节　制造费用的归集与分配 ·· 67
　第八节　生产损失的归集与分配 ·· 74

课后练习题 …………………………………………………………………… 81

第四章　产品成本计算概述 ……………………………………………………… 89
　　第一节　产品与产品成本 ………………………………………………………… 89
　　第二节　在产品数量的核算 ……………………………………………………… 90
　　第三节　生产费用在在产品与完工产品之间的分配 ……………………………… 92
　　第四节　完工产品成本的结转 …………………………………………………… 100
　　第五节　产品生产的类型 ………………………………………………………… 101
　　第六节　产品成本计算方法 ……………………………………………………… 103
　　课后练习题 ………………………………………………………………………… 105

第五章　工业企业产品成本的计算(上) ………………………………………… 110
　　第一节　品种法 …………………………………………………………………… 110
　　第二节　分批法 …………………………………………………………………… 128
　　第三节　分步法 …………………………………………………………………… 137
　　课后练习题 ………………………………………………………………………… 158

第六章　工业企业产品成本的计算(下) ………………………………………… 171
　　第一节　分类法 …………………………………………………………………… 171
　　第二节　定额法 …………………………………………………………………… 177
　　第三节　联产品、副产品和等级品成本的计算 ………………………………… 192
　　课后练习题 ………………………………………………………………………… 199

第七章　其他行业成本的核算 …………………………………………………… 206
　　第一节　施工企业成本的核算 …………………………………………………… 206
　　第二节　交通运输企业成本的核算 ……………………………………………… 228
　　第三节　商品流通企业成本的核算 ……………………………………………… 256
　　课后练习题 ………………………………………………………………………… 265

第八章 成本预测和成本决策 ······ 277
第一节 成本预测 ······ 277
第二节 成本决策 ······ 292
课后练习题 ······ 299

第九章 成本计划和成本控制 ······ 303
第一节 成本计划 ······ 303
第二节 成本控制 ······ 315
课后练习题 ······ 327

第十章 成本报表和成本分析 ······ 331
第一节 成本报表 ······ 331
第二节 成本分析 ······ 340
课后练习题 ······ 358

第十一章 作业成本法 ······ 362
第一节 作业成本法概述 ······ 362
第二节 作业成本法的产品成本的计算 ······ 365
第三节 作业管理 ······ 370
第四节 作业成本法的评价 ······ 372
课后练习题 ······ 374

第一章 总 论

第一节 成本概述

一、成本的含义

成本是指企业为生产商品或提供商品劳务而发生的各种耗费物化劳动和活劳动的货币表现。它是商品经济条件下的产物,是商品价值的一个重要组成部分。

马克思曾经指出,"按照资本主义方式生产的每一个商品 W 的价值,用公式来表示是 W=C+V+M。如果从这个商品价值中减去剩余价值 M,那么,在商品中剩下的,只是一个在生产要素上耗费去的资本价值 C+V 的等价物或补偿价值。"①接着他又指出:"商品价值的这个部分,即补偿所消耗的生产资料价格(即物化劳动的价值)和所使用的劳动力价格(即活劳动的价值)的部分,只是补偿商品使资本家自身耗费的东西,所以对资本家来说,这就是商品的成本价格。"②

马克思这一经典论述,首先,从耗费的角度说明了成本是为了生产商品而耗费的生产资料的价值和劳动力的价格。其次,它从补偿的角度说明了成本是补偿商品生产中使资本家自身耗费的东西,从而说明了成本是企业维持简单再生产的补偿尺度。如果商品的成本不能从企业销售收入中得到补偿,那么企业简单再生产就无法进行。成本的这种耗费与补偿的对立统一关系,要求经营者不仅要关注生产领域中的各项资源耗费,力求以最少的耗费来获取足额的补偿,而且要求经营者同时要关注流通领域,使商品适合社会需求,顺利地实现其社会价值。同时,该论述从计量角度说明了成本属于价格范畴,因为需要补偿的物化劳动和活劳动的价值都是用货币来表现的成本价格。

我国目前实行的是社会主义市场经济体制,商品的价值同样也是由生产经营过程中耗费的生产资料价值 C、劳动者为自己劳动所创造的价值 V(即劳动者享有的职工薪酬)和劳动者为社会劳动所创造的价值 M(即归社会支配的价值)三个部分组成。而其中的前两个部分(C 和 V)组成了商品的成本。这样,从理论上来说,商品成本是企业为生产商品所耗费的用货币表现的生产资料价值和劳动者为自己劳动所创造的价值的货币表现。

由于成本与管理之间存在着密切的联系,成本的内容要适应管理的需要,因此在实

---

① 《马克思恩格斯全集》第 25 卷,人民出版社 1974 年版,第 30 页。
② 《马克思恩格斯全集》第 25 卷,人民出版社 1974 年版,第 33 页。

际工作中成本包含的内容与理论上的阐述有所不同,并会随着经济的发展,管理要求的提高而相应地发生变化。目前,为了加强经济核算,节约资源耗费,减少生产损失,对于不形成商品价值的损失性支出,如废品损失、停工损失等并不是商品的生产性耗费,而是纯粹的损失,却也将其列入了商品成本。此外,对于劳动者为了社会劳动所创造的某些价值,如财产保险费,也列入了商品成本。由此可见,商品成本开支的范围实际上与理论上是有所偏离的。企业应将国家规定的成本开支范围,作为商品成本核算与管理的依据,防止乱挤乱摊成本,以利于对成本的评价、分析以及挖掘降低成本的潜力。

二、成本的作用

成本是反映和控制企业生产经营管理工作的综合性的价值指标,又是确定企业生产经营损益的基础。在市场经济的条件下,成本具有十分重要的作用。其主要表现在以下四个方面。

(一)成本是补偿生产耗费的尺度

企业是自负盈亏的商品生产者和经营者,而商品的生产过程是物化劳动和活劳动的消耗过程,企业只有及时地、足额地补偿生产过程中的劳动耗费即资金耗费,才能保证企业再生产的不断进行,这样成本就成为衡量劳动耗费、补偿份额大小的尺度。企业销售商品取得的收入,首先必须补偿生产经营中的各项耗费,企业的生产经营才能按原有的规模进行。当企业的商品销售收入补偿不了劳动耗费,企业的资金就会缺乏,再生产就无法按照原有的规模进行。成本的高低,反映了企业从商品销售收入中需要补偿数额的大小。在商品价格不变的情况下,成本越低,需要补偿的数额就越小,企业的利润就越多,为企业的生存和发展创造的条件就越好。因此,成本作为补偿生产耗费的尺度,对企业的生存和发展有着重要的作用。

(二)成本是综合反映企业生产技术和经营管理水平的重要指标

成本是一项综合性的指标,成本的高低与企业的生产技术和经营管理等各项工作有着内在的联系,企业各项工作的效果最终将通过成本反映出来。例如,商品设计是否先进,生产工艺是否合理,材料消耗是否节约,固定资产利用是否充分,劳动组织是否协调,资金运用是否恰当,商品质量是否优良及产量是否增长等,均能直接或间接影响成本水平的高低。因此,企业可以通过对商品成本的控制、考核和分析,不断地改进生产技术和生产工艺,改善经营管理,降低各种耗费,提高经济效益。

(三)成本是制定商品价格的重要依据

在市场经济条件下,商品价格是商品价值的货币表现。因此,在制定商品价格时,应以商品价值作为基础。虽然目前商品的价值还不能够准确地计量,但商品的成本却能够准确地计算,这样就只能以成本作为制定商品价格的重要依据。由于存在着市场竞争,因此,制定商品价格的重要依据是社会平均成本,而不是企业的个别成本。商品的价格是由各种商品的社会平均成本加上社会平均利润构成的。很显然,生产技术和经营管理等各项工作做得好的企业,其个别成本低于社会平均成本,这些企业取得的利润将会高于社会平均利润;而生产技术和经营管理各项工作做得差的企业,其个别成本高于社会平均成本,这些企业取得的利润将会低于社会平均利润,有的企业甚至个别成本高于商品价格,出现了亏损。

(四)成本是企业进行经营决策的重要依据

在市场经济条件下,企业实行的是自主经营、自负盈亏、自我发展和自我约束的经营机制。这就要求企业提高在市场上的竞争能力和经济效益。当商品在价格水平、品牌、质量和功能相似时,其成本的高低就成了衡量该商品在市场上的竞争能力和盈利能力强弱的重要因素。因此企业在进行经营决策时,要对比各种经济参数,开展成本效益分析,选择投入低、产出高、技术先进、工艺流程合理的方案组织实施,以充分发挥成本在经营决策中的作用,使企业在市场竞争中处于有利的地位。

(五)成本是企业商品进入国际市场及反倾销调查的重要指标

我国已有不少企业的商品进入国际市场,参与国际间竞争,而成本是企业融于世界贸易市场的重要指标。如果企业的商品成本较低,进入国际市场后,就会有较强的竞争力,否则就会失去竞争能力。近年来,我国有不少商品在一些国家受到反倾销调查,被征收高额的惩罚性关税。企业在受到反倾销调查时,需要提供商品的成本构成、商品成本的计算方法等资料。因此,企业应按照《企业会计准则》设置成本项目,按照《企业会计准则》的要求,并结合本企业的具体情况,选择成本分配的方法及商品成本计算的方法,使反映的商品成本准确合理,使企业在反倾销调查中处于有利的地位。

第二节 成本会计的意义和内容

一、成本会计的意义

成本会计是指以货币作为主要量度,以会计核算和企业管理中的各项成本资料为依据,对企业生产经营活动中的成本进行预测、决策、控制、计算、分析和考核,为企业管理层提供以成本信息为主的管理信息系统。

成本会计是现代会计的一个重要分支,是商品经济发展到一定历史阶段的产物,是随着社会化大生产的发展而发展的。

自从产生商品经济以来,商品生产者为了确定其所生产商品的交换价格,以便在交换中收回投入的各种耗费,并获得理想的收益,就必须确定商品生产成本。但商品经济刚产生时的生产手段和技术比较落后,所以成本计算也比较简单,只包括原材料费用、人工费用和少量的制造费用。当时只是根据经验进行估计的,成本数据并不记入会计账簿,因此缺乏连续、全面、系统的记录,成本计算的准确性较差。19世纪产业革命后,随着社会化大生产的发展,企业使用大量价值昂贵的机器设备,折旧的概念开始受到重视。同时,由于生产规模的扩大,对生产过程进行协调和控制的费用急剧增加。另外,由于使用高效率的设备,生产的商品其数量和种类也日趋增加。为了提高成本计算的精确性和规范性,人们开始将成本计算与会计核算方法结合起来,这就形成了成本会计。最早的成本会计主要是将生产经营耗费进行归集,通过分配后,计算商品的总成本和单位成本。它是财务会计的组成部分。

20世纪初,市场经济得到进一步的发展。随着泰勒管理制度在西方企业的推行,成本会计开始运用"标准成本""预算控制""差异分析"等与泰勒科学管理方法直接相联系的技术方法。它不仅包括了会计核算与成本计算,还包括了预算与控制。标准成本会计制度的产生,使成本会计的理论和方法有了进一步的完善和发展,从而使成本会计具有了一定的独立性。

20世纪中叶以后,市场经济进入一个新的发展时期,资本逐渐集中,从而使企业的生产经营规模日益扩大。市场情况瞬息万变,竞争更趋激烈,生产质优价廉的产品成为企业增加竞争力的重要手段。企业为了在竞争中处于有利的地位,一方面要大力发展新技术、开发新产品,开拓市场;另一方面要加强管理、挖掘内部潜力,降低产品成本。企业在生产开始之前,从对产品的性能、结构、工艺、生产组织安排等各个环节入手,进行科学的设计,制定各种不同的方案,通过成本预测,选取最优的方案,进行成本决策,这样在原有成本会计的基础上,吸收了不少的管理方法,形成了核算与管理相结合的现代成本会计。因此,企业不仅要在生产后进行成本核算和成本分析,还要掌握好生产中的成本控制,更重要的是在生产前要掌握好成本预测和控制,进行成本决策,制定目标成本,用目标成本控制成本形成的全过程。

20世纪80年代,高科技的不断涌现,美欧等西方工业发达国家的资本高度集中,企业生产产品的种类显著增加,销售渠道不断拓展,直接人工占总成本的比重日益下降,而研发费用、销售费用和管理费用则大幅度上升。如果仍以日益减少的生产工人工时为基础分配间接费用,将会造成成本信息的严重失实,于是就产生了作业成本法,即以各作业为基础分配间接费用,并对企业的生产经营过程进行分析,剔除或减少不增加价值的作业,以更好地控制和降低产品成本。这样,成本会计就发展到一个新的阶段。

二、成本会计的内容

成本会计的发展状况告诉我们,成本会计的内容随着经济的发展和管理要求的提高而不断地得以拓展。其内容由以下七个部分的内容组成。

(一)成本预测

成本预测是指企业根据前期成本资料和影响成本的各项因素的依存关系,运用专门的方法,对未来的成本水平及其变化趋势作出科学的测算。

企业通过成本预测,可以取得供选择的不同方案的成本资料,这就为企业进行成本决策提供了重要的依据,避免了生产经营管理的盲目性,提高了成本管理的科学性和预见性。

（二）成本决策

成本决策是指企业在成本预测的基础上，运用科学的理论和方法，在多个备选的成本方案中，抉择最优方案，以确定目标成本。

企业通过成本决策，确定了目标成本，为编制成本计划提供了依据。成本决策也是实施成本事前控制和提高经济效益的重要途径。

（三）成本计划

成本计划是指企业根据成本决策所确定的目标成本，具体规划在计划期内为生产一定数量的产品所应发生的成本费用，确定各种产品的成本水平，并提出为达到规定的成本水平应采取的各种具体措施。

企业通过编制成本计划，可以进一步挖掘企业的潜力，降低成本，从而为企业的成本控制、分析和考核提供了依据。

（四）成本控制

成本控制是指企业根据成本计划，对生产经营过程中将要发生或实际发生的成本进行审核、监督和调节，及时修正发生的偏差，将其控制在计划之内，以确保降低成本目标的实现。

企业通过日常的成本控制，可使成本按照计划水平形成，防止和克服生产经营过程中的损失和浪费，充分合理地利用人力、物力和财力，达到节约各种消耗，以降低产品的成本的目的。

（五）成本核算

成本核算是指企业将生产经营过程中实际发生的各项费用，按照一定的程序，采用适当的方法，在各成本计算对象中进行归集和分配，从而计算出各种产品的总成本和单位成本。

企业通过成本核算，可以反映成本计划的执行情况和成本控制的最终结果，并为成本的事中控制提供依据。

（六）成本分析

成本分析是指企业根据成本核算提供的资料及其他资料，与本期计划成本、上年实际成本以及国内外先进企业的同类产品成本相比较，确定成本差异，进而系统地分析差异的因素和原因，以挖掘降低成本的潜力。

企业通过成本分析，可以了解产品的实际成本与计划成本的差异，分清原因，落实责任；认识和掌握成本费用的变动规律，从而寻求降低产品成本的对策，以提高经济效益；为未来进行成本预测和成本决策，编制新的成本计划提供依据。

（七）成本考核

成本考核是指企业在成本分析的基础上，定期对成本计划及其有关指标的实际完成情况进行评价，企业通常将成本计划分解落实到内部各个部门以致个人，作为各个部门或个人的责任成本指标,由其负责完成。这样,各级责任者均成为成本考核的对象。

企业通过成本考核可以评价其成本管理的业绩,并将其与一定的奖惩制度结合起来,通过成本考核,用经济、行政手段进行鼓励,可以调动各成本责任者与全体员工更好地完成责任成本指标的积极性。

三、成本会计各项内容之间的关系

成本会计各项内容是相互联系、相互依存的,从而形成了一个有机的整体。成本预测是成本决策的前提,成本决策既是成本预测的结果,又是制定成本计划的基础。成本控制是对成本计划的实施进行监督,是实现成本决策目标的保证。成本核算是对成本计划执行情况和成本控制的结果的反映。成本分析和成本考核是实现成本决策目标和成本计划的有效手段。只有通过成本分析,才能找出产生成本差异的各种因素和原因,进而有效地降低成本;只有通过成本考核,才能正确地评价各责任者的工作业绩,以调动他们的积极性,从而为实现成本计划奠定基础。

在成本会计的各项内容中,成本核算是成本会计的核心,其他各项内容是在成本核算的基础上发展起来的,没有成本核算,也就不可能产生成本预测、决策、计划、控制、分析和考核等各项内容。

第三节 成本会计的任务

在市场经济的条件下,提高企业的经济效益有增加收入和降低成本两个方面。而成本会计的根本任务是在保证产品质量的前提下,不断地促进企业降低成本,尽可能节约在产品生产经营过程中物化劳动和活劳动的消耗,以获取尽可能多的收益。成本会计的具体任务有以下四个方面。

一、正确计算产品成本,及时提供成本信息

正确计算产品成本,保证成本信息的真实性、可比性是成本会计的首要任务,只有这样才能满足管理的需要。企业必须严格遵守会计准则、成本开支范围规定和费用开支标准,划清成本与费用的界限,采取合理、恰当的成本计算方法,如实地计算各种产品或劳务的总成本和单位成本,为企业内部提供有关成本管理的日常信息,从而为进行成本控制和成本考核提供重要依据,促进产品成本的降低。企业还要根据成本核算资料,及时、准确地编制成本报表,以便企业管理层和职工以及有关部门可以及时了解成本的变化情况。企业还可根据成本核算资料,将其作为制定产品销售价格,作出有关的成本决策的重要参考资料。

如果成本信息失实,那么不但难以分析、考核成本计划的完成情况,也不能正确地进行成本预测和决策,而且还将影响企业利润的正确性判断和存货的正确计价,从而扭曲财务状况和经营成果。因此,成本信息的正确和真实是做好成本会计工作的最基本

的要求。

二、加强成本预测和决策，确立目标成本

在市场经济条件下，企业按照市场经济规律的要求，正确地组织生产经营活动。因此，企业必须根据历史成本资料、市场调查研究情况以及其他有关资料，运用科学的方法，加强成本预测，拟出各种成本预测的方案，以进行成本决策，并从中选出最优方案，为企业确定控制生产经营耗费的目标成本，实行成本的事前控制。

为了确保目标成本的实现，企业要建立成本管理责任制，将降低成本的责任层层分解到各个部门或个人，这样成本会计就需要对所发生的可控成本按责任的归属进行记录和核算，以便与其目标成本相比较，揭示差距。

三、编制成本计划，实行成本控制

企业应以目标成本为依据编制成本计划，制定成本费用的控制标准以及降低成本应采取的措施，并据以作为成本控制的依据。

企业要实行成本控制，首先，要进行目标成本控制。目标成本控制主要是各级责任者进行自我控制，促使其提高技术，厉行节约，降低成本。成本管理者要及时向各级责任者反馈成本信息，督促、协助其达成目标。其次，要按照国家规定，审核和控制各项成本费用支出。再次，要划清成本费用与资本性支出、营业外支出的界限，防止乱挤、乱摊成本，以确保产品成本的真实性。

四、开展成本分析与考核，提高成本管理水平

成本是企业经营管理中的一项极为重要的经济指标，可以综合反映企业以及企业内部各级责任者的工作业绩。因此，企业要根据成本计划，定期开展成本分析，揭示影响成本升降的各种因素及其影响程度，分析成本管理工作中存在的问题，提出改进的措施，为提高企业经济效益创造条件。

企业还要定期开展成本考核，针对成本管理中取得的成绩或发生的失误，根据成本管理责任制的要求，对责任者分别进行奖励与处罚，以鼓励先进、鞭策后进，从而使责任者更好地履行经济责任，促进成本管理水平的不断提高。

第四节 成本会计工作的组织

为了充分发挥成本会计在企业生产经营过程中的作用，完成成本会计在成本管理中的任务，企业必须科学地组织成本会计工作。成本会计工作的组织主要包括设置成本会计机构、配备成本会计人员和制定成本会计制度等内容。

一、成本会计机构

（一）设置成本会计机构

成本会计机构是指负责组织领导和从事成本会计工作的职能部门。设置成本会计

机构应明确企业内部对成本会计的要求及成本会计应承担的职责和任务,坚持分工负责与协作相结合,专业管理与群众管理相结合,使机构的设置与企业自身规模的大小、生产经营业务的繁简和管理上的要求相适应。

由于成本会计工作是会计工作的一部分,在大中型工业企业,通常在厂部专设的会计机构中,单独设置成本会计科(组),并在各生产车间设置成本会计组(员);在小型工业企业,通常在专设的会计机构中,设置专职成本核算员,负责处理成本会计工作。

(二)成本会计机构的组织分工方式

大中型工业企业的各级成本会计机构按组织分工方式的不同,可分为集中核算组织方式和非集中核算组织方式两种。

1. 集中核算组织方式　这种方式是指成本的预测、决策、计划、控制、核算、分析和考核等各项成本会计工作,均由厂部成本会计科(组)集中处理,各生产车间中的成本会计组(员)只负责登记原始记录和填制原始凭证,并对其进行初步的审核、整理和汇总,为厂部成本会计科(组)进行成本会计工作提供基础资料。采用这种方式,企业厂部成本会计科(组)可以比较及时、集中地掌握企业有关成本的全面信息,便于集中使用电子计算机进行成本数据处理,能够减少成本会计机构的层次和工作人员。但是,这种方式不便于直接从事生产经营活动的各生产车间和职工及时掌握本部门的成本信息,因此不利于调动他们自我控制成本的积极性,限制了成本管理责任制的效果。

2. 非集中核算组织方式　这种方式是指生产车间成本的计划、控制、核算和分析等成本会计工作分散由各生产车间的成本会计组(员)分别处理,成本考核工作由企业成本会计科(组)处理。厂部成本会计科(组)负责对生产车间成本会计组(员)进行业务上的指导和监督,对各生产车间上报的成本数据进行汇总,并对全厂的成本进行综合预测、决策、计划、控制、分析和考核工作。采用这种方式,各生产车间和职工能及时掌握本部门的成本信息,有效地进行成本控制,使成本会计工作与各生产车间的生产经营管理紧密地结合起来,以充分调动车间管理人员和职工的积极性。但是这种组织方式增加了成本会计机构的层次和工作人员,增加了核算与管理的成本。

二、成本会计人员

成本会计人员是指专门从事成本会计工作的专业技术人员。企业应根据规模的大小、业务的繁简在成本会计机构中配备适量政治上和业务上合格的成本会计人员,这是做好成本会计工作的前提。

成本会计人员应在企业总会计师或会计主管人员领导下,认真执行企业会计制度、准则和成本管理制度,负责组织和处理企业的各项成本会计业务。

成本会计人员不仅要熟悉和执行国家的政策和法规,精通业务,树立良好的职业道德,而且要深入生产,熟悉生产,具有一定的生产技术知识,成为生产和管理相结合、技术与经济相结合的新型成本会计人员。

除了厂部和生产车间专职的成本会计人员外,在生产班组内,有工人以不脱产的方式兼任核算工作,开展班组核算。班组核算所提供的材料消耗定额及工时定额完成情况的成本资料,不但是工人参加企业管理的一种有效形式,也是推行成本岗位责任制,挖掘降低成本潜力的重要途径。

三、成本会计制度

成本会计制度是组织和从事成本会计工作必须遵循的规范和具体依据。建立和健全成本会计制度,对于规范企业的成本会计工作,保证成本信息的质量,满足企业管理的需要具有重要的意义。

企业应以我国的《会计法》、《企业会计准则》和《企业财务通则》为依据,体现市场经济的需求,结合企业生产经营的特点和成本管理的具体要求,制定企业内部的成本会计制度。

成本会计制度的内容通常包括以下八个方面。

(1) 关于成本岗位责任制。

(2) 关于成本预测和成本决策的制度。

(3) 关于成本定额的制定和成本计划的编制制度。

(4) 关于成本核算的制度。① 关于成本开支范围的规定。② 关于成本核算的原始记录和原始凭证的传递流程的规定。③ 关于会计科目和成本项目设置的规定。④ 关于成本计算对象和成本计算方法的确定。⑤ 关于生产费用的归集与分配方法的规定。⑥ 关于生产费用在完工产品和在产品之间的分配方法的规定。⑦ 关于企业内部结算价格的制定和结算办法的规定。⑧ 关于成本报表的规定等。

(5) 关于成本控制的制度。

(6) 关于成本分析的制度。

(7) 关于成本考核的制度。

(8) 其他有关成本会计的制度。

以上各项成本会计制度的内容,小部分是由国家财政部的法规规定的,如成本开支范围、会计科目和成本项目等;大部分是由企业自行制定的。企业在制定成本会计制度之前,要深入实际进行调查研究,进行反复试点、总结经验。成本会计制度制定以后,必须认真执行,并保持相对稳定。随着经济的发展以及会计法规的不断完善,成本会计制度也要进行相应的变更和补充,以适应经济形势发展的需要。

课后练习题

一、判断题

1. 商品成本从理论上来说是企业为生产商品所耗费的用货币表现的生产资料价值。 ( )

2. 在实际工作中，不形成商品价值的废品损失、停工损失，都列入了商品成本。（　　）

3. 成本是反映和控制企业生产经营管理工作的综合性的价值指标，又是确定企业生产经营损益的基础。（　　）

4. 成本会计是商品经济发展到一定历史阶段的产物，是随着社会生产的发展而发展的。（　　）

5. 成本会计由成本预测、成本决策、成本计划、成本控制、成本核算和成本分析等内容组成。
（　　）

6. 成本会计工作的组织主要包括设置成本会计机构、配备成本会计人员和制定成本会计制度等内容。（　　）

7. 企业内部的成本会计制度应以我国的《会计法》和《企业会计准则》为依据，结合企业生产经营特点和成本管理的具体要求制定。（　　）

二、单项选择题

1. 成本会计的首要任务是＿＿＿＿＿＿＿。
A. 正确计算产品成本，及时提供成本信息
B. 加强成本预测和决策，确立目标成本
C. 编制成本计划，实行成本控制
D. 开展成本分析与考核，提高成本管理水平

2. 企业通过＿＿＿＿＿＿＿，可以进一步挖掘企业的潜力，降低成本，从而为企业的成本控制、分析和考核提供依据。
A. 成本预测　　　B. 成本决策　　　C. 成本核算　　　D. 成本计划

3. 成本核算是对＿＿＿＿＿＿＿执行情况和＿＿＿＿＿＿＿的结果的反映。
A. 成本计划、成本决策　　　　　　　B. 成本决策、成本控制
C. 成本计划、成本控制　　　　　　　D. 成本计划、成本考核

4. 在成本会计的各项内容中，＿＿＿＿＿＿＿是成本会计的核心，其他各项内容是在＿＿＿＿＿＿＿的基础上发展起来的。
A. 成本决策　　　B. 成本核算　　　C. 成本分析　　　D. 成本考核

三、多项选择题

1. 商品价值是由＿＿＿＿＿＿＿组成。
A. 生产经营过程中耗费的生产资料价值　　B. 劳动者为自己劳动所创造的价值
C. 劳动者为社会劳动所创造的价值　　　　D. 商品的成本

2. 成本具有的作用主要表现在成本是综合反映企业生产技术经营管理水平的重要指标，＿＿＿＿＿＿＿。
A. 成本是补偿生产耗费的尺度
B. 成本是企业商品进入国际市场及反倾销调查的重要指标
C. 成本是制定商品价格的重要依据
D. 成本是企业进行经营决策的重要依据

3. 设置成本会计机构应与企业＿＿＿＿＿＿＿相适应。
A. 自身规模的大小　　　　　　　　　　B. 生产经营业务的繁简

C. 成本会计人员的强弱　　　　　　D. 管理上的要求

4. _____是实现成本决策目标和成本计划的有效手段。

A. 成本预测　　　B. 成本核算　　　C. 成本分析　　　D. 成本考核

5. 分散核算组织形式是指生产车间的_____等成本会计工作分散由各生产车间的成本会计组分别处理，成本考核工作由企业成本科处理。

A. 预测、决策　　B. 计划、控制　　C. 核算、分析　　D. 核算、考核

第二章 成本核算概述

第一节 成本核算的原则

企业进行成本核算的目标是为了提供真实可靠的成本信息。为了保证成本信息的质量,充分发挥成本的作用,企业在成本核算过程中应遵循以下各项原则。

一、实际成本原则

实际成本原则又称历史成本原则,是指企业的各种资产应当按其取得时发生的实际成本计价。实际成本原则对于成本核算有三个方面的含义。

（一）确认成本发生时应按实际成本计价

企业在产品生产时耗用的原材料、燃料和动力都要按其实际耗用量和购进时的实际成本计算入账。由于原材料品种、规格繁多,为了便于核算和管理,在日常核算时也可以采用计划成本计价,但是在计入产品成本时,必须分配材料成本差异,将计入产品原材料的计划成本调整为实际成本。对固定资产折旧要按其原始价值和确定的使用寿命计算入账。

（二）产品完工时按实际成本计价

完工产品的成本是通过一系列的费用归集和分配,采用一定的成本计算方法计算出来的。不论企业对生产费用的归集和分配的程序怎样设计,也不论采用哪一种成本计算方法,最终计算出来的完工产品成本必须按实际成本计价。如果"库存商品"账户按计划成本计价,那么应另行设置"库存商品成本差异"账户,以反映实际成本与计划成本之间的差异。

（三）结转产品销售成本时按实际成本计价

企业结转产品销售成本时,必须按实际成本计价,如果库存商品采取计划成本计价的,在结转产品销售成本时,应按产品的存销比例分摊产品成本差异,将其调整为实际成本,以确保产品资产的真实性和利润的准确性。

二、成本分期原则

成本分期原则是指成本核算应与整个会计分期保持一致,分别核算各期的成本。企业的生产经营活动是持续不断进行的。为了核算一定期间所生产产品的成本信息,必须将生产经营活动划分为各个期间,分别核算各期的产品成本。成本核算的分期必须与会计报告期的分月、分季、分年相一致,这样有利于定期进行费用的归集和分配,为正确进行各期期末存货资产的计价和各期利润的计算提供良好的基础。

然而,对于完工产品的成本计算期,由于产品的生产类型和产品成本计算方法的不同,它可能与会计分期相一致,是定期的;也可能与会计分期不一致,是不定期的。

三、一贯性原则

一贯性原则是指成本核算所采用的方法前后各期应保持一致,不得随意变更,使提供的成本信息具有可比性。一贯性原则对于成本核算有三个方面的含义。

(一)发生生产耗费时的计算方法前后各期应保持一致

企业计算生产产品耗用原材料实际成本采用的方法有加权平均法、先进先出法等多种。固定资产折旧的方法也有年限平均法、年数总和法、双倍余额递减法等多种。企业前后各期采用的方法应保持一致。

(二)成本计算过程中费用分配的方法以及在产品的计价方法前后各期应保持一致

企业在产品成本计算过程中,将会涉及多方面的费用在不同对象之间所进行的分配,以及生产费用在完工产品与在产品之间所进行的分配,如人工费用、辅助生产费用、制造费用等,均应选择合理的方法进行分配;还有在产品的计价方法等,前后各期应保持一致。

(三)产品成本的计算方法前后各期应保持一致

产品成本有多种不同的计算方法,如品种法、分批法、分步法、分类法、定额法等,企业应根据生产经营的特点和成本管理的要求来考虑选用合适的方法。方法一经确定,前后各期应保持一致,不得随意变更。

在成本核算中应遵循一贯性原则,以保持前后各期成本信息的可比性,提高成本信息的利用程度。如果因情况特殊,确实需要变更原有的成本核算方法的,必须在成本报表中将由于方法变更对成本水平的影响予以披露。

四、合法性原则

合法性原则是指计入成本的费用必须符合国家的法令、法规和制度对于成本开支范围和标准的规定。成本开支范围是指哪些费用可计入成本,哪些费用不可计入成本。例如,购建固定资产而发生的资本性支出,不能直接计入产品成本;发生的销售费用、管理费用只能作为期间费用,也不能列入产品成本。成本开支标准是指可计入成本范围的数额限制。例如,固定资产生产产品损耗的价值应按一定的折旧率计提折旧;生产产品的低值易耗品损耗的价值应按一定的方法进行摊销,均按一定的标准计入产品成本等。在成本核算中遵循合法性原则,有助于确保成本信息的合法性和有用性。

五、重要性原则

重要性原则是指在成本核算时,对主要产品以及对成本有重大影响的费用,应重点核算,力求精确。而对次要产品以及对成本影响不大的费用,应简化核算,提高核算效率。例如,企业对主产品应进行重点核算,而对副产品则简化核算;对构成实体的原材料、生产工人的人工费用等重要费用,应设置"直接材料"、"直接人工"成本项目单独进行核算,而对于一般性的消耗材料、生产车间辅助工人的人工费用等次要费用,则合并在"制造费用"成本项目中综合反映。在成本核算中遵循重要性原则,在满足成本管理要求的前提下,减轻了成本核算的工作量,提高了核算的效率。

六、效益性原则

效益性原则是指在成本核算时应进行成本效益分析。从企业领导层的角度来看,成本计算得越准确,提供成本的信息越多,就越有利于成本的管理与控制,有利于降低产品成本和提高企业的经济效益。但成本核算工作的本身也要讲求效益。我们可以通过提供成本信息所需要的费用与由此而产生的效益进行对比,来确定提供各种成本信息的详细或简略的程度。

第二节 成本核算的要求

企业为了正确核算产品成本,充分发挥成本核算的作用,不断改善生产经营管理,在进行成本核算时,除了要遵循成本核算的原则外,还应符合以下各项要求。

一、划清各种费用的界限

企业的经济活动是多方面的,费用的用途也是多种多样的。为了正确地计算产品成本和归集期间费用,就必须划清以下五个方面的费用界限。

(一)划清收益性支出与资本性支出及营业外支出的界限

收益性支出是指企业为了取得当期收益而发生的支出。因此收益性支出应当全部列入当期的成本费用,通过与当期的收益相配比,可以从当期的收益中得到补偿。收益性支出包括领用的原材料、发生的人工费用等用于产品生产和销售、用于组织和管理生产的经营活动以及为筹集生产经营资金所发生的各种费用。

资本性支出是指企业为了取得多个会计年度的收益而发生的支出。因此,资本性支出应予以资本化。作为企业的长期资产,只能在以后的各受益期逐期转入成本费用,从企业的收益中陆续得到补偿。资本性支出包括购建固定资产、购置或自创无形资产和发生的长期待摊费用等支出。

划清收益性支出和资本性支出,可以正确核算企业各会计年度的成本、费用和资产,从而为正确核算企业资产的价值和各期的损益奠定基础。如果将资本性支出列入收益性支出,将会多计本会计年度的成本、费用,少计资产的价值,其结果是少计了本年度的利润;反之,如果将收益性支出列入资本性支出,将会多计资产的价值,少计本会计年度的成本、费用,其结果是虚增了本年度的利润。

营业外支出是指企业发生的与其生产经营业务无直接关系的各项支出。因此,营业外支出不得计入成本或费用。营业外支出包括非流动资产处置损失、公益性捐赠支出、非常损失、盘亏损失、赔偿金、违约金等各种支出。

划清收益性支出和营业外支出,可以为正确核算产品成本和营业利润创造条件。如果将营业外支出列入收益支出,其结果是多计产品成本或期间费用,从而少计了营业利润;反之,如果将收益性支出列入营业外支出,其结果是少计了产品成本或期间费用,从而多计了营业利润。

因此企业必须划清收益性支出与资本性支出及营业外支出的界限,防止出现多计成本、费用或少计成本、费用的现象。

(二) 划清生产费用与期间费用的界限

生产费用是指一定期间企业在生产产品过程中所发生的费用。由于投产的产品不一定在本期内全部完工,完工的产品也不一定在本期内全部销售,因此本期发生的生产费用并不等于计入本期损益的产品销售成本。

期间费用是指在会计期间为企业提供一定的生产条件,以保持产品产销能力所发生的费用。它包括因产品销售、组织和管理生产经营活动以及筹集生产经营资金所发生的费用。由于期间费用同产品生产无直接的关系,因此期间费用要全部计入当期损益。

企业必须划清生产费用与期间费用的界限,防止出现将期间费用计入生产费用,进而转入产品成本的现象;或出现将生产费用计入期间费用,进而转入本期损益,借以人为地调节各期的产品成本和利润的现象。

(三) 划清各个会计期间的费用界限

企业是按最小的会计期间月份来核算产品成本和利润的,并据以分析和考核成本计划和利润预算的完成情况。因此在核算产品成本时必须划清各个会计期间的费用界限。

企业应根据权责发生制的要求,将本期已经支付的、受益期较长的费用列入待摊费用或长期待摊费用,并按其受益期分期摊销转入成本、费用;将本期已经发生的、尚未支付的费用作为应付费用,预先提取计入本期的成本、费用。企业通过跨期摊配,划清各个会计期间的费用,以正确核算各个会计期间的产品成本和期间费用,为正确核算各期利润奠定基础。企业要防止任意地利用待摊和预提的方法,借以调节各期的产品成本及期间费用,人为地调节各期利润。

(四) 划清各种产品的费用界限

企业往往生产多种产品,为了分析和考核各种产品成本计划、定额或标准的执行情况,加强成本管理,就必须正确核算各种产品的成本。

计入产品成本的生产费用可分为直接费用和间接费用两种。直接费用是指能确定应由某产品负担的费用,如生产产品耗用的原材料,应直接计入各种产品的成本等。间接费用是指各种产品共同发生的费用,如生产车间的折旧费、保险费等,应采用科学合理的分配标准,将间接费用通过分配计入各种产品的成本。只有划清各种产品之间生产费用的界限,才能正确计算各种产品的总成本和单位成本,才能防止生产费用在可比产品与不可比产品之间、盈利产品与亏损产品之间、国家征税产品与免税产品之间的任意转移,防止以盈补亏或掩盖成本超支的现象发生。

（五）划清完工产品与在产品的费用界限

计入各种产品的生产费用,到期末会出现以下三种情况。其一,是某种产品已经全部完工,那么计入该种产品的各项生产费用之和,就是该种产品的完工产品成本。其二,是某种产品全部未完工,那么计入该种产品的各项生产费用之和,就是该种产品的期末在产品成本。其三,是某种产品既有完工产品,又有在产品,那么计入该种产品的各项生产费用,应根据具体条件采用适当的方法,在完工产品与月末在产品之间进行分配,分别计算出完工产品成本和期末在产品成本。

企业应严格地划清完工产品与在产品的费用界限,准确计算完工产品成本。不得人为地提高或降低期末在产品成本,借以调节完工产品成本。

上述前四个方面费用界限划清过程,也就是企业生产经营过程中生产费用和期间费用的归集过程,再加上第(五)方面的划清完工产品与在产品的费用界限后,就形成了产品成本核算和计算的过程。

二、做好成本核算的基础工作

为了确保成本核算工作的顺利进行,提高成本信息的质量,企业必须做好以下各项成本核算的基础工作。

（一）建立和健全科学的定额管理制度

定额是指企业在一定的生产技术和设备条件下,对生产经营过程中的各种人力、物力和财力的耗费所制定的消耗标准和应达到的水平。定额管理制度是指以定额为依据,安排生产计划、组织生产和控制消耗的一种科学管理制度。企业制定的各项定额,既要先进合理,又要切实可行。定额既是编制成本计划的依据,又是审核和控制生产费用的标准,同时,在产品成本核算中,也需要按照产品定额消耗量或定额费用的比例进行费用的分配。因此,定额就成为衡量企业工作数量和质量的客观尺度。凡是能够制定定额的各种消耗,都应制定定额。涉及产品成本的定额主要有产量定额、材料消耗定额、动力消耗定额、设备利用定额、工具消耗定额、劳动定额和各种管理费用定额等。企业只有建立和健全定额管理制度,才能加强生产管理和成本管理。

（二）建立和健全原始记录和凭证

原始记录和凭证是指按照规定的格式和要求,对企业生产经营活动的具体事实所做的最初书面记载。数据可靠、内容齐全的原始记录和凭证是保证成本核算工作质量、提供可靠成本信息的原始依据。原始记录和凭证的设置既要满足管理的各种需要,又要简便易行。成本核算有关的原始记录和凭证主要包括以下各项内容。

1. 材料收发的原始记录和凭证　　有收料单、领料单、限额领料单、领料登记表、委托加工材料领料单、退料单、材料切割核算单、废料回收单和材料盈亏报告单等。

2. 劳动消耗的原始记录和凭证　　有考勤卡或考勤簿、劳动工时记录、职工调离通知书、事假单、病假单、加班加点记录单、工资结算单和工资分配表等。

3. 费用开支的原始记录和凭证　　有各种发票、收据等。

4. 固定资产的原始记录和凭证　　有固定资产竣工验收单、机器设备检验单、设备利用数,各种产品使用的台时记录、设备报废单和设备清理单等。

5. 产品生产和产出的原始记录和凭证　　有工作通知单、工序进程单、工作班产量记录、废品通知单、停工通知单、废品交库单、半成品入库单、调拨单及盘点缺溢报告单、产成品入库单、出库单及盘点缺溢报告单和销售结算记录等。

企业成本核算部门应会同计划统计、生产技术、材料供应、劳动工资、设备动力等各有关职能部门,根据成本核算和有关职能部门管理的需要,建立和健全原始记录和凭证,并规范各种原始记录和凭证的格式、填写要求、传递程序和保管,加强对原始记录和凭证内容的审核,以保证原始记录和凭证的真实和准确。

（三）建立和健全存货的计量、验收、领退和盘点制度

产品成本的计算是以实物计量为基础的。为了正确计算产品成本,企业必须建立和健全各项存货的计量、验收、领退、转移、保管和盘点制度,这些制度是正确计算产品成本的重要前提,也是成本控制的基本条件。

首先,在原材料、低值易耗品、半成品和产成品等存货入库时,应采用科学的计量检测手段,准确、完善的检测设施和健全的计量及检测制度进行验收,以保证各种存货计量的准确和质量的可靠性。其次,对原材料、低值易耗品、半成品和产成品等存货的发出和退库及在产品、半成品的内部转移等活动都要进行严格的计量和验收;并及时办好发货或退货凭证的手续。最后,对库存的原材料、低值易耗品、半成品和产成品,以及各生产车间的在产品和半成品应定期进行清查盘点,发现溢缺,应及时查明原因,以确保期末存货的真实性和成本、费用核算的准确性,并有利于保护企业财产的安全。

（四）建立企业内部的结算制度和结算价格

内部结算制度是指企业内部各部门、车间相互提供材料、半成品、产成品和劳务,进行收付结算的制度。企业在生产经营活动过程中,各部门、车间之间往往会相互提供原材料、产品和劳务,为了保证成本核算的正确性,简化成本核算工作,并便于开展部门、车间的内部考核制度,以明确经济责任,就需要制定合理的内部结算价格,建立一套完整的内部结算制度。企业对原材料、燃料、动力、工具、在产品、半成品、产成品和劳务都应制定合理的内部结算价格。

内部结算价格,应根据管理的要求,区别不同情况确定。通常有以下三种方式。一是以计划成本作为内部结算价格。二是以计划成本加上一定的内部利润作为内部结算

价格。三是由供需双方协商确定的内部结算价格。企业制定的内部结算价格，应由管理层统一公布，并保持相对的稳定，通常一年内不作变更。

三、选用合适的成本计算方法

产品成本是在生产过程中形成的。由于各个企业产品生产的特点不同，管理要求也不同，因此，成本计算的方法也不同。

产品生产的特点主要表现为产品的生产工艺过程和生产组织方式两个方面。从生产工艺过程的特点来看，有单步骤生产和多步骤生产。多步骤生产又可分为连续加工式生产和装配式生产。从生产组织方式的特点来看，有大量生产、成批生产和单件生产。管理的要求主要表现为对主要产品要求提供详细的成本信息，对次要产品可以提供简要的成本信息，详略要适当。企业应根据产品生产的特点和管理的要求选用合适的成本计算方法。

第三节 费用的分类

企业产品的生产经营过程是生产资料和活劳动耗费的过程，也是产品价值形成的过程。在这一过程中，要耗费原材料、燃料和动力，还要发生职工薪酬，计提固定资产折旧，以及发生其他耗费，从而形成了企业的费用。为了便于归集各项费用，正确计算产品成本和期间费用，加强成本管理，必须对费用进行合理的分类。费用的分类主要有以下两种。

一、费用按经济内容的分类

费用按经济内容分类就是指将企业在生产经营活动中发生的费用按其原始形态进行的分类。它包括劳动对象、劳动手段和活劳动三个方面的费用。为了具体反映各种费用的构成和耗费水平，可以将这三个方面的费用进一步划分为下列八项费用要素。

（一）外购材料

外购材料是指企业为进行生产经营活动而耗费的一切从外单位购入的原料及主要材料、辅助材料、半成品、修理用备件、包装物和低值易耗品等。

（二）外购燃料

外购燃料是指企业为进行生产经营活动而耗费的一切从外单位购入的各种燃料，包括固体燃料、液体燃料和气体燃料等。

（三）外购动力

外购动力是指企业为进行生产经营活动而耗费的一切从外单位购进的各种动力，包括热力、电力和蒸汽等。

（四）职工薪酬

职工薪酬是指企业为获得职工提供服务而给予职工的各种形式的报酬以及其他相

关支出。

（五）折旧费

折旧费是指企业所拥有或控制的固定资产按照使用情况计提的固定资产折旧费用。

（六）利息支出

利息支出是指企业因筹资而发生的计入期间费用的利息支出减去银行存款利息收入后的净额。

（七）税金

税金是指计入企业管理费用的各种税金。主要有房产税、车船税、城镇土地使用税和印花税等。

（八）其他费用

其他费用是指不属于以上各项费用要素，但应计入生产费用和期间费用的费用。通常有外部加工费、办公费、水电费、劳动保护费、差旅费、租赁费和保险费等。

按经济内容划分，将费用分为八项费用要素，可以了解企业在一定时期内各种费用的构成和水平，有利于加强费用的管理。由于这种分类能反映企业外购材料和外购燃料的耗费及职工薪酬的实际支出，从而为企业编制材料采购资金预算和劳动工资预算提供依据。这种分类还将物质消耗和非物质消耗区分开来，从而为计算工业净产值和计算国民收入提供依据。但是，这种分类不能反映各项费用的用途和发生地点，不能确定费用支出与各种产品之间的关系，不便于分析成本升降的原因以及费用支出的节约与浪费的程度。

二、费用按经济用途分类

企业在生产经营过程中所发生的费用，按其经济用途不同，可分为生产费用和期间费用两大类，现分别予以阐述。

（一）生产费用

生产费用是指企业生产各种产品所发生的应计入产品成本的各项费用。由于生产费用有的直接用于产品生产，有的间接用于产品生产。为了具体反映计入产品成本的生产费用的各种用途，提供产品成本构成情况的资料，还需将其进一步划分为若干个成本项目。成本项目是指生产费用按其经济用途分类核算的项目。工业企业的成本项目通常有以下四项。

1. 直接材料　　它是指企业在生产产品和提供劳务过程中所消耗的，直接用于产品生产，并构成产品实体的原料及主要材料、外购半成品，以及有助于产品形成的辅助材料，还包括生产过程中用于包装产品，构成产品组成部分的包装物。

2. 直接人工　　它是指企业在生产产品和提供劳务过程中，直接从事产品生产的工人的薪酬。

3. 燃料及动力　　它是指企业在生产产品和提供劳务过程中，直接用于产品生产的各种燃料和动力费用。

4. 制造费用　　它是指企业为生产产品和提供劳务而发生的间接费用,它包括各个生产车间为组织和管理生产所发生的各项间接费用,以及虽直接用于产品生产,但不便于直接计入产品成本的费用。

为了使成本项目更好地适应企业的生产特点和管理的需要,企业可以对上述的成本项目进行适当的调整。例如,企业在生产过程中可能发生废品或停工,倘若废品损失或停工损失在产品成本中所占的比重较大,需要作为一项重点进行核算和管理时,可以增设"废品损失"或"停工损失"成本项目,以满足核算和管理上的要求。

(二) 期间费用

期间费用是指企业本期发生的、不能计入产品成本而直接计入损益的费用。按照其经济用途不同,可分为销售费用、管理费用和财务费用。

1. 销售费用　　它是指企业在销售商品和材料、提供劳务过程中发生的各种费用,以及为销售本企业商品而专设的销售机构的各项费用。

2. 管理费用　　它是指企业为组织和管理企业生产经营活动所发生的各项费用。它通常是企业行政管理部门发生的费用。

3. 财务费用　　它是指企业为筹集生产经营所需资金等而发生的各项费用。

第四节　产品成本核算的账户体系和程序

一、产品成本核算的账户体系

工业企业为了核算和监督产品生产过程中发生的各项费用,正确计算产品成本,加强产品成本的管理,需要设置"生产成本"账户和"制造费用"账户。

"生产成本"账户是成本类账户,用以核算企业进行工业性生产所发生的各项生产费用,包括生产各种产品、自制半成品、自制材料、自制工具和自制设备等。由于企业的各种生产分为基本生产和辅助生产。基本生产是指为完成企业主要生产任务而进行的产品生产;辅助生产是指为企业基本生产车间和其他部门服务而进行的产品生产和劳务供应。因此"生产成本"账户下应分设"基本生产成本"和"辅助生产成本"两个明细账户进行核算,企业也可以根据核算和管理的需要,将这两个明细账户上升为总账账户。为了便于阐述,我们也将"基本生产成本"和"辅助生产成本"两个明细账户上升为总账账户,这样"基本生产成本""辅助生产成本"和"制造费用"三个账户就构成了产品成本核算的账户体系。

1. "基本生产成本"账户　　该账户是成本类账户,用以核算企业的基本生产车间为生产各种产品、自制半成品和自制设备所发生的各项生产费用。企业基本生产车间发生直接材料、直接人工、燃料及动力及应承担的辅助生产成本和制造费用转入时,记入借方;企业将各种产品、自制半成品和自制设备完工验收入库时,记入贷方;余额在借方,表示企业期末尚未加工完毕的各种在产品成本。

2."辅助生产成本"账户　　该账户是成本类账户,用以核算企业的辅助生产车间为基本生产车间提供自制材料、自制工具及劳务供应所发生的各项生产费用。企业辅助生产车间发生直接材料、直接人工及其他生产费用时,记入借方;企业期末按辅助生产车间为基本生产车间及其他部门所提供的自制材料、自制工具或劳务供应进行分配时,记入贷方;该账户期末通常无余额,倘若有余额,表示企业期末尚未加工完毕的在产品成本。

3."制造费用"账户　　该账户是成本类账户,用以核算企业为生产产品和提供劳务而发生的各项间接费用。企业发生各项间接费用时,记入借方;企业期末将借方归集的间接费用按规定的标准分配转入有关成本核算对象时,记入贷方;该账户期末应无余额。

二、产品成本核算的程序

产品成本核算程序是指对企业生产经营过程中发生的各项生产费用,按照成本核算的要求,逐步进行归集和分配,最终计算出各种产品成本的核算顺序和步骤。

由于在产品成本核算过程中,往往伴随着发生各种期间费用,为了使学员有一个全面的了解,现将产品成本核算程序扩展如下。

(一)分配后归集或直接归集本月份发生的各项费用

企业应审核在生产经营过程中发生各项费用的原始凭证,并根据费用的用途,分别按生产费用与期间费用的开支范围的规定,确定各项费用应记入"基本生产成本""辅助生产成本"和"制造费用"等成本类账户,还是应记入"销售费用""管理费用"和"财务费用"等期间费用类账户;然后根据各张原始凭证反映的具体经济业务,编制费用分配表分配后记入上述各有关账户或者直接记入上述各有关账户。

(二)摊销应由本月份负担的费用

企业发生的费用,其支付期与归属期往往会不一致,因此必须处理好费用的跨期摊配工作。应将以前年度或月份支付的,而应由本月份负担的费用,从"待摊费用""长期待摊费用"等账户转入"制造费用"等有关成本类账户和"管理费用"等有关期间费用类账户。

(三)分配辅助生产费用

期末,企业应将"辅助生产成本"账户所归集的辅助生产费用,按其服务的对象和提供产品、自制工具或劳务的数量,编制辅助生产费用分配表,通过分配后,将其转入"基本生产成本""制造费用"等成本类账户和"管理费用""销售费用"等期间费用类账户。

(四)分配制造费用

企业应将"制造费用"所归集的间接生产费用,选用适当的分配标准,编制制造费用分配表,在各受益产品之间进行分配。并根据分配的结果,将制造费用转入"基本生产成本"账户及其所属的明细分类账户。

(五) 计算并结转完工产品成本

企业应将"基本生产成本"账户所属的各明细分类账户所归集的生产费用,采用合适的方法,在完工产品与期末在产品之间进行分配,计算完工产品总成本与单位成本,并将完工产品总成本转入"库存商品"账户。

产品成本核算程序(扩展)如图 2-1 所示。

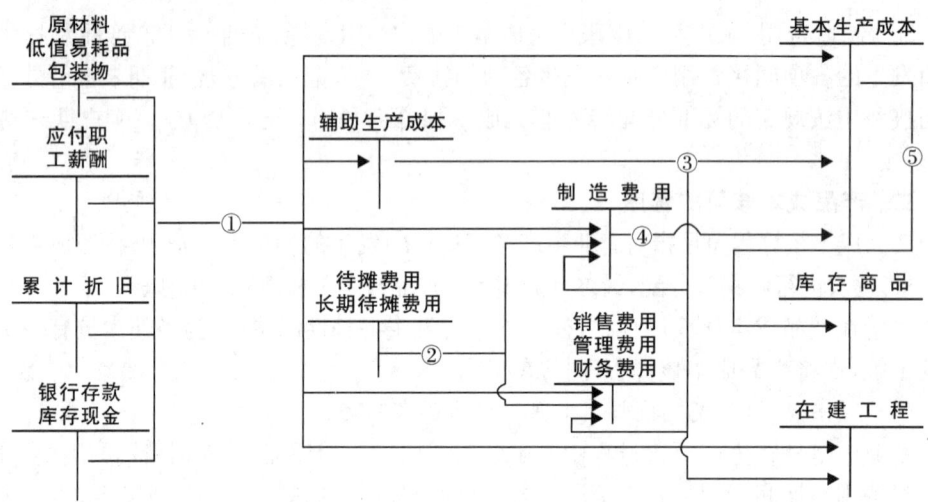

图 2-1 产品成本核算程序(扩展)

说明：
① 分配后归集或直接归集本月发生的各项费用。
② 摊销应由本月负担的费用。
③ 分配辅助生产费用。
④ 分配制造费用。
⑤ 计算并结转完工产品成本。

课后练习题

一、判断题

1. 虽然成本核算应遵循成本分期原则,然而由于产品的生产类型和产品成本计算方法的不同,其完工产品的成本计算期可能与会计分期不一致。（　　）
2. 划清收益性支出和营业外支出,可以为正确核算产品成本和利润总额创造条件。（　　）
3. 定额既是编制成本计划的依据,又是成本核算的标准。（　　）

4. 产品生产和产出的原始记录和凭证有工作通知单、工序进程单、废品通知单、产成品入库单等。 （ ）
5. 根据管理的需要可以以计划成本作为内部结算价格，也可以以实际成本作为内部结算价格。
 （ ）
6. 费用按经济内容分类，包括劳动对象、劳动资料和活劳动三个方面的费用。 （ ）
7. 费用按经济用途分类，包括生产费用和期间费用两大类。 （ ）
8. 分配辅助生产费用是产品成本核算的第二个程序。 （ ）

二、单项选择题
1. 购建固定资产而发生的资本性支出，不能直接计入产品成本，系遵循_____原则。
 A. 实际成本　　　　　B. 成本分期　　　　　C. 合法性　　　　　D. 效益性
2. _____可以防止出现多计成本、费用或少计成本、费用的现象。
 A. 划清收益性支出与资本性支出及营业外支出的界限
 B. 划清生产费用与期间费用的界限
 C. 划清各个会计期间的费用界限
 D. 划清完工产品与在产品的费用界限
3. _____可以防止任意地利用待摊和预提的方法，籍以调节各期的产品成本及期间费用。
 A. 划清收益性支出与资本性支出及营业外支出的界限
 B. 划清生产费用与期间费用的界限
 C. 划清各个会计期间的费用界限
 D. 划清完工产品与在产品的费用界限
4. 企业在生产产品和提供劳务过程中，直接用于产品生产的各种燃料按经济用途分类应归入_____。
 A. 外购材料　　　　　　　　　　　B. 外购燃料
 C. 直接材料　　　　　　　　　　　D. 燃料及动力

三、多项选择题
1. 企业在成本核算过程中应遵循实际成本原则、成本分期原则、一贯性原则和_____等。
 A. 合法性原则　　　　　　　　　　B. 配比原则
 C. 重要性原则　　　　　　　　　　D. 效益性原则
2. 实际成本原则对于成本核算有_____等方面的含义。
 A. 确认成本发生时应按实际成本计价
 B. 产品完工时按实际成本计价
 C. 月末在产品按实际成本计价
 D. 结转产品销售成本时按实际成本计价
3. 成本核算的要求有_____。
 A. 划清各种费用的界限　　　　　　B. 做好成本核算的基础工作
 C. 建立企业内部的结算制度和结算价格　　D. 选用合适的成本计算方法
4. 企业应建立和健全存货的_____。

A. 计量　　　　　　B. 验收　　　　　　C. 领退　　　　　　D. 盘点制度

5. 期间费用可划分为_____。

A. 销售费用　　　　B. 管理费用　　　　C. 财务费用　　　　D. 制造费用

6. 产品成本核算的账户体系由_____构成。

A. 原材料　　　　　B. 基本生产成本　　C. 辅助生产成本　　D. 制造费用

第三章　费用的归集与分配

第一节　材料费用的归集与分配

一、材料费用概述

材料是工业企业产品生产过程中的劳动对象,它是生产中必不可少的物质资料。材料在生产过程中所起的作用是不同的,有的材料经过加工后构成了产品的实体,有的材料却有助于产品的形成,有的材料在生产过程中被劳动工具所消耗。虽然材料在生产过程中的作用各不相同,但其价值转移的方式却是相同的,一次、全部地转移到所生产的产品中去,成为产品成本最重要的组成部分。

二、材料费用的原始凭证

材料费用是工业企业在生产经营过程中耗费最多的费用,工业企业为了有效地控制材料费用,必须建立和健全领料、退料凭证制度。领料、退料的凭证主要有领料单、限额领料单、领料登记表和退料单等。

（一）领料单

领料单是指由领料部门按用途填制的一次性使用的领发材料凭证。领料单一式三联,领料部门在领料时填制,并据以向仓库领料。经收、发料双方签章后仓库据以发料,并留下一联,作为其发料的凭证。另外两联,一联送交财会部门作为入账的依据；另一联交还领料部门作为其领料的凭证。领料单的格式如表3-1所示。

表3-1

领　料　单　　　　　　　编号：77011

领料部门：产品车间
用　　途：生产A产品　　　2021年5月2日　　　发料仓库：钢材仓库

材料类别	材料编号	材料名称	规格	计量单位	请领数量	实发数量	单价	金额
型　钢	10021	圆　钢	8 cm	千克	1 000	1 005	3.60	3 618.00

生产部门负责人：周强　　　领料人：施明华　　　发料人：蔡刚

领料单可以一单一料,也可以一单多料,它适用于领用次数不多、零星消耗、不经常使用以及没有制定消耗定额材料的领发业务。

（二）限额领料单

限额领料单是指在当月或一定的时期内，按照规定的限额，可以多次使用的领发材料凭证。限额领料单一式三联，它是由供应部门或生产计划部门在月初根据生产计划和产品消耗定额等有关资料，按车间、部门或工作令号填明所需要的材料品种和限额，经供应部门或生产计划部门负责人签章后，除一联留存备查外，另外两联，一联送交用料车间或部门；另一联送交仓库，分别作为当月领发材料的依据。限额领料单的格式如表3-2所示。

表3-2

限 额 领 料 单

编号：78521

领料部门：金工车间　　　　　　　　　　　　　　　　产品名称：B产品
发料仓库：钢材仓库　　　　　2021年5月份　　　　　计划产量：1 000 只
　　　　　　　　　　　　　　　　　　　　　　　　　单位消耗定额：9 千克

材料类别	材料编号	材料名称	规格	计量单位	全月领用限额	全月实领数量	单价（元）	金额（元）	备注
型 钢	10026	圆 钢	10 cm	千克	9 000	8 880	3.75	33 300.00	

领料日期	请领数量	实发数量	限额结余数量	领料人签章	发料人签章
5月1日	4 000	4 002	4 998	林放	徐明
5月12日	3 600	3 196	1 702	林放	徐明
5月22日	1 680	1 682	20	林放	徐明

供应部门负责人：关明铭　　　　　　　　　　　　生产部门负责人：曹立国

限额领料单上列明的全月领用限额是领料部门本月可领用材料的最高限额。领料部门可以根据生产的需要，在规定的限额内一次或分次领用。如果超过限额领料范围，需要另行填制领料单的，经有关部门审核批准后，可以办理领发材料手续。

限额领料单可以有效地监督材料消耗定额的执行，以控制材料的耗费，促使领料部门合理、节约地使用材料，降低产品的材料费用，也便于仓库主动备料。限额领料单可以一单一料，在配套发料的情况下，也可以一单多料，它适用于经常领用，并已制定消耗定额材料的领发业务。

（三）领料登记表

领料登记表是指在当月或一定时期内可以多次使用的领发材料的凭证。领料登记表一式二联，平时存于仓库。领料时，由领料人在该表上签收。月末汇总后，仓库自留一联，另一联转交财会部门入账。领料登记表的格式如表3-3所示。

表 3-3

领 料 登 记 表

领料部门：基本生产车间　　　　　2021年5月　　　　　　　发料仓库：油库

材料类别	材料编号	材料名称	规　　格	计量单位
油　料	30256	润滑油	5号	千克
日　　期	领用数量	累计领用数量	领料人	发料人
5月1日	30	30	胡平	王飞
5月8日	20	50	周飞	王飞
5月18日	20	70	吴健	王飞
5月27日	30	100	刘琦	王飞
材料单价	6.80		合计金额	680.00

领料登记表通常一料一单，它适用于领用频繁、数量零星、价值低的辅助材料。通过设置领料登记表，可以简化平时领发材料的手续，也便于月末对耗用材料的汇总。

（四）退料单

退料单是指领料部门将已领未用的多余材料退回仓库的凭证。退料单一式三联，由退料部门退料时填制。退料后，退料部门留下一联，作为退料的依据；仓库留下一联，作为收料的依据；另一联送交财会部门入账。退料单的格式如表3-4所示。

表 3-4

退　料　单

退料部门：基本生产车间　　　　2021年5月31日　　　　　收料仓库：钢材仓库

材料类别	材料编号	材料名称	规格	计量单位	数量	单价（元）	金额（元）
型　钢	10021	圆钢	8 cm	千克	25	3.60	90.00
退料原因	生产A产品余料						

生产部门负责人：周强　　　　　退料人：朱克明　　　　　收料人：蔡刚

在月末，为了正确反映原材料的价值和计算产品成本，生产车间必须将已领未用的材料填制退料单，办理退料手续。对于不再使用的材料将其退回仓库；对于下月仍需继续使用的材料，应办理假退料手续。在填制退料单的同时，填制下月的领料单，材料不必退回仓库。

三、材料发出的计价

材料发出有按实际成本计价和按计划成本计价两种，现分别予以阐述。

(一) 按实际成本计价

材料的实际成本就是材料的实际采购成本。企业购进的材料由于产地、价格和运输费用的不同,各批购进材料的单位成本往往各不相同,因此,必须采用一定的方法,确定材料发出的单位成本。根据财政部的规定,企业对材料的计价可以选择采用先进先出法、加权平均法、移动平均法或个别计价法等。对于不同的材料可以采用不同的计价方法。但方法一经确定后,不得随意变更。这些方法在《财务会计》一书中已作了介绍,本书不再重复。

(二) 按计划成本计价

当企业材料的品种、规格复杂繁多时,原材料按实际成本核算的工作量很大。为了简化核算手续,可以对发出材料的成本按事先制定的计划成本计价,到月末再将发出材料的计划成本调整成为实际成本。调整的方法是将期末的材料成本差异在已经发出材料和期末结存材料之间进行分摊,其计算公式如下:

$$材料成本差异率 = \frac{期初结存材料成本差异 + 本期收入材料成本差异}{期初结存材料计划成本 + 本期收入材料计划成本} \times 100\%$$

$$本期发出材料应分摊的材料成本差异 = 发出材料的计划成本 \times 材料成本差异率$$

计算的结果如果是正数,表示实际成本大于计划成本,是超支,应借记"基本生产成本""辅助生产成本""制造费用""销售费用"和"管理费用"等账户,贷记"材料成本差异"账户;计算的结果如果是负数,表示实际成本小于计划成本,是节约,应借记"材料成本差异"账户,贷记"基本生产成本""辅助生产成本""制造费用""销售费用"和"管理费用"等账户。

企业各种材料的差异率各不相同,为了保证材料费用核算的正确性,可以将材料分类计算差异率,按各类材料不同的差异率来分摊材料成本差异。

四、材料费用的归集

工业企业发生的材料费用应根据领料单、限额领料单、领料登记表和退料单上列明的领料部门及领料用途,分别确定不同的对象进行归集。

基本生产车间领用的直接用于生产产品的,构成产品实体或有助于产品形成的原料及主要材料、辅助材料、燃料等,应直接归集在与基本生产成本有关的产品明细分类账户;辅助生产车间领用的为生产辅助产品或劳务的各种材料,应归集在"辅助生产成本"账户;各基本生产车间领用的间接用于产品成本的各种材料,应归集在"制造费用"账户;销售部门领用的用于销售产品的材料,应归集在"销售费用"账户;企业行政管理部门领用的材料,应归集在"管理费用"账户。

五、材料费用的分配

工业企业在领用的材料生产多种产品时,就需要采用既合理又简便的方法,将发生的材料费用在各种产品之间进行分配。

材料费用的分配标准很多,通常有定额消耗量比例、定额成本比例、重量比例、产量比例等。材料费用分配的计算公式如下:

$$材料费用分配率=\frac{各种产品共同耗费的直接材料费用}{各种产品的分配标准数额总和}$$

某种产品应分配的直接材料费用=该产品的分配标准数额×材料费用分配率

【例 3-1】 静安工厂 7 月份生产 A,B 两种产品,共同耗费扁钢 27 000 千克,每千克 3.60 元,计 97 200 元。生产 A 产品 2 500 只,单位定额消耗量为 8 千克;生产 B 产品 1 000 只,单位定额消耗量为 10 千克。按材料定额消耗量的比例分配 A,B 两种产品的直接材料费用如下:

A 产品扁钢定额消耗量=2 500×8=20 000(千克)

B 产品扁钢定额消耗量=1 000×10=10 000(千克)

$$材料费用分配率=\frac{97\ 200}{20\ 000+10\ 000}=3.24$$

A 产品应分配直接材料费用=20 000×3.24=64 800(元)

B 产品应分配直接材料费用=10 000×3.24=32 400(元)

按材料定额消耗量比例分配直接材料费用,可以考核材料消耗定额的执行情况,便于分析材料耗费差异对成本的影响,有利于加强对材料消耗的管理。

六、材料费用归集分配的核算

工业企业各种材料费用的归集和分配是通过编制材料费用归集分配汇总表进行的。材料费用归集分配汇总表是根据领料单、限额领料单、领料登记表和退料单等原始凭证,按领料部门及用途直接计入或分配后计入各有关账户编制而成的。材料费用的核算分为实际成本计价和计划成本计价两种,现分别予以阐述。

(一)材料费用按实际成本归集和分配的核算

材料按实际成本计价时,在编制材料费用归集分配汇总表时,可以根据领料凭证上的实际成本加总填列。若有退料凭证的,则应将其金额从相关的领料凭证中扣除。按实际成本计价的材料费用归集分配汇总表如表 3-5 所示。

【例 3-2】 静安工厂材料按实际成本计价,2021 年 5 月 31 日,编制 5 月份材料费用归集分配汇总表如表 3-5 所示。

表3-5

材料费用归集分配汇总表（按实际成本计价）

2021年5月31日　　　　　　　　　　　　　　　　金额单位：元

应借账户		成本（费用）项目	直接计入	分配计入			合计
				定额消耗量（千克）	分配率	分配金额	
基本生产成本	A产品	直接材料	56 110	20 000	3.24	64 800	120 910
	B产品	直接材料	33 820	10 000	3.24	32 400	66 220
	小　计		89 930	30 000		97 200	187 130
辅助生产成本	供电车间	直接材料	17 520				17 520
	供气车间	直接材料	9 680				9 680
	小　计		27 200				27 200
制造费用	基本生产车间	机物料消耗	8 930				8 930
	辅助生产车间	机物料消耗	1 100				1 100
	小　计		10 030				10 030
销售费用		销售机构经费	3 820				3 820
管理费用		公司经费	4 550				4 550
合　计			135 530			97 200	232 730

根据上列材料费用归集分配汇总表，作分录如下：

借：基本生产成本——A产品　　　　　　　　　　　　　　120 910.00
　　基本生产成本——B产品　　　　　　　　　　　　　　 66 220.00
　　辅助生产成本——供电车间　　　　　　　　　　　　 17 520.00
　　辅助生产成本——供气车间　　　　　　　　　　　　 9 680.00
　　制造费用——基本生产车间——机物料消耗　　　　　 8 930.00
　　制造费用——辅助生产车间——机物料消耗　　　　　 1 100.00
　　销售费用——销售机构经费　　　　　　　　　　　　 3 820.00
　　管理费用——公司经费　　　　　　　　　　　　　　 4 550.00
　　贷：原材料　　　　　　　　　　　　　　　　　　　232 730.00

（二）材料费用按计划成本归集和分配的核算

材料按计划成本计价时，材料费用归集分配汇总表除了要设置"计划成本"栏外，还要设置"差异率"和"差异额"栏。在编制材料费用归集汇总表时，首先根据领料凭证上的计划成本加总后，直接填入或分配后填入相关的"计划成本"栏内，然后根据本月各种材料的成本差异率，计算应负担的差异数填入"差异额"栏内。采用计划成本计价的材料费用归集分配表如表3-6所示。

表3-6

材料费用归集分配汇总表（按计划成本计价）

2021年5月31日

金额单位：元

应借账户	成本(费用)项目	直接计入计划成本	分配计入计划成本			计划成本合计	差异率	差异额	实际成本
			定额消耗量	分配率	分配金额				
1	2	3	4	5	6=4×5	7=3+6	8	9=7×8	10=7+9
基本生产成本	A产品 直接材料	58 000	20 000	2.75	55 000	113 000	1%	1 130	114 130
	B产品 直接材料	34 500	12 000	2.75	33 000	67 500	1%	675	68 175
	小计	92 500	32 000		88 000	180 500	—	1 805	182 305
辅助生产成本	供电车间 直接材料	18 000				18 000	1%	180	18 180
	供气车间 直接材料	11 000				11 000	1%	110	11 110
	小计	29 000				29 000	—	290	29 290
制造费用	基本生产车间 机物料消耗	8 600				8 600	1%	86	8 686
	辅助生产车间 机物料消耗	1 000				1 000	1%	10	1 010
	小计	9 600				9 600	—	96	9 696
销售费用	销售机构经费	2 700				2 700	1%	27	2 727
管理费用	公司经费	3 800				3 800	1%	38	3 838
合计		137 600			88 000	225 600	—	2 256	227 856

【例 3-3】 武泰工厂材料按计划成本计价,材料成本差异率为1‰,2021年5月31日,编制5月份材料费用归集分配汇总表如表3-6所示。

根据上列材料费用归集分配表进行账务处理。

(1) 分配各部门耗用材料的计划成本,作分录如下:

借:基本生产成本——A产品	113 000.00
基本生产成本——B产品	67 500.00
辅助生产成本——供电车间	18 000.00
辅助生产成本——供气车间	11 000.00
制造费用——基本生产车间——机物料消耗	8 600.00
制造费用——辅助生产车间——机物料消耗	1 000.00
销售费用——销售机构经费	2 700.00
管理费用——公司经费	3 800.00
贷:原材料	225 600.00

(2) 调整发出原材料超支的差异,作分录如下:

借:基本生产成本——A产品	1 130.00
基本生产成本——B产品	675.00
辅助生产成本——供电车间	180.00
辅助生产成本——供气车间	110.00
制造费用——基本生产车间——机物料消耗	86.00
制造费用——辅助生产费用——机物料消耗	10.00
销售费用——销售机构经费	27.00
管理费用——公司经费	38.00
贷:材料成本差异	2 256.00

七、包装费用的归集与分配

包装物是指为了包装本企业产品而储备的各种包装容器,如桶、箱、瓶、坛、袋等。包装物属于材料的范畴,虽然它的领发手续和管理与其他材料相同,但是,它在核算上有一定的特殊性,因此需要单独进行阐述。

企业发生的包装费用,应根据领料单上列明的领用包装物的部门和用途,通过编制包装费用归集和分配表进行归集和分配的。对于基本生产车间领用的用于包装产品成为产品组成部分的包装物,应将其作为产品成本的组成部分,记入与"基本生产成本"相关产品的明细账户;对于销售部门领用的随同产品出售而不单独计价的包装物,因为它是为产品销售而发生的费用,故应记入"销售费用"账户;对于销售部门领用的随同产品出售而单独计价的包装物,应与材料的销售相一致,其销售收入记入"其他业务收入"账户,其成本则记入"其他业务成本"账户;对于出租的包装物,其租金收入记入"其他业务收入"账户,其成本在新包装物第一次领用时,记入"其他业务成本"账户;对于出借的包装物,因为它是为产品销售服务的,那么其成本在新包装物第一次领用时,应记入"销售费用"账户。

【例3-4】 武泰工厂包装物按计划成本计价,包装物的成本差异率为-2%。2021年5月31日,编制5月份包装费用归集分配汇总表如表3-7所示。

表3-7

包装费用归集分配汇总表

2021年5月31日　　　　　　　　　　　　金额单位:元

应借账户		成本(费用)项目	计划成本	差异率	差异额	实际成本
基本生产成本	A产品	直接材料	9 500	-2%	-190	9 310
	B产品	直接材料	5 600	-2%	-112	5 488
	小　计		15 100	—	-302	14 798
销售费用		包装费	3 800	-2%	-76	3 724
其他业务成本		出售包装物成本	4 500	-2%	-90	4 410
合　计			23 400	—	-468	22 932

根据上列包装费用归集分配汇总表进行账务处理。

(1) 分配各部门耗用包装物的计划成本。作分录如下:

　　借:基本生产成本——A产品　　　　　　　　　　　　　9 500.00

　　　　基本生产成本——B产品　　　　　　　　　　　　　5 600.00

　　　　销售费用——包装费　　　　　　　　　　　　　　　3 800.00

　　　　其他业务成本——出售包装物成本　　　　　　　　　4 500.00

　　　贷:包装物　　　　　　　　　　　　　　　　　　　　23 400.00

(2) 调整发出包装物节约的差异。作分录如下:

　　借:材料成本差异　　　　　　　　　　　　　　　　　　468.00

　　　贷:基本生产成本——A产品　　　　　　　　　　　　190.00

　　　　　基本生产成本——B产品　　　　　　　　　　　　112.00

　　　　　销售费用——包装费　　　　　　　　　　　　　　76.00

　　　　　其他业务成本——出售包装成本　　　　　　　　　90.00

第二节 人工费用的归集和分配

一、人工费用概述

人工费用也就是企业发生的职工薪酬，它是指企业为获得职工提供服务而给予职工各种形式的报酬以及其他相关支出。它由两个部分构成，其中：直接支付给职工个人的部分构成了工资总额，不直接支付给职工个人的部分构成了其他相关支出。

（一）工资总额

工资总额是指各企业在一定时期内直接支付给本企业全部职工的劳动报酬总额。它包括计时工资、计件工资、奖金、津贴和补贴、加班加点工资以及特殊情况下支付的工资。

1. 计时工资 它是指按计时工资标准和工作时间计算支付给职工的劳动报酬。计时工资标准是指根据各位职工的工作能力、劳动熟练程度、技术复杂程度和劳动繁简轻重程度，以及所负责任大小确定单位时间内的工资标准。计时工资包括下列三项内容。① 对已做工作按计时工资标准支付的工资。② 实行结构工资制的企业支付给职工的基础工资和职务（岗位）工资。③ 新参加工作职工的见习工资等。

2. 计件工资 它是指按职工所完成的工作量和计件单价计算支付的劳动报酬。计件单价是指完成单位工作量的工资标准。计件工资通常选用下列三种方式。① 在实行超额累进计件、直接无限计件、限额计件、超定额计件等计件工资形式下，根据各种形式的不同计算规定和计件单价支付给职工的工资。② 按工作任务包干办法支付给职工的工资。③ 按营业额提存或利润提成办法支付给职工的工资。

3. 奖金 它是指对职工的超额劳动，在计时工资或计件工资以外支付给职工的奖励性质的劳动报酬。奖金包括生产奖、节约奖、劳动竞赛奖和其他经常性奖金。

4. 津贴和补贴 它是指为补偿职工特殊或额外劳动消耗和因其他特殊原因支付给职工的津贴，以及为保证职工工资水平不受物价上升影响而支付给职工的物价补贴。津贴和补贴包括特殊津贴、野外工作津贴、保健性津贴、技术性津贴、年功津贴和物价补贴等。

5. 加班加点工资 它是指按照规定对职工在法定工作时间以外从事的劳动所支付给职工的加班工资和加点工资。

6. 特殊情况下支付的工资 它是指按照国家法律、法规和政策的规定，在某些非工作时间内支付给职工的工资，以及按规定支付给职工的附加工资和保留工资。非工作时间内支付的工资包括职工病假、工伤假、产假、计划生育假、婚丧假、探亲假、定期休假以及停工学习、执行国家和社会义务等期间,分别按计时工资标准或按这一标准的一定比例支付的工资。

(二)其他相关支出

其他相关支出是指除了直接支付给职工个人以外的、以工资总额为基础计算的相关支出。它主要包括以下六项内容。

1. 职工福利费　它是指用于职工医疗卫生、生活困难补助、集体福利设施等支出。根据规定,职工福利费按工资总额的14%提取。

2. 工会经费和职工教育经费　工会经费是指工会组织的活动经费。根据规定,工会经费按工资总额的2%提取。职工教育经费是指企业用于职工学习先进技术和科学文化的经费。根据规定,职工教育经费按工资总额的1.5%～2.5%提取。

3. 社会保险费　它是指企业按照国家规定的基准和比例计算的、向社会保险经办机构交纳的费用。它主要包括医疗保险费、养老保险费和失业保险费。

(1)医疗保险费　它是指由企业负担的用于职工医疗保险的费用。企业按工资总额的12%交纳,职工按工资总额的2%交纳。需要注意的是企业按工资总额12%交纳的医药保险费包含在职工福利费内,因此不再需要另行提取。

(2)养老保险费　它是指由企业负担的用于职工退休后支付职工退休金的费用。企业按工资总额的20%交纳,职工按工资总额的8%交纳。

(3)失业保险费　它是指由企业负担的用于职工失业的保险费用。企业按工资总额的1%交纳,职工按工资总额的0.5%交纳。

4. 住房公积金　它是指企业为其在职职工交存的长期住房储金。企业按工资总额的7%交纳,职工也按工资总额的7%交纳。

5. 非货币性福利　它是指企业以货币以外的资产发放给职工的各种福利,如将自产产品发放给职工,将企业拥有的房屋或企业租赁住房等资产供职工无偿使用等。

6. 辞退福利　它是指企业由于各种原因,在职工劳动合同到期之前解除与职工的劳动关系,或者为鼓励职工自愿接受裁减而提出的补偿建议和计划中给予的经济补偿。

二、职工工资核算的基础工作

为了正确地计算职工的工资,进行职工工资的核算,必须做好职工工资核算的基础工作。企业应根据管理的需要和生产工艺特点,科学合理地确定职工工资核算所需的原始记录的种类、格式及记录方式。职工工资核算的原始记录主要有考勤记录和产量工时记录。

(一)考勤记录

考勤记录是指登记职工出勤和缺勤的时间及情况的原始记录。考勤记录既为企业计算计时工资、加班加点工资、中夜班津贴提供了依据,又为企业加强劳动管理和劳动纪律、提高出勤率和工时利用率发挥了重要的作用。考勤记录主要有考勤簿和考勤卡两种形式。

1. 考勤簿　　考勤簿可以根据企业的具体情况,按车间、部门或班组分月设置,由考勤员根据每个职工每天出勤和缺勤的情况,逐日进行登记。月末根据考勤记录统计每个职工的出勤、缺勤的时间和缺勤的原因,作为计算应发计时工资、加班加点工资及中夜班津贴的依据,考勤簿的格式如表3-8所示。

表3-8

考　勤　簿

车间或部门：行政管理　　　　　2021年5月　　　　　考勤员：李珊

编号	姓名	职务或工种	工资等级	出勤和缺勤情况				出勤分类					缺勤分类				备注
				1	2	30	31	合计出勤	合计缺勤	计时工作	计件工作	夜班	加班加点	迟到早退	公假	公伤	病假	事假	
1	王新	办事员	3	√	病	√	√	20	2								2		
2	刘红	办事员	4	√	√	√	√	22	0										
3	黄仁	办事员	5	事	√	事	√	19	3									3	

2. 考勤卡　　考勤卡应按每个职工设置,每人每月一张。考勤卡的内容与考勤簿基本相似。每个职工上班时,将考勤卡交给考勤员记录考勤,下班时再由考勤员发还给职工本人。有的企业采用自动考勤机考勤,以节省人力。

(二) 产量和工时记录

产量和工时记录是指登记工人或生产班组在出勤时间内完成产品数量、质量和生产这些产品所耗费的工时数量的原始记录。产量和工时记录不仅是计算职工计件工资的依据,同时也是统计产量和生产工时的依据,从而为分配直接工资费用和其他与工时有关的费用提供了资料。企业还可以凭借产量和工时记录,监督生产作业计划和工时定额的完成情况,从而考核企业劳动生产率水平的高低。生产车间的工艺过程和生产组织的特点以及产品的性质不同,产量和工时记录的内容、格式和登记程序也各不相同。企业采用的产量和工时记录通常有工作通知单、工序进程单和工作班产量记录等。

1. 工作通知单　　它又称工票,是指以每个工人或生产班组所从事的每项工作或每道工序为对象所签发的、用以分配生产任务并记录其产量和工时的原始记录。

工作通知单由生产调度部门根据生产作业计划的安排,在工作开始以前签发给工人或生产班组,工人或生产班组按照单内规定的生产任务,领取材料,进行加工。加工完毕后,由加工者将加工产品数量和实用工时填入单内,连同产品一并送交质量检验员验收,由其将验收结果填入单内,经签章后才能据以计算计件工资。工作通知单的格式如表3-9所示。

表3-9

工作通知单

编号:705

生产车间:金工 生产班组:3 工人姓名:张大为
设备名称:车床 设备编号:195 2021年5月10日 工号:81

产品型号或订单号	零件名称	零件编号	工序名称	工序编号	工作等级	计量单位	单位定额工时(分)	生产任务	
								数量	定额工时
3211	齿轮	178	车	25	4	只	28	17	7:56

任务完成情况						交验结果							
开工时间			完工时间			实用工时	交验数量	合格品数量	定额工时	返修数量	工废数量	料废数量	短缺数量	检验员	废品通知单号
月	日	时	分	月	日	时	分									
5	10	8	0	5	10	16	10	7:40	17	15	7:56	1		1		王莹	51

计件工资				备注:
计件单价(元)	合格品工资(元)	废品工资(元)	工资合计(元)	
10.88	163.20	10.88	174.08	

由于工作通知单只能反映加工产品在个别工序上的加工过程,而不能反映加工产品在整个工艺过程中的连续加工过程,因此适用于单件、小批生产的企业或车间,以及个别的、一次性的作业。

2.工序进程单 它又称加工路线单,是指以每一批加工产品的整个工艺流程为对象签发的,用以分配生产任务,并记录每道工序的产量和工时的原始记录。工序进程单由生产调度部门根据车间生产计划、工艺技术规程、生产批别和定额消耗等资料填制签发,用以分配生产任务。其格式如表3-10所示。

表 3-10

工序进程单

编号：772

生产车间：金工
工　　段：2　　　　2021年5月2日

产品型号或订单号	产品或零件			投入材料或半成品			
	编号	名称	计量单位	编号	名称	计量单位	数量
998	75	底盘	件	1018	毛坯	件	30

机床编号	生产任务				任务完成情况			交验结果						
	工序	单位定额工时（分）	工作等级	工人姓名	加工数量	加工日期	完工日期	实用工时	交验数量	合格数量	定额工时	返修数量	工废数量	料废数量	短缺数量	验收日期	检验员
01	1	6	4	王婷	30	7/2	7/2	5:40	30	30	6:00					7/2	2
02	2	8	5	肖扬	30	7/2	7/3	7:20	30	29	7:44	1				7/3	2
03	3	5	5	张宏	29	7/3	7/3	4:45	29	28	4:40		1			7/3	2

　　工序进程单是跟随零件的整个加工过程，顺序登记各道工序的实际产量和工时，以及工序间零件的交接手续。设置工序进程单，有利于监督产品生产过程，正确执行规定的工艺流程，控制各道工序加工产品的数量，保证成套、均衡地组织生产，它适用于成批生产的企业或车间。

　　然而一批产品的加工过程往往要经过几个生产班组及车间。这样，一张工序进程单内记录了几个生产班组或车间工人的产量和耗用的工时，并且一个生产班组也往往会同时加工几种零件；一个生产班组的产量和耗用的工时又分别记录在几张工序进程单内。为了集中反映一个生产班组的产量和耗用的工时，便于计算计件工资，还必须编制工作班产量记录。

　　3. 工作班产量记录　　它又称工作班报告，是指按生产班组设置的，反映一个班组的工人在一个工作班内所生产产品的数量和所耗用工时的原始记录。工作班产量记录应按班组的工人分行登记。在工作班开始工作前，由有关人员将工序进程单连同领用的材料、零件、半成品等一并交给操作工人，操作工人据以进行生产，而工作班产量记录则由检验人员保存。操作工人完成工作任务后，将完工产品和工序进程单交班组长查点，然后转由检验员验收，并将检验的结果在工序进程单和工作班产量记录中进行登记。在工作班结束后，由班组长注明实际工时，经工段长和检验员签名后,作为统计产量、工时和计算计件工资的依据。工作班产量记录的格式如表3-11所示。

表3-11

工作班产量记录

编号:155
生产车间:金工　　　　　　　　　　　　　　　　　班组:1
工　段:2　　　　　2021年5月2日　　　　　　检验员:王峰明

姓名	进程单号数	产品型号或订单号	零件编号	零件名称	工序名称	交验数量	交验结果 合格数量	返修数量	工废数量	料废数量	短缺数量	单位定额工时	完成定额工时	实际工时	计件单价	计件工资 合格品工资	废品工资	合计
王婷	772	998	75	底盘	1	30	30					0:12	6:00	5:40	4.32	129.60		129.60
肖扬	772	998	75	底盘	2	30	29		1			0:16	7:44	7:20	5.80	168.20		168.20
张宏	772	998	75	底盘	3	29	28			1		0:10	4:40	4:45	3.68	103.04	3.68	106.72

三、职工工资的计算

职工工资的计算是企业职工工资归集和分配的基础,也是企业与职工之间进行工资结算的依据。现将职工工资中计算比较复杂的计时工资和计件工资分别予以阐述。

(一)计时工资的计算

计时工资是根据每位职工规定的工资标准和考勤的记录计算的,它分为月薪制与日薪制两种。

1. 月薪制　　它是指根据每位职工的月工资标准和出勤情况,计算计时工资的方法。采用月薪制时,不论各月节假日是多少,职工只要出满勤,都可以取得全月的工资。如果职工发生缺勤时,就应按月工资标准扣除缺勤日的工资。这就需要将月工资标准计算成日工资标准。

日工资标准有按法定工作日计算和按日历天数计算两种。分述如下:

(1)日工资标准按法定工作日计算　　采用这种方法计算时,休假日和节假日都不计算工资,只有法定工作日才计算工资,其计算公式如下:

$$日工资标准 = \frac{月工资标准}{平均每月工作日数}$$

$$平均每月工作日数 = \frac{全年工作日数}{12}$$

即

$$平均每月工作日数 = \frac{365-104-11}{12} = 20.83(天)$$

按法定工作日计算日工资标准时,由于休假日与节假日是不含工资的,因此当连续缺勤期间含有休假日、节假日的,缺勤日数要扣除休假日、节假日计算。

(2) 日工资标准按日历日数计算　　采用这种方法计算时,全年总日数按国家统计口径 360 日计算,这样平均每月为 30 日,其计算公式如下:

$$日工资标准=\frac{月工资标准}{30 日}$$

按日历日数计算日工资标准时,由于休假日、节假日也含有工资,当连续缺勤期间含有休假日、节假日时,那么休假日、节假日也应按缺勤日数计算,予以扣发工资。

计算出日工资标准后,再据以计算缺勤应扣工资。缺勤应扣工资分为事假、旷工应扣工资和病假应扣工资两种,其计算公式如下:

$$事假、旷工应扣工资=日工资标准×事假、旷工天数$$
$$病假应扣工资=日工资标准×病假天数×病假扣款率$$

然后将职工的月工资标准扣除缺勤应扣工资,即为应付职工计时工资。

【例 3-5】　东海工厂行政管理部门职工王新月工资标准为 4 800 元,黄仁为 5 400 元。5 月份考勤记录反映王新病假 5 天,黄仁事假 3 天,王新的病假应扣工资折扣率为 20%。

(1) 按法定工作日计算王新、黄仁的计时工资。

$$王新日工资标准=\frac{4\ 800}{20.83}=230.44(元)$$

$$应付王新计时工资=4\ 800-230.44×5×20\%=4\ 569.56(元)$$

$$黄仁日工资标准=\frac{5\ 400}{20.83}=259.24(元)$$

$$应付黄仁计时工资=5\ 400-259.24×3=4\ 622.28(元)$$

(2) 按日历日数计算王新、黄仁的计时工资。

$$王新日工资标准=\frac{4\ 800}{30}=160(元)$$

$$应付王新计时工资=4\ 800-160×5×20\%=4\ 640(元)$$

$$黄仁日工资标准=\frac{5\ 400}{30}=180(元)$$

$$应付黄仁计时工资=5\ 400-180×3=4\ 860(元)$$

日工资标准的两种计算标准,很显然按法定工作日计算更为合理。日工资标准除了用于计算职工缺勤应扣工资外,还用于计算职工的加班加点工资。

采用月薪制计算应付职工计时工资时,是采用缺勤扣款的方法计算的,由于多数职工是出满勤的,因此计算起来较为简便。

2. 日薪制　　它是指根据每位职工的日工资标准和出勤情况计算计时工资的方

法。其计算公式如下:

$$应付职工计时工资＝日工资标准\times 出勤天数$$

采用日薪制计算应付职工计时工资时,由于各个月份实际日数不同,职工的出勤天数也不同,因此各个月份都要计算,工作量较大。日薪制通常适用于计算临时工的工资。

(二) 计件工资的计算

计件工资是根据工作班产量记录或工作通知单登记的产量,乘以规定的计件单价计算的。由于产量中既有合格品又有废品,因此,废品该不该支付计件工资呢? 这就需要对废品进行分析。废品有料废和工废两种。

料废是指因原材料质量不合格所产生的废品。很显然料废是客观原因造成的,因此对于加工完毕后,在检验时发现的料废可以与合格品一样计算计件工资;对于在加工过程中发现的料废,则应根据生产工人完成的定额工时,计算其计件工资。

工废是指因人工操作不当等过失原因所产生的废品。很显然工废是主观原因造成的,因此其不但不能计算计件工资,还可能根据具体情况对当事人处以罚款。

计件单价是根据加工单位产品的定额工时,乘以该加工产品的加工等级计算的小时工资标准而取得的。计件工资有个人计件工资和集体计件工资两种。

1. 个人计件工资的计算　　个人计件工资是指根据每个职工完成的产量和规定的计件单价计算的。

【例3-6】 甲产品规定车工的加工等级为4级。4级车工小时工资标准为27元,甲产品的单位定额工时为10分钟。工人王玉林3月份加工甲产品1 100件,其中:合格品1 086件,料废8件,工废6件。料废中有5件是在加工完成后检验时发现的,3件是在加工过程中发现的。3件料废共完成定额工时15分钟。计算甲产品的计件单价和应付王玉林7月份计件工资如下:

$$甲产品计件单价=27\times \frac{10}{60}=4.50(元)$$

$$应付王玉林3月份计件工资=(1\ 086+5)\times 4.50+\frac{15}{60}\times 4.50=4\ 910.63(元)$$

2. 集体计件工资的计算　　集体计件工资是指先根据生产集体完成的产量和规定的计件单价计算生产集体应得的计件工资,进而将生产集体应得的计件工资按生产集体内各成员在工作时间内完成的定额工时和每定额工时的工资标准进行分配。通常编制集体计件工资分配表进行分配,其格式如表3-12所示。

【例3-7】 川沙工厂金工车间第一小组5月份生产完工A产品100件,每件计件工资为178.08元。该组工人共完成定额工时696个,按定额工时计算的工资为16 960元。

计算该小组应得的计件工资、工资分配率并分配每个工人应得的计件工资如下：

应付金工车间第一小组计件工资＝100×178.08＝17 808(元)

$$工资分配率=\frac{17\ 808}{16\ 960}=1.05$$

表 3-12

集体计件工资分配表

2021年5月份   金额单位：元

职工姓名	工作等级	每定额工时工资标准	完成定额工时	按定额工时计算的工资	工资分配率	计件工资
(1)	(2)	(3)	(4)	(5)=(3)×(4)	(6)	(7)=(5)×(6)
于春梅	3	21.50	174	3 741.00	1.05	3 928.05
叶　新	4	23.00	175	4 025.00	1.05	4 226.25
李　舟	5	25.00	174	4 350.00	1.05	4 567.50
沈丹仁	6	28.00	173	4 844.00	1.05	5 086.20
合　计	—			16 960.00	1.05	17 808.00

四、职工工资、奖金、津贴和补贴的归集与分配的核算

(一) 职工工资、奖金、津贴和补贴的结算与归集

1. **职工工资、奖金、津贴和补贴的结算**   企业分别计算应付每个职工的计时工资或计件工资后，根据已确定的每个职工的奖金、津贴和补贴等，计算每个职工的应发薪酬。其计算公式如下：

应发薪酬＝应发计时工资或计件工资＋奖金＋津贴和补贴

企业在向职工支付薪酬时，还要扣除职工应交的住房公积金、养老保险费、医疗保险费和失业保险费等社会保险费以及个人所得税等代扣款项，因此工资费用的结算就是企业与职工之间进行工资费用与代扣款项的结算。在结算时应将应发薪酬减去代扣款项计算职工薪酬的实发金额。

在实际工作中，企业是通过编制工资结算单来结算职工薪酬的。工资结算单是分车间或部门编制的，一式三联。一联裁成"工资条"连同实发金额一并发给职工，便于其进行核对；一联经职工签收后作为职工薪酬结算和发放的原始凭证，由财会部门入账；一联由劳动工资部门留存，以作为进行劳动工资统计的依据。工资结算单的格式如

表 3-13 所示。

2. 职工工资、奖金、津贴和补贴的归集及核算　　企业的工资结算单是按车间或部门编制的。为了全面反映企业职工工资、奖金、津贴和补贴工资的结算情况,便于进行会计核算,需要将其进行归集。归集时将按各车间或部门编制的工资结算单进行汇总,编制工资结算汇总表。其格式如表 3-14 所示。

企业的职工工资、奖金、津贴和补贴归集后,根据工资结算汇总表中"应发薪酬"栏内的金额借记"应付职工薪酬"账户;根据"代扣款项"中的"住房公积金"和"养老保险费"等社会保险费栏内的金额,贷记"其他应付款"账户;根据"个人所得税"栏内的金额,贷记"应交税费"账户。

【例 3-8】 东海机械厂编制 5 月份工资结算汇总表如表 3-14 所示。

(1) 31 日,根据工资结算汇总表中的实发金额提取现金 230 658 元。作分录如下:

　　借:库存现金　　　　　　　　　　　　　　　　　　　　　　　230 658.00
　　　　贷:银行存款　　　　　　　　　　　　　　　　　　　　　　230 658.00

(2) 31 日,根据工资结算汇总表中应发薪酬及代扣款项发放职工薪酬。作分录如下:

　　借:应付职工薪酬——工资　　　　　　　　　　　　　　　　　279 600.00
　　　　贷:其他应付款——住房公积金　　　　　　　　　　　　　　 19 572.00
　　　　　　其他应付款——社会保险费　　　　　　　　　　　　　　 29 358.00
　　　　　　应交税费——应交个人所得税　　　　　　　　　　　　　　　 12.00
　　　　　　库存现金　　　　　　　　　　　　　　　　　　　　　　230 658.00

(二) 职工工资、奖金、津贴和补贴的分配及核算

企业职工工资、奖金、津贴和补贴简称工资费用。工资费用经归集后应按照其发生的车间、部门及人员进行分配。在归集的基本生产车间生产工人的工资费用中,计件工资属于直接计入工资费用,应直接分配记入"基本生产成本"账户所属明细账户;计时工资、奖金、津贴和补贴以及特殊情况下支付的工资等均属于间接计入工资费用,需要按生产工时比例等分配标准分配后再记入"基本生产成本"账户所属各明细账户;归集的基本生产车间管理人员的工资费用应记入"制造费用"账户;归集的辅助生产车间人员的工资费用应记入"辅助生产成本"账户;归集的销售部门人员的工资费用应记入"销售费用"账户;归集的行政管理部门人员的工资费用应记入"管理费用"账户;归集的建筑安装人员的工资费用应记入"在建工程"账户。工资费用的分配一般是通过编制工资费用分配表进行的。

表 3-13

工资

部门：行政管理　　　　　　　　　　　　　　　　　　　　　　　2021年

姓名	计时工资				计件工资	奖金	津贴和补贴	
	工资	缺勤应扣工资		应发计时工资			副食品补贴	中夜班津贴
		病假工资	事假工资					
刘云琳	3 940			3 940		330	50	
周大海	4 290			4 290		360	50	
王 新	4 800		160	4 640		260	50	
黄 仁	5 400		540	4 860		300	50	
赵 云	6 150			6 150		420	50	
合 计	24 580		160	540	23 880		1 670	250

表 3-14

工资结算

2021年

车间或部门	职工类别	应发计时工资	计件工资	奖金	津贴和补贴	
					副食品补贴	中夜班津贴
基本生产车间	生产工人	97 080	90 100	13 470	2 500	1 050
	管理人员	11 580		870	150	
修理车间	全部人员	15 300		1 100	200	
销售部门	销售人员	11 140		910	150	
行政管理部门	管理人员	23 880		1 670	250	
建筑安装部门	安装人员	7 520		580	100	
合 计		166 500	90 100	18 600	3 350	1 050

结 算 单

5月31日　　　　　　　　　　　　　　　　　　　　　　　　　　单位：元

应发薪酬	代扣款项					合计	实发金额	签章
	住房公积金	养老保险费	医疗保险费	失业保险费	个人所得税			
4 320	302.40	345.60	86.40	21.60		756.00	3 564.00	
4 700	329.00	376.00	94.00	23.50		822.50	3 877.50	
4 950	346.50	396.00	99.00	24.75		866.25	4 083.75	
5 210	364.70	416.80	104.20	26.05		911.75	4 298.25	
6 620	463.40	529.60	132.40	33.10	12.00	1 170.50	5 449.50	
25 800	1 806.00	2 064.00	516.00	129.00	12.00	4 527.00	21 273.00	

汇总表

5月31日　　　　　　　　　　　　　　　　　　　　　　　　　　单位：元

应发薪酬	代扣款项					合计	实发金额
	住房公积金	养老保险费	医疗保险费	失业保险费	个人所得税		
204 200	14 294	16 336	4 084	1 021		35 735	168 465
12 600	882	1 008	252	63		2 205	1 0395
16 600	1 162	1 328	332	83		2 905	13 695
12 200	854	976	244	61		2 135	10 065
25 800	1 806	2 064	516	129	12	4 527	21 273
8 200	574	656	164	41		1 435	6 765
279 600	19 572	22 368	5 592	1 398	12	48 942	230 658

对于间接计入工资费用的分配,可以采用实际生产工时比例分配法,也可以采用定额工时比例分配法,企业可以根据具体情况选用。间接计入工资费用分配的计算公式如下:

$$\text{生产工人工资费用分配率} = \frac{\text{各种产品应负担生产工人工资费用总额}}{\text{各种产品实际生产(定额)工时之和}}$$

$$\text{某种产品应分配的生产工人工资费用} = \text{该种产品实际生产(定额)工时} \times \text{生产工人工资费用分配率}$$

【例3-9】 东海机械厂5月份工资结算汇总表如表3-14所示。表3-14中的基本生产车间生产甲、乙两种产品,其计件工资为90 100元,其中:用于甲产品54 140元,用于乙产品35 960元。应发的计时工资、奖金、津贴和补贴等属于间接计入工资费用,按产品的实际生产工时分配,甲产品耗用3 000工时,乙产品耗用2 000工时。

(1)计算间接计入工资费用分配率。

间接计入工资费用 = 97 080 + 13 470 + 2 500 + 1 050
= 114 100(元)

$$\text{间接计入工资费用分配率} = \frac{114\ 100}{3\ 000 + 2\ 000} = 22.82$$

(2)编制工资费用分配表如表3-15所示。

表3-15

工资费用分配表

2021年5月31日　　　　　　　　　　　　　　　金额单位:元

应借账户		成本或费用项目	直接计入工资费用	间接计入工资费用			工资费用合计
				分配标准(生产工时)	分配率	分配金额	
基本生产成本	甲产品	直接人工	54 140	3 000小时	22.82	68 460	122 600
	乙产品	直接人工	35 960	2 000小时	22.82	45 640	81 600
	小计		90 100	5 000小时		114 100	204 200
辅助生产成本	修理车间	直接人工	16 600				16 600
制造费用		人工费用	12 600				12 600
销售费用		销售机构经费	12 200				12 200
管理费用		公司经费	25 800				25 800
在建工程			8 200				8 200
合计			165 500			114 100	279 600

(3)根据工资费用分配表分配职工薪酬。作分录如下:

借：基本生产成本——甲产品　　　　　　　　　　　　　　122 600.00
　　基本生产成本——乙产品　　　　　　　　　　　　　　 81 600.00
　　辅助生产成本——修理车间　　　　　　　　　　　　　 16 600.00
　　制造费用——人工费用　　　　　　　　　　　　　　　 12 600.00
　　销售费用——销售机构经费　　　　　　　　　　　　　 12 200.00
　　管理费用——公司经费　　　　　　　　　　　　　　　 25 800.00
　　在建工程　　　　　　　　　　　　　　　　　　　　　　8 200.00
　　贷：应付职工薪酬——工资　　　　　　　　　　　　　279 600.00

五、其他人工费用的归集与分配的核算

其他人工费用主要有职工福利费、工会经费、职工教育经费、养老保险费、失业保险费等社会保险费和住房公积金，这些人工费用共同的特点是按各类人员工资总额的一定比例进行计提与分配。届时根据工资费用分配表中归集的工资费用合计（即工资总额）编制其他人工费用计算分配表。其格式如表3-16所示。企业在计提这些人工费用时，按生产工人工资总额计提的，应分配记入"基本生产成本"账户；按基本生产车间管理人员工资总额计提的，应分配记入"制造费用"账户；按辅助生产车间人员工资总额计提的，应分配记入"辅助生产成本"账户；按销售部门人员工资总额计提的，应分配记入"销售费用"账户；按行政管理人员工资总额计提的，应分配记入"管理费用"账户；按建筑安装部门人员工资总额计提的，应分配记入"在建工程"账户。

【例3-10】 5月31日，东海机械厂根据本月份的工资费用分配表（见表3-15）中的工资总额，编制其他人工费用计算分配表，如表3-16所示。

根据计算分配的结果，作分录如下：

借：基本生产成本——甲产品　　　　　　　　　　　　　　 55 783.00
　　基本生产成本——乙产品　　　　　　　　　　　　　　 37 128.00
　　辅助生产成本——修理车间　　　　　　　　　　　　　　7 553.00
　　制造费用　　　　　　　　　　　　　　　　　　　　　　5 733.00
　　销售费用　　　　　　　　　　　　　　　　　　　　　　5 551.00
　　管理费用　　　　　　　　　　　　　　　　　　　　　 11 739.00
　　在建工程　　　　　　　　　　　　　　　　　　　　　　3 731.00
　　贷：应付职工薪酬——职工福利　　　　　　　　　　　 39 144.00
　　　　应付职工薪酬——工会经费　　　　　　　　　　　　5 592.00
　　　　应付职工薪酬——职工教育经费　　　　　　　　　　4 194.00
　　　　应付职工薪酬——社会保险费　　　　　　　　　　 58 716.00
　　　　应付职工薪酬——住房公积金　　　　　　　　　　 19 572.00

此外，企业因解除与职工的劳动关系给予的补偿，不论是什么部门的人员，均应列入"管理费用"账户。

表 3-16

其他人工费用

2021年

应借账户		工资总额	职工福利费		工会经费		职工教育经费	
			提取率	提取额	提取率	提取额	提取率	提取额
基本生产成本	甲产品	122 600	14%	17 164	2%	2 452	1.5%	1 839
	乙产品	81 600	14%	11 424	2%	1 632	1.5%	1 224
	小　计	204 200	—	28 588	—	4 084	—	3 063
辅助生产成本	修理车间	16 600	14%	2 324	2%	332	1.5%	249
制造费用		12 600	14%	1 764	2%	252	1.5%	189
销售费用		12 200	14%	1 708	2%	244	1.5%	183
管理费用		25 800	14%	3 612	2%	516	1.5%	387
在建工程		8 200	14%	1 148	2%	164	1.5%	123
合　　计		279 600	—	39 144	—	5 592	—	4 194

第三节　外购动力费用的归集与分配

一、外购动力费用的归集

外购动力费用是指企业向外单位购买电力、蒸气、煤气等动力所支付的费用。外购动力费用是由动力供应单位派遣抄表员,根据抄表员抄录计量仪表上反映耗用动力的数量和计价标准,开列账单向企业收取的。动力费用是先用后付的,也就是说本月发生的动力费用要到次月才支付,而企业进行成本计算的会计期间是以月份为基础的,因此,根据权责发生制的要求,企业必须在月末自行派员抄录计量仪表上反映耗用动力的数量,以确认各期发生的动力费用。

外购动力费用应按耗用部门和用途进行归集。外购动力费用直接用于产品生产的,如基本生产车间工艺用电,应归集在"基本生产成本"账户;间接用于产品生产的,如基本生产车间照明、调节温度用电,应归集在"制造费用"账户;各辅助生产车间耗用的,应归集在"辅助生产成本"账户;用于产品销售的,如销售部门耗用的,应归集在"销售费用"账户,行政管理部门耗用的,应归集在"管理费用"账户。

计算分配表

5月31日　　　　　　　　　　　　　　　　　　　　　　　　金额单位：元

社 会 保 险 费					住房公积金		合 计
养老保险费		失业保险费		小　计	提取率	提取额	
提取率	提取额	提取率	提取额				
20%	24 520	1%	1 226	25 746	7%	8 582	55 783
20%	16 320	1%	816	17 136	7%	5 712	37 128
—	40 840	—	2 042	42 882		14 294	92 911
20%	3 320	1%	166	3 486	7%	1 162	7 553
20%	2 520	1%	126	2 646	7%	882	5 733
20%	2 440	1%	122	2 562	7%	854	5 551
20%	5 160	1%	258	5 418	7%	1 806	11 739
20%	1 640	1%	82	1 722	7%	574	3 731
—	55 920	—	2 796	58 716	—	19 572	127 218

企业为了便于归集各部门不同用途的外购动力费用，可以根据具体需要，在各部门安装计量仪表，届时根据各部门耗用动力的数量，将其乘以外购动力费用的单价，即可确定各账户应归集的金额。

二、外购动力费用的分配

外购动力虽然可以通过仪表计量来确认归集，然而基本生产车间由于同一设备往往生产多种产品，难以为生产的每一种产品安装计量仪表，因此，基本生产车间直接用于生产产品的外购动力费用，应选择适当的标准，在生产的各种产品之间进行分配。分配的标准有生产工时比例、机器功率时数比例、定额消耗量比例等。外购动力分配的计算公式如下：

$$动力费用分配率 = \frac{各种产品耗用的外购动力费用}{各种产品的分配标准数额之和}$$

$$某种产品应分配的外购动力费用 = 该种产品的分配标准数额 \times 动力费用分配率$$

【例3-11】 沪光工厂4月份基本生产车间生产甲、乙两种产品，共耗用外购电力36 000度，每度0.60元，计21 600元。生产甲产品耗用7 200工时，生产乙产品耗用4 800工时，按生产工时分配动力费用如下：

动力费用分配率 = $\dfrac{21\,600}{7\,200+4\,800}$ = 1.80

甲产品应分配的外购电力费用 = 7 200×1.80 = 12 960(元)

乙产品应分配的外购电力费用 = 4 800×1.80 = 8 640(元)

三、外购动力费用归集分配的核算

企业在实际工作中是通过编制外购动力费用归集分配表进行外购动力费用归集和分配,然后再据以进行核算的。

【例 3-12】 沪光工厂 4 月份电表记录共耗用外购电力 43 850 度,每度 0.60 元,共计 26 310 元。基本生产车间直接用于产品的电力按生产工时分配,其他各部门耗用的电力按电表记录,归集分配如表 3-17 所示。

表 3-17

外购动力费用归集分配表

2021 年 4 月 30 日　　　　　　　　　　　金额单位:元

应借账户		成本(费用)项目	分配标准(生产工时)	分配率	分配额
基本生产成本	甲产品	燃料及动力	7 200	1.80	12 960
	乙产品	燃料及动力	4 800	1.80	8 640
	小计		12 000		21 600
辅助生产成本	机修车间	燃料及动力			1 500
	运输部门	水电费			420
	小计				1 920
制造费用		水电费			960
销售费用		销售机构经费			570
管理费用		公司经费			1 260
合　计					26 310

根据外购动力费用归集分配表,作分录如下:

借:基本生产成本——甲产品——燃料及动力　　　　　12 960.00
　　基本生产成本——乙产品——燃料及动力　　　　　 8 640.00
　　辅助生产成本——机修车间——燃料及动力　　　　 1 500.00
　　辅助生产成本——运输部门——水电费　　　　　　 　420.00
　　制造费用——水电费　　　　　　　　　　　　　　 　960.00
　　销售费用——销售机构经费　　　　　　　　　　　 　570.00
　　管理费用——公司经费　　　　　　　　　　　　　 1 260.00
　　贷:应付账款　　　　　　　　　　　　　　　　　 26 310.00

第四节 固定资产折旧费用与低值易耗品摊销的分配

一、固定资产折旧费用

（一）固定资产折旧费用的计算

固定资产是指同时具有为生产商品、提供劳务、出租或经营管理目的而持有的使用寿命超过一个会计年度的、单位价值较高特征的有形资产。它主要有房屋、建筑物、机器、机械、运输工具、器具、工具等。

固定资产折旧费用是指转移到产品成本和期间费用中去的固定资产损耗的价值。它的计算方法有常规折旧法和加速折旧法两类。

1. 常规折旧法　　它是指根据固定资产的损耗程度均衡地提取折旧的方法。按具体计算方法不同，常规折旧法又可以分为年限平均法和工作量法。

（1）年限平均法　　它又称直线法，是指按照应提折旧总额除以固定资产使用寿命，平均计算折旧的方法，其计算公式如下：

$$月折旧额 = \frac{固定资产原始价值 \times (1 - 预计净残值率)}{预计使用寿命 \times 12}$$

在实际工作中，为了简化计算，可采用分类折旧率计算法，它是指将物理特征相似、使用寿命大致相同的固定资产归并为一类，取其平均折旧率计算各类固定资产折旧额。其计算公式如下：

$$年分类折旧率 = \frac{全年应提该类固定资产折旧总额}{该类固定资产原始价值总额}$$

$$分类固定资产月折旧额 = 该类固定资产原始价值总额 \times \frac{年分类折旧率}{12}$$

（2）工作量法　　它是指按固定资产在预计使用寿命内可以完成工作量的比例计算折旧额的方法。其计算公式如下：

$$单位工作量折旧额 = \frac{固定资产原始价值 \times (1 - 预计净残值率)}{预计使用寿命内总工作量}$$

$$固定资产月折旧额 = 单位工作量折旧额 \times 该固定资产当月实际工作量$$

2. 加速折旧法　　它是指在固定资产预计使用寿命内，前期多提折旧、后期少提折旧的方法。按计算的方法不同，加速折旧法可分为年数总和法和双倍余额递减法。

(1) 年数总和法　　它是指将固定资产的原值减去预计净残值后的余额,乘以逐年递减的分数计算折旧的方法。这个分数的分子表示固定资产继续可使用的年数,分母表示各年可使用年数的总和。其计算公式如下:

$$年折旧额=\left(固定资产原始价值-预计净残值\right)\times 年折旧率$$

$$年折旧率=\frac{尚可使用年数}{年数总和}$$

尚可使用年数＝预计使用年数－已使用年数

(2) 双倍余额递减法　　它是指根据每年期初固定资产账面余额,乘以两倍的直线折旧率计算折旧的方法。其计算公式如下:

$$年折旧率=\frac{2}{预计使用寿命}\times 100\%$$

年折旧额＝固定资产账面净值×年折旧率

采用双倍余额递减法计提折旧的后期,当发现某一年按双倍余额递减法计算的折旧费用少于按年限平均法计算的折旧费用时,应改用按年限平均法计提折旧。通常采用下列式子判断:

$$当年按双倍余额递减法计算的折旧额 < \frac{账面净值-预计净残值}{剩余使用寿命}$$

3. 各种计提折旧费用方法的比较　　采用不同的计提折旧的方法,虽然最终的结果是一样的,但是各期折旧费用相差很大,现举例予以说明。

【例 3-13】　有设备一台,原始价值为 96 000 元,预计使用寿命为 5 年,预计净残值率为 5%,预计可使用 8 000 个工时。分别用年限平均法、工作量法、年数总和法和双倍余额递减法计算该设备各年的折旧费用,如表 3-18 所示。

通过四种计算方法的对比,很显然,采用年数总和法和双倍余额递减法收回固定资产投资的速度快。采用这两种加速折旧法可以在较短的时期内收回固定资产的大部分投资,从而减少了因科技进步可能给企业带来的固定资产无形损耗而产生的投资风险,加速了固定资产的更新改造。同时,由于固定资产在寿命周期内,前期使用效率高,故障少,修理费用也少;后期使用效率低、故障多、修理费用也多。采用加速折旧法前期多提折旧,后期少提折旧,更符合配比的要求。因此加速折旧法适用于产品升级更新换代快、科技含量高、采用高新技术多、开发新产品能力强的企业。工作量法提取的折旧费用是随着设备各年的工作量的多少而上下波动的,因此适用于各期使用程度不均衡的设备。而年限平均法各年的折旧费用是均等的,这两种常规折旧法适用于生产平稳的企业。计提折旧的方法一经选用后不得任意变更,以免影响各期成本、费用的可比性,更应防止利用改变折旧的方法人为地调节各月的成本和费用。

表 3-18

各种方法计提折旧费用比较表

金额单位:元

年序	年限平均法	工作量法			年数总和法			双倍余额递减法		
	折旧费用	使用时间(工时)	分配率	折旧费用	原值减净残值	折旧率	折旧费用	期初账面净值	折旧率	折旧费用
1	18 240	1 570	11.4	17 898	91 200	5/15	30 400	96 000	40%	38 400
2	18 240	1 640	11.4	18 696	91 200	4/15	24 320	57 600	40%	23 040
3	18 240	1 590	11.4	18 126	91 200	3/15	18 240	34 560	40%	13 824
4	18 240	1 680	11.4	19 152	91 200	2/15	12 160	20 736	—	7 968
5	18 240	1 520	11.4	17 328	91 200	1/15	6 080	12 768	—	7 968
合计	91 200	8 000	11.4	91 200	91 200		91 200			91 200

(二)固定资产折旧费用的分配

固定资产折旧费用虽是产品成本的组成部分,但通常只有在折旧费用在产品成本中占有较大的比重,且专为特定产品生产使用的专用设备多的情况下,可以单独设置成本项目分配,一般不单独设置成本项目。由于一种产品要使用多种机器设备,而一种机器设备往往又要生产多种产品,因此难以将折旧费用直接计入产品成本,而是将折旧费用按其使用车间或部门及用途,分配记入"制造费用""销售费用"和"管理费用"等账户。

【例 3-14】 泰兴工厂 5 月份共计提固定资产折旧费用 30 750 元,其中:第一基本生产车间为 13 500 元,第二基本生产车间为 10 600 元,修理车间为 3 200 元,销售部门为 1 200 元,行政管理部门为 2 250 元,作分录如下:

借:制造费用——第一基本生产车间   13 500.00
  制造费用——第二基本生产车间   10 600.00
  辅助生产成本——修理车间   3 200.00
  销售费用   1 200.00
  管理费用   2 250.00
  贷:累计折旧   30 750.00

二、低值易耗品摊销

(一) 低值易耗品摊销的方法

低值易耗品是指使用寿命在1年以内,或者单位价值较低的,不能作为固定资产的各种工具、用具物品等资产。它包括一般工具、专用工具、替换设备、管理用具和玻璃器皿等。低值易耗品在使用过程损耗的价值要摊销计入产品成本和期间费用中去。其摊销的方法有以下两种。

1. 一次摊销法　　它是指在领用低值易耗品时,将其全部价值一次摊销的方法。这种方法最为简便,但由于在领用时就注销了其账面价值,不利于实物的管理与控制,容易使实物散失。这种方法适用于单位价值低或使用期限短的工具、用具物品等。

2. 五五摊销法　　它是指低值易耗品在领用时摊销50%,报销时再摊销50%的方法。这种方法有利实物的管理与控制,但核算较为复杂。这种方法适用于单位价值较高,使用期限较长的低值易耗品。

(二) 低值易耗品摊销的分配

低值易耗品损耗的价值要按不同的领用部门进行分配。基本生产车间领用的,应记入"制造费用"账户;辅助生产车间领用的,应记入"辅助生产成本"账户;销售部门领用的,应记入"销售费用"账户;行政管理部门领用的,应记入"管理费用"账户。

【例3-15】　泰南工厂低值易耗品采用计划成本计价,4月份基本生产车间领用专用工具两套,金额3 600元,修理车间领用工具一批,金额1 200元;销售部门领用用具一批,金额100元;行政管理部门领用管理用具一批,金额500元。材料成本差异率为2%。

(1) 基本生产车间和修理车间领用的工具采用五五摊销法;销售部门和行政管理部门领用的用具采用一次摊销法。在领用时,作分录如下:

```
借:低值易耗品——在用低值易耗品——基本生产车间        3 600.00
   低值易耗品——在用低值易耗品——辅助生产车间        1 200.00
   销售费用                                              100.00
   管理费用                                              500.00
     贷:低值易耗品——库存低值易耗品                           5 400.00
```

(2) 调整领用低值易耗品材料成本差异,作分录如下:

```
借:低值易耗品——在用低值易耗品——基本生产车间           72.00
   低值易耗品——在用低值易耗品——辅助生产车间           24.00
   销售费用                                                2.00
   管理费用                                               10.00
     贷:材料成本差异                                          108.00
```

(3) 摊销分配各生产车间应负担的费用,作分录如下:

借：制造费用——机物料消耗	1 836.00
辅助生产成本——修理车间	612.00
贷：低值易耗品——低值易耗品摊销——基本生产车间	1 836.00
低值易耗品——低值易耗品摊销——辅助生产车间	612.00

第五节　其他费用的归集与分配

一、固定资产修理费用的归集与分配

固定资产在使用过程中会发生损耗，为了保持固定资产的正常运转和使用，就必须对固定资产进行修理，从而发生修理费用。固定资产的修理费用，不论是大修理费用，还是小修理费用，都应根据固定资产使用的部门不同，分配计入当期的成本或费用。

固定资产的修理有的是由厂内修理车间修理，有的则需要请其他企业修理。在固定资产修理完毕后，如由修理车间修理的，根据修理车间归集的修理费用进行分配，届时借记"制造费用""销售费用"和"管理费用"等账户，贷记"辅助生产成本"账户；如由其他企业修理的，需要支付修理费用，届时借记"辅助生产成本""制造费用""销售费用"和"管理费用"账户，贷记"银行存款"账户。

【例3-16】华安工厂5月31日"辅助生产成本——修理车间"账户共归集的金额为32 400元，进行如下分配：基本生产车间21 600元，供水车间7 200元，销售部门1 200元，行政管理部门2 400元。作分录如下：

借：辅助生产成本——供水车间	7 200.00
制造费用	21 600.00
销售费用	1 200.00
管理费用	2 400.00
贷：辅助生产成本——修理车间	32 400.00

二、待摊费用的归集与分配

待摊费用是指企业已经支付，但应由本期和以后各期分别负担的、分摊期限在一年以内（包括一年）的各项费用，如预付财产保险费、预付固定资产租赁费等。

企业的财产保险费通常是按年度预付的，固定资产租赁费也有按季度预付的。因此在支付时，先列入"待摊费用"账户，然后按受益期进行摊销。

企业的财产保险费在摊销时按发生的部门进行归集分配，固定资产租赁费按使用部门进行归集分配。

【例3-17】华安工厂预付全年的财产保险费58 200元。

（1）1月2日，以银行存款预付财产保险费。作分录如下：

借：待摊费用　　　　　　　　　　　　　　　　　　　　58 200.00
　　贷：银行存款　　　　　　　　　　　　　　　　　　　　58 200.00

(2) 1月31日,摊销本月份负担的财产保险费4 850元,其中：基本生产车间分配3 200元,辅助生产车间分配600元,销售部门分配300元,行政管理部门分配750元。作分录如下：

借：制造费用　　　　　　　　　　　　　　　　　　　　3 200.00
　　辅助生产成本　　　　　　　　　　　　　　　　　　　600.00
　　销售费用　　　　　　　　　　　　　　　　　　　　　300.00
　　管理费用　　　　　　　　　　　　　　　　　　　　　750.00
　　贷：待摊费用　　　　　　　　　　　　　　　　　　　4 850.00

第六节　辅助生产费用的归集与分配

一、辅助生产费用概述

工业企业的生产车间按其生产性质不同,可分为基本生产车间和辅助生产车间两类。基本生产车间是指从事产品生产的车间,如纺织厂的纺纱、织布和印染等车间,机器制造厂的铸造、锻压、机工和装配等车间。辅助生产车间是指为基本生产车间和企业行政管理部门提供产品或劳务的生产车间,如为基本生产车间和企业行政管理部门提供电、水、气、运输、修理等一种产品或劳务的生产车间;或为基本生产车间提供工具、模具、修理用备件等多种产品的生产车间。辅助生产车间在满足本厂需求的前提下,也可以对外单位提供产品或劳务,以充分发挥其生产能力。

辅助生产费用是指辅助生产车间为开展生产活动而发生的费用。其实质就是辅助生产车间生产的产品或提供的劳务的成本。由于辅助生产车间生产的产品和提供的劳务,首先,是为基本生产车间服务的,这部分辅助生产费用必然成为企业产品成本的组成部分;其次,是为企业其他各部门服务的,这部分辅助生产费用就成为企业的期间费用;再次,如有为外单位提供产品或劳务的,这部分辅助生产费用则作为企业的销售成本。很显然,辅助生产车间生产的产品和提供劳务的成本的高低,对企业的产品成本和期间费用的高低有着很大的影响,并且只有辅助生产车间生产的产品和提供劳务的成本确定分配以后,才能计算企业产品的生产成本和确定企业的期间费用。因此,正确、及时地计算辅助生产车间生产的产品和提供劳务的成本,合理分配辅助生产费用,对于降低产品成本,节约期间费用,以及正确计算产品成本和期间费用有着重要的意义。

二、辅助生产费用的归集

辅助生产费用是通过"辅助生产成本"账户进行归集的。由于辅助生产车间生产的产品或提供劳务的品种有单一的,也有多种的,因此辅助生产费用的归集方式也不同,主要有以下两种类型。

(一) 生产一种产品或提供一种劳务的辅助生产车间

辅助生产车间只生产一种产品或只提供一种劳务时,其发生的生产费用均是一种产品或劳务的直接费用。因此在发生生产费用时,可以直接归集在按车间设置的辅助生产成本明细账账户,并在辅助生产成本明细账户内,按规定的成本项目设置专栏进行登记。

(二) 生产多种产品或提供多种劳务的辅助生产车间

生产多种产品或提供多种劳务的辅助生产车间,为了正确核算各种产品或劳务的成本,应按辅助生产车间的各种产品或劳务设置明细账户,并在明细账户内按规定的成本项目设置专栏,将各种产品或劳务所发生的直接费用,直接记入该产品或劳务的明细账户内;将辅助生产车间发生的间接费用,先在"制造费用——辅助生产车间"明细账户内归集,月末将归集的制造费用采用一定的方法在各种产品或劳务之间进行分配,然后转入辅助生产成本的各种产品或劳务的明细账户内。在这种情况下,辅助生产车间的产品或劳务成本的计算方法与基本生产车间相同,基本生产车间产品成本的计算方法将在以后的章节中阐述。本节以后部分的内容,将只阐述生产一种产品或提供一种劳务的辅助生产车间的核算。

三、辅助生产费用的分配

企业发生的辅助生产费用在按辅助生产车间分别进行归集后,月末需要采用一定的方法在各受益部门之间进行分配。辅助生产车间提供的产品或劳务,其受益对象是基本生产车间和企业其他部门。然而在有的企业中,辅助生产车间之间也相互提供着产品或劳务。例如,发电车间为运输车间和修理车间提供电力,运输车间为修理车间和发电车间提供运输劳务,而修理车间又为运输车间和发电车间维修设备等。在这种情况下,各辅助生产车间归集的费用实际上还包括从其他辅助生产车间转入的费用。为了正确计算各辅助生产车间产品或劳务的成本,在分配辅助生产费用之前,应首先在各辅助生产车间之间就相互提供的产品或劳务进行分配,然后才向辅助生产车间以外的各受益部门分配费用。

辅助生产费用分配的方法,通常有直接分配法、顺序分配法、交互分配法、代数分配法和计划成本分配法。

(一) 直接分配法

直接分配法是指不考虑各辅助生产车间相互提供产品或劳务的情况,将各种辅助生产费用直接分配给辅助生产车间以外的各受益的对象的方法。其计算公式如下:

$$\text{辅助生产车间产品或劳务的分配率} = \frac{\text{该辅助生产车间归集的生产费用}}{\text{该辅助生产车间提供产品或劳务的总量} - \text{其他辅助生产车间对该产品或劳务的耗用量}}$$

$$各受益车间、部门应分配的辅助生产费用 = 该车间、部门受益产品或劳务总量 \times 受益辅助生产车间产品或劳务的分配率$$

【例 3-18】 2021 年 4 月份,奉贤机器厂发电和修理两个辅助生产车间发生的辅助生产费用分别为 35 000 元和 43 680 元,向各受益对象提供产品和劳务的资料如表 3-19 所示。

表 3-19

辅助生产车间的产品与劳务耗用汇总表

受益对象	供电度数(度)	修理工时数(小时)
发电车间	—	60
修理车间	2 500	—
甲产品	30 000	—
乙产品	23 500	—
基本生产车间	3 000	1 480
行政管理部门	3 500	20
合　计	62 500	1 560

(1) 计算辅助生产车间产品成本的分配率。

$$发电车间电力费用分配率 = \frac{35\,000}{62\,500 - 2\,500} = 0.583\,3$$

$$修理车间工时费用分配率 = \frac{43\,680}{1\,560 - 60} = 29.12$$

(2) 采用直接分配法编制辅助生产费用分配表,分配辅助生产费用如表 3-20 所示。

表 3-20

辅助生产费用分配表(直接分配法)

2021 年 4 月 30 日　　　　　　　　　　　　金额单位:元

项　目		发电车间(度)	修理车间(小时)	合　计
辅助生产费用		35 000	43 680	78 680
产品或劳务的供应量		60 000	1 500	
分配率		0.583 3	29.12	
甲产品	耗用数量	30 000		
	分配金额	17 499.00		17 499.00
乙产品	耗用数量	23 500		
	分配金额	13 707.55		13 707.55

第三章　费用的归集与分配

(续表)

项　　目		发电车间(度)	修理车间(小时)	合　　计
基本生产车间	耗用数量	3 000	1 480	
	分配金额	1 749.90	43 097.60	44 847.50
行政管理部门	耗用数量	3 500	20	
	分配金额	2 043.55①	582.40	2 625.95
合　　计		35 000.00	43 680.00	78 680.00

(3) 根据辅助生产费用分配表分配的结果,进行账务处理。作分录如下:

借：基本生产成本——甲产品　　　　　　　　　　　　　　17 499.00
　　基本生产成本——乙产品　　　　　　　　　　　　　　13 707.55
　　制造费用　　　　　　　　　　　　　　　　　　　　　44 847.50
　　管理费用　　　　　　　　　　　　　　　　　　　　　 2 625.95
　贷：辅助生产成本——发电车间　　　　　　　　　　　　35 000.00
　　　辅助生产成本——修理车间　　　　　　　　　　　　43 680.00

直接分配法分配一次到位,计算最为简便,但由于没有考虑辅助生产车间内部相互提供产品或劳务的因素,因此辅助生产车间对外分配产品或劳务的单位成本有些偏差,分配的结果不够正确。这种方法仅适用于辅助生产车间之间相互提供产品或劳务不多的企业。

(二) 顺序分配法

顺序分配法是指按照辅助生产车间之间相互提供产品或劳务数量多少的顺序,依次排列分配辅助生产费用的方法。采用这种方法,将受益少的辅助生产车间排在前面,先进行分配;将受益多的辅助生产车间排在后面,后进行分配。这样排列在前面的辅助生产车间将其发生的生产费用分配给排在后面的辅助生产车间;而排在后面的辅助生产车间发生的生产费用却不再分配给排在前面的辅助生产车间。排在后面的辅助生产车间的生产费用在进行分配时,应在原归集的生产费用的基础上,加上排在前面的辅助生产费用转入的数额一并予以分配。

【例 3-19】 仍以[例 3-18]的资料,用顺序分配法分配辅助生产费用。

(1) 根据车间受益程度确定车间的排列顺序及分配率。

从资料中可以看出修理车间受益少,要先分配;发电车间受益多,排在后面分配。

---

① 该金额包含了计算中的全部尾差。

分配率及分配金额的计算如下：

$$修理车间工时费用分配率 = \frac{43\,680}{1\,560} = 28.00$$

$$发电车间待分配金额 = 35\,000 + 60 \times 28.00 = 33\,680(元)$$

$$发电车间电力分配率 = \frac{36\,680}{62\,500 - 2\,500} = 0.611\,3$$

（2）采用顺序分配法编制辅助生产费用分配表如表 3-21 所示。

表 3-21

辅助生产费用分配表（顺序分配法）

2021 年 4 月 30 日　　　　　　　　　　　　金额单位：元

项　　目		修理车间(小时)	发电车间(度)	合　　计
待分配辅助生产费用		43 680.00	35 000.00	78 680.00
产品或劳务的供应量		1 560	60 000	
分配率		28.00	0.611 3	
发电车间	耗用数量	60		
	分配金额	1 680.00		1 680.00
甲产品	耗用数量		30 000	
	分配金额		18 339.00	18 339.00
乙产品	耗用数量		23 500	
	分配金额		14 365.56	14 365.56
基本生产车间	耗用数量	1 480	3 000	
	分配金额	41 440.00	1 833.90	43 273.90
行政管理部门	耗用数量	20	3 500	
	分配金额	560.00	2 141.54①	2 701.54
合　　计		43 680.00	36 680.00	80 360.00

（3）根据辅助生产费用分配表分配的结果，进行账务处理。作分录如下：

---

① 该金额包含了计算中的全部尾差。

借：辅助生产成本——发电车间	1 680.00
基本生产成本——甲产品	18 339.00
基本生产成本——乙产品	14 365.56
制造费用	43 273.90
管理费用	2 701.54
贷：辅助生产成本——修理车间	43 680.00
辅助生产成本——发电车间	36 680.00

顺序分配法计算较为简便,并且能有重点地反映辅助生产车间交互服务的关系,比直接分配法前进了一步。但是,采用这种方法,排在前面的辅助生产车间不负担排在后面的辅助生产车间的费用,导致排在前面的辅助生产车间的费用归集不完整,不能全面反映辅助生产车间之间相互提供产品或劳务的关系,影响了分配结果的准确性。这种方法适用于各辅助生产车间相互受益程度有明显顺序的企业。

（三）交互分配法

交互分配法是指辅助生产车间之间先进行一次相互分配,然后再将归集的辅助生产费用在辅助生产车间以外的受益对象之间进行直接分配的方法。

采用交互分配法,辅助生产费用的分配应分两步进行。

第一步：各辅助生产车间直接发生的费用被称为待分配辅助生产费用,将其在各辅助生产车间之间进行相互分配,其他部门暂不分配。其计算公式如下：

$$\text{交互分配前辅助生产车间产品或劳务的分配率} = \frac{\text{该辅助生产车间交互分配前归集的生产费用}}{\text{该辅助生产车间提供产品或劳务总量}}$$

$$\text{辅助生产车间应分配的其他辅助生产车间的费用} = \text{该辅助生产车间耗用其他辅助生产车间的产品或劳务的数量} \times \text{交互分配前该被耗用的产品或劳务的分配率}$$

第二步：将待分配辅助生产费用,加上交互分配时从其他辅助生产车间分配转入的费用,减去交互分配时转给其他辅助生产车间的费用,得出辅助生产车间交互分配后归集的生产费用,被称为对外分配的费用,再将其用直接分配法在辅助生产车间以外各受益对象之间进行分配。其计算公式如下：

$$\text{交互分配后辅助生产车间产品或劳务的分配率} = \frac{\text{该辅助生产车间交互分配后归集的生产费用}}{\text{辅助生产车间以外的受益对象耗用的产品或劳务总量}}$$

$$\text{辅助生产车间以外的受益对象应分配的辅助生产费用} = \text{该受益对象耗用的产品或劳务的数量} \times \text{交互分配后该产品或劳务的分配率}$$

【例 3-20】 仍以[例 3-18]的资料,用交互分配法分配辅助生产费用。

1) 采用交互分配法编制辅助生产费用分配表如表 3-22 所示。

表 3-22

辅助生产费用分配表(交互分配表)

2021 年 4 月 30 日　　　　　　　　　　　　　　　金额单位:元

项　　目		发　电　车　间			修　理　车　间			合　　计
		数量(度)	单位成本(分配率)	分配金额	数量(小时)	单位成本(分配率)	分配金额	
待分配辅助生产费用		62 500	0.56	35 000.00	1 560	28.00	43 680	78 680.00
交互分配	发电车间			+1 680.00	−60		−1 680	
	修理车间	−2 500		−1 400.00			+1 400	
对外分配辅助生产费用		60 000	0.588	35 280.00	1 500	28.933 3	43 400	78 680.00
对外分配	甲产品	30 000		17 640.00	—			17 640.00
	乙产品	23 500		13 818.00	—			13 818.00
	基本生产车间	3 000		1 764.00	1 480		42 821	44 585.00
	行政管理部门	3 500		2 058.00	20		5 791①	2 637.00

2)根据辅助生产费用分配表,编制会计分录。

(1)根据辅助生产车间交互分配的计算结果,进行账务处理。作分录如下:

借:辅助生产成本——发电车间　　　　　　　　　　　　　　1 680.00
　　辅助生产成本——修理车间　　　　　　　　　　　　　　1 400.00
　　贷:辅助生产成本——修理车间　　　　　　　　　　　　1 680.00
　　　　辅助生产成本——发电车间　　　　　　　　　　　　1 400.00

(2)根据对外分配的计算结果,进行账务处理。作分录如下:

借:基本生产成本——甲产品　　　　　　　　　　　　　　　17 640.40
　　基本生产成本——B产品　　　　　　　　　　　　　　　13 818.00
　　制造费用　　　　　　　　　　　　　　　　　　　　　　44 585.00
　　管理费用　　　　　　　　　　　　　　　　　　　　　　2 637.00
　　贷:辅助生产成本——发电车间　　　　　　　　　　　　35 280.00
　　　　辅助生产成本——修理车间　　　　　　　　　　　　43 400.00

---

① 该金额包含了计算中的全部尾差。

由于交互分配法对在辅助生产车间内部相互提供的产品或劳务全面地进行了一次相互分配,基本上反映了辅助生产车间之间相互提供产品或劳务的情况,从而提高了分配结果的正确性。但该方法要经过两次分配,增加了计算的工作量。况且,由于这种方法采用的是实际分配率,即对实际单位成本进行分配,所以就会将辅助生产费用的节约或超支的差异一并转入基本生产费用中去,从而不利于对基本生产车间的业绩进行评价和考核。这种方法适用于各辅助生产车间之间相互提供产品或劳务较多,而提供的数量却不平衡的企业。

(四)计划成本分配法

计划成本分配法是指先将辅助生产费用按各辅助生产车间提供的产品或劳务以计划单位成本作为分配率,向各受益对象进行分配后,再将按计划成本确定的分配额与实际生产费用的差额进行调整的方法。这种方法也需分两步进行。

第一步:根据各受益对象(包括辅助生产车间)接受产品或劳务的数量,将其乘以计划单位成本(分配率),计算各受益对象应分配费用的数额。

第二步:各辅助生产车间在计划成本分配之前发生的生产费用,加上按计划成本分配时转入的费用,构成了辅助生产车间实际发生的生产费用,将其与各辅助生产车间按计划成本分配转出的费用相比较,其差额为辅助生产车间的产品或劳务的实际成本与计划成本之间的差异,对这部分差异应进行再分配。再分配的方法有以下两种:一是将差异按辅助生产车间以外各受益对象的受益比例进行分配;二是将差异全部列入"管理费用"账户。第二种方法既简化了计算手续,又有利于对基本生产车间业绩的评价和考核。但是却将应作为产品成本的金额列入了期间费用,影响了产品成本的正确性。

【例 3-21】 仍以[例 3-18]资料为例,已知发电车间和修理车间的计划单位成本分别为 0.58 元和 30 元。试用两种计划成本法分配辅助生产费用。

1)采用第一种计划成本法分配辅助生产费用。

(1)编制辅助生产费用分配表如表 3-23 所示。

(2)根据表 3-23,将表中各辅助生产车间的产品或劳务的实际成本与计划成本进行比较,得出成本差异如下:

$$发电车间的实际成本 = 35\,000 + 1\,800 = 36\,800(元)$$

$$修理车间的实际成本 = 43\,680 + 1\,450 = 45\,130(元)$$

$$发电车间的成本差异 = 36\,800 - 36\,250 = 550(元)$$

$$修理车间的成本差异 = 45\,130 - 47\,400 = -2\,270(元)$$

(3)根据辅助生产费用分配表分配的结果,进行账务处理。作分录如下:

表 3-23

辅助生产费用分配表（计划成本分配表）
2021 年 4 月 30 日

金额单位：元

项目		计划成本分配			调整分配			合计
		发电车间（度）	修理车间（小时）	小计	发电车间（度）	修理车间（小时）	小计	
待分配辅助生产费用	分配金额	35 000.00	43 680.00	78 680.00	550.00	−2 270.00	−1 720.00	
产品或劳务供应量	耗用数量	62 500	1 560		60 000	1 500		
计量标准		度	小时		度	小时		
单位成本（分配率）		0.58	30		0.009 2	−1.513 3		
发电车间	耗用数量		60					
	分配金额		1 800.00	1 800.00				1 800.00
修理车间	耗用数量	2 500						
	分配金额	1 450.00		1 450.00				1 450.00
甲产品	耗用数量	30 000	1 480		30 000	276.00		
	分配金额	17 400.00	44 400.00	17 400.00	276.00	1 480.00	276.00	17 676.00
乙产品	耗用数量	23 500			23 500			
	分配金额	13 630.00		13 630.00	216.20		216.20	13 846.20
基本生产车间	耗用数量	3 000	1 480		3 000	27.60		
	分配金额	1 740.00	44 400.00	46 140.00	27.60	−2 239.68	−2 212.08	43 927.92
行政管理部门	耗用数量	3 500	20		3 500	30.20①	20	
	分配金额	2 030.00	1 200.00	3 230.00	30.20①	−30.32①	−0.12	3 229.88
合计		36 250.00	47 400.00	83 650.00	550.00	−2 270.00	−1 720.00	81 930.00

① 该金额包含了计算中全部的尾差。

借:辅助生产成本——发电车间　　　　　　　　　　　　　1 800.00
　　辅助生产成本——修理车间　　　　　　　　　　　　　1 450.00
　　基本生产成本——甲产品　　　　　　　　　　　　　　17 676.00
　　基本生产成本——乙产品　　　　　　　　　　　　　　13 846.20
　　制造费用　　　　　　　　　　　　　　　　　　　　　43 927.92
　　管理费用　　　　　　　　　　　　　　　　　　　　　3 229.88
　　贷:辅助生产成本——发电车间　　　　　　　　　　　　36 800.00
　　　　辅助生产成本——修理车间　　　　　　　　　　　　45 130.00

2) 用第二种方法分配辅助生产费用,采用这种方法,只需编制表3-23辅助生产费用分配表的左半部分,即计划成本分配部分。并据以计算各辅助生产车间的产品或劳务的实际成本与计划成本的差异。

(1) 根据辅助生产费用分配表分配的结果,进行账务处理。作分录如下:

借:辅助生产成本——发电车间　　　　　　　　　　　　　1 800.00
　　辅助生产成本——修理车间　　　　　　　　　　　　　1 450.00
　　基本生产成本——甲产品　　　　　　　　　　　　　　17 400.00
　　基本生产成本——乙产品　　　　　　　　　　　　　　13 630.00
　　制造费用　　　　　　　　　　　　　　　　　　　　　46 140.00
　　管理费用　　　　　　　　　　　　　　　　　　　　　3 230.00
　　贷:辅助生产成本——发电车间　　　　　　　　　　　　36 250.00
　　　　辅助生产成本——修理车间　　　　　　　　　　　　47 400.00

(2) 结转发电车间计划成本超支数。作分录如下:

借:管理费用　　　　　　　　　　　　　　　　　　　　　550.00
　　贷:辅助生产成本——发电车间　　　　　　　　　　　　550.00

3) 结转修理车间计划成本节约数。作分录如下:

借:管理费用　　　　　　　　　　　　　　　　　　　　　2 270.00
　　贷:辅助生产成本——修理车间　　　　　　　　　　　　2 270.00

计划成本分配法按事先制定的计划单位成本作为分配率,既简化了计算工作,又能加快分配的速度。通过计划成本与实际成本相比较,便于对辅助生产车间的业绩进行评价和考核,有利于分析和考核各受益产品的成本和各受益部门的经济责任。但是,如果计划单位成本偏离实际成本,产生较大差异时,将会影响分配结果的正确性。因此,这种方法适用于辅助生产产品或劳务的计划成本比较准确,且实际单位成本比较稳定的车间。

(五) 代数分配法

代数分配法是指运用代数中多元一次联立方程组的原理,先计算确定辅助生产产品或劳务的单位成本,再按照各受益车间、部门的实际耗用数量分配辅助生产费用的方法。

代数分配法首先将各辅助生产车间提供的产品或劳务的单位成本设为未知数,并根据辅助生产车间之间相互提供产品或劳务的关系,建立多元一次方程组;其次通过解多元一次方程组,计算出各辅助生产车间产品或劳务的单位成本,即计算出辅助生产费用分配率;最后根据各受益对象(包括辅助生产车间)耗用产品或劳务的数量和相应的辅助生产费用分配率,分配辅助生产费用。

【例 3-22】 仍以[例 3-18]的资料为例,用代数分配法分配辅助生产费用。

(1) 设发电车间电力的单位成本为 x,修理车间工时的单位成本为 y,据以编制二元一次方程组。

$$\begin{cases} 35\,000+60y=62\,500x \\ 43\,680+2\,500x=1\,560y \end{cases}$$

(2) 通过解方程组解得 x, y

$$\begin{cases} x=0.587\,784 \\ y=28.941\,667 \end{cases}$$

(3) 根据计算取得的单位成本(分配率)编制辅助生产费用分配表如表 3-24 所示。

表 3-24

辅助生产费用分配表(代数分配法)

2021 年 4 月 30 日　　　　　　　　　　　　　　金额单位:元

项　　目		发电车间(度)	修理车间(小时)	合　　计
待分配辅助生产费用		35 000.00	43 680.00	78 680.00
产品或劳务供应量		62 500	1 560	
计量单位		度	小时	
单位成本(分配率)		0.587 784	28.941 667	
发电车间	耗用数量		60	
	分配金额		1 736.50	1 736.50
修理车间	耗用数量	2 500		
	分配金额	1 469.46		1 469.46
甲产品	耗用数量	30 000		
	分配金额	17 633.52		17 633.52

(续表)

项　　目		发电车间(度)	修理车间(小时)	合　　计
乙产品	耗用数量	23 500		
	分配金额	13 812.92		13 812.92
基本生产车间	耗用数量	3 000	1 480	
	分配金额	1 763.35	42 833.67	44 597.02
行政管理部门	耗用数量	3 500	20	
	分配金额	2 057.25①	579.29①	2 636.54
合　　计		36 736.50	45 149.46	81 885.96

（4）根据辅助生产费用分配表，进行账务处理。作分录如下：

借：辅助生产成本——发电车间　　　　　　　　　　　1 736.50
　　辅助生产成本——修理车间　　　　　　　　　　　1 469.46
　　基本生产成本——甲产品　　　　　　　　　　　　17 633.52
　　基本生产成本——乙产品　　　　　　　　　　　　13 812.92
　　制造费用　　　　　　　　　　　　　　　　　　　44 597.02
　　管理费用　　　　　　　　　　　　　　　　　　　2 636.54
　　贷：辅助生产成本——发电车间　　　　　　　　　36 736.50
　　　　辅助生产成本——修理车间　　　　　　　　　45 149.46

由于代数分配法是用数学方法同时计算各辅助生产车间生产的产品或劳务的单位成本，因此计算的结果最为准确。如果辅助生产车间较多，相应地未知数就多，建立的方程组中的方程就多，计算的工作量就大，因此这一方法适用于辅助生产车间不多的企业。

此外，如果辅助生产车间为其他企业提供产品或者劳务的，应将其分配的金额列入"其他业务成本"账户。

第七节　制造费用的归集与分配

一、制造费用概述

（一）制造费用的意义

制造费用是指企业各个生产车间为生产产品和提供劳务而发生的各项间接费用。

---

① 该金额包含了计算中的全部尾差。

制造费用主要是间接用于产品生产的费用。例如，生产车间辅助工人和管理人员人工费用，生产车间用房屋及建筑物的折旧费和修理费，生产车间的照明、取暖、办公、运输、差旅和劳动保护等费用。制造费用还包括部分直接用于产品生产的费用。这些费用由于难于直接计入产品成本，或者管理上不需要予以单独反映，因此列入制造费用。例如，机器设备的折旧费、修理费、低值易耗品摊销费、设计制图费和试验检验费等。由此可见，制造费用范围较广，其在产品成本中往往占较大的比重，故节约制造费用是降低产品成本的重要环节。

(二) 制造费用的明细项目

为了对制造费用进行有效的监督和控制，以分析和考核各生产车间制造费用预算的执行情况，在制造费用明细账中，应根据企业的特点和管理上的需要，按明细项目设置专栏进行核算。制造费用通常有下列17个明细项目。

1. 人工费用　　它是指支付给各个生产车间除生产工人之外的管理人员、工程技术人员和其他生产人员各种形式的报酬，以及计提的其他相关支出。

2. 折旧费　　它是指各个生产车间使用的房屋、建筑物、机器设备等固定资产按规定提取的折旧费用。

3. 租赁费　　它是指各个生产车间因租入固定资产和低值易耗品而发生的租赁费，但不包括融资租入固定资产的租赁费。

4. 修理费　　它是指各个生产车间因使用固定资产和低值易耗品而发生的各种修理费用。

5. 机物料消耗　　它是指各个生产车间为维护生产设备等管理上所消耗的各种材料。

6. 低值易耗品摊销　　它是指各个生产车间所使用的各种低值易耗品所负担的摊销费。

7. 取暖费　　它是指各个生产车间为了保证冬季生产活动能正常进行所发生的取暖费用。

8. 水电费　　它是指各个生产车间管理上耗用水、电而发生的费用，但不包括生产工艺耗用的水、电费用。

9. 办公费　　它是指各个生产车间耗用的文具、印刷、邮电、办公用品等办公费用。

10. 差旅费　　它是指各个生产车间职工因公外出而发生的住宿费、交通费伙食补助等费用，以及按国家规定准予报销的探亲交通费用。

11. 运输费　　它是指各个生产车间应负担的厂内运输部门和厂外运输单位所提供的运输劳务费用。

12. 保险费　　它是指各个生产车间为使用和存放财产物资投保应负担的保险费用。

13. 设计制图费　　它是指各个生产车间设计部门的日常经费。它包括购置图纸和制图用品等费用,以及委托外单位设计图纸所支付的费用等。

14. 试验检验费　　它是指各个生产车间对材料、在产品、产成品进行试验或进行化验、分析、检验所发生的费用。

15. 劳动保护费　　它是指各个生产车间为保护职工劳动安全所发生的各种劳动保护用品费用。

16. 停工损失　　它是指各个生产车间因季节性生产和大修理期间停工所发生的损失。

17. 其他制造费用　　它是指各个生产车间发生的除以上各项目以外的其他制造费用。

二、制造费用的归集

生产车间发生的制造费用是通过"制造费用"账户进行归集的。基本生产车间,不论是生产单一产品还是多种产品,均应按车间设置"制造费用"明细账户进行归集。而辅助生产车间,如果生产一种产品或提供一种劳务,通常不再按车间设置"制造费用"明细账户,将其直接归集在"辅助生产成本"账户;如果生产多种产品或劳务的,也应按车间设置"制造费用"明细账户进行归集,以正确计算产品或劳务的成本,这样有利于对产品或劳务成本的控制、分析和考核。企业可以根据制造费用的17个明细项目分设专栏进行归集,也可以根据费用比重的大小和管理的需要,将费用项目进行合并,以简化核算工作。

基本生产车间发生的办公费、差旅费、设计制图费、试验检验费等费用,在发生时就归集记入"制造费用"账户,而发生的材料、动力、职工薪酬、折旧费、修理费、保险费等费用则在月末通过有关的费用分配后,记入"制造费用"账户进行归集。企业在登记总分类账时,还要登记各明细分类账。制造费用明细分类账通常采用多栏式账页,按费用项目进行分栏核算。其格式如表3-25所示。

三、制造费用的分配

(一) 制造费用的分配程序及分配标准

1. 制造费用的分配程序　　企业将制造费用按照生产车间归集以后,应由各生产车间的全部产品或劳务来负担。通过"制造费用"账户核算的企业,应先分配辅助生产车间的制造费用,将其记入"辅助生产成本"账户,再分配辅助生产费用,将其中应由基本生产车间制造费用负担的部分,通过分配记入"制造费用——基本生产车间"明细账户,最后再分配基本生产车间的制造费用。

如果基本生产车间只生产一种产品或劳务,那么所归集的制造费用就可以直接转入该种产品或劳务的成本;如果基本生产车间是生产多种产品或劳务的,就需要将所归集的制造费用采用适当的方法进行分配后,再转入该车间所生产的各种产品或劳务的成本。

表 3-25

制造费用明细账

明细账户：第一基本生产车间　　　　　　　　　　　　　　　　　　　　　　　单位：元

2021年		凭证号数	摘要	人工费用	折旧费	修理费	机物料消耗	低值易耗品摊销	水电费	办公费	差旅费	运输费	设计图纸费	其他制造费用	合计
月	日														
4	4	（略）	支付办公用品费							300					300
4	11		支付电话费							375					375
4	21		支付设计费										2 280		2 280
4	28		报销差旅费								1 280				1 280
4	30		耗用原材料				2 000								2 000
4	30		分配职工工资费用	10 200											10 200
4	30		分配其他人工费用	4 641											4 641
4	30		计提折旧费用		18 860										18 860
4	30		分配修理费用			7 180									7 180
4	30		摊销低值易耗品					1 210							1 210
4	30		分配辅助生产费用						980			3 300			4 280
4	30		本月合计	10 641	18 860	7 180	2 000	1 210	980	675	1 280	3 300	2 280	1 425	55 020
4	30		分配转出	10 641	18 860	7 180	2 000	1 210	980	675	1 280	3 300	2 280	1 425	55 020
4	30		余　额												-0-

2. 制造费用的分配标准　　制造费用的分配是否合理与准确,关键是选择合适的分配标准。企业在选择制造费用分配标准时,应遵循相关性、易操作性和稳定性原则。相关性原则是指分配标准与制造费用的发生具有密切的联系。易操作性原则是指作为分配标准的资料容易取得,一般为现存的统计资料或会计资料,并可以进行正确的计量。稳定性原则是指制造费用的分配标准一经确定,不能随意变更,应保持相对的稳定性,以便于对各期制造费用的比较和分析。

(二) 制造费用的分配方法

制造费用的分配方法主要有以下四种。

1. 生产工人工时比例分配法　　它是指以各种产品或劳务所耗用的生产工人工时比例分配制造费用的方法。其计算公式如下:

$$制造费用分配率 = \frac{制造费用总额}{各种产品实际(定额)生产工人工时总和}$$

$$某种产品应分配的制造费用 = 该种产品实际(定额)生产工人工时 \times 制造费用分配率$$

【例 3-23】 沪西工厂第一基本生产车间 4 月份制造费用总额为 55 020 元。本月份该车间生产甲、乙两种产品,甲产品生产工人耗用 4 800 工时,乙产品生产工人耗用 3 600 工时。按生产工人工时比例分配制造费用如下:

$$制造费用分配率 = \frac{55\ 020}{4\ 800 + 3\ 600} = 6.55$$

甲产品应分配制造费用 = 4 800 × 6.55 = 31 440(元)

乙产品应分配制造费用 = 3 600 × 6.55 = 23 580(元)

为了便于制造费用的分配,可以编制制造费用分配表进行分配。根据上列资料编制制造费用分配表如表 3-26 所示。

表 3-26

制造费用分配表

车间:第一基本生产车间　　　　　2021 年 4 月 30 日　　　　　金额单位:元

应借账户	生产工人工时	分配率	分配金额
基本生产成本——甲产品	4 800	6.55	31 440
基本生产成本——乙产品	3 600	6.55	23 580
合　　　计	8 400		55 020

根据分配结果,作分录如下:

借:基本生产成本——甲产品　　　　　　　　　　　　　31 440.00
　　基本生产成本——乙产品　　　　　　　　　　　　　23 580.00
　　贷:制造费用　　　　　　　　　　　　　　　　　　　　　　55 020.00

对于在"制造费用——辅助生产车间"账户归集的制造费用,则应在辅助生产车间生产的产品或劳务之间分配后,计入相关产品或劳务的成本。

按生产工人工时比例法分配制造费用,原则上应采用实际工时,以正确反映劳动生产率的高低对产品成本中制造费用水平的影响。如果产品的工时定额比较准确,也可以按定额工时比例法进行分配。采用生产工人工时比例分配法分配制造费用,将生产工人的劳动生产率与产品负担的费用水平联系起来,反映了劳动生产率与产品成本的关系,分配的结果正确合理,因此得到了广泛的应用。但是,当生产车间内生产的各种产品机械化程度相差较大时,则不宜采用,否则,因机械化程度低而生产工时多的产品要负担较高的制造费用,因机械化程度高而生产工时少的产品却负担较低的制造费用,这显然是不合理的。因此,该法适用于各种产品机械化程度相近的车间或部门。

2. 生产工人人工费用比例分配法　　它是指以各种产品或劳务的生产工人的人工费用比例分配制造费用的方法。其计算公式如下:

$$制造费用分配率 = \frac{制造费用总额}{各种产品生产工人人工费用总额}$$

$$某种产品应分配制造费用 = 该种产品生产工人人工费用 \times 制造费用分配率$$

采用生产工人人工费用比例分配法分配制造费用,其分配标准生产工人的人工费用容易取得,计算也方便。然而,通常制造费用的多少与生产工人人工费用的多少也没有什么直接的联系,这种方法对同一车间存在机械化程度相差较大的产品时,将会使机械化程度低的产品负担的制造费用高于其实际耗费的数额,机械化程度高的产品负担的制造费用低于其实际耗费的数额,使费用负担不合理,因此该法也适用于各种产品机械化程度相近的车间或部门。

3. 机器工时比例分配法　　它是指以各种产品或劳务生产时所用的机器设备运转工作时间的比例分配制造费用的方法。其计算公式如下:

$$制造费用分配率 = \frac{制造费用总额}{各种产品机器工时总和}$$

$$某种产品应分配制造费用 = 该种产品机器工时 \times 制造费用分配率$$

机器工时比例分配法适用于机械化、自动化程度高的车间或部门。因为在这些车间里制造费用中的折旧费、修理费、动力费等与机器设备的运用时间有着直接的联系,而与生产工人的工作时间或人工费用没有必然的联系,因此按机器工时比例分配比较正确和合理。但采用这种方法必须具备各种产品所耗用机器工时的原始记录,这将增加一部分统计工作量。

然而在同一车间里高级、精密的机器设备的折旧费和修理费比普通的机器设备要高得多。一种产品耗用高级、精密的机器设备1小时,另一种产品耗用普通机器设备1小时,按机器工时比例分配法分配时却要负担相同的制造费用,这显然不合理。为了解决这一问题,可以将车间的机器设备分为高级、精密机器设备和普通机器设备两类,按照两类不同的机器设备分别归集和分配制造费用,但这样将会增加核算的工作量。

4. 预算分配率法 又称计划分配率法,是指以企业制造费用预算和年度各种产品的计划产量及定额工时比例分配制造费用的方法。其计算公式如下:

$$制造费用预算分配率 = \frac{年度制造费用预算总额}{年度各种产品计划产量的定额工时总和}$$

$$某种产品应分配制造费用 = 该种产品实际产量的定额工时 \times 制造费用预算分配率$$

由于各月均按预算分配率分配制造费用,这样必然会同"制造费用"账户所归集的实际发生的制造费用不一致,从而产生差异额。为了简化核算手续,对于这些差异额,月末可以保留在"制造费用"账户中,到年末再按已分配制造费用的比例进行调整。制造费用分配差异额的分配公式如下:

$$差异额分配率 = \frac{制造费用差异额}{全年各种产品按预算分配率分配制造费用总和}$$

$$某种产品应分配的差异额 = 该种产品全年按预算分配率分配的制造费用 \times 差异额分配率$$

【例3-24】 奉南工厂基本生产车间年度制造费用预算总额为432 150元,年度产品的计划产量甲产品为10 000件,乙产品为4 500件;单位产品定额工时甲产品为4小时,乙产品为6小时;1月份实际产量甲产品为820件,乙产品为420件;1月份实际发生制造费用为36 750元。用预算分配率分配制造费用如下:

甲产品计划产量定额工时=10 000×4=40 000(小时)

乙产品计划产量定额工时= 4 500×6=27 000(小时)

$$制造费用计划分配率 = \frac{432\,150}{40\,000 + 27\,000} = 6.45$$

1月份甲产品应分配制造费用 = 820×4×6.45 = 21 156(元)

1月份乙产品应分配制造费用 = 420×6×6.45 = 16 254(元)

合　　　计　　　　　　　　　　　　37 410(元)

根据计算的结果,作分录如下:

借:基本生产成本——甲产品　　　　　　　　　　　　　21 156.00
　　基本生产成本——乙产品　　　　　　　　　　　　　16 254.00
　　贷:制造费用　　　　　　　　　　　　　　　　　　　　　37 410.00

分配的结果显示1月份基本生产车间按预算分配率共分配制造费用37 410元,比实际发生的制造费用36 750元多了660元。

至年末,该基本生产车间实际发生制造费用423 507元,按预算分配率分配的制造费用甲产品为258 000元,乙产品为174 150元。分配制造费用差异额如下:

$$制造费用差异额分配率 = \frac{423\,507 - (258\,000 + 174\,150)}{258\,000 + 174\,150} = -0.02$$

甲产品应分配的差异额 = 258 000×(-0.02) = -5 160(元)

乙产品应分配的差异额 = 174 150×(-0.02) = -3 483(元)

计算结果显示,实际发生的制造费用比定额费用节约了8 643元,予以冲转。作分录如下:

借:基本生产成本——甲产品　　　　　　　　　　　　　5 160.00
　　基本生产成本——乙产品　　　　　　　　　　　　　3 483.00
　　贷:制造费用　　　　　　　　　　　　　　　　　　　　　8 643.00

采用预算分配率法不必每月计算分配率,简化和加快了制造费用的分配,有利于及时计算产品成本,及时考核制造费用预算的执行情况和差异形成的原因,以便于对制造费用进行控制。特别是在季节性生产比重较大的企业或车间,利用预算分配率法可以避免各月制造费用分配率相差悬殊的弊病。然而这种方法需要有较高的预算和定额管理水平,如果年度制造费用的预算数与实际发生数之间相差较大时,就会影响产品成本的准确性,届时应及时调整预算分配率。这种方法特别适用于季节性生产的企业。

第八节　生产损失的归集与分配

生产损失是指企业在产品生产过程中因生产原因所造成的损失。它由废品损失和停工损失两部分组成。生产损失是企业产品成本的组成部分,加强对生产损失的核算与控制,对于企业加强成本管理、降低产品成本、提高竞争能力和经济效益有着重要的意义。

一、废品损失的归集与分配

(一) 废品概述

废品是指不符合规定的技术标准和技术要求,不能按原定用途使用的,或者需要经过加工修复后才能按原定用途使用的在产品、半成品和产成品。不论是在生产过程中发现的废品,还是在入库后发现的废品均属于废品。但是,对于入库时是合格品,由于保管不慎、运输不当或其他原因而发生损坏变质的产品不属于废品,这属于管理上的问题,应作为营业外支出处理。对于经检验部门鉴定不需要返修而可以降价出售的不合格品,也不属于废品,其成本与合格品相同;其售价低于合格品售价所发生的损失,体现在产品销售损益之中。

废品按其废损程度和在经济上是否具有修复价值,分为可修复废品和不可修复废品两种。可修复废品是指在技术上是能够修复的,而且在修复过程中所发生的费用在经济上是合算的废品;不可修复废品是指在技术上已不可能修复,或者在技术上虽然是能够修复的,但修复费用在经济上是不合算的废品。经济上是否合算是指修复费用是否小于重新制造同一产品的费用。

(二) 废品损失概述

废品损失是指因产生废品而发生的废品报废损失和废品修复费用。废品报废损失是指不可修复废品的生产成本扣除收回材料及废料价值后的损失。废品修复费用是指为修复废品所耗费的材料、动力、生产工人人工费用和制造费用等修复费用。若有造成废品的责任人负责的赔偿款,则应冲减"废品损失"账户。

为了保证产品的质量,企业各生产车间和有关部门都应配备专职质量检验人员。在产品、半成品和产成品经过质量检验后被确认为废品的,应由检验人员填写"废品通知单",该单内应填明废品的名称和数量、废品部分、发生废品的原因及责任人员、耗费的材料和工时等。如确定废品由责任人负责赔偿时,还应注明赔偿的金额。对于可修复废品应由原生产车间予以加工修复,在修复过程中所领用的材料和耗费的工时,应另行填制领料单和工作通知单,并在单内注明"修复废品"字样。对于不可修复废品应填制"废品交库单",在单内注明废品残料的价值,然后将"废品交库单"连同废品一并送交废品仓库。废品通知单、领料单、工作通知单和废品交库单是进行废品损失核算的原始凭证。

(三) 废品损失的归集与分配

为了掌握废品损失的情况,加强对废品损失的控制,企业应设置"废品损失"账户。该账户是成本类账户,用以进行废品损失的归集和分配。企业发生可修复废品的修复费用和不可修复废品已耗费的成本转入时,记入该账户的借方;不可修复废品收回残值、应收责任人赔偿款和结转废品净损失时,记入该账户的贷方;该账户期末无余额。该账户应以产品名称设置明细账户。

1. 可修复废品损失的归集与分配　　可修复废品损失是指废品在修复过程中所发生的各项修复费用。企业对于可修复废品在返修前发生的生产费用,仍应将其保留在"基本生产成本"账户内;返修废品发生的修复费用可以根据材料、动力、人工费用和制造费用等分配表分配的结果进行归集。如有收回残料或应收赔偿款,根据废品交库单或废品通知单中相关项目的金额从"废品损失"账户转入"原材料"或"其他应收款"账户。期末将"废品损失"账户所归集的可修复废品的净损失全部分配转入"基本生产成本"账户。

【例 3-25】　川沙工厂 4 月份在生产过程中发现并修复了 5 件乙产品的废品。

（1）月末各种费用分配表列明乙产品的修复费用为 1 780 元,其中:原材料 820 元,人工费用 582 元,外购动力 58 元,制造费用 320 元。作分录如下:

　　借:废品损失——乙产品　　　　　　　　　　　　　　　　　　1 780.00
　　　　贷:原材料　　　　　　　　　　　　　　　　　　　　　　　　820.00
　　　　　　应付职工薪酬　　　　　　　　　　　　　　　　　　　　　582.00
　　　　　　应付账款　　　　　　　　　　　　　　　　　　　　　　　　58.00
　　　　　　制造费用　　　　　　　　　　　　　　　　　　　　　　　320.00

（2）可修复乙产品经批准由责任人负责赔偿 300 元,予以转账。作分录如下:

　　借:其他应收款——责任人　　　　　　　　　　　　　　　　　　300.00
　　　　贷:废品损失——乙产品　　　　　　　　　　　　　　　　　　300.00

（3）将废品净损失分配转入乙产品成本。作分录如下:

　　借:基本生产成本——乙产品　　　　　　　　　　　　　　　　1 480.00
　　　　贷:废品损失——乙产品　　　　　　　　　　　　　　　　　1 480.00

2. 不可修复废品损失的归集与分配　　企业在归集和分配不可修复废品损失之前,必须先确定不可修复废品的成本。不可修复废品的成本在报废之前与合格产品成本是合在一起的,因此必须先采用一定的方法确定不可修复废品的成本,并将其从合格产品的成本中分离出来。然后将不可修复废品的成本,减去废品的残料和应收赔偿款以后,就形成了不可修复废品净损失。确定不可修复废品成本的方法有实际成本法和定额成本法两种,现分别予以阐述。

1）用实际成本法确定不可修复废品成本　　实际成本法是指根据合格产品和不可修复废品实际耗用的总成本,按合格产品与不可修复废品的数量比例计算,倘若在加

工过程中产生的废品,则应根据其投料和加工程度折合成完工产品的数量计算。实际成本法的计算公式如下:

$$\frac{\text{不可修复废品各成}}{\text{本项目费用分配率}} = \frac{\text{该废品各成本项目费用总额}}{\text{合格品数量}+\text{废品折合数量}}$$

$$\frac{\text{不可修复废品各成}}{\text{本项目应负担的费用}} = \frac{\text{不可修复}}{\text{废品数量}} \times \frac{\text{不可修复废品各成}}{\text{本项目费用分配率}}$$

各成本项目是指直接材料、直接人工、燃料及动力和制造费用四个项目。

【例 3-26】 杨浦工厂 4 月份投产甲产品 1 200 件,原材料在生产加工时一次投入,在加工到 50% 时,发生 12 件不可修复废品。全部加工完毕后验收时,合格品为 1 180 件,不可修复废品为 8 件,生产甲产品耗用直接材料为 99 060 元,直接人工为 55 258.32 元,燃料及动力为 10 220.64 元,制造费用为 34 148.40 元,不可修复废品的残料价值为 220 元。

(1) 计算甲产品不可修复废品各成本项目的折合数量。

甲产品不可修复废品直接材料成本项目折合数量=12+8=20(件)

甲产品不可修复废品其他各成本项目折合数量=12×50%+8=14(件)

(2) 根据上列资料及甲产品不可修复废品折合数量,编制废品损失计算表,以确定废品净损失,如表 3-27 所示。

表 3-27

废品损失计算表(实际成本法)

产品名称:甲产品

车间:基本生产车间　　　　2021 年 4 月 30 日　　　　金额单位:元

项目	数量或折合数量(件)	直接材料	数量或折合数量(件)	直接人工	燃料及动力	制造费用	合计
费用总额	1 200	99 060.00	1 194	55 258.32	10 220.64	34 148.40	198 687.36
费用分配率		82.55		46.28	8.56	28.60	
废品成本	20	1 651.00	14	647.92	119.84	400.40	2 819.16
减:废品残值		220.00					220.00
废品净损失		1 431.00		647.92	119.84	400.40	2 599.16

采用实际成本法确定不可修复废品成本,符合实际情况,但必须等"基本生产成本"

明细账户将生产费用归集完毕后才能进行计算,计算的工作量较大。

2) 用定额成本法确定不可修复废品成本　　定额成本法是根据单位产品的定额成本和发生不可修复废品的数量,以及投料和加工程度计算不可修复废品的损失。

【例3-27】 华生工厂2021年4月份生产A产品1 000件。原材料在生产加工时一次投入。在加工到60%时,发生5件不可修复废品。全部加工完毕后验收时,合格品为983件,不可修复废品为12件,该产品定额成本为176.40元,其中:直接材料为88元,直接人工为48.20元,燃料及动力为9.40元,制造费用为30.80元。

(1) 计算A产品不可修复废品各成本项目的折合数量。

A产品不可修复废品直接材料成本项目折合数量＝5＋12＝17(件)

A产品不可修复废品其他成本项目折合数量＝5×60%＋12＝15(件)

(2) 不可修复废品残料单位价值为10元,根据上列资料及A产品不可修复废品的折合数量编制废品损失计算表,如表3-28所示。

表3-28

废品损失计算表(定额成本法)

产品名称:A产品　　金额单位:元

车间:基本生产车间　　2021年4月30日

项　　目	数量或折合数量(件)	直接材料	数量或折合数量(件)	直接人工	燃料及动力	制造费用	合　　计
费用定额		88		48.20	9.40	30.80	176.40
废品成本	17	1 496	15	723.00	141.00	462.00	2 822.00
减:废料残值		170					170.00
废品净损失		1 326		723.00	141.00	462.00	2 652.00

3) 根据废品损失计算表对A产品的不可修复废品损失进行归集与分配。

(1) 结转A产品17件废品的成本。作分录如下:

借:废品损失——A产品　　　　　　　　　　　　　　　　2 822.00
　　贷:基本生产成本——A产品——直接材料　　　　　　　1 496.00
　　　　基本生产成本——A产品——直接人工　　　　　　　　723.00
　　　　基本生产成本——A产品——燃料及动力　　　　　　　141.00
　　　　基本生产成本——A产品——制造费用　　　　　　　　462.00

(2) 仓库将17件A产品的废品残料验收入库,每件10元。作分录如下:

借：原材料　　　　　　　　　　　　　　　　　　　　　170.00
　　　　贷：废品损失——A产品　　　　　　　　　　　　　　　　170.00

（3）将废品净损失结转 A 产品成本。作分录如下：

　　借：基本生产成本——A产品——废品损失　　　　　　2 652.00
　　　　贷：废品损失——A产品　　　　　　　　　　　　　　　2 652.00

　　采用定额成本法确定不可修复废品成本，计算较为简便、及时，其计入产品成本的废品损失不受实际耗费水平高低的影响，有利于对废品损失的分析和考核。但采用这种方法必须有准确的消耗定额，否则会影响成本计算的正确性。

二、停工损失的归集与分配

（一）停工损失概述

　　停工损失是指生产车间或班组因计划减产、停电、待料、机器设备发生故障等原因而造成的损失。停工损失包括停工期间支付的生产工人工资及其相关费用，应负担的制造费用和所耗费的燃料及动力等。

　　企业发生停工的原因有很多，并不是所有停工造成的损失都作为停工损失处理的。因季节性生产停工和设备大修理停工而造成的损失，应在"制造费用"账户归集；因自然灾害原因停工而造成的损失，应在"营业外支出"账户归集。停工时间不满一个工作日的，为了简化核算工作，也可以不计算停工损失。

　　企业发生停工时，应由生产车间或班组填制"停工报告单"，其格式如表3-29所示。

表 3-29

停 工 报 告 单

2021年4月6日　　　　　　　　　　　　　　　　　　　编号：003

车间	第一生产车间	工段	1	班组	2	设备	1号生产流水线		
工	人		停 工	时 间（小时）			工 资 结 算		
姓名	工号	级别	开始	终结	停工小时	工资率	支付	金额（元）	
王一飞	501	3	4月6日8时	4月6日17时	8	22.60	80%	144.64	
朱虹	502	4	4月6日8时	4月6日17时	8	24.20	80%	154.88	
赵倩	503	5	4月6日8时	4月6日17时	8	25.50	80%	163.20	
停工原因	因操作不当设备发生故障			责任人	于凤英		备注		

停工报告单一式数联,由生产车间或班组填列主要内容后,转交劳动工资部门,由其核定工资支付率和支付金额,再转交会计部门,经会计人员审核无误后,将其作为停工损失核算的主要依据。

(二)停工损失的归集与分配

企业为了掌握停工损失对产品成本的影响程度,明确停工损失的责任,加强对停工损失的控制和分析,以减少停工损失,应设置"停工损失"账户,对停工损失进行归集和分配。该账户是成本类账户,用以核算停工期间应计的费用。企业停工期间发生的应计入停工损失的各种费用时,记入该账户借方;应收责任人或保险公司的赔偿款和结转停工净损失时,记入该账户贷方;除停工超过1个月,车间内无产品生产可以保留期末余额外,通常期末无余额。该账户应以生产车间设置明细账户。

生产车间在停工期间发生的应计入停工损失的各项生产费用,应根据停工报告单等有关凭证,在编制各种费用分配表时一并参与分配。通常按生产工时和停工工时比例分配,然后根据各种费用分配表将应计入停工损失的各种费用归集在"停工损失"账户内,倘若发生应收赔偿款,则借记"其他应收款"账户,贷记"停工损失"账户;期末将归集的停工净损失进行分配,按停工车间内生产产品的生产工人工时,或人工费用、机器工时比例进行分配。分配的公式和方法与制造费用相同,不再重述。停工净损失通过分配后转入"基本生产成本"账户。

【例3-28】 广陵工厂6月6日因第一生产车间第二班组工人于凤英操作不当,使设备发生故障而停工4小时。

(1)月末各种费用分配表列明第一生产车间的停工损失费用为7 800元。其中:人工费用5 950元,外购动力60元,制造费用1 790元。作分录如下:

    借:停工损失   7 800.00
        贷:应付职工薪酬   5 950.00
            应付账款   60.00
            制造费用   1 790.00

(2)领导批复决定,由违章操作的工人于凤英赔偿停工损失的10%。作分录如下:

    借:其他应收款——于凤英   780.00
        贷:停工损失   780.00

(3)该车间生产甲、乙两种产品,甲产品耗用5 400工时,乙产品耗用3 600工时,分配本月份停工损失。作分录如下:

    借:基本生产成本——甲产品——停工损失   4 212.00
        基本生产成本——乙产品——停工损失   2 808.00
        贷:停工损失   7 020.00

课后练习题

一、判断题

1. 材料领退的凭证主要有领料单、限额领料单和退料单等。（　）
2. 基本生产车间领用用于包装产品的包装物应记入"基本生产成本"账户；销售部门领用的随同产品销售的包装物应记入"销售费用"账户。（　）
3. 工资总额是指各企业在一定时期内直接支付给全部职工的劳动报酬。（　）
4. 其他相关支出是指除了直接支付给职工个人以外的、以工资总额为基础计算的相关支出。（　）
5. 考勤记录能为企业计算计时工资、加班加点工资、中夜班津贴提供依据。（　）
6. 工作通知单是指以每一批加工产品的整个工艺流程为对象签发的，用以分派生产任务，并记录每一道工序的产量和工时的原始记录。（　）
7. 外购动力在生产的各种产品之间分配的标准有生产工时比例、定额消耗量比例和产量比例等。（　）
8. 当折旧费用在产品成本中占有较大的比重，且在专为特定产品生产使用的专用设备多的情况下，也可以单独设置成本项目。（　）
9. 提供多种劳务的辅助生产车间发生的间接费用，应先在"制造费用——辅助生产车间"明细账户内归集。（　）
10. 辅助生产车间发生的辅助生产费用应在其提供的产品或劳务的基本生产车间和企业其他部门之间进行分配。（　）
11. 计划成本分配法将辅助生产车间的产品或劳务的实际成本与计划成本之间的差异全部列入"管理费用"账户，有利于对基本生产车间业绩的评价和考核。（　）
12. 直接用于产品生产的费用应全部记入"基本生产成本"账户，间接用于产品生产的费用应全部记入"制造费用"账户。（　）
13. 制造费用中的"人工费用"明细项目是指支付给各个生产车间的管理人员的各种形式的报酬。（　）
14. 采用预算分配率法分配制造费用而产生的差异额，可以保留到年末再进行分配。（　）
15. 不论是生产过程中发生的废品，还是入库的不合格产品，均属于废品。（　）
16. 可修复废品是指在技术上是能够修复的废品。（　）
17. 废品报废损失是指不可修复废品的生产成本扣除收回材料及废料价值后的损失。（　）
18. 停工损失包括停工期间发生的生产工人人工费用、应负担的制造费用和所耗费的燃料及动力等。（　）
19. 因刮台风停电而发生一个工作日的停工应作为停工损失处理。（　）

二、单项选择题

1. _____是指在当月或一定时期内可以多次使用的领发料的凭证。
   A. 领料单　　　B. 限额领料单　　　C. 领料登记表　　　D. 退料单
2. 按_____分配直接材料费用，可以考核材料消耗定额的执行情况，便于分析材料耗费差异对成本的影响,有利于加强对材料消耗定额的管理。
A. 定额消耗量比例　　　　　　B. 定额成本比例
C. 重量比例　　　　　　　　　D. 产量比例
3. _____只适用于单件、小批量生产的企业或车间,以及个别的、一次性作业。
A. 工作通知单　B. 工序进程单　C. 工作班产量记录　D. 加工路线单
4. 各期使用程度不均衡的设备宜采用_____。
A. 年限平均法　　　　　　　　B. 工作量法
C. 年数总和法　　　　　　　　D. 双倍余额递减法
5. 用_____计算的辅助生产车间的产品或劳务的单位成本最为准确。
A. 顺序分配法　B. 交互分配法　C. 计划成本分配法　D. 代数分配法
6. _____适用于辅助生产车间之间相互提供劳务较多,而提供数量却不平衡的企业。
A. 顺序分配法　B. 交互分配法　C. 计划成本分配法　D. 代数分配法
7. _____是计算结果最准确的辅助生产费用的分配方法。
A. 顺序分配法　B. 交互分配法　C. 计划成本分配法　D. 代数分配法
8. _____适用于各种产品机械化程度相近的车间或部门的制造费用的分配。
A. 生产工人工时比例分配法　　B. 生产工人工资比例分配法
C. 机器工时比例分配法　　　　D. 预算分配法
9. _____适用于季节性生产的企业。
A. 生产工人工时比例分配法　　B. 生产工人工资比例分配法
C. 机器工时比例分配法　　　　D. 预算分配法
10. 经检验部门鉴定不需要返修而可以降价出售的不合格品,其售价低于合格品售价所发生的损失,应_____。
A. 列入"废品损失"账户　　　　B. 列入"销售费用"账户
C. 列入"管理费用"账户　　　　D. 体现在产品销售损益内
11. 可修复"废品损失"是指_____。
A. 返修废品前发生的生产费用
B. 返修废品前发生的生产费用加返修废品发生的修复费用
C. 返修废品发生的修复费用
D. 返修废品发生的加工费用

三、多项选择题
1. 材料费用的分配标准有重量比例、_____。
A. 定额消耗量比例　　　　　　B. 定额成本比例
C. 产量比例　　　　　　　　　D. 实际消耗量比例
2. 工资总额由计时工资、计件工资、奖金、_____等组成。
A. 津贴和补贴　　　　　　　　B. 加班加点工资
C. 病假、工伤假工资　　　　　D. 特殊情况下支付的工资
3. _____应计算计件工资。

A. 合格品　　　　　B. 工废废品　　　　C. 料废废品　　　　D. 返修品

4. 归集的基本生产车间生产工人的工资费用中,属于间接计入费用的有_____。

A. 计时工资　　　　　　　　　　　B. 津贴和补贴
C. 奖金　　　　　　　　　　　　　D. 特殊情况下支付的工资

5. 企业的财产保险费在摊销时,可根据受益部门不同,分配记入_____"管理费用"等账户。

A. "基本生产成本"　B. "辅助生产成本"　C. "销售费用"　D. "制造费用"

6. 辅助生产费用根据辅助生产车间服务对象的不同,可能成为企业的_____。

A. 产品成本的组成部分　　　　　　B. 期间费用
C. 营业外支出　　　　　　　　　　D. 销售成本

7. 分两步分配辅助生产费用的方法有_____。

A. 顺序分配法　　　　　　　　　　B. 交互分配法
C. 计划成本分配法　　　　　　　　D. 代数分配法

8. 企业在选择制造费用分配标准时,应遵循_____原则。

A. 合理性　　　　　B. 相关性　　　　C. 易操作性　　　　D. 稳定性

9. 制造费用的分配方法有_____。

A. 生产工人工时比例分配法　　　　B. 生产工人工资比例分配法
C. 机器工时比例分配法　　　　　　D. 预算分配法

10. 废品交库单、_____等是进行废品损失核算的原始凭证。

A. 废品通知单　　　B. 领料单　　　　C. 考勤卡　　　　　D. 工作通知单

11. 企业因_____等原因而造成的损失应在"停工损失"账户核算。

A. 季节性生产停工　　　　　　　　B. 设备大修理停工
C. 计划减产停工　　　　　　　　　D. 设备发生故障停工

四、计算分析题

1. 材料费用和包装费用的归集与分配

(1) 黄河工厂基本生产车间生产 A,B 两种产品,材料按实际成本计价。3 月 31 日,根据领料原始凭证归集,基本生产车间 A 产品直接耗用材料 62 710 元,B 产品直接耗用材料 47 840 元,A,B 两种产品还共同耗用材料 105 600 元。A 产品定额消耗量为 18 000 千克,B 产品定额消耗量为 12 000 千克。辅助生产车间中,供电车间耗用材料 7 220 元,供气车间耗用材料 5 640 元,基本生产车间耗用材料 6 280 元,销售部门耗用材料 2 050 元,行政管理部门耗用材料 2 460 元。

(2) 长江工厂基本生产车间生产 P,Q 两种产品,材料按计划成本计价。3 月 31 日,根据领料原始凭证归集,基本生产车间 P 产品直接耗用材料计划成本为 72 200 元,Q 产品直接耗用材料计划成本为 56 800 元。P,Q 两种产品还共同耗费圆钢 39 600 千克,每千克 2.50 元,计 99 000 元。现在共生产 P 产品 4 000 件,单位消耗定额为 7 千克;生产 Q 产品 2 000 件,单位消耗定额为 6 千克。辅助生产车间中,供电车间耗用材料计划成本为 7 800 元,供气车间耗用材料计划成本为 4 800 元,基本生产车间耗用材料计划成本为 5 600 元,辅助生产车间耗用材料计划成本为 800 元,销售部门耗用材料计划成本为 1 500 元,行政管理部门耗用材料计划成本为 2 700 元。基本生产车间和辅助生产车间耗用的材料成本差异率为 1%,其他部门领用的材料成本差异率为 -2%。

(3) 珠江工厂包装物按计划成本计价。3月31日,根据领料原始凭证归集,基本生产车间包装P产品,领用木箱600只,每只15元;包装Q产品,领用木箱500只,每只单价10元。销售部门领用随货出售不单独计价的蛇皮袋200只,每只2元;并领用随货出售单独计价包装产品用大木箱150只,每只成本单价30元。包装物的材料成本差异率为2%。

要求:
(1) 根据"资料(1)",归集和分配材料费用。
(2) 根据"资料(2)",归集和分配材料费用。
(3) 根据"资料(3)",归集和分配包装费用。

2. 人工费用的归集与分配

天山工厂3月份发生下列经济业务。

(1) 31日,根据表3-30工资结算汇总表,提取现金备发职工薪酬。
(2) 31日,根据工资结算汇总表中应发薪酬及代扣款项发放职工薪酬。
(3) 31日,第一基本生产车间生产A,B两种产品,其计件工资为96 530元,其中:用于A产品58 078元,用于B产品38 452元;第二基本生产车间生产C,D两种产品,其计件工资为66 200元,其中:用于C产品37 096元,用于D产品29 104元。这两个基本生产车间其余部分生产工人工资属于间接计入工资费用,分别按第一、第二基本生产车间生产各自产品的实际工时分配。据统计,A产品耗用2 700工时,B产品耗用1 800工时,C产品耗用1 680工时,D产品耗用1 320工时,分配本月份各类人员的工资费用。
(4) 31日,根据工资结算汇总表及工资分配的情况,按工资总额的14%、2%、1.5%、20%、1%和7%,分别计提职工福利费、工会经费、职工教育经费、养老保险费、失业保险费和住房公积金。

要求:
(1) 编制会计分录。
(2) 编制工资费用分配表和其他人工费用计算分配表。

3. 外购动力费用的归集与分配

长白工厂发生下列有关的经济业务。

(1) 3月31日,根据计量仪表记录本月份共耗用外购动力55 000度。其中:基本生产车间生产A、B两种产品,动力用电45 000度,照明用电2 200度,修理车间用电3 100度,运输车间用电900度,销售部门用电1 000度,行政管理部门用电2 800度,每度电费为0.58元。对直接用于产品的外购动力采用生产工时比例标准进行分配。据统计,A产品耗用15 000生产工时,B产品耗用9 000生产工时。
(2) 4月2日,收到电力公司账单,列明上月耗用电力55 000度,每度0.58元,计价款31 900元,增值税额4 147元。当即签发转账支票付讫。

要求:
(1) 编制外购动力费用分配表。
(2) 编制会计分录。

4. 固定资产折旧费用与低值易耗品摊销的分配

兴业工厂有关资料如下:

表 3-30

工资结算汇总表

2021年3月15日　　　　　　　　　　　　　　　　　　　　　　单位:元

车间或部门		应发计时工资	计件工资	奖金	津贴和补贴		应发薪酬	代扣款项				合计	实发金额
					中夜班津贴	副食品补贴		住房公积金	养老保险费	医疗保险费	失业保险费	个人所得税		
基本生产一车间	生产工人	86 590	96 530	12 900	980	2 400	199 400	13 958	15 952	3 988	997		34 895	164 505
	管理人员	11 750		900		150	12 800	896	1 024	256	64		2 240	10 560
基本生产二车间	生产工人	57 250	66 200	8 900	600	1 650	134 600	9 422	10 768	2 692	673		23 555	111 045
	管理人员	7 900		600		100	8 600	602	688	172	43		1 505	7 095
发电车间	全部人员	15 000		1 100	100	200	16 400	1 148	1 312	328	82		2 870	13 530
修理车间	全部人员	11 330		920		150	12 400	868	992	248	62		2 170	10 230
销售部门	销售人员	11 550		900	150		12 600	882	1 008	252	63		2 205	10 395
行政管理部门	管理人员	28 180		2 320	300		30 800	2 156	2 464	616	154	15	5 405	25 395
建筑安装部门	安装人员	7 740		560		100	8 400	588	672	168	42	15	1 470	6 930
合　计		237 290	162 730	29 100	1 680	5 200	436 000	30 520	34 880	8 720	2 180	15	76 315	359 685

(1) 该厂有机器设备一台,原值 180 000 元,净残值率 5%,预计可使用 5 年,并预计可使用 9 000 工时。最后使用结果为第 1 年使用 1 760 工时;第 2 年使用 1 820 工时;第 3 年使用 1 840 工时;第 4 年使用 1 850 工时;第 5 年使用 1 730 工时。

(2) 通过计算,该厂 7 月份各车间和部门应提固定资产折旧额为 28 400 元。其中:第一基本生产车间为 9 800 元,第二基本生产车间为 8 600 元,修理车间为 3 400 元,运输车间为 2 800 元,销售部门为 1 800 元,行政管理部门为 2 000 元。

(3) 该厂低值易耗品采用计划成本计价,7 月份发生下列经济业务:

① 10 日,本月份基本生产车间领用专用工具 2 套,每套 1 980 元,修理车间领用工具一批,金额 3 000 元,工具的材料成本差异率为 -5%,均采用五五摊销法进行摊销。

② 31 日,销售部门领用用具一批,金额 500 元;行政管理部门领用管理用具一批,金额 800 元。材料成本差异率均为 3%,均采用一次摊销法进行摊销。

要求:

(1) 根据"资料(1)",分别用年限平均法、工作量法、年数总和法和双倍余额递减法计算该机器设备在使用寿命内各年的折旧额。

(2) 根据"资料(2)"和"资料(3)",编制会计分录。

5. 其他费用的归集与分配

安林工厂 1 月份发生下列经济业务:

(1) 3 日,以银行存款预付第一季度基本生产车间机器设备的租赁费 6 960 元。

(2) 5 日,以银行存款预付全年的财产保险费 58 800 元。

(3) 31 日,"辅助生产成本——修理车间"账户共归集的金额为 37 800 元,分配的结果是:基本生产车间为 29 200 元,发电车间为 6 200 元,销售部门为 720 元,行政管理部门为 1 680 元。

(4) 31 日,摊销应由本月份基本生产车间负担的机器设备租赁费。

(5) 31 日,摊销应由本月份负担的财产保险费。其中:基本生产车间占 70%,修理车间占 11%,销售部门占 5%,行政管理部门占 14%。

要求:根据题目业务编制会计分录。

6. 辅助生产成本的归集与分配

景阳工厂 3 月份各辅助生产车间发生辅助生产费用和生产的产品与提供劳务的数量的有关资料如下。

(1) 发电和修理两个辅助生产车间发生的辅助生产费用分别为 36 720 元和 47 880 元。

(2) 辅助生产车间生产的产品与劳务耗用汇总表如表 3-31 所示。

表 3-31

辅助生产车间产品与劳务耗用汇总表

受 益 对 象	供 电 度 数(度)	修 理 工 时 数(工时)
发电车间	—	80
修理车间	3 000	—

(续表)

受 益 对 象	供 电 度 数(度)	修 理 工 时 数(工时)
A产品	32 000	—
B产品	24 700	—
基本生产车间	3 800	1 560
行政管理部门	4 500	40
合　　　计	68 000	1 680

(3) 发电车间和修理车间的计划单位成本分别为 0.56 元和 29.80 元。

要求：

(1) 根据"资料(1)""资料(2)"，分别用直接分配法、顺序分配法和交互分配法分配辅助生产费用。

(2) 根据"资料(1)""资料(2)""资料(3)"，用计划成本分配法分配辅助生产费用。

(3) 根据"资料(1)""资料(2)"，用代数分配法分配辅助生产费用。

7. 制造费用的归集与分配

天成工厂基本生产车间 7 月份发生下列有关的经济业务。

(1) 1 日，以转账支票支付委托外单位设计图纸费 3 146 元。

(2) 10 日，以转账支票支付购置办公用品费 420 元。

(3) 18 日，车间主任出差回来报销差旅费 1 578 元，并退回多余现金 22 元，以结清预支款。

(4) 20 日，以转账支票支付本月份负担的生产设备租赁费 1 890 元。

(5) 25 日，以转账支票支付电话费 450 元。

(6) 26 日，摊销应由本月份负担的财产保险费 2 911 元。

(7) 31 日，本月份耗用原材料计划成本为 4 000 元，材料成本差异率为 1‰。

(8) 31 日，分配本月份应负担的工资费用 17 600 元，计提其他人工费用 8 008 元。

(9) 31 日，分配本月份应负担的固定资产折旧费用 20 710 元。

(10) 31 日，领用专用工具一批，价值 3 600 元，用五五摊销法摊销。

(11) 31 日，分配基本生产车间应负担发电车间提供的电力费用 1 885 元和修理车间提供的设备维修费用 8 810 元。

(12) 31 日，基本生产车间生产的 A、B、C 三种产品，生产工人耗用的工时分别为 4 500、3 000 小时和 2 100 小时，据以分配制造费用。

要求：

(1) 编制会计分录。

(2) 登记制造费用明细账。

(3) 编制制造费用分配表。

8. 生产损失的核算

(1) 滨津工厂基本生产车间 7 月 31 日发生下列经济业务。

① 投产 E 产品 800 件，原材料在生产加工时一次投入。在加工到 50% 时，发生 10 件不可修复废品，全部加工完毕验收时，合格品为 785 件，不可修复废品为 5 件。生产 E 产品耗用直接材料为 78 400 元，直接人工为 41 340 元，燃料及动力为 9 858 元，制造费用为 25 440 元，结转 15 件不可修复废品成本。

② 仓库将 15 件 E 产品的废品残料验收入库，每件计价 8 元。

③ 将废品净损失结转 E 产品成本。

(2) 川杨工厂基本生产车间 7 月 31 日发生下列经济业务。

① 各种费用分配表列明 A 产品的修复费用为 2 240 元。其中：原材料 990 元，人工费用 786 元，外购动力 64 元，制造费用 400 元，予以转账。

② 可修复 A 产品经批准由责任人负责赔偿 500 元，予以转账。

③ 将废品净损失分配转入 A 产品成本。

④ 各种费用分配表列明该车间第 3 班组因机器故障停工 6 个小时，应负担停工损失费用为 10 800 元。其中：人工费用 8 752 元，外购动力 62 元，制造费用 1 986 元，予以转账。

⑤ 经查明停工是因生产工人周健违反操作规程所致，领导决定由其负责赔偿停工损失的 10%。

⑥ 该车间生产 A,B 两种产品。A 产品耗用 6 000 工时，B 产品耗用 3 600 工时，分配本月份的停工损失。

要求：

(1) 根据"资料(1)"，采用实际成本法编制废品损失计算表，并编制会计分录。

(2) 如果"资料(1)"中，E 产品的定额成本为 190 元，其中：直接材料为 99 元，直接人工为 51 元，燃料及动力为 10 元，制造费用为 30 元，则采用定额成本法编制废品损失计算表，并编制会计分录。

(3) 根据"资料(2)"，编制会计分录。

第四章 产品成本计算概述

第一节 产品与产品成本

一、在产品与完工产品的含义

产品按其是否加工完毕可分为在产品和完工产品两种。

在产品有狭义与广义之分。狭义在产品是指在生产车间没有完成生产过程、尚未验收入库的产品。它包括各个车间正在加工的在制品、正在返修和等待返修的废品，以及本车间虽已加工完毕、但尚未验收入库的产品。广义在产品是指没有完成全部生产过程，不能对外销售的产品。它除了包括狭义在产品外，还包括各生产车间已经完成生产过程，并由中间仓库验收入库的、尚需继续加工的半成品，但不包括已经验收入库准备对外销售的半成品。

完工产品也有狭义与广义之分。狭义完工产品是指已经完成全部生产过程，随时可供销售的产品，也就是产成品。广义完工产品是指已经完成全部或部分生产过程，已经验收入库的产品，它除了包括狭义完工产品外，还包括各生产车间已经完成生产过程，并由中间仓库验收入库的、尚需继续加工的半成品。本书以后涉及的在产品和完工产品是指狭义的在产品和广义的完工产品。

二、在产品成本与完工产品成本

由于产品可分为在产品和完工产品，因此产品成本也可分为在产品成本和完工产品成本。企业在生产产品过程中发生的各项直接费用或间接费用，采用各种方法进行归集和分配后，已全部集中在"基本生产成本"总分类账账户，以及按产品名称设置的明细分类账账户之中。月末在"基本生产成本"各明细分类账账户中，如果本月份投产的产品全部完工，那么该"基本生产成本"明细分类账账户中归集的生产费用就是完工产品的成本；如果本月份投产的产品全部未完工，那么该"基本生产成本"明细分类账账户中归集的生产费用就是在产品的成本；如果本月份投产的产品有一部分已经完工，成为完工产品，另一部分尚未完工，成为在产品，那么该"基本生产成本"明细分类账账户中归集的生产费用就需要采用适当的方法在完工产品和在产品之间进行分配，分别计算出完工产品成本与月末在产品成本。本月末的在产品成本将成为下月初的在产品成本，月初和月末的在产品成本均保留在"基本生产成本"账户内。

现将月初在产品成本、月末在产品成本、本月生产费用和本月完工产品成本四者之间的关系用公式表示如下：

月初在产品成本＋本月生产费用＝本月完工产品成本＋月末在产品成本

在这个公式中,左边两个项目的金额是已知数,右边两个项目的金额是未知数,就需要将已知的两个项目的金额合计数,即月初在产品成本与本月生产费用两个项目的金额合计数(简称生产费用合计),在本月完工产品成本与月末在产品成本之间进行分配。

生产费用合计在本月完工产品成本和月末在产品成本之间分配的方法通常有两种。一种方法是将生产费用合计采用一定的标准进行分配,同时计算出本月完工产品成本和月末在产品成本;另一种方法是先确定月末在产品成本,然后将月末在产品成本移项到公式的左边,再计算本月完工产品成本。无论采用哪种分配方法,都必须正确组织和加强在产品的收入、发出和结存的核算,从而为正确计算本月完工产品成本奠定基础。

第二节 在产品数量的核算

一、在产品的日常核算

企业进行在产品的日常核算需要设置"在产品收发结存账",以登记在产品的收入、转出和结存的数量。"在产品收发结存账"又称"在产品台账",应根据生产特点和管理上的需要设置,通常是分车间并按产品品种和在产品名称设置的。各车间应认真做好在产品的计量、验收和交接工作,并应根据领料单、在产品内部转移单、产品交库单和废品交库单等原始凭证,及时登记在产品收发结存账。在产品收发结存账格式如表4-1所示。

表 4-1

在产品收发结存账

生产车间:机工　　　　　　　零部件名称:法兰盘　　　　　　　计量单位:只

2021年		摘 要	收 入		转 出			结 存	
月	日		凭证号数	数量	凭证号数	合格品	废品	完工	未完工
1	1	上年结转						20	200
	2				2001	100	2		118
	3		1001	125				31	212
	4				2012	102	1		140
	5		1006	100	2016	64	2	12	162
≈	≈	≈	≈	≈	≈	≈	≈	≈	≈
1	31	本月合计		1 280		1 256	32	18	194

在产品收发结存账可以由车间核算人员登记,也可以由各班组核算人员登记,再由车间核算人员审核。

二、在产品清查的核算

为了核实在产品的数量,保护在产品的完全与完整,必须对在产品进行定期或不定期的清查,做到账实相符。在清查盘点后,应填制"在产品盘存表",并将"在产品盘存表"与"在产品收发结存账"进行核对,如果发现账实不符时,则应填制"在产品盘点盈亏报告单",列明盘盈或盘亏在产品的名称、数量、单价、金额和发生盈亏的原因。对于毁损的在产品应填列"在产品毁损报告单",除了列明毁损在产品的名称、数量、单价、金额和发生毁损的原因外,还应列明其残值。

会计人员接到在产品盘点盈亏报告单或在产品毁损报告单后,经审核无误,对于盘盈在产品,应借记"基本生产成本"账户,贷记"待处理财产损溢"账户;对于盘亏或毁损在产品,则应借记"待处理财产损溢"账户,贷记"基本生产成本"账户。俟领导批复核销转账时,再根据不同的情况入账:对于盘盈的在产品,应借记"待处理财产损溢"账户,贷记"营业外收入"账户;对盘亏或毁损的在产品,如果因车间管理不善而造成的,并作为企业损失的部分,应借记"营业外支出"账户,应由责任人赔偿的部分,应借记"其他应收款"账户,贷记"待处理财产损溢"账户。

【例 4-1】 南浦工厂基本生产车间盘点在产品。

(1)7月27日,接到基本生产车间送来在产品盘点盈亏报告单,列明盘亏 P 在产品 6 件,每件 150 元,原因待查。作分录如下:

| 借:待处理财产损溢 | 900.00 |
| 贷:基本生产成本——P产品 | 900.00 |

(2)7 月 31 日,今查明盘亏 P 在产品是车间管理人员失职所致,经批准由其负责赔偿 40%,其余 60%作为企业损失。作分录如下:

借:其他应收款——责任人	360.00
营业外支出	540.00
贷:待处理财产损溢	900.00

如果在产品发生非正常损失时,根据税法规定,在产品在生产过程中耗用的外购材料、外购燃料及动力等所发生的增值税进项税额,将不能从销项税额中抵扣,而应由企业负担。届时,根据非正常损失在产品的成本,加上生产这些在产品应承担的增值税进项税额,借记"待处理财产损溢"账户;根据非正常损失在产品的成本,贷记"基本生产成本"账户;根据非正常在产品应承担的增值税进项税额,贷记"应交税费"账户。

【例 4-2】 西林工厂发生水灾,基本生产车间经清查毁损 Q 在产品 90 件。

(1) 8月25日,接到基本生产车间送来在产品毁损报告单,列明毁损Q在产品90件,每件120元,计10 800元。该部分Q在产品应负担增值税进项税额为1 020元,予以转账。作分录如下:

　　借:待处理财产损溢　　　　　　　　　　　　　　　　　　　　11 820.00
　　　贷:基本生产成本——Q产品　　　　　　　　　　　　　　　　　　10 800.00
　　　　应交税费——应交增值税——进项税额转出　　　　　　　　　　　1 020.00

(2) 8月31日,Q在产品残料作价900元,验收入库。作分录如下:

　　借:原材料　　　　　　　　　　　　　　　　　　　　　　　　　900.00
　　　贷:待处理财产损溢　　　　　　　　　　　　　　　　　　　　　　900.00

(3) 9月10日,保险公司付来Q在产品遭受水灾损失的赔偿款7 644元,存入银行,其余部分作为企业损失处理。作分录如下:

　　借:银行存款　　　　　　　　　　　　　　　　　　　　　　　7 644.00
　　　营业外支出　　　　　　　　　　　　　　　　　　　　　　　3 276.00
　　　贷:待处理财产损溢　　　　　　　　　　　　　　　　　　　　10 920.00

第三节　生产费用在在产品与完工产品之间的分配

企业归集的生产费用在在产品与完工产品之间的分配是成本计算中的一项重要而复杂的工作,企业应根据月末结存在产品的数量和完工程度,以及企业定额管理水平的高低等具体条件,选择合理简便的分配方法。生产费用在在产品与完工产品之间的分配方法主要有以下几种。

一、不计算在产品成本法

不计算在产品成本法是指将当月发生的生产费用全部作为完工产品成本的方法。当企业月末在产品数量很少,所占用的费用额小,月初在产品成本与月末在产品成本之间的差额则更小。月末是否计算在产品成本,对产品成本的影响极小,并且管理上也不需要计算在产品成本时,为了简化计算工作,可以不计算在产品成本。这样,完工产品成本就是该产品本月份发生的生产费用。这种方法适用于采掘、发电、供水等企业。

二、按固定成本计算在产品成本法

按固定成本计算在产品成本法是指对各月月末(年末除外)的在产品成本按年初在产品成本计价,从而计算完工产品成本的方法。当企业各月月末在产品结存数量较少,但金额较大;或者在产品结存数量较多,但各月月末在产品的数量稳定,月初、月末在产品成本的差额较小,是否计算各月在产品成本的差额对产品成本的影响也不大时,如果不计算在产品成本,在产品就成为账外财产,就会难以对其实行会计监督,也不利于资金管理。在这种情况下,应将各月末在产品成本均按年初数计算,既避免了以上的不足,又简化了手续。

采用这种方法,各月末的在产品成本均按年初数计价,那么各种产品当月归集的生产费用就是该种完工产品的成本。至年末,则需要根据实际盘点的在产品数量,重新计算年末在产品成本,并将其作为下一会计年度各月固定的在产品成本,以免在产品以固定不变的成本计价时期过长,使在产品成本与实际成本相差较大,影响产品成本计算的正确性。这种方法适用于采用固定容器装置来从事冶炼、化工等的企业。

三、按所耗原材料费用计算在产品成本法

按所耗原材料费用计算在产品成本法是指仅将在产品所耗原材料费用作为在产品成本,而将其余的生产费用全部作为完工产品成本的方法。

当企业各月月末在产品的数量较多,并且数量的波动也较大时,就需要每月计算在产品成本。如果在生产产品的成本中,原材料费用占有较大的比重,而加工费用占有较小的比重,月初、月末在产品加工费用差额较小时,为了简化计算工作,在产品可以只计算原材料费用而不计算加工费用,加工费用全部由完工产品负担。则全部生产费用减去月末在产品所耗用的原材料费用,就是完工产品的成本。其计算公式如下:

$$材料费用分配率 = \frac{月初在产品材料费用 + 本月发生材料费用}{完工产品数量 + 月末在产品数量}$$

$$月末在产品成本 = 月末在产品数量 \times 材料费用分配率$$

$$完工产品成本 = 月初在产品成本 + 本月生产费用 - 月末在产品成本$$

【例 4-3】 津门工厂生产 E 产品,原材料在生产开始时一次投入。5 月初在产品成本为 38 440 元,本月耗用直接材料 110 520 元,直接人工 52 100 元,燃料及动力 9 640 元,制造费用 25 100 元。本月完工产品 600 件,月末在产品 200 件。

(1) 按所耗原材料费用计算在产品成本。

$$材料费用分配率 = \frac{38\ 440 + 110\ 520}{600 + 200} = 186.20$$

$$月末在产品成本 = 200 \times 186.20 = 37\ 240(元)$$

(2) 根据计算的结果编制产品成本计算表如表 4-2 所示。

按所耗原材料费用计算在产品成本法适用于造纸、酿酒、碾米等企业。

表4-2

产品成本计算表

产品名称：E产品　　　　　2021年5月31日　　　　　　　　　　单位：元

项　目	月初在 产品成本	本月生产 费用	生产费用 合　计	期末在 产品成本	完工产品 成　本
(1)	(2)	(3)	(4)=(2)+(3)	(5)	(6)=(4)-(5)
直接材料	38 440	110 520	148 960	37 240	111 720
直接人工		52 100	52 100		52 100
燃料及动力		9 640	9 640		9 640
制造费用		25 100	25 100		25 100
合　计	31 440	197 360	235 800	37 240	198 560

四、按定额成本计算在产品成本法

按定额成本计算在产品成本法是指根据月末在产品数量、投料和加工程度，按照预先制定的在产品单位定额成本计算出在产品成本，从而计算出完工产品成本的方法。其计算公式如下：

在产品原材料费用定额成本＝在产品数量×原材料单位定额费用

在产品人工费用或费用定额成本＝在产品的定额工时×单位工时定额人工费用或定额费用

在计算出在产品的定额成本后，将月初在产品定额成本，加上本月生产费用，减去月末在产品定额成本后，即为完工产品成本。

【例4-4】 南江工厂生产F产品，5月1日期初在产品成本为22 690元，其中：直接材料13 590元，直接人工5 050元，燃料及动力1 450元，制造费用2 600元。本月生产费用为231 980元，其中：直接材料123 010元，直接人工59 330元，燃料及动力17 840元，制造费用31 800元。月末完工产品800件，在产品100件。F在产品的定额工时为220小时。原材料在生产开始时一次投入，F在产品的直接材料单位定额费用为151元，每工时的定额费用为49.60元，其中：直接人工27.50元，燃料及动力7.90元，制造费用14.20元，据以编制产品成本计算表如表4-3所示。

按定额成本计算在产品成本法计算较为简便。但由于在产品成本是按定额成本计价的，所以，本月份在产品成本的实际耗费与在产品定额成本之间的差异将全部由完工产品来负担。这种方法适用于定额管理基础好，产品的各项消耗定额及费用定额比较准确和稳定，而且月末在产品数量变动不大的企业。

表 4-3

产品成本计算表

2021 年 5 月 31 日

产品名称：F 产品　　　　产量：800 件　　金额单位：元

项　　目	直接材料	定额工时（小时）	直接人工	燃料及动力	制造费用	合　计
月初在产品成本	13 590		5 050.00	1 450.00	2 600.00	22 690
本月生产费用	123 010		59 330.00	17 840.00	31 800.00	231 980
生产费用合计	136 600		64 380.00	19 290.00	34 400.00	254 670
在产品单位费用定额	151		27.50	7.90	14.20	
月末在产品成本	15 100	220	6 050.00	1 738.00	3 124.00	26 012
完工产品成本	121 500		58 330.00	17 552.00	31 276.00	228 658

五、定额比例法

定额比例法是指产品的生产费用按照完工产品和月末在产品的定额耗用量或定额费用的比例，分配计算完工产品成本和月末在产品成本的方法。采用这种方法，直接材料按照原材料定额耗用量或原材料定额成本比例进行分配；直接人工、燃料及动力和制造费用等各项加工费用，可以按定额工时或定额费用比例进行分配。在耗用材料品种不多的情况下，通常采用定额耗用量进行分配。其计算公式如下：

$$\text{耗用量分配率} = \frac{\text{月初在产品实际耗用量} + \text{本月实际耗用量}}{\text{完工产品定额耗用量} + \text{月末在产品定额耗用量}}$$

完工产品实际耗用量 = 完工产品定额耗用量 × 耗用量分配率

月末在产品实际耗用量 = 月末在产品定额耗用量 × 耗用量分配率

$$\text{完工产品各成本项目实际成本} = \text{完工产品实际耗用量} \times \text{原材料单价（或单位工时人工费用、单位工时费用）}$$

$$\text{月末在产品各成本项目实际成本} = \text{月末在产品实际耗用量} \times \text{原材料单价（或单位工时人工费用、单位工时费用）}$$

按定额耗用量进行分配，既反映了完工产品和月末在产品各成本项目的实际耗用量，又反映了实际费用额，便于分析和考核各项耗用定额的执行情况。然而，当产品耗用的原材料品种繁多时，就必须分别计算各种原材料的耗用量和分配率。为了简化计算工作，通常采用定额费用比例分配。其计算公式如下：

$$\text{原材料费用分配率} = \frac{\text{月初在产品原材料成本} + \text{本月发生原材料费用}}{\text{完工产品原材料定额成本} + \text{月末在产品原材料定额成本}}$$

$$\text{完工产品原材料实际成本} = \text{完工产品原材料定额成本} \times \text{原材料费用分配率}$$

$$\frac{\text{月末在产品原}}{\text{材料实际成本}} = \frac{\text{月末在产品原}}{\text{材料定额成本}} \times \frac{\text{原材料费用}}{\text{分 配 率}}$$

$$\frac{\text{人工费用或}}{\text{费用分配率}} = \frac{\text{月初在产品人工费用或费用成本} + \text{本月发生人工费用或费用成本}}{\text{完工产品定额工时} + \text{月末在产品定额工时}}$$

$$\frac{\text{完工产品人工费用}}{\text{或费用实际成本}} = \frac{\text{完工产品}}{\text{定额工时}} \times \frac{\text{人工费用或}}{\text{费用分配率}}$$

$$\frac{\text{月末在产品人工费}}{\text{用或费用实际成本}} = \frac{\text{月末在产品}}{\text{定 额 工 时}} \times \frac{\text{人工费用或}}{\text{费用分配率}}$$

【例 4-5】 江浦工厂生产 B 产品,5 月 1 日的期初在产品成本为 109 542 元,其中:直接材料 81 392 元,直接人工 16 250 元,燃料及动力 4 640 元,制造费用 7 260 元。本月份发生的生产费用为 424 710 元,其中:直接材料 244 120 元,直接人工 104 710 元,燃料及动力 29 632 元,制造费用 46 248 元。月末完工产品 400 件,单位产品的原材料定额费用为 548 元,定额工时为 9 小时,月末在产品 200 件,单位在产品原材料定额费用为 548 元,定额工时为 3 小时。

(1) 分别计算完工产品与月末在产品的原材料定额成本和定额工时。

完工产品原材料定额成本=400×548=219 200(元)

月末在产品原材料定额成本=200×548=109 600(元)

完工产品定额工时=400×9=3 600(小时)

月末在产品定额工时=200×3=600(小时)

(2) 根据计算结果,用定额比例法编制产品成本计算表如表 4-4 所示。

表 4-4

产品成本计算表

产品名称:B 产品　　2021 年 5 月 31 日　　产量:400 件　　金额单位:元

成本项目	月初在产品成本	本月生产费用	生产费用合计	费用分配率	完工产品成本		月末在产品成本	
					定额	实际成本	定额	实际成本
(1)	(2)	(3)	(4)=(2)+(3)	(5)=(4)/((6)+(8))	(6)	(7)=(6)×(5)	(8)	(9)=(8)×(5)
直接材料	81 392	244 120	325 512	0.99	219 200	217 008	109 600	108 504
直接人工	16 250	104 710	120 960	28.80	3 600	103 680	600	17 280
燃料及动力	4 640	29 632	34 272	8.16	3 600	29 376	600	4 896
制造费用	7 260	46 248	53 508	12.74	3 600	45 864	600	7 644
合　计	109 542	424 710	534 252	—	—	395 928	—	138 324

采用定额比例法计算完工产品成本与月末在产品成本,不仅计算的结果比按定额成本计算在产品成本法更合理、正确,而且便于将实际成本与定额成本相比较,分析和考核定额成本的执行情况,有利于对生产费用的控制。这种方法适用于定额管理基础好,产品各项消耗定额及费用定额比较准确和稳定,月末在产品数量变动较大的企业。

六、约当产量法

(一) 约当产量法概述

约当产量法是指先将月末在产品的数量,按照其完工程度折算为相当于完工产品的产量,即约当产量,然后将生产费用合计按照完工产品产量和在产品的约当产量的比例进行分配的方法。其计算公式如下:

$$在产品约当产量 = 在产品数量 \times 完工百分比(完工率)$$

$$\frac{生产费用分配率}{(约当产量单位成本)} = \frac{月初在产品成本 + 本月生产费用}{完工产品产量 + 在产品约当产量}$$

$$完工产品成本 = 完工产品产量 \times 生产费用分配率$$

$$月末在产品成本 = 在产品约当产量 \times 生产费用分配率$$

约当产量法的关键是准确地确定在产品的约当产量。由于月末在产品的投料程度和加工程度往往不同,因此需要分别确定在产品的原材料费用的约当产量和加工费用的约当产量,现分别予以阐述。

(二) 在产品原材料费用约当产量的确定

在产品原材料费用约当产量通常是以在产品的投料率确定的,由于在产品的投料率受生产工序的影响,因此应区别不同的生产工序进行阐述。

1. 单工序生产的在产品原材料费用约当产量的确定 在单工序生产的情况下,如果原材料在生产开始时一次投入,那么投料率为100%,届时单件在产品的约当产量为1,与完工产品是相同的。如果原材料是随着加工的进度陆续投入的,则需根据在产品月末所处加工阶段的投料率来计算确定其约当产量。

【例4-6】浦江工厂生产甲产品。生产开始时,投料75%,当在产品加工到60%时,再投料15%,当在产品加工到80%时,再投料10%。月末在产品为400件,其中:200件加工程度为50%,200件加工程度为75%,计算其原材料费用约当产量如下:

$$月末甲在产品原材料费用约当产量 = 200 \times 75\% + 200 \times (75\% + 15\%) = 330(件)$$

2. 多工序生产的在产品原材料费用约当产量的确定 在多工序生产的情况下,如果原材料在第一工序生产开始时一次投入,在产品约当产量的确定方法与单工序相同,不再重述。如果原材料在每道工序开始时一次投入本工序所耗原材料,那么从每道工序来看,同一工序的在产品所耗用的原材料是相等的,而不同工序的在产品所耗用的原材料是不同的。这就需要根据产品的消耗定额和各道工序在产品的消耗定额,确定各道工序在产品的投料率,再据以计算在产品约当产量。其计算公式如下:

$$\text{某道工序在产品投料率} = \frac{\text{本工序止各道工序累计材料费用消耗定额}}{\text{完工产品材料费用消耗定额}} \times 100\%$$

$$\text{月末在产品约当产量} = \Sigma \left(\text{各工序在产品数量} \times \text{各工序在产品投料率} \right)$$

【例4-7】 浦江工厂生产乙产品有三道工序,各工序原材料都在开工时一次投入,第一、第二、第三道工序单位产品原材料费用消耗定额分别为14千克、6千克和5千克,三道工序月末在产品的数量分别为200件、120件和100件。计算乙在产品原材料的约当产量如表4-5所示。

表4-5

乙在产品原材料费用约当产量计算表

工 序	本工序费用消耗定额(千克)	本工序累计费用消耗定额(千克)	本工序在产品投料率	在产品数量(件)	在产品约当产量(件)
(1)	(2)	(3)	(4)=$\frac{(3)}{25}$	(5)	(6)=(5)×(4)
1	14	14	56%	200	112
2	6	20	80%	120	96
3	5	25	100%	100	100
合 计	25	—	—	420	308

(三) 在产品加工费用约当产量的确定

在产品加工费用包括直接人工、燃料及动力和制造费用。加工费用通常以在产品的完工率确定约当产量的,而完工率是按加工时间确定的,确定在产品的完工率也受到生产工序的影响。因此应区别不同的生产工序进行阐述。

1. 单工序生产的在产品加工费用约当产量的确定 在单工序生产的情况下,可根据在产品的加工时间占完工产品定额工时的比例计算。

【例4-8】 浦江工厂生产甲产品,每件定额工时为8小时,月末在产品为400件,其中:200件完工率为50%,200件完工率为75%。计算其加工的约当产量如下:

$$\text{月末甲在产品加工费用的约当产量} = \frac{200 \times 8 \times 50\% + 200 \times 8 \times 75\%}{8} = 250(\text{件})$$

2. 多工序生产的在产品加工费用约当产量的确定 根据多工序产品生产的特点不同,可分为以下两种计算方法。

(1) 全部在产品均按产品50%的完工率计算约当产量 企业在产品数量在各道

加工工序上分布比较均匀,并且各道工序的加工量也相当接近。第一道工序刚刚投产加工,而最后一道工序产品已快完工,在这种情况下,可以将全部在产品均按 50% 完工率计算约当产量,这样计算既简便又合理。

(2) 按各道在产品的完工率分别计算其约当产量 企业在产品数量在各道加工工序上分布多少不均匀,各道工序的加工量多少也各异,这就需要按每道工序确定其完工率。计算公式如下:

$$\text{某道工序在产品完工率} = \frac{\text{前面各道工序工时定额之和}① + \text{本道工序定额工时} \times \text{完工率}}{\text{完工产品工时定额}} \times 100\%$$

$$\text{月末在产品约当产量} = \Sigma \left(\text{每一道工序在产品数量} \times \text{该道工序在产品完工率} \right)$$

【例 4-9】 浦江工厂生产乙产品有三道工序,第一、第二、第三道工序单位产品工时定额分别为 8 小时、5 小时和 3 小时;月末在产品的数量分别为 200 件、120 件和 100 件,完工率分别为 60%、80% 和 60%。计算月末在产品加工费用的约当产量如下:

$$\text{第一道工序完工率} = \frac{8 \times 60\%}{16} \times 100\% = 30\%$$

$$\text{第二道工序完工率} = \frac{8 + 5 \times 80\%}{16} \times 100\% = 75\%$$

$$\text{第三道工序完工率} = \frac{8 + 5 + 3 \times 60\%}{16} \times 100\% = 92.5\%$$

$$\text{月末在产品加工费用的约当产量} = 200 \times 30\% + 120 \times 75\% + 100 \times 92.5\% = 242.5 (件)$$

(四) 约当产量法的应用

企业确定了在产品原材料费用约当产量和在产品加工费用约当产量后,就为运用约当产量法奠定了基础。

【例 4-10】 浦江工厂生产甲、乙两种产品,甲产品从略。乙产品有三道工序。7 月 1 日,期初有乙在产品 320 件,其成本为 58 996 元,其中:直接材料 32 200 元,直接人工 13 608 元,燃料及动力 4 704 元,制造费用 8 484 元。本月生产费用为 123 815 元,其中:直接材料 58 420 元,直接人工 33 210 元,燃料及动力 11 480 元,制造费用 20 705 元。本月投产 580 件,月末完工 480 件,未完工 420 件。月末在产品 420 件的约当产量根据 [例 4-9] 计算的结果显示,原材料费用的约当产量为 308 件,加工费用的约当产量为 242.5 件。用约当产量法编制产品成本计算表如表 4-6 所示。

---

① 后面工序加工产品时,因为该产品前面各道工序的加工均已完成,因此前面各道工序的工时定额应全部计入本道工序的工时定额内。

表 4-6

产品成本计算表

产品名称：乙产品　　　　2021 年 5 月 31 日　　　　产量：480 件　　金额单位：元

成本项目	月初在产品成本	本月生产费用	生产费用合计	生产费用分配率	完工产品 数量	完工产品 金额	月末在产品 数量	月末在产品 金额
(1)	(2)	(3)	(4)=(2)+(3)	(5)=(4)/((6)+(8))	(6)	(7)=(6)×(5)	(8)	(9)=(8)×(5)
直接材料	32 200	58 420	90 620	115.00	480	55 200	308	35 420
直接人工	13 608	33 210	46 818	64.80	480	31 104	242.50	15 714
燃料及动力	4 704	11 480	16 184	22.40	480	10 752	242.50	5 432
制造费用	8 484	20 705	29 189	40.40	480	19 392	242.50	9 797
合　计	58 996.00	123 815.00	182 811.00	—	—	116 448	—	66 363

企业采用约当产量法计算完工产品与月末在产品成本，必须正确核算在产品数量和正确估计在产品的完工率，才能正确确定在产品原材料费用和加工费用的约当产量；客观、正确地反映完工产品与月末在产品的成本。因此这种方法适用性广泛，特别适用于月末在产品数量较大，且各月末在产品数量不稳定，起伏较大，产品成本中原材料费用和加工费用各项目费用比重相差不多的产品。

七、在产品成本按完工产品成本计算法

在产品成本按完工产品成本计算法是指将当月未完工的在产品按照完工产品计算成本的方法。由于这种方法将在产品视同完工产品，因此这种方法仅在特殊的情况下被采用。它适用于月末在产品已经接近完工，或者已经完工，尚未验收或包装入库的产品。因此处在这一阶段的在产品成本已经接近完工产品成本。为了简化计算工作，将在产品约当为完工产品计算，其具体计算方法和产品成本计算表的格式与约当产量法相同，不再重述。

第四节　完工产品成本的结转

一、完工产品成本的归集

企业生产产品而发生的各项生产费用在完工产品与月末在产品之间分配后，可计算出完工产品与月末在产品的成本。生产车间完工的产品包括基本生产车间完工的产成品和辅助生产车间完工的自制材料、工具和模具等。企业应在产品验收入库后,根据取得的产品交库单和产品成本计算表进行归集,编制"产品成本汇总表""自制材料、工具、模具成本汇总表"等。产成品成本汇总表的格式如表4-7所示。

【例4-11】 5月31日,浦江工厂根据[例4-18]部分资料(见表4-6),编制基本生产车间的产品成本汇总表如表4-7所示。

表4-7

产成品成本汇总表

2021年5月　　　　　　　　　　　　　　　　　　　金额单位:元

产品名称	产量(件)	成本					
		直接材料	直接人工	燃料及动力	制造费用	总成本	单位成本
甲	550	65 230	38 210	11 990	22 730	138 160	251.20
乙	480	55 200	31 104	10 752	19 392	116 448	242.60
合计	—	120 430	69 314	22 742	42 122	254 608	

二、结转完工产品成本的核算

企业根据按基本生产车间的完工产品编制的产成品成本汇总表所列的金额,借记"库存商品"账户,贷记"基本生产成本"账户;根据按辅助生产车间完工的自制材料、工具、模具等编制的自制材料、工具、模具成本汇总表所列的金额,借记"原材料"或"低值易耗品"账户,贷记"辅助生产成本"账户。

【例4-12】 根据表4-7,结转完工产品生产成本。作分录如下:

借:库存商品——甲产品　　　　　　　　　　　　　138 160.00
　　库存商品——乙产品　　　　　　　　　　　　　116 448.00
　贷:基本生产成本——直接材料　　　　　　　　　120 430.00
　　基本生产成本——直接人工　　　　　　　　　　69 314.00
　　基本生产成本——燃料及动力　　　　　　　　　22 742.00
　　基本生产成本——制造费用　　　　　　　　　　42 122.00

第五节　产品生产的类型

工业企业通常是根据产品生产类型选择成本计算方法的。工业企业的产品生产类型有按工艺过程特点和按生产组织特点两种不同的分类方法,现分别予以阐述。

一、产品生产按工艺过程的特点分类

工业企业的产品生产按工艺过程的特点不同,可分为单步骤生产和多步骤生产两

种类型。

（一）单步骤生产

单步骤生产又称简单生产，是指生产工艺过程不能间断的，或不能分散在不同地点进行的生产。例如，发电、供水、供气、采掘、铸造等工业的生产。单步骤生产具有工艺技术简单、生产周期短、产品品种稳定、生产只能由一个车间或一个企业独立完成的特点。

（二）多步骤生产

多步骤生产又称复杂生产，是指生产工艺过程可以间断的，可以分散在不同地点、时间进行的，并由若干加工步骤组成的生产。它具有工艺技术复杂、生产周期长、产品品种不稳定、生产由多个车间或多个企业协作完成的特点。多步骤生产按其产品加工方式和各个生产步骤的内在联系的不同，又可以分为连续式多步骤生产和装配式多步骤生产两种类型。

1. 连续式多步骤生产　　它又称分步式多步骤生产，是指材料投产后，要依次经过各个生产步骤的连续加工而形成产成品的生产。前一个生产步骤完成的半成品，是后一个生产步骤继续加工的对象，直至最后一个步骤的完工才形成产成品。例如，纺织、冶金等工业的生产。

2. 装配式多步骤生产　　它又称平行式多步骤生产，是指先将各种材料分别在各个车间平行地进行加工，制成各种零部件，然后将零部件组装成为产成品的生产。例如，机械、车辆、船舶、仪表、电器等工业的生产。

二、产品生产按生产组织的特点分类

工业企业的生产组织是根据其产品的产量、产品生产的重复性和产品品种的稳定性来确定的。工业企业产品生产按其生产组织的特点不同，可分为大量生产、成批生产和单件生产三种类型。

（一）大量生产

大量生产是指不断重复生产品种相同的产品的生产。例如，纺织、冶金、水泥、造纸、酿造等工业的生产。大量生产具有产量大、生产的重复性强和品种少而稳定的特点，其通常采用专用设备进行生产。

（二）成批生产

成批生产是指按预先确定的产品批别和数量进行的产品生产。例如，服装、机械、车辆、仪表、电器等工业的生产。成批生产具有产量较大、品种较多、生产有一定的重复性的特点，其一般采用专用及通用设备进行生产。成批生产按生产批量的大小不同，又可分为大批生产和小批生产。大批生产由于生产的批量大，往往在一段时期内不断地生产品种相同的产品，因此具有大量生产的性质；小批生产由于生产的批量小，一批产品往往同时完工，因此具有单件生产的性质。

（三）单件生产

单件生产是指根据购货者订单所要求的特定规格进行的个别产品的生产。例如，船舶、发电设备、重型机械等工业的生产。单件生产具有产量少、品种多、重复性少的特点，其一般采用通用设备进行生产。

企业在生产过程中，生产工艺过程与生产组织方式是相互有机地结合在一起的。单步骤工艺生产过程通常采用大量生产的组织方式；连续式多步骤生产通常采用大量生产或成批生产的组织方式；装配式多步骤生产则通常采用成批生产或单件生产的组织方式。

第六节 产品成本计算方法

一、产品成本计算方法的内容

（一）确定成本计算对象

企业要计算产品成本首先要确定成本计算对象。成本计算对象是指为计算产品成本而确定的归集生产费用的各个对象，即成本的承担者。在上一章中，是以产品作为成本计算对象进行阐述的。但是在实际工作中，不同企业产品生产的特点是不同的，成本管理的要求也各异。因此企业应根据产品的生产特点和成本管理的要求来确定成本计算对象。

（二）设置成本明细账和成本项目

企业在确定成本计算对象以后，应根据确定的成本计算对象设置相应的"基本生产成本"明细账户，并根据成本管理上的需要设置成本项目，设置"基本生产成本"明细账和成本项目是归集生产费用和计算产品成本的前提。

（三）归集生产费用

企业应根据设置的"基本生产成本"明细账户和各个成本项目归集生产费用。对于直接用于成本计算对象的生产费用，应直接计入该成本计算对象的"基本生产成本"明细账户。对于间接用于成本计算对象的生产费用，首先，在各有关账户中归集，其中：辅助生产车间发生的生产费用，先在"辅助生产成本"账户归集；基本生产车间间接用于成本计算对象的生产费用先在"制造费用"账户归集。其次，根据各成本计算对象的受益程度，按照一定的分配标准分配后，转入"基本生产成本"明细账户。最后，企业所发生的生产费用全部归集到"基本生产成本"明细账户的各个成本项目内。

（四）确定成本计算期

成本计算期是指每次计算完工产品成本的期间。也就是归集生产费用计算产品成本的起讫日期。成本计算期分为定期和不定期两种，通常由产品生产的特点所决定的。企业在大量、大批生产的情况下，每月都有产品完工，就需要按月计算完工产品成本，其成本计算期是定期的,企业在单件、小批量生产的情况下,各件或各批产品的生产周期各不相同,通常要在各件或各批产品完工后才能计算成本,这就需要按生产周期计算完工产品成本,其成本计算期是不定期的。

(五)确定产品总成本和单位成本

在成本计算期期末,按成本计算对象归集的生产费用,如果没有在产品,那么就是完工产品的总成本;如果既有完工产品,又有期末在产品,生产费用就需要按照一定的标准在完工产品与期末在产品之间进行分配,通过分配来确定产品总成本。然后将产品总成本除以完工产品数量,即为产品单位成本。这是产品成本计算的最后一项内容。

二、产品成本计算的方法

产品成本计算方法分为基本方法和辅助方法两类。

(一)产品成本计算的基本方法

产品成本计算的基本方法有品种法、分批法和分步法三种。在产品成本计算方法的五项内容中,成本计算对象是产品成本计算基本方法的核心,而成本计算对象是根据产品生产的类型和成本管理的要求来确定的。现分别予以阐述。

1. 单步骤大量生产的产品　　具有单步骤工艺过程大量生产组织特点的产品,由于其生产工艺过程不能间断,生产步骤单一,企业不断地、大量地重复生产品种相同的产品,一方面原材料不断地投入;另一方面产品也不断地产出,分不出批次来。因此,企业只能以各种产品的品种作为成本计算对象,计算各种产品的成本,这种方法被称为品种法。

2. 多步骤单件或小批生产的产品　　具有多步骤工艺过程单件或小批生产组织特点的产品,企业要求生产车间按照购货方的订单或生产批号组织产品生产,在管理上需要掌握各批投产产品的成本,这就需要以产品的生产批次作为成本计算对象,计算产品成本,这种方法被称为分批法。

3. 多步骤大量或大批生产的产品　　具有多步骤工艺过程大量或大批生产组织特点的产品,由于其生产工艺过程由若干个可以间断的、分散在不同地点进行的生产步骤所组成。在这种情况下,企业不仅要计算产成品的成本,而且还要计算产品所经过的各个加工步骤的半成品的成本,这就需要以各种产品的生产步骤作为成本计算对象计算产品成本,这种方法被称为分步法。

(二)产品成本计算的辅助方法

产品成本计算的辅助方法是从基本方法中延伸出来的,主要有分类法和定额法两种。

在产品品种、规格繁多的企业,逐一按产品的品种、规格计算产品成本,非但工作量大,而且也没有必要。为了简化计算工作,可以先按产品的类别归集生产费用,计算产品类别的成本,然后再将其分配到各种产品成本中去,这种方法被称为分类法。

对于在产品成本定额管理工作基础好的企业,为了做好定额管理工作,控制生产费用,降低产品成本,加强对成本的分析和考核,可以采用定额法计算产品成本。

这两种产品成本计算的辅助方法是基本方法的延伸,不能单独使用,而必须与基本方法结合使用。

三、各种产品成本计算方法的结合运用

在一个企业或一个车间里,往往生产多种产品,当这些产品的生产工艺过程不同时,就应采用不同的成本计算方法。例如,玻璃用具厂生产日用玻璃器皿和玻璃仪器,均为大量、大批的生产,而玻璃器皿是材料直接熔制而成的,是单步骤生产,应采用品种法计算产品成本;但玻璃仪器是先将材料熔制成各种毛坯,通过再加工,组装而成的,是多步骤生产,应采用分步法计算产品成本。

同一种产品由不同的车间生产时,当生产工艺过程和成本管理的要求不同时,可以将几种不同的成本计算方法结合运用。例如,机器制造企业通常设有铸造、机工、装配等车间,铸造车间应采用品种法计算铸铁件的成本;当铸造车间将铸铁件转入机工车间时,可以采用分步法进行结转。机工车间和装配车间应采用分批法分别计算半成品和产成品成本。

尽管成本计算方法多种多样,但在实际工作中,企业应根据产品生产的类型和生产组织的特点,结合企业的生产规模和成本管理的要求,灵活运用。企业的成本计算方法一旦确定以后,除了企业产品的生产类型、生产组织的特点和成本管理的要求发生变化外,应保持相对的稳定,通常不得随意变更。

课后练习题

一、判断题

1. 广义的完工产品包括狭义完工产品和各生产车间已经完成生产过程,并由中间仓库验收入库的、尚需继续加工的半成品。   （   ）
2. 无论采用什么分配方法,通常总是先计算出月末在产品成本,然后再计算完工产品成本。
                                                                （   ）
3. 在产品收发结存账分车间或班组并按产品品种和在产品名称设置的。   （   ）
4. 在产品在发生非正常损失时,其在生产过程中耗用的外购材料、外购燃料及动力等所发生的增值税进项税额应由企业负担。   （   ）
5. 采用按定额成本计算在产品成本法时,定额成本与实际成本的差异,分别由完工产品和月末在产品负担。   （   ）
6. 按定额成本计算在产品成本法和定额比例法虽然在计算的方法上有所不同,但是其结果都是有利于对生产费用的控制。   （   ）

7. 定额比例法用定额费用比例分配完工产品和月末在产品成本是为了简化计算工作。
（　　）

8. 约当产量法可以根据需要统一确定在产品原材料费用和加工费用的约当产量，也可以分别确定原材料费用和加工费用的约当产量。
（　　）

9. 单工序生产的在产品加工费用可根据在产品的加工时间占完工产品定额工时的比例计算约当产量。
（　　）

10. 结转完工产品成本时，可以根据各生产车间完工产品的不同，借记"库存商品""原材料""低值易耗品"等账户。
（　　）

11. 多步骤生产具有工艺技术复杂、生产周期长、产品品种稳定、生产由多个车间或多个企业协作完成的特点。
（　　）

12. 装配式多步骤生产通常采用大量生产或成批生产的组织方式。（　　）

13. 在产品成本计算方法的内容中，成本计算对象是产品成本计算基本方法的核心。（　　）

14. 具有多步骤工艺过程、大量或大批生产组织特点的产品，通常采用分批法计算产品成本。
（　　）

15. 当生产工艺过程和成本管理的要求不同时，可以将几种不同的成本计算方法结合运用。
（　　）

二、单项选择题

1. 广义的在产品不包括_____。

　A. 正在返修的废品　　　　　　　　B. 等待返修的废品
　C. 已经验收入库的、尚需继续加工的半成品　　D. 已经验收入库准备对外销售的半成品

2. 对于因车间管理不善而造成在产品盘亏或毁损，作为企业损失的部分应列入"_____"账户。

　A. 制造费用　　　　　　　　　　　B. 待处理财产损溢
　C. 管理费用　　　　　　　　　　　D. 营业外支出

3. _____适用于采掘、发电、供水等企业。

　A. 不计算在产品成本法　　　　　　B. 按固定成本计算在产品成本法
　C. 按所耗原材料费用计算在产品成本法　　D. 约当产量法

4. _____适用造纸、酿酒、碾米等企业。

　A. 不计算在产品成本法　　　　　　B. 按固定成本计算在产品成本法
　C. 按所耗原材料费用计算在产品成本法　　D. 约当产量法

5. _____是适用性广泛的分配方法。

　A. 按固定成本计算在产品成本法　　B. 按定额成本计算在产品成本法
　C. 定额比例法　　　　　　　　　　D. 约当产量法

6. _____是产品成本计算的辅助方法。

　A. 分批法　　　B. 分类法　　　C. 分步法　　　D. 品种法

三、多项选择题

1. 狭义在产品包括各个车间正在加工的在制品、_____。

A. 正在返修的废品
B. 等待返修的废品
C. 已验收入库的、尚需继续加工的半成品
D. 本车间虽已加工完毕，但尚未验收入库的产品

2. 计算产品成本公式中的未知数为_____。
A. 月初在产品成本　　　　　　　B. 月末在产品成本
C. 本月生产费用　　　　　　　　D. 本月完工产品成本

3. 生产费用在在产品与完工产品之间的分配方法有按定额成本计算在产品成本法、定额比例法、约当产量法、_____等。
A. 不计算在产品成本法　　　　　B. 按固定成本计算在产品成本法
C. 按所耗原材料费用计算在产品成本法　　D. 在产品成本按完工产品成本计算法

4. 定额比例法适用于_____的企业。
A. 定额管理基础好
B. 月末在产品数量变动不大
C. 月末在产品数量变动较大
D. 产品各项消耗定额及费用定额比较准确和稳定

5. 按定额耗用量分配完工产品成本和月末在产品成本反映了_____。
A. 完工产品与月末在产品各成本项目的实际耗用量
B. 完工产品与月末在产品各成本项目的实际费用额
C. 完工产品与月末在产品各成本项目的定额费用额
D. 完工产品与月末在产品各成本项目的差异额

6. 可以根据完工率来确定_____的约当产量。
A. 单工序生产的在产品原材料费用　　　B. 单工序生产的在产品加工费用
C. 多工序生产的在产品原材料费用　　　D. 多工序生产的在产品加工费用

7. 大量生产具有_____的特点。
A. 工艺技术简单　　　　　　　　B. 产量大
C. 生产重复性强　　　　　　　　D. 品种少而稳定

8. 间接用于成本计算对象的生产费用先在"_____"账户归集，然后分配转入"基本生产成本"账户。
A. 待摊费用　　　B. 预提费用　　　C. 辅助生产成本　　　D. 制造费用

9. 产品成本计算方法的内容有_____、设置成本明细账和成本项目及确定产品总成本和单位成本。
A. 确定成本计算对象　　　　　　B. 归集生产费用
C. 结转生产费用　　　　　　　　D. 确定成本计算期

10. 在实际工作中，企业应根据_____和成本管理的要求确定成本计算方法。
A. 产品生产的类型　　　　　　　B. 生产组织的特点
C. 生产的规模　　　　　　　　　D. 生产工艺的要求

四、计算分析题

1. 在产品清查的核算

南汇工厂 7 月份发生下列经济业务。

(1) 27 日,接到第一基本生产车间送来在产品盘点盈亏报告单,列明盘盈 A 在产品 1 件,每件 156 元;盘亏 B 在产品 5 件,每件 140 元。原因待查。

(2) 28 日,接到第二基本生产车间送来在产品毁损报告单,列明因水灾毁损 C 在产品 80 件,每件 120 元,计 9 600 元;该部分 C 产品应负担增值税进项税额为 935 元。予以转账。

(3) 28 日,盘盈的 A 在产品经批准予以核销转账。

(4) 29 日,今查明盘亏的 B 在产品是车间管理人员失职造成的,经批准由其负责赔偿 30%,其余 70% 作为企业损失。

(5) 30 日,C 在产品残料作价 535 元,验收入库。

(6) 31 日,保险公司付来 C 在产品遭受水灾损失的赔偿款 7 500 元,存入银行,其余部分作为企业损失处理。

要求:根据上述业务编制会计分录。

2. 按所耗原材料费用计算在产品成本法

奉贤工厂生产 A 产品,原材料在生产开始时一次投入。7 月份月初在产品成本为 52 800 元,本月耗用直接材料 136 200 元,直接人工 56 240 元,燃料及动力 15 120 元,制造费用 28 980 元。本月完工产品 600 件,月末在产品 300 件。

要求:按所耗原材料费用计算在产品成本法编制产品成本计算表。

3. 按定额成本计算在产品成本法和定额比例计算法分配完工产品与在产品的成本

金山工厂生产 A 产品的有关资料如下。

(1) 7 月 1 日,期初在产品成本为 58 710 元,其中:直接材料 37 200 元,直接人工 12 060 元,燃料及动力 3 360 元,制造费用 6 090 元。本期发生的生产费用为 202 980 元,其中:直接材料 109 740 元,直接人工 52 290 元,燃料及动力 14 685 元,制造费用 26 265 元。A 产品该月生产完工 400 件,月末在产品 200 件,其定额工时为 450 小时,原材料在生产开始时一次投入,A 产品原材料费用单位定额为 248 元,每工时费用定额为 51.02 元,其中:直接人工 28.64 元,燃料及动力 8.04 元,制造费用 14.34 元。

(2) 本月完工 A 产品的单位产品原材料定额成本为 248 元,定额工时为 4.5 小时,月末单位在产品定额工时为 2.25 小时。

要求:

(1) 根据"资料(1)",按定额成本计算在产品成本法编制产品成本计算表。

(2) 根据产品成本计算表编制会计分录。

(3) 根据"资料(1)""资料(2)",用定额比例法编制产品成本计算表。

(4) 根据产品成本计算表编制会计分录。

4. 在单工序生产条件下,用约当产量法分配完工产品与在产品成本

明光工厂 A 产品系单工序生产的产品,月末完工产品 450 件,在产品 250 件,有关资料如下。

(1) 7 月 1 日,月初在产品成本为 69 770 元,其中:直接材料 43 950 元,直接人工 14 580 元,燃料

及动力 3 960 元,制造费用 7 280 元。本月生产费用为 227 089 元,其中:直接材料 121 698 元,直接人工 59 535 元,燃料及动力 16 170 元,制造费用 29 686 元。

(2) A 产品生产开始时投料 70%,当在产品加工到 50%时,再投料 20%,当在产品加工到 75%时,再投料 10%。月末在产品加工程度为 70%。

(3) A 产品单位定额工时为 6 小时,月末在产品 250 件,其中:200 件完工率为 60%,50 件完工率为 80%。

要求:

(1) 根据上列资料分别计算月末在产品原材料费用约当产量和加工费用的约当产量。

(2) 根据上列资料及"要求(1)"计算的结果,用约当产量法编制产品成本计算表。

(3) 根据产品成本计算表编制会计分录。

5. 在多工序生产条件下,用约当产量法分配完工产品与在产品成本

明光工厂 B 产品系三道工序生产的产品,月末完工产品 500 件,在产品 330 件,有关资料如下。

(1) 7 月 1 日,月初在产品成本为 67 028 元,其中:直接材料 33 980 元,直接人工 16 596 元,燃料及动力 6 084 元,制造费用 10 368 元。本月生产费用为 198 510 元,其中:直接材料 100 374 元,直接人工 49 500 元,燃料及动力 17 820 元,制造费用 30 816 元。

(2) B 产品各工序原材料都在开工时一次投入。第一、第二、第三道工序单位产品原材料费用消耗定额分别为 12 千克、6 千克和 2 千克,月末在产品的数量分别为 80 件、100 件和 150 件。

(3) B 产品的第一、第二、第三道工序单位产品工时定额分别为 5 小时、3 小时和 2 小时,这三道工序在产品的完工率分别为 50%、60%和 40%。

要求:

(1) 根据上列资料分别计算在产品原材料费用约当产量和加工费用的约当产量。

(2) 根据上列资料及计算的约当产量编制产品成本计算表。

(3) 根据产品成本计算表编制会计分录。

第五章 工业企业产品成本的计算(上)

第一节 品 种 法

一、品种法的意义和特点

(一) 品种法的意义

品种法是指以产品的品种作为成本计算对象,归集生产费用,计算产品成本的方法。

工业企业可以根据产品生产的类型和成本管理的需要确定成本计算方法。而工业企业的产品成本是确定产品售价的主要依据,况且工业企业的收入主要是产品销售收入,根据收入与费用配比的要求,作为生产耗费补偿尺度的产品成本,也要求其应以产品的品种来反映。因此,尽管工业企业的生产类型不少,成本管理的要求也各异,但最终均必须按照产品的品种来计算其成本,所以品种法是最基本的成本计算方法。

品种法适用于具有单步骤工艺过程的大量、大批生产组织特点的发电、供水、采矿等企业;也适用于具有多步骤工艺过程的大量、大批生产组织特点的,但因生产车间从原材料的投入到产品的产出是封闭式的生产,或者因生产规模较小,在管理上不要求按生产步骤计算产品成本的饼干厂、糖果厂、小型造纸厂、水泥厂、砖瓦厂等。

(二) 品种法的特点

品种法的特点主要表现在成本计算对象、成本计算期和生产费用的分配三个方面。

1. 成本计算对象 品种法以产品的品种作为成本计算对象。如果基本生产车间或辅助生产车间只生产一种产品,那么成本计算对象就是该种产品,就需要为该种产品设置一个"基本生产成本"或"辅助生产成本"的明细账户来归集生产费用,在该账户内应根据企业管理需要的成本项目设置专栏。届时该车间发生的生产费用均为直接费用,可以直接记入该产品的"基本生产成本"或"辅助生产成本"的明细账户内。如果基本生产车间或辅助生产车间生产多种产品,那么成本计算对象就是多种产品,就需要为生产产品的每一个品种开设"基本生产成本"或"辅助生产成本"的明细账户。届时车间发生的各种产品的直接生产费用,可以直接记入各种产品的"基本生产成本"或"辅助生产成本"的明细账户内;车间发生的各种产品共同的费用,即间接费用则要采用适当的方法,分配后再记入各种产品的"基本生产成本"或"辅助生产成本"明细账户内。

2. 成本计算期　　企业在大量、大批生产产品的情况下,生产总是连续不断地重复进行,采用品种法通常以日历月份作为成本计算期,与会计报告期相一致,使其成本与其销售收入相配比。

3. 生产费用的分配　　月末如果没有在产品或在产品数量很少时,可以不计算在产品成本,那么生产费用就不需要分配,当月归集的生产费用就是完工产品的成本;如果月末在产品数量较多时,就需要采用适当的方法,将归集的生产费用在完工产品与在产品之间进行分配,以确定完工产品总成本和计算完工产品单位成本。

二、品种法的成本计算程序及应用

(一)品种法的成本计算程序

品种法通常有以下八个成本计算程序。

1. 编制费用分配汇总表　　根据各种原始凭证编制各种费用分配汇总表,并据以编制会计分录。

2. 将生产费用记入相关明细账户　　根据会计分录及所附的费用分配汇总表将发生的生产费用记入"基本生产成本""辅助生产成本""制造费用""废品损失"和"停工损失"等明细账户。

3. 结转辅助生产费用　　根据各"辅助生产成本"明细账户归集的费用编制辅助生产费用分配表,按各受益产品和受益部门的受益程度进行分配后,将辅助生产费用转入"基本生产成本""制造费用"和"废品损失"等明细账户。

4. 分配制造费用　　根据各"制造费用"明细账户归集的费用编制制造费用分配表,按各受益产品的受益程度进行分配后,将制造费用转入"基本生产成本"、"废品损失"和"停工损失"等明细账户。

5. 将不可修复废品损失转入"废品损失"账户　　根据"废品交库单"及不可修复废品的投料和加工程度,编制不可修复"废品损失计算表",据以将发生的不可修复废品成本从"基本生产成本"明细账户转入相关的"废品损失"明细账户。

6. 将废品净损失转账　　将"废品损失"明细账户归集的废品净损失结转相关的"基本生产成本"明细账户。

7. 将停工净损失转账　　根据"停工损失"明细账户归集的停工净损失编制停工损失分配表,通过分配后将停工净损失转入"基本生产成本"相关的明细账户。

8. 结转完工产品成本　　根据按产品品种设置的各"基本生产成本"明细账户归集的生产费用,在完工产品与月末在产品之间进行分配,通过编制产品成本计算表,计算完工产品成本和月末在产品成本及完工产品的单位成本,并将完工产品成本从"基本生产成本"明细账户转入"库存商品"明细账户。

现将品种法的具体成本计算程序归纳如图 5-1 所示。

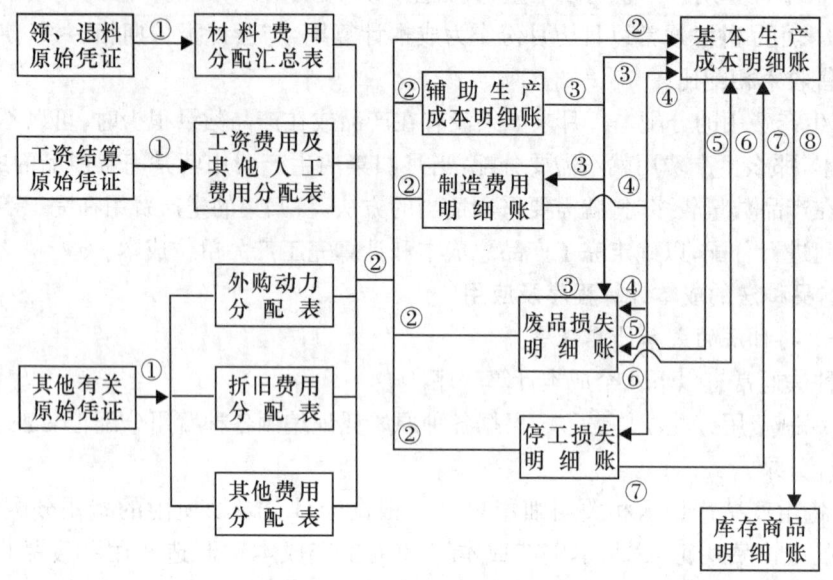

图 5-1 品种法成本计算流程

(二) 品种法的应用

【例 5-1】 大通工厂 7 月份发生下列有关的经济业务。

1. 根据各种费用支出原始凭证,编制费用分配汇总表,并据以编制会计分录。

(1) 根据领、退料原始凭证编制材料费用分配汇总表如表 5-1 所示。

表 5-2

材料费用分配汇总表

2021 年 5 月 31 日　　　　　　　　　　　　　　　　　金额单位:元

应借账户		成本(费用)项目	直接计入	分配计入			合计
				定额消耗量	分配率	分配金额	
基本生产成本	甲产品	直接材料	247 380	10 500	19.32	202 860	450 240
	乙产品	直接材料	151 920	7 500	19.32	144 900	296 820
	小 计		399 300	18 000		347 760	747 060
辅助生产成本	修理车间	直接材料	11 379				11 379
	运输车间	直接材料	2 376				2 376
	小 计		13 755				13 755
废品损失	乙产品	直接材料	978				978

(续表)

应借账户	成本(费用)项目	直接计入	分配计入			合计
			定额消耗量	分配率	分配金额	
制造费用	机物料消耗	10 910				10 910
销售费用	销售机构经费	876				876
管理费用	公司经费	1 720				1 720
合　　计		427 539			347 760	775 299

根据材料费用分配汇总表,作分录如下:

借:基本生产成本——甲产品　　　　　　　　　　　　450 240.00
　　基本生产成本——乙产品　　　　　　　　　　　　296 820.00
　　辅助生产成本——修理车间　　　　　　　　　　　 11 379.00
　　辅助生产成本——运输车间　　　　　　　　　　　　2 376.00
　　废品损失——乙产品　　　　　　　　　　　　　　　　978.00
　　制造费用——机物料消耗　　　　　　　　　　　　 10 910.00
　　销售费用——销售机构经费　　　　　　　　　　　　　876.00
　　管理费用——公司经费　　　　　　　　　　　　　　1 720.00
　贷:原材料　　　　　　　　　　　　　　　　　　　 775 299.00

(2)根据工资结算汇总表编制工资费用分配表如表5-2所示。

表5-2

工资费用分配表

2021年5月31日　　　　　　　　　　　　　　金额单位:元

应借账户		成本或费用项目	直接计入工资费用	间接计入工资费用			工资费用合计
				生产工时（工时）	分配率	分配金额	
基本生产成本	甲产品	直接人工	71 100	3 600	24.25	87 300	158 400
	乙产品	直接人工	46 800	2 400	24.25	58 200	105 000
	小　计		117 900	6 000		145 500	263 400
辅助生产成本	修理车间	直接人工	16 800				16 800
	运输车间	直接人工	14 400				14 400
	小　计		31 200				31 200
废品损失	乙产品	直接人工	600				600

(续表)

应借账户	成本或费用项目	直接计入工资费用	间接计入工资费用			工资费用合计
			生产工时（工时）	分配率	分配金额	
制造费用	人工费用	14 200				14 200
销售费用	销售机构经费	13 400				13 400
管理费用	公司经费	28 400				28 400
合　计		205 700			145 500	351 200

根据工资费用分配表分配工资费用，作分录如下：

借：基本生产成本——甲产品　　　　　　　　　　　　　158 400.00
　　基本生产成本——乙产品　　　　　　　　　　　　　105 000.00
　　辅助生产成本——修理车间　　　　　　　　　　　　 16 800.00
　　辅助生产成本——运输车间　　　　　　　　　　　　 14 400.00
　　废品损失——乙产品　　　　　　　　　　　　　　　　　600.00
　　制造费用　　　　　　　　　　　　　　　　　　　　 14 200.00
　　销售费用　　　　　　　　　　　　　　　　　　　　 13 400.00
　　管理费用　　　　　　　　　　　　　　　　　　　　 28 400.00
　　贷：应付职工薪酬　　　　　　　　　　　　　　　　351 200.00

（3）根据工资费用分配表，按工资总额的 14%、2%、1.5%、20%、1% 和 7% 分别计提职工福利费、工会经费、职工教育经费、养老保险费、失业保险费和住房公积金，编制其他人工费用计算分配表如表 5-3 所示。

根据计算的结果，作分录如下：

借：基本生产成本——甲产品　　　　　　　　　　　　　 72 072.00
　　基本生产成本——乙产品　　　　　　　　　　　　　 47 775.00
　　辅助生产成本——修理车间　　　　　　　　　　　　　7 644.00
　　辅助生产成本——运输车间　　　　　　　　　　　　　6 552.00
　　废品损失——乙产品　　　　　　　　　　　　　　　　　273.00
　　制造费用　　　　　　　　　　　　　　　　　　　　　6 461.00
　　销售费用　　　　　　　　　　　　　　　　　　　　　6 097.00
　　管理费用　　　　　　　　　　　　　　　　　　　　 12 922.00
　　贷：应付职工薪酬——职工福利　　　　　　　　　　 49 168.00
　　　　应付职工薪酬——工会经费　　　　　　　　　　　7 024.00
　　　　应付职工薪酬——职工教育经费　　　　　　　　　5 268.00
　　　　应付职工薪酬——社会保险费　　　　　　　　　 73 752.00
　　　　应付职工薪酬——住房公积金　　　　　　　　　 24 584.00

第五章 工业企业产品成本的计算(上)

表 5-3　其他人工费用计算分配表

2021 年 5 月 31 日　　　　金额单位：元

应借账户		工资总额	职工福利费		工会经费		职工教育经费		社会保险费					住房公积金		合计
			提取率	提取额	提取率	提取额	提取率	提取额	养老保险费		失业保险费		小计	提取率	提取额	
									提取率	提取额	提取率	提取额				
基本生产成本	甲产品	158 400	14%	22 176	2%	3 168	1.5%	2 376	20%	31 680	1%	1 584	33 264	7%	11 088	72 072
	乙产品	105 000	14%	14 700	2%	2 100	1.5%	1 575	20%	21 000	1%	1 050	22 050	7%	7 350	47 775
	小计	263 400		36 876		5 268		3 951		52 680		2 634	55 314		18 438	119 847
辅助生产成本	修理车间	16 800	14%	2 352	2%	336	1.5%	252	20%	3 360	1%	168	3 528	7%	1 176	7 644
	运输车间	14 400	14%	2 016	2%	288	1.5%	216	20%	2 880	1%	144	3 024	7%	1 008	6 552
	小计	31 200		4 368		624		468		6 240		312	6 552		2 184	14 196
废品损失	乙产品	600	14%	84	2%	12	1.5%	9	20%	120	1%	6	126	7%	42	273
制造费用		14 200	14%	1 988	2%	284	1.5%	213	20%	2 840	1%	142	2 982	7%	994	6 461
销售费用		13 400	14%	1 876	2%	268	1.5%	201	20%	2 680	1%	134	2 814	7%	938	6 097
管理费用		28 400	14%	3 976	2%	568	1.5%	426	20%	5 680	1%	284	5 964	7%	1 988	12 922
合计		351 200		49 168		7 024		5 268		70 240		3 512	73 752		24 584	159 796

(4) 根据有关原始凭证资料,编制外购动力费用分配表如表 5-4 所示。

表 5-4

外购动力费用分配表

2021 年 5 月 31 日　　　　　　　　　　　　　　　　金额单位：元

应借账户	成本(费用)项目	分配标准(生产工时)	分配率	分配额
基本生产成本	甲产品	燃料及动力	3 600	4.78	17 208
	乙产品	燃料及动力	2 400	4.78	11 472
	小　计		6 000		28 680
辅助生产成本	修理车间	燃料及动力			1 520
	运输车间	水电费			660
	小　计				2 180
废品损失	乙产品	燃料及动力			30
制造费用		水电费			1 510
销售费用		销售机构经费			780
管理费用		公司经费			1 350
合　计					34 530

根据外购动力费用分配表,作分录如下：

借：基本生产成本——甲产品　　　　　　　　　　　17 208.00
　　基本生产成本——乙产品　　　　　　　　　　　11 472.00
　　辅助生产成本——修理车间　　　　　　　　　　 1 520.00
　　辅助生产成本——运输车间　　　　　　　　　　 660.00
　　废品损失——乙产品　　　　　　　　　　　　　 30.00
　　制造费用——水电费　　　　　　　　　　　　　 1 510.00
　　销售费用——销售机构经费　　　　　　　　　　 780.00
　　管理费用——公司经费　　　　　　　　　　　　 1 350.00
　　贷：应付账款　　　　　　　　　　　　　　　　34 530.00

(5) 根据各车间、部门月初固定资产的期初余额计算的折旧额,编制折旧费用分配表如表 5-5 所示。

表5-5

折旧费用分配表

2021年5月31日　　　　　　　　　　　　　　　　　单位：元

车间、部门 应借账户	基本生产车间	修理车间	运输车间	销售部门	行政管理部门	合　计
制造费用	39 760					39 760
辅助生产成本		2 560	2 180			4 740
销售费用				1 200		1 200
管理费用					2 820	2 820
合　计	39 760	2 560	2 180	1 200	2 820	48 520

根据折旧费用分配表，作分录如下：

借：制造费用——折旧费　　　　　　　　　　　　　39 760.00
　　辅助生产成本——修理车间　　　　　　　　　　2 560.00
　　辅助生产成本——运输车间　　　　　　　　　　2 180.00
　　销售费用——折旧费　　　　　　　　　　　　　1 200.00
　　管理费用——折旧费　　　　　　　　　　　　　2 820.00
　　贷：累计折旧　　　　　　　　　　　　　　　　48 520.00

（6）根据"待摊费用"明细账，编制待摊费用分配表如表5-6所示。

表5-6

待摊费用分配表

2021年5月31日　　　　　　　　　　　　　　　　　单位：元

应　借　账　户		成本（费用）项目	摊　销　金　额
辅助生产成本	修理车间	保险费	360
	运输车间	保险费	300
制造费用		保险费	2 960
销售费用		保险费	200
管理费用		保险费	400
合　计			4 220

根据表5-6待摊费用分配表，作分录如下：

借：辅助生产成本——修理车间　　　　　　　　　　360.00
　　辅助生产成本——运输车间　　　　　　　　　　300.00
　　制造费用——保险费　　　　　　　　　　　　　2 960.00
　　销售费用——保险费　　　　　　　　　　　　　200.00
　　管理费用——保险费　　　　　　　　　　　　　400.00
　　贷：待摊费用　　　　　　　　　　　　　　　　4 220.00

(7) 根据本月份银行存款付款凭证汇总的银行存款支付各种费用汇总表①如表 5-7 所示。

表 5-7

银行存款支付各种费用汇总表

2021 年 5 月 31 日　　　　　　　　　　　　　　　　　　　单位：元

应借账户		成本(费用)项目	金 额
辅助生产成本	修理车间	燃料及动力	1 580
		其他费用	407
	运输车间	燃料及动力	5 650
		其他费用	222
制造费用		办公费	1 950
		其他费用	8 064
销售费用		销售机构经费	1 234
管理费用		公司经费	2 345
		其他费用	2 038
合　计			23 490

根据银行存款支付各种费用汇总表,作分录如下：

　　借：辅助生产成本——修理车间　　　　　　　　　　　1 987.00
　　　　辅助生产成本——运输车间　　　　　　　　　　　5 872.00
　　　　制造费用　　　　　　　　　　　　　　　　　　10 014.00
　　　　销售费用　　　　　　　　　　　　　　　　　　 1 234.00
　　　　管理费用　　　　　　　　　　　　　　　　　　 4 383.00
　　　　贷：银行存款　　　　　　　　　　　　　　　　23 490.00

2. 登记"基本生产成本""辅助生产成本""制造费用""废品损失"和"停工损失"等明细账户。为了便于阐述,现在先登记"辅助生产成本"明细账户,其他明细账户则在以后相关的部分反映。

(1) 根据本例前面的会计分录登记"辅助生产成本明细账"(仅限前 8 笔业务)如表 5-8、表 5-9 所示。

---

① 该表是为了便于举例而采用的,在实际工作中是不能汇总的,而应逐笔编制会计分录。

第五章 工业企业产品成本的计算(上)

表 5-8

辅助生产成本明细账

车间：修理车间　　　　　　　　　　　　　　　　　　　　　　　　　　　　　单位：元

2021年		摘要	直接材料	直接人工	燃料及动力	折旧费	保险费	修理费	其他费用	合计	转出	余额
月	日											
5	31	耗用原材料	11 379							11 379		11 379
	31	分配工资费用		16 800						16 800		28 179
	31	分配其他人工费用		7 644						7 644		35 823
	31	分配动力费用			1 520					1 520		37 343
	31	分配折旧费用				2 560				2 560		39 903
	31	摊销保险费					360			360		40 263
	31	支付其他费用			1 580				407	1 987		42 250
	31	交互分配							2 640	2 640	1 690	43 200
	31	对外分配									43 200	-0-
5	31	本月合计	11 379	24 444	3 100	2 560	360		3 047	44 890	44 890	-0-

表 5-9

辅助生产明细账

车间：运输车间　　　　　　　　　　　　　　　　　　　　　　　单位：元

2021年		摘要	直接材料	直接人工	燃料及动力	折旧费	保险费	修理费	其他费用	合计	转出	余额
月	日											
5	31	耗用原材料	2 376							2 376		2 376
	31	分配工资费用		14 400						14 400		16 776
	31	分配其他人工费用		6 552						6 552		23 328
	31	分配动力费用			660					660		23 988
	31	分配折旧费用				2 180				2 180		26 168
	31	摊销保险费					300			300		26 468
	31	支付其他费用			5 650				222	5 872	2 640	32 340
	31	交互分配						1 690		1 690	31 390	31 390
	31	对外分配									31 390	-0-
5	31	本月合计	2 376	20 952	6 310	2 180	300	1 690	222	34 030	34 030	-0-

(2) 根据"辅助生产成本"明细账户归集的费用,编制辅助生产费用分配表,并据以编制会计分录。

辅助生产车间中修理车间为其他车间和部门共提供修理工时1 250小时劳务,其中:运输车间50小时,基本生产车间580小时,销售部门180小时,行政管理部门190小时,大华工厂250小时。运输车间为其他车间和部门共提供运输24 500吨/千米,其中:修理车间2 000吨/千米,基本生产车间10 000吨/千米,销售部门3 900吨/千米,行政管理部门2 600吨/千米,大华工厂6 000吨/千米。根据"辅助生产成本"明细账归集的生产费用,用交互分配法编制"辅助生产费用分配表"如表5-10所示。

表5-10

辅助生产费用分配表

2021年5月31日　　　　　　　　　　　　　　　　金额单位:元

项目		修理车间			运输车间			合计
		数量	单位成本(分配率)	分配金额	数量	单位成本(分配率)	分配金额	
待分配辅助生产费用		1 250	33.80	42 250	24 500	1.32	32 340.00	74 590.00
交互分配	修理车间	−50		−1 690	−2 000		−2 640.00	
	运输车间			+2 640			+1 690.00	
对外分配辅助生产费用		1 200	36	43 200	22 500	1.395 1	31 390.00	74 590.00
对外分配	基本生产车间	580		20 880	10 000		13 951.00	34 831.00
	销售部门	180		6 480	3 900		5 440.89	11 920.89
	行政管理部门	190		6 840	2 600		3 627.51①	10 467.51
	大华工厂	250		9 000	6 000		8 370.60	17 370.60

根据辅助生产车间交互分配计算的结果,作分录如下:

 借:辅助生产成本——修理车间　　　　　　　　　　　　　　2 640.00
   辅助生产成本——运输车间　　　　　　　　　　　　　　1 690.00
  贷:辅助生产成本——运输车间　　　　　　　　　　　　　　2 640.00
   辅助生产成本——修理车间　　　　　　　　　　　　　　1 690.00

---

① 该金额包含计算中的全部尾差。

将上列分录登记"辅助生产成本"明细账，结出余额，将其作为对外分配的数额，分别见表5-8、表5-9、表5-10。

根据辅助生产车间对外分配的结果，作分录如下：

借：制造费用——修理费　　　　　　　　　　　　　　20 880.00
　　制造费用——运输费　　　　　　　　　　　　　　13 951.00
　　销售费用——销售机构经费　　　　　　　　　　　　6 480.00
　　销售费用——运输费　　　　　　　　　　　　　　　5 440.89
　　管理费用——公司经费　　　　　　　　　　　　　10 467.51
　　其他业务成本　　　　　　　　　　　　　　　　　17 370.60
　　贷：辅助生产成本——修理车间　　　　　　　　　43 200.00
　　　　辅助生产成本——运输车间　　　　　　　　　31 390.00

将上列分录登记"辅助生产成本"明细账，并进行结账，见表5-8、表5-9。

3. 登记"制造费用"明细账户。

（1）根据前面的会计分录登记"制造费用"明细账如表5-11所示。

表5-11

制造费用明细账

单位：元

2021年		摘要	人工费用	折旧费	修理费	机物料消耗	水电费	保险费	办公费	运输费	其他	合计
月	日											
5	31	耗用原材料				10 910						10 910
	31	分配工资费用	14 200									14 200
	31	分配其他人工费用	6 461									6 461
	31	分配电费					1 510					1 510
	31	分配折旧费		39 760								39 760
	31	摊销保险费						2 960				2 960
	31	支付各种费用							1 950		4 652	6 602
	31	分配辅助生产费用			20 880					13 951		34 831
5	31	合计	20 661	39 760	20 880	10 910	1 510	2 960	1 950	13 951	4 652	117 234

(2) 根据"制造费用"明细账归集的制造费用按生产工人工时编制制造费用分配表如表 5-12 所示。有关生产工人工时为：甲产品 3 600 小时，乙产品 2 400 小时，修复乙产品 12 小时。

$$制造费用分配率 = \frac{117\ 234}{3\ 600 + 2\ 400 + 12} = 19.50$$

表 5-12

制造费用分配表

车间：基本生产车间　　　　　　2021 年 5 月 31 日　　　　　　金额单位：元

应借账户		生产工人工时（小时）	分配率	分配金额
基本生产成本	甲产品	3 600	19.50	70 200
	乙产品	2 400	19.50	46 800
废品损失	乙产品	12	19.50	234
合　　计		6 012	—	117 234

根据制造费用分配表，作分录如下：

借：基本生产成本——甲产品　　　　　　　　　　　　　　70 200.00
　　基本生产成本——乙产品　　　　　　　　　　　　　　46 800.00
　　废品损失——乙产品　　　　　　　　　　　　　　　　　　234.00
　贷：制造费用　　　　　　　　　　　　　　　　　　　　117 234.00

4. 将不可修复废品损失转入"废品损失"账户。

(1) 用定额成本法编制不可修复废品损失计算表。

基本生产车间在甲产品加工完毕验收时发现 20 件废品，该产品单位定额成本为 1 136.80 元，其中：直接材料 644 元，直接人工 358 元，燃料及动力 27 元，制造费用 107.80 元，不可修复废品残料价值共 1 436 元。编制废品损失计算表如表 5-13 所示。

表 5-13

废品损失计算表　　　　　　　　　　　　产品名称：甲产品

车间：基本生产车间　　　　　　2021 年 5 月 31 日　　　　　　金额单位：元

项　目	数量或折合数量	直接材料	数量或折合数量（件）	直接人工	燃料及动力	制造费用	合　计
费用定额		644.00		358.00	27.00	107.80	1 136.80
废品成本	20	12 880.00	20	7 160.00	540.00	2 156.00	22 736.00
减：废品残料		1 436.00					1 436.00
废品损失		11 444.00		7 160.00	540.00	2 156.00	21 300.00

(2) 根据废品损失计算表进行账务处理。

结转废品成本,作分录如下:

借:废品损失——甲产品　　　　　　　　　　　　　22 736.00
　　贷:基本生产成本——甲产品　　　　　　　　　　　　22 736.00

仓库回收废品残料,价值1 436元,作分录如下:

借:原材料　　　　　　　　　　　　　　　　　　　1 436.00
　　贷:废品损失——甲产品　　　　　　　　　　　　　　1 436.00

5. 将"废品损失"明细账户归集的废品净损失结转"基本生产成本"明细账户。

(1) 登记甲、乙两种产品"废品损失"明细账如表5-14、表5-15所示。

表5-14

废品损失明细账

账户:甲产品　　　　　　　　　　　　　　　　　　　　　　单位:元

2021年		摘　要	借　方	贷　方	借或贷	余　额
月	日					
5	31	结转不可修复废品成本	22 736		借	22 736
	31	废品残料入库		1 436	借	21 300
	31	结转废品净损失		21 300	平	-0-
5	31	本期发生额及余额	22 736	22 736	平	-0-

表5-15

废品损失明细账

账户:乙产品　　　　　　　　　　　　　　　　　　　　　　单位:元

2021年		摘　要	借　方	贷　方	借或贷	余　额
月	日					
5	31	领用材料	978		借	978
	31	分配工资费用	600		借	1 578
	31	分配其他人工费用	273		借	1 851
	31	分配动力费用	30		借	1 881
	31	分配制造费用	234		借	2 115
	31	结转废品净损失		2 115	平	-0-
5	31	本期发生额及余额	2 115	2 115	平	-0-

（2）将废品净损失结转"基本生产成本"账户。作分录如下：

借：基本生产成本——甲产品   21 300.00
　　基本生产成本——乙产品   2 115.00
　贷：废品损失——甲产品   21 300.00
　　　废品损失——乙产品   2 115.00

6. 结转完工产品成本。

（1）登记"基本生产成本"明细账。

"基本生产成本——甲产品"账户月初在产品成本为185 990元，其中：直接材料139 342元，直接人工34 880元，燃料及动力2 232元，制造费用9 536元。"基本生产成本——乙产品"账户月初在产品成本为131 251元，其中：直接材料93 295元，直接人工27 207元，燃料及动力2 919元，制造费用7 830元。

根据上列资料及前列会计分录分别登记甲、乙两种产品的"基本生产成本"明细账如表5-16、表5-17所示。

表5-16

基本生产成本明细账

账户：甲产品　　　　　　　　　　　　　　　　　　　　　　　　　　　　单位：元

2021年		摘　　要	直接材料	直接人工	燃料及动力	制造费用	废品损失	合　　计
月	日							
5	1	月初在产品成本	139 342	34 880	2 232	9 536		185 990
	31	耗用材料	450 240					450 240
	31	分配工资费用		158 400				158 400
	31	分配其他人工费用		72 072				72 072
	31	分配动力费用			17 208			17 208
	31	分配制造费用				70 200		70 200
	31	不可修复废品成本转出	12 880	7 160	540	2 156		22 736
	31	转入废品净损失					21 300	21 300
5	31	本月生产费用合计	437 360	223 312	16 668	68 044	21 300	766 684
5	31	生产费用合计	576 702	258 192	18 900	77 580	21 300	952 674
5	31	结转完工产品成本	384 468	215 160	15 750	64 650	21 300	701 328
5	31	月末在产品成本	192 234	43 032	3 150	12 930		251 346

表 5-17

基本生产成本明细账

账户：乙产品　　　　　　　　　　　　　　　　　　　　　　　单位：元

2021年		摘　　要	直接材料	直接人工	燃料及动力	制造费用	废品损失	合　　计
月	日							
5	1	月初在产品成本	93 295	27 207	2 919	7 830		131 251
	31	耗用材料	296 820					296 820
	31	分配工资费用		105 000				105 000
	31	分配其他人工费用		47 775				47 775
	31	分配动力费用			11 472			11 472
	31	分配制造费用				46 800		46 800
	31	转入废品净损失					2 115	2 115
5	31	本月生产费用合计	296 820	152 775	11 472	46 800	2 115	509 982
5	31	生产费用合计	390 115	179 982	14 391	54 630	2 115	641 233
5	31	结转完工产品成本	234 075	119 988	9 594	36 420	2115	402 192
5	31	月末在产品成本	156 040	59 994	4 797	18 210		239 041

（2）编制产品成本计算表。

甲产品月末完工600件，单位产品原材料定额费用为644元，定额工时为5小时。在产品300件，单位产品原材料定额费用为644元，定额工时为2小时，用定额比例法编制产品成本计算表如表5-18所示。

表 5-18

产品成本计算表

产品名称：甲产品　　　　　2021年5月31日　　　　　产量：600件　金额单位：元

成本项目	月初在产品成本	本月生产费用	生产费用合计	费用分配率	完工产品成本		月末在产品成本	
					定额	实际成本	定额	实际成本
(1)	(2)	(3)	(4)=(2)+(3)	(5)=(4)/((6)+(8))	(6)	(7)=(6)×(5)	(8)	(9)=(8)×(5)
直接材料	139 342	437 360	576 702	0.995	386 400	384 468	193 200	192 234
直接人工	34 880	223 312	258 192	71.72	3 000	215 160	600	43 032

(续表)

成本项目	月初在产品成本	本月生产费用	生产费用合计	费用分配率	完工产品成本 定额	完工产品成本 实际成本	月末在产品成本 定额	月末在产品成本 实际成本
燃料及动力	2 232	16 668	18 900	5.25	3 000	15 750	600	3 150
制造费用	9 536	68 044	77 580	21.55	3 000	64 650	600	12 930
废品损失		21 300	21 300			21 300		
合　计	185 990	766 684	952 674	—		701 328	—	251 346

乙产品系单工序生产的产品,月末完工300件。在产品200件,原材料在开始加工时一次投入,在产品已完成了加工定额工时的75%。根据"基本生产成本——乙产品"明细账归集的生产费用,用约当产量法编制产品成本计算表如表5-19所示。

表5-19

产品成本计算表

产品名称：乙产品　　　　2021年5月31日　　　　产量：300件
　　　　　　　　　　　　　　　　　　　　　　　金额单位：元

成本项目	月初在产品成本	本月生产费用	生产费用合计	生产费用分配率	完工产品 数量(件)	完工产品 金额	月末在产品 数量(件)	月末在产品 金额
(1)	(2)	(3)	(4)=(2)+(3)	(5)=(4)/((6)+(8))	(6)	(7)=(6)×(5)	(8)	(9)=(8)×(5)
直接材料	93 295	296 820	390 115	780.23	300	234 069	200	156 046
直接人工	27 207	152 375	179 982	399.96	300	119 988	150	59 994
燃料及动力	2 919	11 472	14 391	31.98	300	9 594	150	4 797
制造费用	7 830	46 800	54 630	121.40	300	36 420	150	18 210
废品损失	—	2 115	2 115	7.05	300	2 115		
合　计	131 251	509 982	641 233	—		402 186	—	239 047

根据表5-18、表5-19产品成本计算表编制产品单位成本计算表如表5-20所示。

表 5-20

产品单位成本计算表

2021 年 5 月 31 日　　　　　　　　　　　　　　　　　单位：元

产品名称	产量	成本	直接材料	直接人工	燃料及动力	制造费用	废品损失	合计
甲产品	600 件	总成本	384 468.00	215 160.00	15 750.00	64 650.00	21 300.00	701 328.00
		单位成本	640.78	358.60	26.25	107.75	35.50	1 168.88
乙产品	300 件	总成本	234 069.00	119 988.00	9 594.00	36 420.00	2 115.00	402 186.00
		单位成本	780.23	399.96	31.98	121.40	7.05	1 340.62

(3) 根据产品成本计算表结转完工产品成本。作分录如下：

借：库存商品——甲产品　　　　　　　　　　　　　701 328.00
　　库存商品——乙产品　　　　　　　　　　　　　402 186.00
　贷：基本生产成本——甲产品　　　　　　　　　　701 328.00
　　　基本生产成本——乙产品　　　　　　　　　　402 186.00

第二节　分　批　法

一、分批法概述

(一) 分批法的意义

分批法又称订单法，是指以产品生产的批别或订单作为成本计算对象，归集生产费用，计算产品成本的方法。

分批法适用于具有多步骤工艺过程的单件、小批生产组织特点的机器制造、机车制造、船舶制造、飞机制造、服装、印刷等企业，以及企业新产品的试制、工具、模具的制造等。这些企业的共同特点是一批产品通常不重复生产，即使重复生产也是不定期的。因为这类企业生产产品的品种、规格及批量是按照购货单位的订单来确定的。由于每份订单所定购产品的品种、规格不同，生产工艺过程各异，因此企业是按照购货单位订单的要求分批地组织生产的，因此就需要计算各批产品的成本。

(二) 分批法的特点

分批法的特点主要表现在成本计算对象、成本计算期和生产费用的分配三个方面。

1. 成本计算的对象　　分批法以产品生产的批别或订单作为成本计算对象，按产品生产的批别或订单设置"基本生产成本"明细账户、归集生产费用。对于各批产品所耗费的直接费用，直接记入各批产品的"基本生产成本"明细账户；对于各批产品共同发生的间接计入费用，应采用适合的方法在各批产品之间进行分配，然后再记入各批产品的"基本生产成本"明细账户。

在实际工作中,当一张订单中有多种产品时,为了分析和考核各种产品的成本计划执行情况,便于对产品成本的管理和控制,就需要按照产品的品种划分批别、组织生产、计算成本。当一张订单中只有一种产品,但定购产品的数量多,不便于一次投产,或者购货单位要求分批交货时,也可以分多批组织生产,分多批计算产品成本。当一张订单中只有一件产品,但这件产品是大型复杂产品,价值大、生产周期长,如重型机器设备、大型船舶、飞机等,也可以按照产品的组成部分分批别组织生产,分批别计算产品成本。当同一时期多张订单上定购同一品种、规格的产品,定购的数量也不大时,为了经济合理地组织生产,也可以将多张订单同一品种、规格的产品合为一个批别组织生产,计算产品成本。对于同一种产品因生产与管理的需要,也可以分批别轮流组织生产,按批别计算产品成本。所以,在实际工作中,成本计算对象不一定是购货单位的订单,而是企业生产计划部门按照购货单位的订单,根据企业的实际情况签发下达的生产任务通知单。单内对该批生产任务进行编号,这种编号称为产品生产批别或生产令号,成本计算部门应根据产品生产批别设置"基本生产成本"明细账。

2. 成本计算期　　分批法的成本计算期是与生产任务通知单的签发和结束相一致的。各批产品的成本在其完工后计算确定,所以其成本计算期就是各批产品的生产周期,是不定期的,它与会计报告期是不一致的。

3. 生产费用的分配　　在单件生产的情况下,在产品完工前,所归集的生产费用就是在产品成本;在产品完工后,所归集的生产费用就是完工产品成本。在小批生产的情况下,在月末计算产品成本时,产品往往已经全部完工,或者全部没有完工,这种情况下同单件生产一样,也不需要对所归集的生产费用进行分配。然而当批内产品有跨月陆续完工交货时,为了使收入与费用相配比,就需要将所归集的生产费用在完工产品与月末在产品之间进行分配。如果当月完工产品的数量不多,占投产批量比重较小时,对完工产品可以先按计划单位成本或定额单位成本计价,作为完工产品成本,剩余的生产费用即为月末在产品成本;在该批产品全部完工时,应另行计算该批产品的实际成本与单位成本,但对上月已入账的完工产品成本,不再进行调整。如果当月完工产品的数量较多,占投产批量比重较大,为了保证成本计算的准确性,则应采用适当的方法,将所归集的生产费用在完工产品与月末在产品之间进行分配。

二、分批法的成本计算程序及应用

分批法的成本计算程序与品种法基本相同,所不同的是品种法是按产品品种设置"基本生产成本"明细账户,按产品的品种归集生产费用;而分批法是按产品生产的批别设置"基本生产成本"明细账户,按产品生产的批别归集生产费用。

【例5-2】　振华工厂根据购货单位订单小批生产甲、乙、丙三种产品,有关资料如下:

(1) 1月1日,有生产批别为99号的甲在产品20台,其成本为190 840元,其中:直接材料125 600元,直接人工39 620元,燃料及动力6 080元,制造费用19 540元。

(2) 1月31日,按各费用分配表汇总分配各批产品的生产费用,进行账务处理,记入各批产品的"基本生产成本"明细账。归集的本月生产费用合计如下:

批别	直接材料	直接人工	燃料及动力	制造费用	合计
99	62 600.00	61 880.00	9 640.00	29 920.00	164 040.00
01	164 340.00	71 328.00	11 712.00	37 536.00	284 916.00
02	142 500.00	44 660.00	7 480.00	23 892.00	218 532.00

根据上列资料登记按产品批别设置的"基本生产成本"明细账户,如表5-21、表5-22、表5-23所示。

表5-21

基本生产成本明细账

产品批别:99　产品名称:甲产品　　　　　　　　投产批量:20台　单位:元

2021年		摘要	直接材料	直接人工	燃料及动力	制造费用	合计
月	日						
1	1	月初在产品成本	125 600.00	39 620.00	6 080.00	19 540.00	190 840.00
	31	本月生产费用合计	62 600.00	61 880.00	9 640.00	29 920.00	164 040.00
	31	生产费用合计	188 200.00	101 500.00	15 720.00	49 460.00	354 880.00
	31	结转完工产品成本	188 200.00	101 500.00	15 720.00	49 460.00	354 880.00
1	31	月末在产品成本					-0-

表5-22

基本生产成本明细账

产品批别:01　产品名称:乙产品　　　　　　　　投产批量:30台　单位:元

2021年		摘要	直接材料	直接人工	燃料及动力	制造费用	合计
月	日						
1	31	本月生产费用合计	164 340	71 328	11 712	37 536	284 916
	31	生产费用合计	164 340	71 328	11 712	37 536	284 916
	31	结转完工产品成本	98 604	53 496	8 784	28 152	189 036
1	31	月末在产品成本	65 736	17 832	2 928	9 384	95 880

表 5-23

基本生产成本明细账

产品批别：02　产品名称：丙产品　　　　　　　　投产批量：18 台　单位：元

2021年		摘　要	直接材料	直接人工	燃料及动力	制造费用	合　　计
月	日						
1	31	本月生产费用合计	142 500	44 660	7 480	23 892	218 532
	31	生产费用合计	142 500	44 660	7 480	23 892	218 532
	31	结转完工产品成本	31 696	16 240	2 720	8 688	59 344
1	31	月末在产品成本	110 804	28 420	4 760	15 204	159 188

(3) 1月31日,去年投产的99批别的甲产品20台已全部完工,本月份投产的01批别的乙产品30台,已完工18台,其余12台为在产品。原材料已100%投入,加工程度为50%。用约当产量比例计算法编制产品成本计算表如表5-24所示。本月份投产的02批别的丙产品18台,已完工4台,其余14台为在产品,为了简化计算,完工产品按定额成本计价,其定额成本为14 836元,其中：直接材料7 924元,直接人工4 060元,燃料及动力680元,制造费用2 172元,据以编制产品成本计算表如表5-25所示。

表 5-24

产品成本计算表

产品批别：01　产品名称：乙产品　2021年1月31日　　　产量：18台　金额单位：元

成本项目	月初在产品成本	本月生产费用	生产费用合计	生产费用分配率	完工产品		月末在产品	
					数量	金额	数量	金额
(1)	(2)	(3)	(4)=(2)+(3)	(5)=(4)/((6)+(8))	(6)	(7)=(6)×(5)	(8)	(9)=(8)×(5)
直接材料		164 340	164 340	5 478	18 台	98 604	12 台	65 736
直接人工		71 328	71 328	2 972	18 台	53 496	6 台	17 832
燃料及动力		11 712	11 712	488	18 台	8 784	6 台	2 928
制造费用		37 536	37 536	1 564	18 台	28 152	6 台	9 384
合　计		284 916	284 916	—	—	189 036		95 880

表 5-25

产品成本计算表

产品批别：02　产品名称：丙产品　2021年1月31日　　　产量：4台　金额单位：元

项　　目	直接材料	直接人工	燃料及动力	制造费用	合　　计
单位定额成本	7 924	4 060	680	2 172	14 836
完工产品成本	31 696	16 240	2 720	8 688	59 344

(4) 根据表 5-21"基本生产成本"明细账和表 5-24、表 5-25 产品成本计算表结转完工产品成本。作分录如下：

借：库存商品——甲产品　　　　　　　　　　　　　　354 880.00
　　库存商品——乙产品　　　　　　　　　　　　　　189 036.00
　　库存商品——丙产品　　　　　　　　　　　　　　 59 344.00
　　贷：基本生产成本——99 批别　　　　　　　　　　354 880.00
　　　　基本生产成本——01 批别　　　　　　　　　　189 036.00
　　　　基本生产成本——02 批别　　　　　　　　　　 59 344.00

三、简化分批法

（一）简化分批法概述

在单件、小批生产的企业或车间中，如果各月投产的产品批别很多，生产周期长，月末未完工产品的批别较多时，如果将当月发生的间接计入的生产费用全部分配给各批产品，核算的工作量必将很大。为了简化这些企业间接计入生产费用分配的核算，可以采用不分批计算在产品成本的简化分批法。该法对间接计入生产费用可以采用累计分配法，将每月发生的各项间接计入费用，不是按月在各批产品之间进行分配，而是将其先分别按成本项目累计起来，等到产品完工时，通常按照完工产品累计工时的比例，在各批完工产品之间进行分配。未完工在产品的间接计入费用，不进行分配。分配完工产品间接计入费用的计算公式如下：

$$\text{全部产品某项间接计入费用分配率} = \frac{\text{月初结存某项间接计入费用} + \text{本月发生某项间接费用}}{\text{月初在产品累计工时} + \text{本月发生工时}}$$

$$= \frac{\text{全部产品某项累计间接计入费用}}{\text{全部产品累计工时}}$$

$$\text{某批完工产品应负担的某项间接计入费用} = \text{该批完工产品累计工时} \times \text{全部产品某项间接计入费用分配率}$$

（二）简化分批法的应用

采用简化分批法，首先，要设置基本生产成本二级明细账，将各批别产品发生的生产费用，分成本项目以直接材料、直接人工、燃料及动力、制造费用以及生产工时进行登记；其次，按照产品批别设置"基本生产成本"三级明细账，与"基本生产成本"二级明细账进行平行登记，但平时只登记直接计入费用和生产工时，只有在产出完工产品的月末，才根据"基本生产成本"二级明细账记录的资料，按上列公式计算各项应负担的间接计入费用，计算完工产品成本。

【例 5-3】 津滨工厂第一车间根据购货订单小批生产甲、乙、丙、丁四种产品，这四种产品的原材料均在生产开始时一次投入，其他有关资料如下：

(1) 7 月 1 日，"基本生产成本——第一车间"二级明细账及其所属 30 批别、31 批别三级明细账的资料如下：

账　　户	直接材料	生产工时	直接人工	燃料及动力	制造费用	费用合计
基本生产成本——第一车间	284 445	2 000	59 968	9 182	30 172	383 767
30 批别(甲产品)	135 120	1 200				
31 批别(乙产品)	149 325	800				

(2) 7月31日，各费用分配表汇总分配后，"基本生产成本——第一车间"二级明细账各成本项目应负担的费用和生产工时及该车间各批产品应负担的直接计入费用和生产工时如下：

账　　户	直接材料	生产工时	直接人工	燃料及动力	制造费用	费用合计
基本生产成本——第一车间	314 955	5 600	168 336	25 930	84 740	593 961
30 批别(甲产品)		1 000				
31 批别(乙产品)		1 350				
32 批别(丙产品)	228 675	2 550				
33 批别(丁产品)	86 280	700				

(3) 根据上列资料登记"基本生产成本"二级明细账，如表5-26所示。

(4) 根据"基本生产成本"二级明细账各成本项目的累计数与生产工时的累计数，计算全部产品各成本项目累计间接计入费用分配率如下：

$$\frac{\text{全部产品直接人工累}}{\text{计间接计入费用分配率}} = \frac{59\,968 + 168\,336}{2\,000 + 5\,600} = 30.04$$

$$\frac{\text{全部产品燃料及动力累}}{\text{计间接计入费用分配率}} = \frac{9\,182 + 25\,930}{2\,000 + 5\,600} = 4.62$$

$$\frac{\text{全部产品制造费用累}}{\text{计间接计入费用分配率}} = \frac{30\,172 + 84\,740}{2\,000 + 5\,600} = 15.12$$

(5) 根据上列有关资料登记"基本生产成本"三级明细账，如表5-27、表5-28、表5-29、表5-30所示。并根据完工产品耗用的工时和累计间接计入费用分配率，计算并记入完工产品应负担的加工费用。

表 5-26

基本生产成本二级明细账

账户名称：第一车间　　　　　　　　　　　　　　　　　　　　金额单位：元

2021年		摘要	直接材料	生产工时（小时）	直接人工	燃料及动力	制造费用	合计
月	日							
7	1	期初在产品	284 445	2 000	59 968.00	9 182.00	30 172.00	383 767
	31	本月发生	314 955	5 600	168 336.00	25 930.00	84 740.00	593 961
	31	累计数	599 400	7 600	228 304.00	35 112.00	114 912.00	977 728
	31	全部产品累计间接计入费用分配率	—	—	30.04	4.62	15.12	—
	31	结转完工产品成本	310 895	5 050	151 702.00	23 331.00	76 356.00	562 284
7	31	期末在产品	288 505	2 550	76 602.00	11 781.00	38 556.00	415 444

表 5-27

基本生产成本三级明细账

产品批别：30　产品名称：甲产品　　投产批量：10 台　　金额单位：元

2021年		摘要	直接材料	生产工时（小时）	直接人工	燃料及动力	制造费用	费用合计
月	日							
7	1	期初在产品	135 120	1 200				
	31	本月发生		1 000				
	31	累计数及累计间接计入费用分配率	135 120	2 200	66 088.00	10 164.00	33 264.00	244 636
	31	生产费用合计			30.04	4.62	15.12	
	31	完工10台产品转出	135 120	2 200	66 088.00	10 164.00	33 264.00	244 636
7	31	期末在产品	-0-	-0-				-0-

表 5-28

基本生产成本三级明细账

产品批别：31　产品名称：乙产品　　　　　　　　　　　　　　　　　　　　投产批量：9 台　金额单位：元

2021年		摘要	直接材料	生产工时（小时）	直接人工	燃料及动力	制造费用	费用合计
月	日							
7	1	期初在产品	149 325	800				
	31	本月发生		1 350				
	31	累计数及累计间接计入费用分配率	149 325	2 150	30.04	4.62	15.12	
	31	生产费用合计	149 325		64 586.00	9 933.00	32 508.00	256 352
	31	完工6台产品转出	99 550	1 600	48 064.00	7 392.00	24 192.00	179 198
7	31	期末在产品	49 775	550				

表 5-29

基本生产成本三级明细账

产品批别：32　产品名称：丙产品　　　　　　　　　　　　　　　　　　　　投产批量：12 台　金额单位：元

2021年		摘要	直接材料	生产工时（小时）	直接人工	燃料及动力	制造费用	费用合计
月	日							
7	31	本月发生	228 675	2 550				
	31	累计数及累计间接计入费用分配率	228 675	2 550	30.04	4.62	15.12	
	31	生产费用合计	228 675		76 602.00	11 781.00	38 556.00	355 614
	31	完工4台产品转出	76 225	1 250	37 550.00	5 775.00	18 900.00	138 450
7	31	期末在产品	152 450	1 300				

表 5-30

基本生产成本三级明细账

产品批别：33　产品名称：丁产品　　　　　　　　投产批量：8 台　金额单位：元

2021年		摘　要	直接材料	生产工时(小时)	直接人工	燃料及动力	制造费用	费用合计
月	日							
7	31	本月发生	86 280.00	700				

(6) 根据"基本生产成本"三级明细账计算的完工产品成本，将生产费用在完工产品与月末在产品之间分配，并结转完工产品的生产成本。作分录如下：

　　借：库存商品——甲产品　　　　　　　　　　　　　244 636.00
　　　　库存商品——乙产品　　　　　　　　　　　　　179 198.00
　　　　库存商品——丙产品　　　　　　　　　　　　　138 450.00
　　　　贷：基本生产成本——30 批别　　　　　　　　　244 636.00
　　　　　　基本生产成本——31 批别　　　　　　　　　179 198.00
　　　　　　基本生产成本——32 批别　　　　　　　　　138 450.00

(7) 根据会计分录继续登记"基本生产成本"三级明细账，并将"基本生产成本"三级明细账结转完工产品成本各成本项目和生产工时的数额汇总，据以登记"基本生产成本"二级明细账，最后对"基本生产成本"二级、三级明细账进行结账。登记的结果见表 5-26 至表 5-29。

(三) 简化分批法的优缺点

采用简化分批法计算产品成本，按产品批别设置的"基本生产成本"三级明细账，平时发生的生产费用，只登记直接计入费用，对于平时发生的间接计入费用全部记入"基本生产成本"二级明细账，月末将"基本生产成本"二级明细账所归集的间接计入费用，按累计间接计入费用分配率，分配给有完工产品批别的"基本生产成本"三级明细账，无完工产品批别的"基本生产成本"三级明细账，则不参与分配。这就大大简化了生产费用的分配和"基本生产成本"明细账的登记工作，产品的生产周期越长，月末未完工产品的批别越多，简化的程度就越多。

然而，当各月间接计入费用数额相差较大，从而引起各月的累计间接计入费用分配率波动较大时，就会影响各批产品成本的正确性。并且"基本生产成本"明细账只能反映各批月末在产品的直接计入费用和耗用的生产工时，不能完整地反映各批月末在产品的成本。此外，如果各月投产产品的批别较多，而月末在产品的批别却不多，也难以达到简化核算工作的目的。因此，该法的使用有一定的局限性。

第三节 分 步 法

一、分步法概述

(一)分步法的意义

分步法是指以产品的生产步骤和产品品种作为成本计算对象、归集生产费用,计算各步骤半成品和最终步骤产成品成本的方法。

分步法适用于具有多步骤工艺过程的大量、大批生产组织特点的,并且在管理上需要按生产步骤计算产品成本的冶金、纺织、水泥、化工、造纸、机械制造等企业。这些企业共同的特点是生产工艺过程是由若干个在技术上可以间断的生产步骤所组成,除了最后一个步骤生产出产成品外,其他各个步骤生产出的半成品,可能用于下一个生产步骤继续进行生产加工或装配,也可能销售给其他单位。为了适应具有这些特点企业管理的需要,加强成本管理,企业不仅要按照产品品种计算产品成本,还要按照产品的生产步骤计算半成品的成本。

(二)分步法的特点

分步法的特点主要表现在成本计算对象、成本计算期和生产费用的分配三个方面。

1. 成本计算对象　　分步法以产品的各生产步骤的半成品和最后生产步骤的产成品作为成本计算对象,按产品的各生产步骤设置"基本生产成本"明细账户,归集生产费用。对于各生产步骤产品所耗费的直接费用,应直接记入各生产步骤的"基本生产成本"明细账户,对于各生产步骤共同发生的间接计入费用,应采用适当的方法在各生产步骤之间进行分配后,再记入各生产步骤的"基本生产成本"明细账户。

在实际工作中,多步骤生产的企业往往按生产步骤设立生产车间。通常可将生产车间视为生产步骤,作为成本计算对象。然而当企业生产车间的规模很大,生产车间内又按生产工段划分生产步骤,而管理上也需要在车间内分步骤计算和考核产品成本时,也可以将生产车间内的生产工段作为成本计算对象;反之,当企业生产车间的规模很小,管理上又不要求分车间计算和考核产品成本时,也可以将几个车间合并为一个生产步骤计算产品成本。因此,企业应根据企业的具体情况确定成本计算对象。

2. 成本计算期　　在多步骤工艺过程的大量、大批生产的企业里,原材料连续地投入,各生产步骤的产品连续不断地向下一生产步骤移动,直至产成品完工验收入库。为了使生产能有条不紊地持续进行,在生产过程中各个生产步骤必须保持一定数量的在产品,这样每个月均有半成品、产成品和在产品,因此在月末就需要计算产品成本。成本计算期与会计报告期是一致的,而与生产周期是不同的。

3. 生产费用的分配　　由于多步骤工艺过程的大量、大批生产的企业每个生产步骤月末均有一定数量的在产品与半成品或产成品,因此按生产步骤归集的生产费用,在月末应采用适当的分配方法,在在产品与半成品或完工产品之间进行分配。

(三)分步法的种类

由于分步法是按照各个生产步骤归集生产费用再汇总计算产成品成本的。因此需要将各生产步骤归集的生产费用采用一定的方式进行结转,结转的方法有逐步结转和平行结转,分步法也就分为逐步结转分步法和平行结转分步法两种。

逐步结转分步法在管理上要求提供各生产步骤半成品成本资料。前一生产步骤完工的半成品转入下一生产步骤继续加工时,半成品的实物和成本一起转入下一生产步骤,直至最后生产步骤产出产成品,才能得出完工产品成本。

平行结转分步法在管理上不要求提供各生产步骤半成品成本资料。平时各生产步骤仅归集本步骤发生的原材料费用和加工费用,月末才采用一定的分配方法进行汇总,计算出完工产成品成本。

二、逐步结转分步法

(一)逐步结转分步法的意义

逐步结转分步法又称顺序结转分步法,是指按照产品连续生产步骤的先后顺序逐步计算并结转半成品成本,半成品成本随着半成品在各生产步骤之间顺序转移,直至最后步骤计算出产成品成本的方法。

逐步结转分步法与企业生产工艺过程特点有着密切的联系。当企业的生产从原材料投入到产品完工,要按顺序经过各个生产步骤,前面各个步骤生产的都是半成品,只有最后步骤生产的才是产成品。例如,钢铁企业生产工艺过程包括炼铁、炼钢和轧钢三大生产步骤,铁砂通过炼铁工艺过程制成生铁,生铁通过炼钢工艺过程成为钢锭,钢锭通过轧钢工艺过程则成为钢材。在这种情况下,需要采用逐步结转分步法,计算各生产步骤半成品成本和完工产品成本。企业采用逐步结转分步法的原因主要有以下三点:首先,是计算产成品成本的需要。因为第二生产步骤的加工对象是第一生产步骤的半成品,没有第一生产步骤半成品的成本,就无法计算第二生产步骤半成品的成本,以此类推,没有各生产步骤半成品的成本,就无法计算最后生产步骤产成品的成本。其次,是成本控制的需要。在激烈的市场竞争中,为了有效地控制各生产步骤的生产耗费和资金占用水平,要求及时计算和掌握各生产步骤半成品成本及各生产步骤之间结转的半成品成本。最后,是对外销售的需要。有的企业生产的半成品,如纺织企业的棉纱、坯布,钢铁企业的生铁、钢锭等,往往可以作为商品销售给其他企业,因此要求计算半成品的成本,以分析和考核半成品销售的收益水平。

(二)逐步结转分步法的成本计算程序

采用逐步结转分步法的企业中,在有的企业,对各个生产步骤完工的半成品,先验收入库,下一生产步骤根据生产的需要,再从半成品仓库领取上一生产步骤完工的半成品继续进行加工。而在有的企业,对上一生产步骤完工的半成品,验收合格后,并不入库,而是将验收合格的半成品直接转交下一生产步骤继续进行加工。逐步结转分步法的成本计算程序,因企业完工的半成品是否验收入库而有所不同,现分别加以阐述。

1. 半成品入库逐步结转分步法的计算程序　　对半成品验收入库的企业,首先,根据第一生产步骤明细账上各成本项目归集的生产费用计算出完工的半成品成本,在半成品验收入库时,借记"自制半成品①——第一步骤半成品"账户,贷记"基本生产成本——第一步骤"账户。其次,在第二生产步骤从半成品仓库领取第一生产步骤的自制半成品时,借记"基本生产成本——第二步骤"账户,贷记"自制半成品——第一步骤半成品"账户,再加上第二生产步骤加工半成品领用的原材料和发生的加工费用,计算出第二生产步骤完工的半成品成本,依生产步骤的顺序,累计结转半成品成本,直至最后一个生产步骤,计算出完工产成品的成本。现将半成品入库的逐步结转分步法的计算程序列示如图 5-2 所示。

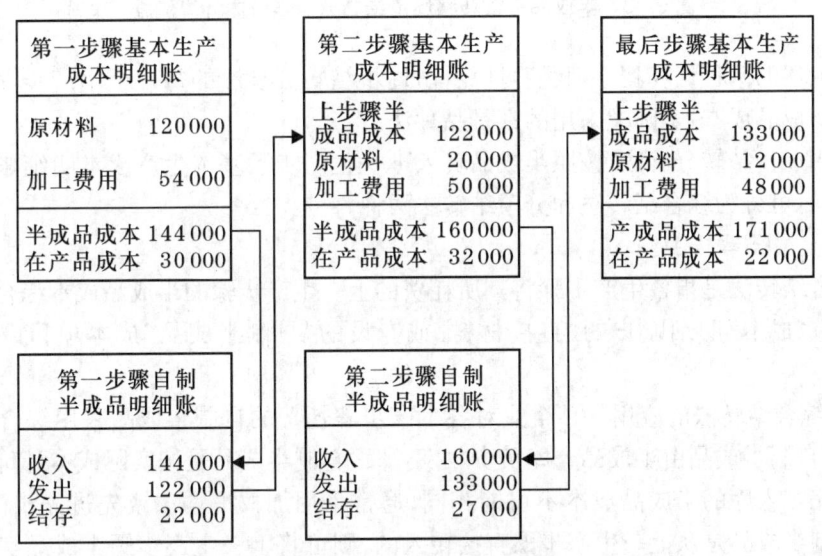

图 5-2　半成品入库逐步结转分步法成本计算流程

2. 半成品直接转移逐步结转分步法的计算程序　　对半成品直接转入下一生产步骤的企业,首先,根据第一生产步骤明细账上各成本项目归集的生产费用,计算出完工的半成品成本。由于第一生产步骤完工的半成品已全部转入第二生产步骤,因此根据完工的半成品成本,借记"基本生产成本——第二步骤"账户,贷记"基本生产成本——第一步骤"账户。其次,第二生产步骤根据第一生产步骤转来的半成品成本,加

---

① 系库存商品的二级明细科目,本书上升为一级会计科目。

上本步骤领用的原材料和发生的加工费用,计算出第二生产步骤完工的半成品成本,以此类推,直至最后一个生产步骤计算出完工产成品的成本。现将半成品直接转移逐步结转分步法的计算程序列示如图5-3所示。

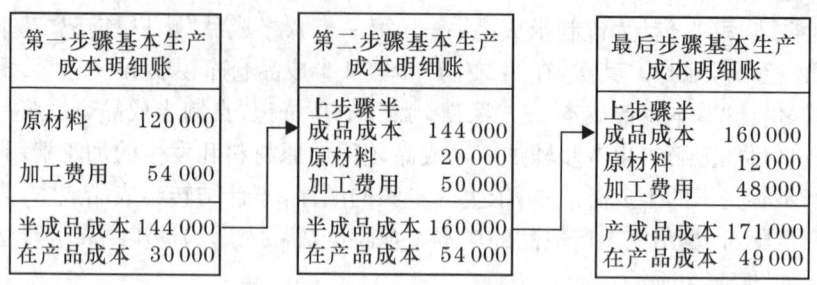

图5-3 半成品直接转移逐步结转分步法成本计算流程

从上述的两种计算程序,我们可以看出逐步结转分步法的每一个生产步骤计算半成品或产成品成本,实际上采用的都是品种法。

采用逐步结转分步法,按照半成品转入下一生产步骤基本生产成本明细账的反映方式不同,可分为综合结转法和分项结转法两种。

（三）综合结转法

综合结转法是指各生产步骤将其所耗费的上一生产步骤的半成品成本综合记入其"基本生产成本"明细账户的"直接材料"或专设的"自制半成品"成本项目内反映的方法。

1. 综合结转法的应用　　企业对各生产步骤耗费的自制半成品采用综合结转法时,如果自制半成品由半成品仓库负责收发,那么自制半成品是按实际成本计价的。由于各月完工入库的半成品成本不可能相同,通常采用加权平均法或先进先出法计算。如果自制半成品是从上一生产步骤直接转入的,则可将上一生产步骤半成品实际成本的合计数转入本步骤"基本生产成本"明细账户。

【例5-4】 静安工厂生产甲产品有三个生产步骤,第一生产步骤生产A半成品,第二生产步骤生产B半成品,A、B半成品均由半成品仓库收发;第二、第三步骤生产所需的A、B半成品均从仓库领用,半成品成本用先进先出法计算。该厂原材料在第一步骤开始生产时一次投入,各步骤的月末在产品均按定额成本计价计算法计算。

(1)该厂第一生产步骤月初有在产品200件,本月投产1 100件。月末半成品交库单上列明完工交库A半成品1 200件,月末有在产品100件,在产品的单位定额成本为330元,其中:直接材料240.80元,直接人工46元,燃料及动力12.60元,制造费用19.80元。根据上列资料及本月份各种生产费用汇总分配表登记"基本生产成本——

第一步骤"明细账如表5-31所示。

表5-31

基本生产成本明细账

生产步骤：第一步骤
半成品名称：A半成品   单位：元

2021年		摘要	直接材料	直接人工	燃料及动力	制造费用	合 计
月	日						
7	1	月初在产品成本	48 160	9 200	2 520	3 960	63 840
	31	本月生产费用合计	263 920	58 760	14 940	23 940	361 560
	31	生产费用合计	312 080	67 960	17 460	27 900	425 400
	31	结转完工半成品成本	288 000	63 360	16 200	25 920	393 480
7	31	月末在产品成本	24 080	4 600	1 260	1 980	31 920

在表5-31中，月末在产品成本是将月末在产品数量乘以单位定额成本取得的，然后将生产费用合计数减去月末在产品成本，倒挤出完工产品成本。

根据第一步骤自制半成品交库单，作分录如下：

借：自制半成品——A半成品   393 480.00
　　贷：基本生产成本——第一步骤   393 480.00

（2）根据上列会计分录登记"A自制半成品"明细账如表5-32所示。

表5-32

自制半成品明细账

自制半成品名称：A半成品   数量单位：件
                                                    金额单位：元

2021年		摘要	收 入			发 出			结 存		
月	日		数量	单价	金额	数量	单价	金额	数量	单价	金额
7	1	期初余额							100	329.70	32 970
7	31	入库	1 200	327.90	393 480				1 300		426 450
	31	领用				100	329.70	32 970			
	31	领用				900	327.90	295 110	300	327.90	98 370
7	31	本期发生额及余额	1 200		393 480	1 000		328 080	300	327.90	98 370

第二生产步骤向半成品仓库领用 A 半成品 1 000 件,根据其领料单用先进先出法计价为 328 080 元。作分录如下:

　　借:基本生产成本——第二步骤　　　　　　　　　　　　　　328 080.00
　　　贷:自制半成品——A 半成品　　　　　　　　　　　　　　　328 080.00

(3) 第二生产步骤月初有在产品 300 件,本月投产 1 000 件,月末自制半成品交库单上列明交库 1 100 件,月末有在产品 200 件。在产品的单位定额成本为 392.60 元,其中:自制半成品 329.40 元,直接人工 36.60 元,燃料及动力 9.20 元,制造费用 17.40 元。根据[例 5-4]资料及本月份各种生产费用汇总分配表登记"基本生产成本——第二步骤"明细账如表 5-33 所示。

表 5-33

基本生产成本明细账

生产步骤:第二步骤
半成品名称:B 半成品　　　　　　　　　　　　　　　　　　　　　　　　　单位:元

2021年		摘　　要	自制半成品	直接人工	燃料及动力	制造费用	合　计
月	日						
7	1	月初在产品成本	98 820	10 980	2 760	5 220	117 780
	31	本月生产费用合计	328 080	50 020	12 610	23 780	414 490
	31	生产费用合计	426 900	61 000	15 370	29 000	532 270
	31	结转完工半成品成本	361 020	53 680	13 530	25 520	453 750
7	31	月末在产品成本	65 880	7 320	1 840	3 480	78 520

根据第二步骤自制半成品交库单,作分录如下:

　　借:自制半成品——B 半成品　　　　　　　　　　　　　　　453 750.00
　　　贷:基本生产成本——第二步骤　　　　　　　　　　　　　　453 750.00

(4) 根据上列会计分录登记"自制 B 半成品"明细账如表 5-34 所示。

第三生产步骤向半成品仓库领用 B 半成品 1 200 件,根据其领料单,用先进先出法计价为 495 440 元。作分录如下:

　　借:基本生产成本——第三步骤　　　　　　　　　　　　　　495 440.00
　　　贷:自制半成品——B 半成品　　　　　　　　　　　　　　　495 440.00

表 5-34

自制半成品明细账

自制半成品名称：B 半成品　　　　　　　　　　　　　　数量单位：件
　　　　　　　　　　　　　　　　　　　　　　　　　　　金额单位：元

2021年		摘要	收入			发出			结存		
月	日		数量	单价	金额	数量	单价	金额	数量	单价	金额
7	1	期初余额							200	414.70	82 940
	31	入库	1 100	412.50	453 750				1 300		536 690
	31	领用				200	414.70	82 940			
	31	领用				1 000	412.50	412 500	100	412.50	41 250
7	31	本期发生额及余额	1 100		453 750	1 200		495 440	100	412.50	41 250

（5）第三生产步骤月初有在产品 50 件，本月投产 1 200 件，月末产成品交库单上列明交库甲产品 1 000 件，月末有在产品 250 件。在产品单位定额成本为 459.60 元，其中：自制半成品 413.20 元，直接人工 26.88 元，燃料及动力 6.48 元，制造费用 13.04 元。根据上列资料及本月份各种生产费用汇总分配表登记"基本生产成本——第三步骤"明细账如表 5-35 所示。

表 5-35

基本生产成本明细账

生产步骤：第三步骤
产品名称：甲产品　　　　　　　　　　　　　　　　　　　　单位：元

2021年		摘要	自制半成品	直接人工	燃料及动力	制造费用	合计
月	日						
7	1	月初在产品成本	20 660	1 680	405	820	23 565
7	31	本月生产费用合计	495 440	49 840	12 015	24 160	581 455
	31	生产费用合计	516 100	51 520	12 420	24 980	605 020
	31	结转完工产品成本	412 800	44 800	10 800	21 720	490 120
7	31	月末在产品成本	103 300	6 720	1 620	3 260	114 900

根据第三步骤产成品交库单，作分录如下：

借：库存商品——甲产品　　　　　　　　　　　　　490 120.00
　　贷：基本生产成本——第三步骤　　　　　　　　　　　490 120.00

采用实际成本计价,后面生产步骤自制半成品成本必须先等前面生产步骤计算出自制半成品成本以后才能进行,这样就使各生产步骤自制半成品或产成品成本的计算不能同步进行,况且按品种计算各生产步骤耗用自制半成品实际成本的工作量也较大。

为了加速和简化核算工作,自制半成品也可以采用按计划成本计价法计价。届时各生产步骤领用自制半成品时,先按计划成本借记"基本生产成本"账户,贷记"自制半成品"账户。在月末计算出完工自制半成品的实际成本时,根据验收入库的自制半成品数量按计划成本借记"自制半成品"账户;按实际成本贷记"基本生产成本"账户;计划成本与实际成本的差额则列入"产品成本差异"账户。然后,将月初结存的自制半成品成本差异与本月收入自制半成品成本差异之和,除以月初结存自制半成品计划成本与本月收入自制半成品计划成本之和,求得自制半成品成本差异率,再将发生的自制半成品的计划成本,乘以自制半成品成本差异率,求得发出自制半成品成本差异,并将其列入"基本生产成本"明细账内,将自制半成品的计划成本调整成为实际成本。其具体计算与核算方法与原材料按计划核算基本相同,不再详述。

2. 综合结转法的成本还原　　成本还原是指将产成品中所耗费的自制半成品的综合成本,逐步分解还原成直接材料、直接人工、燃料及动力和制造费用等原始成本项目,从而以原始成本项目反映产成品成本的构成。

采用逐步结转分步法,上一生产步骤完工的半成品用综合结转法转入下一生产步骤,这样上一生产步骤生产半成品耗费的原材料和加工费用在转入下一生产步骤时,下一生产步骤却在"自制半成品"或"直接材料"成本项目中反映,这样将不能真实地反映各生产步骤自制半成品成本和最后生产步骤产成品成本的原始成本项目。因为除了第一生产步骤生产的自制半成品成本外,在其他生产步骤生产的自制半成品或产成品成本中,只能反映本生产步骤耗费的原材料,加工费用和前一生产步骤转入的自制半成品成本。而前一生产步骤转入的自制半成品成本由前面生产步骤所耗费的直接材料、直接人工、燃料及动力和制造费用等费用组成。这样反映显然不符合产品成本的实际构成情况,不能据以从整个企业的角度分析和考核产品成本的构成及水平,因此需要将产成品成本进行成本还原。

成本还原的具体做法是从最后生产步骤开始,将其所耗费的上一生产步骤自制半成品的综合成本,按照上一生产步骤本月完工半成品的成本项目比例分解还原为原来的成本项目,从后向前逐步分解还原,一直分解至第二步骤,然后将各生产步骤还原后各成本项目的数额相加,即可取得产成品各成本项目的原始成本。

自制半成品成本还原的方法主要有成本还原率法和项目比重还原法两种。

(1) 成本还原率法　　它是指根据本月产品成本中所耗费上一步骤半成品的综合成本占该种半成品的总成本的比例,分别乘以所耗费该种半成品的各个成本项目金额进行还原,从而取得产成品原始成本结构的方法。其计算公式如下:

$$成本还原率=\frac{本月完工产品耗费上一生产步骤半成品成本}{本月完工上一生产步骤该种半成品总成本}$$

$$\begin{matrix}还原为上一生产步骤\\各成本项目的金额\end{matrix}=\begin{matrix}上一生产步骤本月完工\\半成品各成本项目金额\end{matrix}\times 成本还原率$$

【例 5-5】　现按[例 5-4]甲产品三个生产步骤的"基本生产成本"明细账的有关资料(见表 5-31、表 5-33 和表 5-35),用成本还原率法计算甲产品各成本项目的原始结构如表 5-36 所示。

$$第一次成本还原率=\frac{412\,800}{453\,750}=0.909\,752$$

$$第二次成本还原率=\frac{328\,439}{393\,480}=0.834\,703$$

(2) 项目比重还原法　　是指根据本月产品成本中所耗费上一生产步骤本月完工半成品各成本项目金额占本月完工该种半成品总成本的比重,据以将本步骤耗费的半成品成本分解还原,从而取得产成品原始成本结构的方法。其计算公式如下:

$$\begin{matrix}上一生产步骤半成\\品各成本项目金额\\占总成本的比重\end{matrix}=\frac{上一生产步骤本月完工半成品各成本项目金额}{本月完工该种半成品总成本}$$

$$\begin{matrix}还原成上一生产步\\骤各成本项目金额\end{matrix}=\begin{matrix}上一生产步骤本月完工\\半成品各成本项目金额\end{matrix}\times\begin{matrix}该半成品成本项目金额\\占半成品总成本的比重\end{matrix}$$

【例 5-6】　现按[例 5-4]甲产品三个生产步骤的"基本生产成本"明细账的有关资料(见表 5-31、表 5-33、表 5-35),用项目比重还原法计算甲产品各成本项目的原始结构如表 5-37 所示。

3. 综合结转法的优缺点　　采用综合结转法可以反映各生产步骤耗费直接材料、自制半成品和加工费用的水平及自制半成品和产成品的成本,有利于企业对各个生产步骤成本的管理、控制、分析和考核,便于分清各自的生产经营效果和责任。但是为了从整个企业的角度反映产品成本的构成,加强企业综合成本的管理,必须进行成本还原,但却增加了成本计算的工作量。然而随着计算机的广泛应用,这一问题是容易得到解决的。这种方法适用于管理上要求反映各生产步骤完工半成品成本的企业。

表 5-36

产品成本还原计算表

2021年7月31日

产品名称：甲产品　　产量：1 000 件　　单位：元

项　目	行　次	A半成品	B半成品	直接材料	直接人工	燃料及动力	制造费用	合　计
还原前产品成本	(1)	412 800			4 480.00	10 800.00	21 720.00	490 120.00
本月第二生产步骤完工半成品成本	(2)		361 020		53 680.00	13 530.00	25 520.00	453 750.00
第一次成本还原①	(3)=(2)×成本还原率	-412 800	328 439		48 835.00	12 309.00	23 217.00	0
本月第一生产步骤完工半成品成本	(4)			288 000.00	63 360.00	16 200.00	25 920.00	393 480.00
第二次成本还原②	(5)=(4)×成本还原率		-328 439	240 394.00	52 887.00	13 522.00	21 636.00	0
还原后产成品总成本	(6)=(1)+(3)+(5)			240 394.00	146 522.00	36 631.00	66 573.00	490 120.00
还原后产成品单位成本	(7)=(6)/1000			240.40	146.52	36.63	66.57	490.12

① 该行内成本还原的金额是根据本月第二生产步骤完工半成品成本乘以第一次成本还原率得的。由于计算尾数的关系，凡是小数点后面有分的，已全部调整到元。

② 该行内成本还原的金额是根据本月第一生产步骤完工半成品成本乘以第二次成本还原率得的。由于计算尾数的关系，凡是小数点后面有角分的，已全部调整到元。

第五章 工业企业产品成本的计算（上）

表 5-37 产品成本还原计算表

2021 年 7 月 31 日

产品名称：甲产品　　产量：1 000 件　　金额单位：元

项目	行次	半成品	直接材料	直接人工	燃料及动力	制造费用	合计
本月第二步骤完工半成品成本	(1)	361 020.00		53 680.00	13 530.00	25 520.00	453 750.00
本月第二步骤完工半成品成本项目占总成本比重	(2)	79.56%		11.83%	2.98%	5.63%	100%
还原前产成品成本	(3)	412 800.00		44 800.00	10 800.00	21 720.00	490 120.00
对产成品所耗半成品还原	(4)=412 800×(2)	328 424.00		48 834.00	12 301.00	23 241.00	412 800.00
本月第一步骤完工半成品成本	(5)		288 000.00	63 360.00	16 200.00	25 920.00	393 480.00
本月第一步骤完工半成品成本项目占总成本比重	(6)		73.19%	16.10%	4.12%	6.59%	100%
对第二步骤所耗半成品成本还原	(7)=328 424×(6)		240 374.00	52 876.00	13 531.00	21 643.00	328 424.00
还原后产成品总成本	(8)=(3)+(4)+(7)		240 374.00	146 510.00	36 632.00	66 604.00	490 120.00
还原后产成品单位成本	(9)=$\dfrac{(8)}{1\ 000}$		240.37	146.51	36.63	66.61	490.12

(四) 分项结转法

分项结转法是指各生产步骤将其所耗费的上一生产步骤的自制半成品成本分成本项目记入与其"基本生产成本"明细账户相同的成本项目内反映的方法。如果自制半成品要通过半成品仓库收发，在"自制半成品"明细账户中，也要按照成本项目分别登记。

分项结转法可以按照自制半成品的实际成本结转，也可以按照自制半成品的计划成本结转，然后按成本项目分项调整差异。显然后者计算的工作量大，因此分项结转法通常采用实际成本记账。

【例 5-7】 仍以[例 5-6]甲产品三个生产步骤的有关资料，说明分项结转法的应用。

(1) 根据[例 5-4]"基本生产成本——第一生产步骤"明细账(见表 5-31)和半成品交库单及第二车间半成品领料单登记"A 自制半成品明细账"如表 5-38 所示。

表 5-38

自制半成品明细账

计量单位：件
金额单位：元

自制半成品名称：A 半成品

2021年		摘要	数量	直接材料		直接人工		燃料及动力		制造费用		合 计	
月	日			单价	金额	单价	金额	单价	金额	单价	金额	单价	金额
7	1	余额	100	241.32	24 132	53.18	5 318	13.52	1 352	21.68	2 168	329.70	32 970
	31	入库	1 200	240.00	288 000	52.80	63 360	13.50	16 200	21.60	25 920	327.90	393 480
	31	领用	100	241.32	24 132	53.18	5 318	13.52	1 352	21.68	2 168	329.70	32 970
	31	领用	900	240.00	216 000	52.80	47 520	13.50	12 150	21.60	19 440	327.90	295 110
7	31	余额	300	240.00	72 000	52.80	15 840	13.50	4 050	21.60	6 480	327.90	98 370

(2) 第二生产步骤向半成品仓库领用 A 半成品 1 000 件。根据其领料单，作分录如下：

借：基本生产成本——第二生产步骤　　　　　　　　　　　328 080.00
　　贷：自制半成品——A 半成品　　　　　　　　　　　　　328 080.00

(3) 第二生产步骤月末有在产品 200 件，其单位定额成本为 392.60 元，其中：直接材料 240 元，直接人工 89.90 元，燃料及动力 22.70 元，制造费用 40 元，现根据本月各种生产费用汇总分配表、自制半成品领料单和半成品交库单登记"基本生产成本——第二生产步骤"明细账如表 5-39 所示。

表 5-39

基本生产成本明细账

生产步骤：第二步骤　　　　　　　　　　　　　　　　　　　　　　　单位：元

2021年		摘　　要	直接材料	直接人工	燃料及动力	制造费用	合　　计
月	日						
7	1	月初在产品成本	72 000	26 970	6 852	11 958	117 780
	31	本月生产费用（半成品除外）		50 020	12 610	23 780	86 410
	31	领用半成品	240 132	52 838	13 502	21 608	328 080
	31	生产费用合计	312 132	129 828	32 964	57 346	532 270
	31	结转完工半成品成本	264 132	111 848	28 424	49 346	453 750
	31	月末在产品成本	48 000	17 980	4 540	8 000	78 520

根据第二生产步骤半成品交库单，作分录如下：

借：自制半成品——B半成品　　　　　　　　　　　　　453 750.00
　　贷：基本生产成本——第二生产步骤　　　　　　　　　　453 750.00

（4）根据上列分录及"基本生产成本"明细账（见表 5-39）登记"B 自制半成品"明细账如表 5-40 所示。

表 5-40

自制半成品明细账

自制半成品名称：B半成品　　　　　　　　　　　　　　　　　　　　计量单位：件
　　　　　　　　　　　　　　　　　　　　　　　　　　　　　　　　金额单位：元

2021年		摘要	数量	直接材料		直接人工		燃料及动力		制造费用		合　　计	
月	日			单价	金额	单价	金额	单价	金额	单价	金额	单价	金额
7	1	余额	200	120.80	24 160	54.60	10 920	17.44	3 488	27.56	5 512	220.40	44 080
	31	入库	1 100	240.12	264 132	101.68	111 848	25.84	28 424	44.86	49 346	412.50	453 750
7	31	领用	200	241.65	48 330	101.88	20 376	25.86	5 172	45.31	9 062	414.70	82 940
	31	领用	1 000	240.12	240 120	101.68	101 680	25.84	25 840	44.86	44 860	412.50	412 500
7	31	余额	100	240.12	24 012	101.68	10 168	25.84	2 584	44.86	4 486	412.50	41 250

（5）第三生产步骤向半成品仓库领用 B 半成品 1 200 件。根据其领料单，作分录

如下：

借：基本生产成本——第三生产步骤　　　　　　　　　　　　　　495 440.00
　　贷：自制半成品——B半成品　　　　　　　　　　　　　　　　　495 440.00

（6）第三生产步骤月初有在产品50件，本月投产1 200件，月末在产品交库单上列明交库1 000件，月末有在产品250件，在产品单位定额成本为459.60元，其中：直接材料240.40元，直接人工128.60元，燃料及动力32.12元，制造费用58.48元。根据上列资料及本月份各种生产费用汇总分配表登记"基本生产成本——第三生产步骤"明细账如表5-41所示。

表5-41

基本生产成本明细账

生产步骤：第三步骤
产成品名称：甲产品　　　　　　　　　　　　　　　　　　　　　　　　　　　单位：元

2021年		摘　　要	直接材料	直接人工	燃料及动力	制造费用	合　　计
月	日						
7	1	月初在产品成本	12 020	6 774	1 623	3 148	23 565
	31	本月生产费用（半成品除外）		49 840	12 015	24 160	86 015
	31	领用半成品成本	288 450	122 056	31 012	53 922	495 440
	31	生产费用合计	300 470	178 670	44 650	81 230	605 020
	31	结转完工产品成本	240 370	146 520	36 620	66 610	490 120
7	31	月末在产品成本	60 100	32 150	8 030	14 620	114 900

根据第三生产步骤产成品交库单，作分录如下：

借：库存商品——甲产品　　　　　　　　　　　　　　　　　　　490 120.00
　　贷：基本生产成本——第三生产步骤　　　　　　　　　　　　　　490 120.00

分项结转法有其自身的特点。采用分项结转法可以直接反映产成品各成本项目的原始结构，便于从整个企业角度考核和分析产品计划的执行情况，不需要进行成本还原，计算工作较为简便。但是这种方法的成本结转工作较为复杂，而且在各生产步骤完工产品成本中反映不出所耗费的上一生产步骤半成品的成本和本步骤加工费用的水平，不便于对完工的半成品成本和产成品成本进行综合分析。这种方法适用于管理上不要求分别反映各生产步骤完工产品所耗费的半成品成本，而要求按照原始成本项目计算产品成本的企业。

三、平行结转分步法

(一)平行结转分步法的意义

平行结转分步法又称为不计列半成品成本分步法,是指各生产步骤不计算半成品成本,只计算本生产步骤所发生的生产费用以及这些费用中应计入产成品成本的数额,然后将各生产步骤应计入同一产成品成本的数额平行结转,汇总计算产成品成本的方法。

平行结转分步法与企业生产工艺过程特点有着密切的联系。产品的生产过程是先将各种原材料平行地进行加工为各种零、部件,再将零、部件装配成各种产成品,如电子产品制造企业,由多个生产步骤平行生产多种电子元、配件,然后转入装配车间,装配成电子产品。这类企业的特点是各生产步骤生产的半成品种类多,半成品出售的情况较少,在管理上也不要求计算半成品成本。为了简化成本计算工作,可以不计算各生产步骤生产的半成品成本,也不计算下一生产步骤耗用上一生产步骤半成品的成本,在这种情况下,可以采用平行结转分步法计算完工产成品的成本。

(二)平行结转分步法的成本计算程序

平行结转分步法的成本计算程序如下。首先,按产品的生产步骤和产品品种开设"基本生产成本"明细账户,按成本项目归集本步骤发生的生产费用,但不包括上一生产步骤转来的自制半成品成本;其次,将各生产步骤归集的生产费用在完工产成品与月末在产品之间进行分配,以确定应计入产成品成本的数额,通过汇总计算完工产成品成本。现将平行结转分步法的程序列示如图5-4所示。

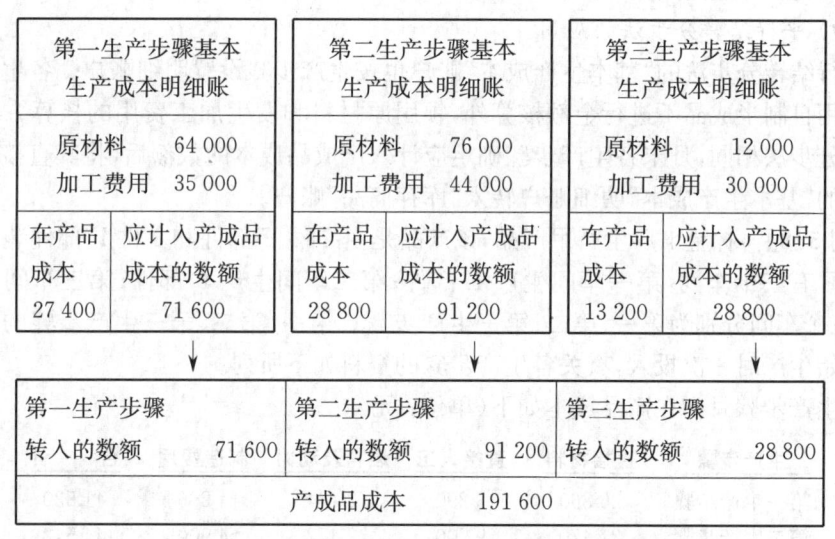

图5-4 平行结转分步法成本计算流程

(三) 平行结转分步法的特点

平行结转分步法与逐步结转分步法相比较,具有以下四个特点。

1. **各生产步骤不计算自制半成品成本** 各生产步骤只归集本生产步骤耗费的原材料和加工费用,不计算自制半成品成本。不论自制半成品是通过仓库收发,还是在各加工步骤之间的直接转移,都不通过"自制半成品"账户进行金额核算,仅对自制半成品进行数量核算。

2. **各生产步骤之间不结转半成品成本** 在生产过程中,上一生产步骤半成品实物转入下一生产步骤继续加工时,自制半成品的成本不随同实物转移而结转。即使通过半成品仓库收发的,也不予以结转。

3. **计算各生产步骤应计入产成品成本的数额** 月末各生产步骤归集的生产费用在应计入完工产成品成本的数额与月末在产品成本之间进行分配,以确定各生产步骤应计入产成品成本的数额。采用平行结转分步法企业的在产品是从整个企业的角度来看的,是指广义的在产品,它由两个部分组成:一部分是各生产步骤正在生产中加工的在产品,是通常所指的在产品,也就是狭义的在产品;另一部分是本生产步骤已经完工,并已转入下一个生产步骤,或者转入半成品仓库,但是尚未形成产成品的所有半成品。各生产步骤将归集的生产费用在应计入完工产成品成本的数额与月末广义在产品成本之间分配的方法,主要有按定额成本计算在产品成本法、定额比例法和约当产量法等。

4. **汇总各生产步骤应计入产成品成本的数额确定完工产成品成本** 月末将各生产步骤计算的应计入产成品成本的数额汇总后,即为完工产成品的总成本,将产成品总成本除以完工产成品数量,即为完工产成品的单位成本。

(四) 平行结转分步法的应用

平行结转分步法的"基本生产成本"账户也按生产步骤设置明细账户。各生产步骤除了领用自制半成品不进行金额核算外,领用原材料和发生加工费用的核算方法与逐步结转分步法相同,月末各生产步骤确定应计入产成品成本的数额后,将其直接从各生产步骤的"基本生产成本"明细账户转入"库存商品"账户。

【例 5-8】 林星工厂生产甲产品,该产品是由 2 件 E 部件和 1 件 F 部件装配制成的。该厂有三个车间,第一车间生产 E 部件;第二车间生产 F 部件;第三车间负责装配,这三个车间分别为第一、第二、第三生产步骤。第一、第二、第三生产步骤的原材料均在开始生产时一次投入,有关各生产步骤的资料如下所列。

各生产步骤月初在产品成本如下(单位:元)。

生产步骤	直接材料	直接人工	燃料及动力	制造费用	合计
第一生产步骤	26 860	8 290	2 164	4 206	41 520
第二生产步骤	27 470	9 700	2 472	4 900	44 542
第三生产步骤	5 954	9 750	1 812	4 936	22 452

各生产步骤本月份发生的生产费用如下（单位：元）。

生产步骤	直接材料	直接人工	燃料及动力	制造费用	合　　计
第一生产步骤	132 604	55 902	14 592	28 362	231 460
第二生产步骤	84 928	38 412	9 804	19 404	152 548
第三生产步骤	14 080	32 234	5 996	16 312	68 622

各生产步骤投产和完工情况如下（单位：元）。

自制半成品或产成品	月初在产品	本月投产	本月完工	月末在产品	在产品完工程度
E部件	200	1 040	1 000	240	75%
F部件	160	490	500	150	80%
甲产品	220	480	500	200	70%

（1）根据前列资料，登记"基本生产成本"各个生产步骤的明细账，如表5-42、表5-44、表5-46所示。表内的结转完工产品成本的数额是根据产品成本计算表（见表5-43、表5-45、表5-47）的数据填列的。

表5-42

基本生产成本明细账

生产步骤：第一步骤
自制半成品名称：E部件　　　　　　　　　　　　　　　　　　　　　　　单位：元

2021年		摘　　要	直接材料	直接人工	燃料及动力	制造费用	合　　计
月	日						
7	1	月初在产品成本	26 860	8 290	2 164	4 206	41 520
	31	本月生产费用	132 604	55 902	14 592	28 362	231 460
	31	生产费用合计	159 464	64 192	16 756	32 568	272 980
	31	结转完工产品成本	128 600	54 400	14 200	27 600	224 800
7	31	月末在产品成本	30 864	9 792	2 556	4 968	48 180

（2）根据各生产步骤明细账归集的生产费用及前列有关资料，用约当产量法分别编制各生产步骤E部件、F部件和甲产品的"产品成本计算表"如表5-43、表5-45、表5-47所示。

（3）根据各生产步骤产品成本计算表编制产成品成本汇总计算表如表5-48所示。

表 5-43

产品成本计算表
2021年7月31日

产品名称：E部件
产量：1 000件
金额单位：元

成本项目	月初在产品成本	本月生产费用	生产费用合计	生产费用分配率	计入完工产品部分		月末在产品部分	
					数量	金额	数量	金额
(1)	(2)	(3)	(4)=(2)+(3)	(5)=(4)/((6)+(8))	(6)	(7)=(6)×(5)	(8)	(9)=(8)×(5)
直接材料	26 860	132 604	159 464	128.60	1 000	128 600	240	30 864
直接人工	8 290	55 902	64 192	54.40	1 000	54 400	180	9 792
燃料及动力	2 164	14 592	16 756	14.20	1 000	14 200	180	2 556
制造费用	4 206	28 362	32 568	27.60	1 000	27 600	180	4 968
合　计	41 520	231 460	272 980	—	—	224 800	—	48 180

表 5-44

基本生产成本明细账

生产步骤：第二步骤
自制半成品名称：F部件
单位：元

2021年		摘　要	直接材料	直接人工	燃料及动力	制造费用	合　计
月	日						
7	1	月初在产品成本	27 470	9 700	2 472	4 900	44 542
	31	本月生产费用	84 928	38 412	9 804	19 404	152 548
	31	生产费用合计	112 398	48 112	12 276	24 304	197 090
	31	结转完工产品成本	86 460	38 800	9 900	19 600	154 760
7	31	月末在产品成本	25 938	9 312	2 376	4 704	42 330

表 5-45

产品成本计算表

产品名称：F部件　　　　　　2021年7月31日　　　　　　产量：500件　　金额单位：元

成本项目	月初在产品成本	本月生产费用	生产费用合计	生产费用分配率	计入完工产品部分		月末在产品部分	
					数量	金额	数量	金额
(1)	(2)	(3)	(4)=(2)+(3)	(5)=$\frac{(4)}{(6)+(8)}$	(6)	(7)=(6)×(5)	(8)	(9)=(8)×(5)
直接材料	27 470	84 928	112 398	172.92	500	86 460	150	25 938
直接人工	9 700	38 412	48 112	77.60	500	38 800	120	9 312
燃料及动力	2 472	9 804	12 276	19.80	500	9 900	120	2 376
制造费用	4 900	19 404	24 304	39.20	500	19 600	120	4 704
合计	44 542	152 548	197 090	—	—	154 760	—	42 330

表 5-46

基本生产成本明细账

生产步骤：第三步骤　　　产成品名称：甲产品　　　　　　　　　　　单位：元

2021年		摘要	直接材料	直接人工	燃料及动力	制造费用	合计
月	日						
7	1	月初在产品成本	5 954	9 750	1 812	4 936	22 452
	31	本月生产费用	14 080	32 234	5 996	16 312	68 622
	31	生产费用合计	20 034	41 984	7 808	21 248	91 074
	31	结转完工产品成本	14 310	32 800	6 100	16 600	69 810
7	31	月末在产品成本	5 724	9 184	1 708	4 648	21 264

表 5-47

产品成本计算表

2021年7月31日

产品名称：甲产品　　　　　　　　　　　　　　　　　产量：500件　金额单位：元

成本项目	月初在产品成本	本月生产费用	生产费用合计	生产费用分配率	计入完工产品部分			月末在产品部分		
					数量		金额	数量		金额
(1)	(2)	(3)	(4)=(2)+(3)	$(5)=\frac{(4)}{(6)+(8)}$	(6)		$(7)=(6)\times(5)$	(8)		$(9)=(8)\times(5)$
直接材料	5 954	14 080	20 034	28.62	500		14 310	200		5 724
直接人工	9 750	32 234	41 984	65.60	500		32 800	140		9 184
燃料及动力	1 812	5 996	7 808	12.20	500		6 100	140		1 708
制造费用	4 936	16 312	21 248	33.20	500		16 600	140		4 648
合　计	22 452	68 622	91 074	—	—		69 810	—		21 264

表 5-48

产成品成本汇总计算表

2021年7月31日

产品名称：甲产品　　　　　　　　　　　　　　　　　产量：500件　单位：元

项　目	直接材料	直接人工	燃料及动力	制造费用	合　计
第一生产步骤计入的数额	128 600	54 400	14 200	27 600	224 800
第二生产步骤计入的数额	86 460	38 800	9 900	19 600	154 760
第三生产步骤计入的数额	14 310	32 800	6 100	16 600	69 810
产成品总成本	229 370	126 000	30 200	63 800	449 370
产成品单位成本	458.74	252	60.40	127.60	898.74

(4) 根据产成品成本汇总计算表,结转完工产成品成本。作分录如下:

借:库存商品——甲产品　　　　　　　　　　　　　　　　449 370.00
　　贷:基本生产成本——第一生产步骤　　　　　　　　　　224 800.00
　　　　基本生产成本——第二生产步骤　　　　　　　　　　154 760.00
　　　　基本生产成本——第三生产步骤　　　　　　　　　　 69 810.00

四、两种分步法的比较

逐步结转分步法和平行结转分步法各有其优缺点,现分别予以阐述。

(一) 逐步结转分步法的优缺点

1. 逐步结转分步法的优点　　逐步结转分步法的优点表现在以下三个方面。

(1) 能反映各生产步骤自制半成品或产成品的成本　　由于各生产步骤月末都要计算自制半成品或产成品成本,从而有利于各生产步骤对自制半成品成本或产成品成本的控制,有利于考核自制半成品或产成品成本计划的执行情况,也便于企业确定自制半成品的销售价格。

(2) 能反映各生产步骤月末在产品成本　　由于各生产步骤自制半成品或产成品成本均随着自制半成品或产成品的实物转移而转移,各"基本生产成本"明细账户月末所反映的是各生产步骤在产品成本,从而便于分析和考核各生产步骤资金运用的情况,有利于加强生产资金的控制和管理。

(3) 能全面反映各生产步骤完工产品成本中所包含的上一生产步骤转入的自制半成品成本和本步骤耗费的原材料和加工费用　　由于各生产步骤产品成本中均含上一生产步骤转入的自制半成品成本和本生产步骤耗费的原材料和加工费用,从而有利于各生产步骤成本的管理、分析和考核。

2. 逐步结转分步法的缺点　　逐步结转分步法的缺点表现在以下两个方面。

(1) 各个生产步骤不能同步计算产品成本　　由于计算后一生产步骤产品成本时,必须运用上一生产步骤自制半成品成本的数据,因此各个生产步骤只能按生产步骤的加工程序,逐一计算各生产步骤的自制半成品及产成品成本,成本计算延续的时间较长。

(2) 核算的工作量大　　对逐步结转分步法的自制半成品成本,如果采用综合结转法,需要将自制半成品成本进行还原,核算的工作量大;如果采用分项结转法,各生产步骤结转自制半成品成本较复杂,核算工作量也大。

(二) 平行结转分步法的优缺点

1. 平行结转分步法的优点　　平行结转分步法的优点表现在以下两个方面。

(1) 各个生产步骤能同步计算产品成本　　由于各个生产步骤所确定的应计入产成品成本的数额仅仅是各个生产步骤生产产品所耗费的原材料和加工费用,不包括前一生产步骤自制半成品成本,因此各个生产步骤可以同步计算本步骤生产产品所耗费的应计入完工产成品成本的数额,通过汇总就可以取得完工产成品的成本,从而加速了成本的计算工作。

(2) 简化了成本的核算工作　　由于各个生产步骤都按产品成本的原始项目进行核算,因此不必进行成本还原,从而节省了大量的成本计算工作,简化了成本核算,有利于及时提供成本信息。

2. 平行结转分步法的缺点　　平行结转分步法的缺点表现在以下两个方面。

(1) 不利于各生产步骤成本的管理、分析和考核　　由于不能反映各生产步骤半成品成本,因此难以全面地反映各生产步骤实际耗费的生产费用水平,因此不利于各生产步骤成本的管理、分析和考核。

(2) 不利于各生产步骤的实物管理与资金管理　　各生产步骤完工的半成品成本在产成品未完工之前,仍保留在原生产步骤中,造成半成品实物转移与资金转移不一致,不利于各生产步骤的实物管理与资金管理。

课后练习题

一、判断题

1. 品种法只适用于具有单步骤工艺过程的大量、大批生产组织特点的企业。　　　(　)
2. 分批法的成本计算期就是产品的生产周期,它与会计报告期是不一致的。　　　(　)
3. 采用分批法如当月完工产品的数量不多,占投产批量比重较小时,对完工产品可以先按计划单位成本或定额单位成本计价,将其作为完工产品成本。　　　　　　　　(　)
4. 简化分批法对间接计入生产费用可以采用累计分配法在各批产品之间进行分配。(　)
5. 简化分批法设置的基本生产成本二级明细账要按成本项目反映各批别产品发生的生产费用和生产工时。　　　　　　　　　　　　　　　　　　　　　　　　　　　(　)
6. 简化分批法设置的基本生产成本二级明细账与三级明细账是进行平行登记的,因此基本生产成本二级明细账各项目的金额与其所属明细分类账各项目的金额之和必然相等。(　)
7. 采用简化分批法时,产品的生产周期越长,月末完工产品的批别越多,简化的程度就越多。(　)
8. 分步法实际上都是将生产车间视为生产步骤,作为成本计算对象的。　　　　(　)
9. 分步法的成本计算期与会计报告期相一致,而与生产周期却不一致。　　　　(　)
10. 逐步结转分步法有半成品入库和半成品直接转移两种不同的计算程序。　　(　)
11. 逐步结转分步法按照半成品转入下一生产步骤基本生产成本明细账的反映方式不同,可分为综合结转法和分项结转法。　　　　　　　　　　　　　　　　　　　　　(　)
12. 逐步结转分步法由于只能采用实际成本计价,因此后一生产步骤自制半成品成本必须等前一生产步骤计算出自制半成品成本以后才能进行。　　　　　　　　　　　　(　)

13. 成本还原的目的是将产成品的综合成本分解为原始成本构成的产成品成本。（　　）
14. 综合结转法有利于企业对各个生产步骤成本的管理、控制、分析和考核，便于分清各自的生产经营效果和责任。（　　）
15. 采用分项结转法，自制半成品成本可以按照实际成本结转，也可以按照计划成本结转，以简化计算的工作量。（　　）
16. 分项结转法适用于管理上不要求分别反映各生产步骤完工产品所耗费的半成品成本，而要求按照原始成本项目计算产品成本的企业。（　　）
17. 平行结转分步法适用于具有多步骤工艺过程的大量、大批生产组织特点的，在管理上不要求计算半成品成本的企业。（　　）
18. 平行结转分步法的自制半成品验收入库时，应将其成本转入"自制半成品"账户。（　　）
19. 采用平行结转分步法，月末各生产步骤归集的生产费用应在完工产品与广义在产品之间进行分配。（　　）
20. 平行结转分步法存在不利于各生产步骤成本的管理、分析和考核以及不利于各生产步骤的实物管理与资金管理的缺点。（　　）

二、单项选择题

1. 分批法适用于＿＿＿＿＿＿＿。
    A. 单步骤工艺过程的大量、大批生产组织特点的企业
    B. 多步骤工艺过程的单件、小批生产组织特点的企业
    C. 多步骤工艺过程的大量、大批生产组织特点的企业
    D. 单步骤工艺过程的大量、大批生产组织特点的小型企业

2. 简化分批法由于设置了"基本生产成本"二级明细账，因此"基本生产成本"三级明细账在产品完工前＿＿＿＿＿＿＿。
    A. 只登记间接生产费用　　　　　　　B. 只登记直接计入费用
    C. 只登记间接计入费用和生产工时　　D. 只登记直接计入费用和生产工时

3. 简化分批法对于间接计入费用可以采用累计分配法＿＿＿＿＿＿＿。
    A. 在完工产品与月末在产品之间进行分配
    B. 在完工产品之间进行分配
    C. 在各批完工产品之间进行分配
    D. 在各批完工产品与月末在产品之间进行分配

4. 成本还原的对象是＿＿＿＿＿＿＿。
    A. 各生产步骤完工产品所耗上一步骤自制半成品成本
    B. 最后步骤产成品成本
    C. 各生产步骤领用的自制半成品成本
    D. 各生产步骤半成品成本

5. 采用＿＿＿＿＿＿＿需要进行成本还原。
    A. 逐步结转分步法　　　　　　　　　B. 平行结转分步法

C. 综合结转法 D. 分项结转法

6. 逐步结转分步法各生产步骤的生产费用需要在_____之间进行分配。

A. 产成品与广义的在产品

B. 本步骤自制半成品或产成品与在产品

C. 产成品与月末在产品

D. 本步骤自制半成品与在产品

7. 甲产品第一步骤完工半成品成本为112 500元；第二步骤领用第一步骤半成品成本为106 000元；完工半成品成本为120 000元，其中：自制半成品成本项目为100 000元，第三步骤领用第二步骤半成品成本为115 000元；完工产品成本为132 000元，其中：自制半成品成本项目为108 000元。甲产品的第一、第二次成本还原率分别为_____和_____。

A. 0.939 1；0.944 0 B. 0.944 0；0.939 1

C. 0.9；0.888 9 D. 0.888 9；0.9

8. 各生产步骤耗用的自制半成品需要按原始成本项目在"基本生产成本"账户反映的，应采用_____。

A. 平行结转法 B. 综合结转法

C. 成本还原法 D. 分项结转法

9. _____适用于机器制造、机车制造、印刷等企业。

A. 品种法 B. 分批法

C. 简化分批法 D. 分步法

10. _____适用于冶金、纺织、水泥等企业。

A. 品种法 B. 分批法

C. 简化分批法 D. 分步法

11. _____适用于发电、供水、采矿等企业。

A. 品种法 B. 分批法

C. 简化分批法 D. 分步法

三、多项选择题

1. 品种法的特点主要表现在_____等方面。

A. 成本计算对象 B. 成本计算期

C. 生产费用的归集 D. 生产费用的分配

2. 企业在_____情况下，可以采用简化分批法。

A. 各月投产的产品批别多 B. 月末完工产品的批别较多

C. 月末未完工产品批别较少 D. 月末未完工产品的批别较多

3. 简化分批法在月末_____。

A. 在完工产品与在产品之间分配生产费用

B. 只对完工产品分配间接计入费用

C. 只计算完工产品成本

D. 不分批计算在产品成本

4. 企业采用逐步结转分步法的原因主要有_____。
   A. 计算产成品成本的需要
   B. 对外销售的需要
   C. 成本控制的需要
   D. 成本分析的需要

5. 逐步结转分步法除了第一生产步骤外,其他生产步骤生产的自制半成品或产成品成本中,只能反映_____。
   A. 本步骤所耗费的原材料费用
   B. 本步骤所耗费的加工费用
   C. 前一生产步骤转入的原材料和加工费用
   D. 前一生产步骤转入的自制半成品成本

6. 分项法结转法的优点是_____。
   A. 能直接反映产成品各成本项目的原始结构
   B. 有利于企业对各个生产步骤成本的管理、控制、分析和考核
   C. 便于从整个企业角度考核和分析产品计划的执行情况
   D. 使计算工作较为简便

7. 平行结转分步法的特点是_____。
   A. 各生产步骤不计算自制半成品成本
   B. 计算各生产步骤应计入产成品成本的数额
   C. 各生产步骤之间不结转半成品成本
   D. 汇总各生产步骤应计入产成品成本的数额确定完工产品成本

8. 逐步结转分步法的缺点是_____。
   A. 影响各生产步骤成本的管理、分析和考核
   B. 各个生产步骤不能同步计算产品成本
   C. 不利于各生产步骤的实物管理与资金管理
   D. 核算工作量大

9. 平行结转分步法的优点是_____。
   A. 简化了成本的核算工作
   B. 能反映各生产步骤自制半成品或产成品成本
   C. 各个生产步骤能同步计算产品成本
   D. 能反映各生产步骤月末在产品成本

10. 产品成本计算方法的特点主要表现在_____等方面。
    A. 成本计算对象
    B. 成本计算期
    C. 生产费用的归集
    D. 生产费用的分配

四、计算分析题

1. 品种法的核算

奉贤工厂生产甲、乙两种产品有关资料如下。

(1) 月初有甲在产品 200 件,乙在产品 200 件,各成本项目的金额如表 5-49 所示。

表 5-49

期初在产品各成本项目余额表

单位：元

产品名称	直接材料	直接人工	燃料及动力	制造费用	合　计
甲产品	97 620	34 002	4 688	13 752	150 062
乙产品	72 868	23 508	2 598	9 936	108 910

（2）本月份发生的生产费用如下。

材料费用分配表、工资费用分配表、其他人工费用分配表和外购动力分配表的资料如表5-50所示。

表 5-50

各种费用分配表

单位：元

项　　目	材料费用分配表	工资费用分配表	其他人工费用分配表	外购动力分配表
生产甲产品	367 500	126 000	57 330	25 264
生产乙产品	255 020	84 000	38 220	12 996
修理车间	11 200	14 800	6 734	2 550
运输车间	2 200	12 800	5 824	720
修复甲产品	960	600	273	51
基本生产车间	14 900	11 800	5 369	1 520
销售部门	1 010	9 600	4 368	910
行政管理部门	2 500	25 000	11 375	1 880
合　计	655 290	284 600	129 493	45 891

折旧费用分配表和待摊费用（保险费）分配表的资料如表5-51所示。

表 5-51

折旧费用和待摊费用分配表

单位：元

项　　目	折旧费用分配表	待摊费用（保险费）分配表
修理车间	2 610	380
运输车间	2 160	320
基本生产车间	42 820	2 980
销售部门	950	260
行政管理部门	2 800	510
合　计	51 340	4 450

以银行存款支付的各种费用汇总的资料如表5-52所示。

表5-52

银行存款支付的各种费用汇总表

单位：元

项　　目	燃　料	办公费	差旅费	其他费用
修理车间		200		871
运输车间	4 451	150		125
基本生产车间		2 060	1 890	8 450
销售部门		228	1 450	152
行政管理部门	1 872	1 916	2 260	676
合　　计	6 323	4 554	5 600	10 274

（3）在辅助生产车间中，修理车间为其他车间和部门共提供修理劳务1 290小时，其中：运输车间40小时，基本生产车间600小时，销售部门150小时，行政管理部门200小时，金山工厂300小时；运输车间为其他车间和部门共提供运输25 000吨/千米，其中：修理车间2 400吨/千米，基本生产车间10 500吨/千米，销售部门4 000吨/千米，行政管理部门3 000吨/千米，金山工厂5 100吨/千米。

（4）本月份生产甲产品耗用5 150工时，生产乙产品耗用3 450工时，修复甲产品耗用15工时。

（5）本月份产品投产、产品完工和月末在产品的情况如下：

甲产品本月份投产750件，月末完工700件，月末有在产品250件，原材料在开始生产加工时一次投入，在产品已完成了加工定额工时的80%。

乙产品本月份投产700件，月末完工750件，单位产品原材料的定额费用为368元，定额工时为4小时。月末有在产品150件，单位在产品的原材料定额费用为368元，定额工时为3小时。

要求：

（1）根据"资料（1）"，设置"基本生产成本"明细账。

（2）根据"资料（2）"，编制会计分录并登记"基本生产成本""辅助生产成本""制造费用"和"废品损失"明细账。

（3）根据"资料（3）"，编制会计分录并登记"基本生产成本""辅助生产成本""制造费用"和"废品损失"明细账。

（4）根据"资料（3）"和"辅助生产成本"明细账归集的辅助生产费用采用交互分配法编制辅助生产费用分配表，并编制分配费用的会计分录和登记账户。

（5）根据"资料（4）"和"制造费用"明细账归集的制造费用，按生产工时编制制造费用分配表，并编制分配制造费用的会计分录和登记账户。

（6）将"废品损失"明细账户归集的废品净损失结转"基本生产成本"明细账户。

（7）根据"资料（5）"和"基本生产成本"明细账归集的生产费用，编制产品成本计算表。甲产品采用约当产量法，乙产品采用定额比例法，并根据计算的结果，编制产成品入库的会计分录和登记账户。

2．分批法的核算

津滨工厂根据购货单位的订单进行小批生产，采用分批法计算产品成本，有关资料如下：

(1) 10月1日,有35批别的甲在产品28台,其成本为140 176元,其中:直接材料113 860元,直接人工15 120元,燃料及动力3 824元,制造费用7 672元。

(2) 10月31日,本月份又投产36批别的乙产品20台,37批别的丙产品30台。根据各费用分配表汇总分配后,对各批别产品的生产费用进行了账务处理,应记入各批别产品的"基本生产成本"明细账的本月生产费用合计如表5-53所示。

表5-53

本月各批产品生产费用合计

单位:元

批别	直接材料	直接人工	燃料及动力	制造费用	合计
35		42 680	10 136	28 608	81 424
36	184 640	67 650	15 300	32 280	299 870
37	133 480	37 320	10 160	19 680	200 640
合计	318 120	147 650	35 596	80 568	581 934

(3) 10月31日,本月份产品完工和月末在产品的情况如下。

① 上月投产的35批别的甲产品28台已全部完工。

② 本月份投产的36批别的乙产品20台,已完工10台,其余10台为在产品。原材料已投入100%,加工程度为50%。

③ 本月份投产37批别的丙产品30台,已完工5台,其余25台为在产品。其完工产品的定额成本为8 364元,其中:直接材料4 480元,直接人工2 248元,燃料及动力484元,制造费用1 152元。

要求:

(1) 根据"资料(1)""资料(2)",设置并登记"基本生产成本"明细账。

(2) 根据"资料(3)"及"基本生产成本"明细账的记录,甲、乙两种产品用约当产量法,丙产品用定额成本法编制"产品成本计算表"。

(3) 根据"基本生产成本"明细账和"产品成本计算表"编制产成品入库的会计分录。

3. 简化分批法的核算

冠龙工厂根据购货单位的订单进行小批生产,采用简化分批法计算产品成本,有关资料如下。

(1) 10月1日,"基本生产成本——第一车间"二级明细账及其所属的三级明细账期初的资料如表5-54所示。

表5-54

第一基本生产车间二级明细账及其三级明细账期初余额

金额单位:元

账户	直接材料	生产工时（小时）	直接人工	燃料及动力	制造费用	费用合计
基本生产成本——第一车间	297 340	1 750	54 260	8 400	25 165	385 165
其中:123批别(A产品)	159 360	1 110				
124批别(B产品)	137 980	640				

(2) 10月31日,各费用分配表汇总分配后,"基本生产成本——第一车间"二级明细账各成本项目应负担的费用和生产工时及各批产品应负担的直接计入费用和生产工时如表5-55所示。

表 5-55

第一基本生产车间二级明细账及三级明细账本期发生额

金额单位:元

账　户	直接材料	生产工时(小时)	直接人工	燃料及动力	制造费用	费用合计
基本生产成本——第一车间	353 620	7 650	239 020	36 720	113 955	743 315
其中: 123 批别(A 产品)		1 440				
124 批别(B 产品)		1 560				
125 批别(C 产品)	169 320	2 480				
126 批别(D 产品)	94 400	1 230				
127 批别(E 产品)	89 900	940				

(3) 10月31日,各批别产品投产和完工情况如下。

① 第123批别投产的12台产品、124批别投产的10台产品已全部完工。

② 第125批别投产15台产品,完工10台,耗用1 800工时。

③ 第126批别投产8台产品,完工4台,耗用750工时。

④ 第127批别投产9台产品,尚无完工产品。

要求:

(1) 根据"资料(1)""资料(2)",设置并登记"基本生产成本——第一车间"二级明细账及其所属的三级明细账。

(2) 根据"资料(3)"及登记的"基本生产成本"明细账,将生产费用在完工产品与月末在产品之间进行分配,并结转完工产品成本。

4. 逐步结转分步法(自制半成品采用综合结转法)的核算

大隆工厂生产甲产品有三个生产步骤,第一生产步骤生产A半成品,第二生产步骤生产B半成品,第三生产步骤生产甲产品。A、B半成品均由仓库负责收发。该厂原材料在第一生产步骤开始生产时一次投入,各步骤的月末在产品均按定额成本计价,有关资料如下。

(1) 10月1日,"基本生产成本"各明细账户的余额如表5-56所示。

表 5-56

基本生产成本明细账期初余额表

单位:元

账户名称	自制半成品	直接材料	直接人工	燃料及动力	制造费用	合　计
第一生产步骤		56 800	11 974	2 527	5 999	77 300
第二生产步骤	56 700		8 918	1 995	4 818	72 431
第三生产步骤	46 600		6 180	1 254	3 080	57 114

(2) 10月1日,各自制半成品明细账户的余额如表5-57所示。

表5-57

自制半成品明细账期初余额表

金额单位:元

账户名称	数量(件)	单价	金额
A自制半成品	300	378.21	113 463
B自制半成品	100	466.60	46 660

(3) 10月31日,各费用分配汇总表分配后,对各生产步骤的生产费用进行了账务处理,记入"基本生产成本"各个生产步骤明细账的本月生产费用合计(自制半成品除外)如表5-58所示。

表5-58

基本生产成本明细账本月生产费用合计(自制半成品除外)表

单位:元

账户名称	直接材料	直接人工	燃料及动力	制造费用	合计
第一生产步骤	338 600	59 860	14 220	29 780	442 460
第二生产步骤		55 672	13 916	27 838	97 426
第三生产步骤		57 380	14 038	28 660	100 078

第二生产步骤从仓库领用A自制半成品1 200件,第三生产步骤从仓库领用B自制半成品1 100件,自制半成品采用先进先出法计价。

(4) 各生产步骤的月初在产品的数量、本月投产的数量、本月完工半成品或产成品的数量及月末在产品的数量如表5-59所示。

表5-59

各生产步骤本月在产品数量、投产数量及完工数量表

单位:件

生产步骤	月初在产品数量	本月投产数量	本月完工数量	月末在产品数量
第一生产步骤	200	1 200	1 100	300
第二生产步骤	150	1 200	1 150	200
第三生产步骤	100	1 100	1 000	200

5) 各生产步骤月末在产品的单位定额成本如表5-60所示。

表 5-60

各生产步骤月末在产品单位定额成本

单位：元

生产步骤	自制半成品	直接材料	直接人工	燃料及动力	制造费用	合　计
第一生产步骤		284.00	36.90	7.24	18.65	346.79
第二生产步骤	378.00		36.60	7.68	19.30	441.58
第三生产步骤	466.00		36.80	7.46	18.20	528.46

完工的自制半成品和产成品都已全部验收入库。

要求：

(1) 根据"资料(1)""资料(2)"，设置"基本生产成本"明细账和"自制半成品"明细账。

(2) 根据"资料(3)"，登记"基本生产成本"明细账。

(3) 根据"资料(3)""资料(4)""资料(5)"和"基本生产成本"明细账、"自制半成品"明细账，计算第一、第二生产步骤自制半成品成本，并据以用综合结转法编制自制半成品完工验收入库和领用的会计分录，登记相关的"基本生产成本"明细账和"自制半成品"明细账。

(4) 根据"资料(4)""资料(5)"和"基本生产成本——第三生产步骤"明细账，计算完工产品成本，并编制产品验收入库的会计分录。

(5) 将计算的完工产品成本分别用成本还原率法和项目比重还原法编制产品成本还原计算表，进行成本还原。

5. 逐步结转分步法（半成品采用分项结转法）的核算

大隆工厂生产甲产品有三个生产步骤，第一生产步骤生产 A 半成品，第二生产步骤生产 B 半成品，第三生产步骤生产甲产品。A、B 半成品均由仓库负责收发。该厂原材料在第一生产步骤开始生产时一次投入，各生产步骤月末在产品均按定额成本计价。有关资料如下。

(1) 10 月 1 日，"基本生产成本"各明细账户的余额如表 5-61 所示。

表 5-61

基本生产成本明细账期初余额表

单位：元

账户名称	直接材料	直接人工	燃料及动力	制造费用	合　计
第一生产步骤	77 520	10 156	2 454	5 060	95 190
第二生产步骤	96 900	16 854	3 867	8 378	125 999
第三生产步骤	38 760	8 014	1 988	5 312	54 074

(2) 10 月 1 日，各自制半成品明细账户的余额如表 5-62 所示。

表 5-62

自制半成品明细账期初余额表

金额单位：元

账户名称	数量（件）	直接材料		直接人工	
		单价	金额	单价	金额
A 自制半成品	300	387.70	116 310	72.04	21 612
B 自制半成品	100	387.52	38 752	139.70	13 970

账户名称	燃料及动力		制造费用		合计	
	单价	金额	单价	金额	单价	金额
A 自制半成品	17.42	5 226	35.88	10 764	513.04	153 912
B 自制半成品	33.62	3 362	69.78	6 978	630.62	63 062

(3) 10月31日，各费用分配汇总表汇总分配后，对各生产步骤的生产费用进行了账务处理，记入"基本生产成本"各个生产步骤明细账的本月生产费用合计（自制半成品除外）表如表5-63所示。

表 5-63

基本生产成本明细账本月生产费用合计（自制半成品除外）表

单位：元

账户名称	直接材料	直接人工	燃料及动力	制造费用	合计
第一生产步骤	309 780	58 204	14 076	29 005	411 065
第二生产步骤		58 020	14 074	28 980	101 074
第三生产步骤		28 476	7 154	14 286	49 916

第二生产步骤从仓库领用 A 自制半成品 800 件，第三生产步骤从仓库领用 B 自制半成品 900 件。自制半成品采用先进先出法计价。

(4) 各生产步骤的月初在产品的数量、本月投产的数量、本月完工半成品或产成品的数量及月末在产品的数量如表5-64所示。

表 5-64

各生产步骤本月在产品数量、投产数量及本月完工数量表

单位：件

生产步骤	月初在产品数量	本月投产数量	本月完工数量	月末在产品数量
第一生产步骤	200	800	750	250
第二生产步骤	250	800	850	200
第三生产步骤	100	900	800	200

(5) 各生产步骤月末在产品的单位定额成本如表5-65所示。

表5-65

各生产步骤月末在产品单位定额成本表

单位：元

生产步骤	直接材料	直接人工	燃料及动力	制造费用	合　　计
第一生产步骤	387.60	57.56	13.92	28.68	487.76
第二生产步骤	387.60	69.03	16.62	34.46	507.71
第三生产步骤	387.60	76.86	19.80	53.20	537.46

完工的自制半成品和产成品都已全部验收入库。

要求：

(1) 根据"资料(1)""资料(2)"，设置"基本生产成本"明细账和"自制半成品"明细账。

(2) 根据"资料(3)"，登记"基本生产成本"明细账。

(3) 根据"资料(3)""资料(4)""资料(5)"和"基本生产成本"明细账、"自制半成品"明细账，计算第一、第二生产步骤自制半成品成本，并据以用分项结转法编制自制半成品完工验收入库和领用的会计分录，登记相关的"基本生产成本"明细账和"自制半成品"明细账。

(4) 根据"资料(4)""资料(5)"和"基本生产成本——第三生产步骤"明细账计算完工产品成本，并编制产成品验收入库的会计分录。

6. 平行结转分步法的核算

信谊工厂生产的P产品由2件A部件和1件B部件组成。A部件由第一车间生产，B部件由第二车间生产，然后由装配车间负责装配，这三个车间分别为第一、第二、第三生产步骤，第一、第二和第三生产步骤的原材料均在开始生产时一次投入，有关各生产步骤的资料如下。

(1) 9月1日，各生产步骤月初在产品成本如表5-66所示。

表5-66

基本生产成本明细账期初余额表

单位：元

生产步骤	直接材料	直接人工	燃料及动力	制造费用	合　　计
第一生产步骤	30 180	10 982	2 386	5 208	48 756
第二生产步骤	19 732	7 732	1 818	3 784	33 066
第三生产步骤	6 030	9 864	2 378	4 882	23 154

(2) 9月30日各生产步骤本月份发生的生产费用如表5-67所示。

表 5-67

基本生产成本明细账本月生产费用合计表

单位：元

生产步骤	直接材料	直接人工	燃料及动力	制造费用	合　　计
第一生产步骤	120 660	54 226	11 788	25 724	212 398
第二生产步骤	78 828	38 248	8 993	18 655	144 724
第三生产步骤	16 545	34 632	8 350	17 150	76 677

（3）各生产步骤产品投产和完工情况如表 5-68 所示。

表 5-68

各生产步骤产品投产和完工情况表

数量单位：件

半成品或产成品	月初在产品	本月投产	本月完工	月末在产品	在产品完工程度（%）
A 部件	400	1 600	1 500	500	80
B 部件	200	800	750	250	80
P 产品	200	550	600	150	80

要求：

（1）根据"资料（1）"，设置"基本生产成本"明细账户。

（2）根据"资料（2）"，登记"基本生产成本"明细账户。

（3）根据"资料（3）"及"基本生产成本"明细账内的资料，采用约当产量法编制 A，B 自制半成品及 P 产品的"产品成本计算表"。

（4）根据产品成本计算表计算的结果，编制 P 产成品验收入库的会计分录，并据以登记"基本生产成本"明细账。

第六章 工业企业产品成本的计算(下)

第一节 分 类 法

一、分类法概述

(一) 分类法的意义

分类法是指先以产品的类别作为成本计算对象,归集生产费用,计算出各类完工产品的总成本,然后采用一定的方法再将总成本在同类产品中进行分配,计算出各种产品成本的方法。

在产品品种、规格较多的工业企业,如果按产品的每一品种、规格归集生产费用,计算产品成本,那么成本计算工作将极为繁重。为了简化产品成本的计算工作,可以将品种相似或同一品种不同规格的产品归为一类,按产品的类别归集生产费用,计算出各类完工产品的总成本,再将其按照一定的标准和方法在同类产品中进行分配,分别计算出各种品种或规格的产品成本。因此,分类法是品种法的延伸,实际上分类法就是将类别作为品种,按品种法计算出类别产品成本后,再按照一定的方法,将各类产品总成本在同类产品之间进行分配,计算出各种产品的成本。由此可见,分类法不是一种独立的成本计算方法,在实际工作中它要根据各类产品的工艺特点和管理上的需要,与品种法、分批法或分步法结合运用。

分类法适用于使用的原材料和生产工艺过程基本相同,产品的品种、规格较多,并可以按照一定标准予以分类的服装、针织、食品、化工、电子元件等企业。

(二) 分类法的特点

1. 成本计算对象　　分类法是以产品的类别作为成本计算对象,按产品类别设置"基本生产成本"明细账户,归集生产费用。对于各类产品所耗费的直接费用,直接记入各类产品的"基本生产成本"明细账户,对于各类产品共同发生的间接费用,应采用适当的方法分配后,再记入各类产品的"基本生产成本"明细账户。

2. 成本计算期　　分类法的成本计算期要根据企业产品生产组织的特点和管理上的需要来确定的。如果是大量、大批生产,可以结合品种法或分步法计算产品成本,其成本计算期应与会计报告期相一致,以日历月份作为成本计算期,固定在月末计算产品成本;如果是小批生产,可以结合分批法计算产品成本,其成本计算期则与会计报告期不一致,以生产周期作为成本计算期。

3. 生产费用的分配 分类法如果结合品种法或分步法计算产品成本,在月末应将该类产品所归集的生产费用在完工产品与在产品之间进行分配;分类法如果结合分批法计算产品成本,在月末所归集的费用则不需要进行分配,该类产品如未完工是在产品成本,如已完工则是产成品成本。

二、分类法的成本计算程序及应用

分类法如果与品种法或分步法结合应用,那么其成本计算程序与品种法或分步法基本相同;如果与分批法结合应用,则与分批法基本相同。它们之间的区别为:分类法是按产品的类别设置基本生产成本明细账户,按产品类别归集生产费用;此外,分类法的成本计算还多最后一个程序,就是将各类完工产品的总成本在同类各种产品之间进行分配,计算出各种产品的成本。

将各类完工产品的总成本分配给该类产品中的不同品种或不同规格的产品,必须先选择合理的分配标准。

同类产品内各种不同品种或规格的产品之间分配费用的标准,可以采用产品的经济价值指标,如计划成本、定额成本、销售价格等;也可以采用产品的技术性指标,如重量、体积、长度、浓度、含量等。企业应选择与产品生产耗费高低有密切联系,又简便易行的分配标准。各成本项目可以采用不同的分配标准分配费用,使分配的结果更加合理。

按产品类别计算出某类产品成本后,要将其在同类产品之间进行分配,分配的方法通常有系数分配法和定额比例法两种,现分别予以阐述。

(一)系数分配法

系数分配法是指先将各类产品的分配标准折算成相对固定的系数,再将各类产品的总成本在类内各种产品之间按照系数分配成本的方法。

1. 系数分配法分配各种产品成本的程序 有以下三个程序。

(1)确定系数 企业在确定系数时,通常在同一类别的产品中,选择一种产量较大、生产稳定或者规格适中的产品作为标准产品。将标准产品的系数定为"1",再将其他各种产品的分配标准与标准产品的分配标准相比较,计算出其他各种产品的系数。产品系数的计算公式如下:

$$某种产品单位系数 = \frac{该种产品的分配标准}{标准产品的分配标准}$$

$$某种产品总系数 = 该种产品实际完工产量 \times 该种产品的单位系数$$

通常分别计算产品原材料费用总系数和加工费用总系数。

(2)确定各成本项目费用分配率 根据各类产品成本计算表各成本项目反映的金额,分别将其除以类别内各种产品总系数之和,以取得各成本项目费用分配率。其计算公式如下:

$$\text{某类产品某成本项目费用分配率} = \frac{\text{该类完工产品该成本项目费用总额}}{\text{该类内各种产品总系数之和}}$$

(3) 计算分配各种产成品成本　　根据同类产品内各种产品的总系数,以及该类产品各成本项目费用分配率,分配各种产成品的成本。其计算公式如下:

$$\text{某种产品应负担某成本项目的费用} = \text{该种产品该成本项目总系数} \times \text{该类产品该成本项目费用分配率}$$

2. 系数分配法的应用　　通过举例予以说明。

【例 6-1】 广信工厂将品种相似的甲、乙、丙三种产品归为 A 类产品。7 月 31 日,甲产品完工 1 200 件,乙产品完工 1 000 件,丙产品完工 800 件。A 类产品以甲产品作为标准产品,该类产品的原材料以原材料费用定额作为分配标准,甲、乙、丙三种产品原材料的单位费用定额分别为 140 元、147 元和 154 元;加工费用以定额工时作为分配标准,甲、乙、丙三种产品的定额工时分别为 2 小时、2.2 小时和 2.3 小时。A 类产品按定额成本计算在产品成本法计算在产品成本,A 类产品的产品成本计算表如表 6-1 所示。

表 6-1

产品成本计算表

产品类别:A 类产品　　　　　2021 年 7 月 31 日　　　　　产量 3 000 件　　金额单位:元

项　　目	直接材料	定额工时	直接人工	燃料及动力	制造费用	合　计
期初在产品成本	42 000	500	16 000.00	3 900.00	7 825.00	69 725
本期生产费用	426 818		202 558.00	49 452.00	99 060.00	777 888
生产费用合计	468 818		218 558.00	53 352.00	106 885.00	847 613
在产品单位费用定额	140		32.00	7.80	15.65	—
在产品成本	35 000	400	12 800.00	3 120.00	6 260.00	57 180
完工产品成本	433 818		205 758.00	50 232.00	100 625.00	790 433

根据上列资料用系数分配法分配 A 类产品成本。

1) 确定 A 类产品内各种产品的系数。

(1) 先确定各种产品的单位系数如下:

已知甲产品为标准产品,那么其原材料费用系数和加工费用系数均为 1。

$$\text{乙产品原材料费用系数} = \frac{147}{140} = 1.05$$

$$\text{丙产品原材料费用系数} = \frac{154}{140} = 1.10$$

乙产品加工费用系数 $=\frac{2.2}{2}=1.10$

丙产品加工费用系数 $=\frac{2.3}{2}=1.15$

(2) 再根据单位系数计算各种产品总系数,编制产品系数计算表如表 6-2 所示。

表 6-2

产品系数计算表

产品类别：A 类　　　　　　　2021 年 7 月 31 日

产品	产量(件)	原材料费用		加工费用	
		单位系数	总系数	单位系数	总系数
甲产品	1 200	1	1 200	1	1 200
乙产品	1 000	1.05	1 050	1.10	1 100
丙产品	800	1.10	880	1.15	920
合 计	—	—	3 130	—	3 220

2) 根据表 6-1 产品成本计算表和表 6-2 产品系数计算表中的有关资料,计算甲、乙、丙三种产品原材料费用分配率和加工费用分配率,编制产品各项费用分配率计算表如表 6-3 所示。

表 6-3

产品各项费用分配率计算表

2021 年 7 月 31 日　　　　　　　　　　　　金额单位：元

项 目	直接材料	直接人工	燃料及动力	制造费用
产品总成本	433 818.00	205 758.00	50 232.00	100 625.00
产品总系数	3 130.00	3 220.00	3 220.00	3 220.00
费用分配率	138.60	63.90	15.60	31.25

3) 根据表 6-2 产品系数计算表、表 6-3 产品各项费用分配率计算表有关资料,分配 A 类产品的成本,编制各种产品成本计算表如表 6-4 所示。

4) 根据分配的结果,结转完工产品成本。作分录如下：

借：库存商品——甲产品　　　　　　　　　　　　　　　299 220.00
　　库存商品——乙产品　　　　　　　　　　　　　　　267 355.00
　　库存商品——丙产品　　　　　　　　　　　　　　　223 858.00
　　贷：基本生产成本——A 类产品　　　　　　　　　　790 433.00

表 6-4

各种产品成本计算表

产品类别：A类　　　　　2021年7月31日　　　　　金额单位：元

项目	产量(件)	分配标准		完工产品总成本				单位成本
		原材料费用总系数	加工费用总系数	直接材料	直接人工	燃料及动力	制造费用	合计
(1)	(2)	(3)	(4)	(5)=(3)×分配率	(6)=(4)×分配率	(7)=(4)×分配率	(8)=(4)×分配率	(9)=(5)+(6)+(7)+(8)	(10)=(9)/(2)
费用分配率	—	—	—	138.60	63.90	15.60	31.25	—	—
甲产品	1 200	1 200	1 200	166 320.00	76 680.00	18 720.00	37 500.00	299 220	249.35
乙产品	1 000	1 050	1 100	145 530.00	70 290.00	17 160.00	34 375.00	267 355	267.355
丙产品	800	880	920	121 968.00	58 788.00	14 352.00	28 750.00	223 858	279.822 5
合计	2 400	3 130	3 220	433 818.00	205 758.00	50 232.00	100 625.00	790 433	—

(二) 定额比例法

定额比例法是指将各类产品的总成本,按照定额比例在同一类别内各种产品之间进行分配成本的方法。

1. 定额比例法分配各种产品成本的程序 有以下三个程序。

(1) 确定分配标准 采用定额比例法分配原材料费用,通常采用定额原材料费用或定额消耗量作为分配标准;分配加工费用通常采用定额工时或者各项费用定额作为分配标准。

(2) 确定各成本项目费用分配率 根据各类产品成本计算表各成本项目反映的金额,将其分别除以类别内各种产品分配标准之和,取得各成本项目费用分配率。其计算公式如下:

$$\text{某类产品某成本项目费用分配率} = \frac{\text{该类完工产品成本项目费用总额}}{\text{该类内各种产品分配标准之和}}$$

(3) 计算分配各种产成品成本 根据同类产品内各种产品的分配标准,以及该类产品各成本项目费用分配率分配各种产品成本。其计算公式如下:

$$\text{某种产品应负担某成本项目的费用} = \text{该种产品该成本项目分配标准} \times \text{该类产品该成本项目费用分配率}$$

2. 定额比例法的应用 通过举例予以说明。

【例 6-2】 根据 [例 6-1] 广信工厂的资料,用定额比例法分配 A 类产品成本。

(1) 确定 A 类产品的分配标准。A 类产品内的各种产品的原材料费用以定额费用作为分配标准,加工费用以定额工时作为分配标准。根据单位产品的费用定额和工时定额计算各种产品的定额费用和定额工时,编制"产品定额费用与定额工时计算表"如表 6-5 所示。

表 6-5

产品定额费用与定额工时计算表

产品类别:A 类　　　　　　　　2021 年 7 月 31 日　　　　　　　　金额单位:元

产品	产量(件)	原材料定额费用		定额工时(小时)	
		单位费用定额	定额费用	单位工时定额	定额工时
甲产品	1 200	140.00	168 000	2.0	2 400
乙产品	1 000	147.00	147 000	2.2	2 200
丙产品	800	154.00	123 200	2.3	1 840
合 计	3 000	—	438 200	—	6 440

(2) 计算费用分配率。根据表 6-1 产品成本计算表和表 6-5 产品定额费用与定

额工时计算表中的有关资料,计算各成本项目费用分配率,编制产品各项费用分配率计算表如表6-6所示。

表6-6

产品各项费用分配率计算表

产品类别:甲类　　　　　　2021年7月31日　　　　　　金额单位:元

项　目	直接材料	直接人工	燃料及动力	制造费用
产品总成本	433 818.00	205 758.00	50 232.00	100 625.00
分配标准	438 200.00	6 440.00	6 440.00	6 440.00
费用分配率	0.99	31.95	7.80	15.625

(3) 分配A类产品成本。根据表6-5产品定额费用与定额工时计算表与表6-6产品各项费用分配率计算表有关资料,分配A类产品成本,编制"各种产品成本计算表"如表6-7所示。

三、分类法的优缺点

采用分类法计算产品成本,由于以产品类别作为成本计算对象,因此应按产品类别设置"基本生产成本明"细账。各种费用汇总分配表也相应地按产品类别计算编制,从而大大简化了费用的分配工作和"基本生产成本"明细账的登记工作,并且能够在产品品种、规格较多的情况下,掌握各类产品的成本水平。但是,由于对同一类别内各种产品成本的计算,都是按事先设定的标准进行分配的,因此,计算的各种产品的成本具有一定的假定性。

为了相对合理地、准确地计算各种产品的成本,在产品类别的确定和分配标准的选择上,应慎重作出决策。在产品类别上,应将耗费的原材料和工艺技术过程相近似的产品归为一类,并且类距要适中。在分配标准上,要选择与成本水平高低联系最密切的分配标准分配费用。当产品的结构、耗用的原材料或工艺过程发生较大变动时,应及时修订分配系数,或者另行选择分配标准,以确保产品成本计算的正确性。

第二节　定　额　法

一、定额法概述

(一) 定额法的意义

定额法是指以产品的定额成本为基础,加减实际脱离现行定额的差异、材料成本差异和定额变动差异,以计算产品实际成本的方法。

表6-7

各种产品成本计算表

产品类别：A类   2021年7月31日   金额单位：元

项目	产量（件）	分配标准		完 工 产 品 总 成 本					单位成本
		原材料定额费用	产品定额工时（小时）	直接材料	直接人工	燃料及动力	制造费用	合计	
(1)	(2)	(3)	(4)	(5)=(3)×分配率	(6)=(4)×分配率	(7)=(4)×分配率	(8)=(4)×分配率	(9)=(5)+(6)+(7)+(8)	(10)=(9)/(2)
费用分配率		—	—	0.99	31.95	7.80	15.625	—	—
甲产品	1 200	168 000	2 400	166 320.00	76 680.00	18 720.00	37 500.00	299 220	249.35
乙产品	1 000	147 000	2 200	145 530.00	70 290.00	17 160.00	34 375.00	267 355	267.355
丙产品	800	123 200	1 840	121 968.00	58 788.00	14 352.00	28 750.00	223 858	279.822 5
合计	3 000	438 200	6 440	433 818.00	205 758.00	50 232.00	100 625.00	790 433	—

以前所阐述的品种法、分批法、分步法和分类法等成本计算方法,生产费用的日常核算和产品成本的计算都是按实际发生额进行归集和分配的,因此,产品成本与定额成本之间的差异,只在月末计算出实际成本以后,通过与定额成本的对比,才能确定,而不能在月份内生产过程中及时地反映出来。所以无法及时分析差异产生的原因,难以充分发挥对产品成本定额控制和管理的作用。

定额法是在加强企业产品定额管理的基础上产生的,采用这种方法,在生产费用发生时,能根据生产费用定额和实际发生额,确定其脱离现行定额的差异,以随时控制和监督生产费用的发生,促使企业节约生产费用,降低产品成本。

(二)定额法的特点

1. 成本计算对象　　定额法是产品成本计算的辅助方法,企业采用定额法的目的是为了加强成本定额管理和日常成本控制,因此其成本计算对象既可以是某个加工步骤的自制半成品,也可以是产成品。

2. 成本计算期　　由于定额法必须与品种法、分批法或分步法结合运用,当定额法与品种法或分步法结合运用时,成本计算期与会计报告期相一致;当定额法与分批法结合运用时成本计算期与产品生产周期相一致,而与会计报告期不一致。

3. 事先制定各种产品的各项消耗定额　　在定额法下,为了便于对产品生产过程中的各种耗费按定额成本进行日常控制,就需要对各种产品的原材料消耗和工时消耗制定相应的定额,以作为成本控制的目标。

4. 对产品成本实行事中控制　　在定额法下,企业发生的每项生产费用,都应根据产品的定额成本分别核算符合定额的耗费和脱离定额的差异,并及时分析差异产生的原因,采取必要的措施,以加强对产品成本的控制。

5. 以定额成本作为产品成本计算的基础　　产品实际成本的计算是在计算出产品定额成本的基础上,加减脱离定额差异、定额变动差异和材料成本差异而取得的。

二、定额法的成本计算程序及应用

定额法的成本计算程序主要有确定产品定额成本、脱离定额差异的核算、材料成本差异的分配、定额变动差异的核算和计算完工产品实际成本等。

(一)确定产品定额成本

采用定额法计算产品成本,必须首先制定单位产品的定额成本。单位产品定额成本是根据单位产品的现行原材料消耗定额和工时消耗定额,并根据各项消耗定额和原材料的计划单价、计划人工费用分配率、计划燃料及动力分配率、计划制造费用分配率等资料,计算确定产品的各项费用定额。产品的各项费用定额之和构成了单位产品定额成本。计划人工费用分配率、计划燃料及动力分配率和计划制造费用分配率均是按

工时确定的。产品定额成本的计算公式如下:

$$\text{单位产品定额成本} = \text{原材料费用定额} + \text{直接人工费用定额} + \text{燃料及动力费用定额} + \text{制造费用定额}$$

原材料费用定额＝原材料消耗定额×原材料计划单价

人工费用定额＝产品工时定额×计划人工费用分配率

燃料及动力费用定额＝产品工时定额×计划燃料及动力分配率

制造费用定额＝产品工时定额×计划制造费用分配率

  从上列公式中可以看到,产品定额成本的各项费用的计算要分别运用原材料计划单价和各种计划分配率计算,因此需要了解定额成本与计划成本的关系。定额成本与计划成本既有联系又有区别,联系是两者均以产品生产耗用的消耗定额和计划单价为依据确定的目标成本;两者的制定过程就是对产品成本进行事前反映,实行事前控制的过程。区别主要表现在以下两个方面:其一,计划成本的消耗定额是指计划期内的平均消耗定额,计划期为一年,在计划期间平均消耗定额通常是不变的;而计算定额成本的消耗定额是指现行消耗定额,它应随着企业生产技术的进步,劳动生产率和管理水平的提高而不断修订。其二,计算计划成本的原材料、其他费用的计划单价和计划费用率在计划期内通常是不变的;而计算定额成本的原材料的计划单价虽然在计划期内不变,但计算定额成本的计划燃料及动力分配率、计划人工费用分配率和计划制造费用分配率则可根据情况的变化和发展需要而经常变动。因此,在计划期内,计划成本是不变的;而定额成本却会随着各项定额水平的变动而相应地发生变动。

  单位产品定额成本通常由计划、技术和会计部门共同制定。单位产品定额成本的制订方法有以下两种:一种是在产品的零(部件)不多的情况下,通常可以先制定零件定额成本,然后再汇总制定部件和产成品的定额成本;另一种是在产品的零(部件)较多的情况下,为了简化计算工作,也可以不制定零件定额成本,而直接根据零件、部件定额卡所列的零件、部件的原材料消耗定额、工序计划和工时消耗定额,以及原材料的计划单价、计划人工费用分配率和制造费用分配率,计算部件定额成本,然后汇总计算产品定额成本,或者直接计算产品定额成本。

  企业是通过编制定额成本计算表来制定定额成本的,编制定额成本计算表时采用的成本项目和成本计算方法,应与编制计划成本、计算实际成本时所采用的成本项目和成本计算方法相一致,以便进行成本的分析和考核。

  在实际工作中应根据零件的原材料消耗定额和工时定额编制零件定额卡,其格式如表6-8所示。

表 6-8

零 件 定 额 卡

编号:010　　　　　　　　　2021 年 7 月　　　　　　　　　名称:P 零件

材料编号	材料名称	计量单位	材料消耗定额
123	A 材料	千克	4

工序编号	工时定额(小时)	累计工时定额(小时)
1	2	2
2	1	3
3	2	5

根据上列零件定额卡(B 材料从略),以及原材料计划单价、计划人工费用分配率和计划制造费用分配率编制部件定额成本计算表如表 6-9 所示。

表 6-9

部件定额成本计算表

编号:101　　　　　　　　　2021 年 7 月　　　　名称:E 部件　　金额单位:元

零件编号	零件名称	零件数量(件)	材料定额						金额合计	工时定额(小时)
			A 材料			B 材料				
			数量(千克)	计划单价	金额	数量(千克)	计划单价	金额		
010	P 零件	1	4	79.40	317.60				317.60	5
011	Q 零件	2				6	54.10	324.60	324.60	4
	装配									1
合　计			4	79.40	317.60		54.10	324.60	642.20	10

定额成本项目								定额成本合计
原材料	直接人工		燃料及动力		制造费用			
	计划分配率	金额	计划分配率	金额	计划分配率	金额		
642.20	31.98	319.80	7.26	72.60	14.72	147.20		1 181.80

根据上列部件定额成本计算表(F 部件从略)编制产品定额成本计算表如表6-10所示。

表 6-10

产品定额成本计算表

产品名称：甲产品　　　　　　2021 年 7 月　　　　　　　　金额单位：元

部件名称	部件数量	直接材料	直接人工	燃料及动力	制造费用	合　计
E 部件	2 件	1 284.40	619.60	145.20	294.40	2 343.60
F 部件	1 件	474.40	224.70	53.20	122.80	875.10
装　配	1 小时	5.60	31.98	7.26	14.72	59.56
合　计	—	1 764.40	876.28	205.66	431.92	3 278.26

（二）脱离定额差异的核算

脱离定额差异是指在生产产品的过程中，各项生产费用的实际发生额偏离现行定额的差额。

采用定额法核算产品成本，通常以定额成本为标准，能及时反映实际发生的生产费用脱离现行定额成本的差异，从而便于分析差异产生的原因，为降低产品成本提供依据。因此，这种方法加强了对生产费用的监督和控制。而脱离定额差异的核算是运用定额法进行成本核算的关键。根据计算方法的不同，脱离定额差异的核算可分为原材料脱离定额差异的核算和加工费用脱离定额差异的核算两类，现分别予以阐述。

1. 原材料脱离定额差异的核算　　在产品的各成本项目中，原材料费用通常占有较大的比重，并属于直接计入费用，因此有必要也有可能在费用发生时就按产品核算定额费用和脱离定额差异。原材料脱离定额差异的核算方法，应与原材料控制的方法结合起来。根据不同的情况，可选用限额法、切割核算法或盘存法。

1）限额法　　它是指对原材料的领用实行限额领料制度，通过实际耗用材料与领料限额之间差异的分析，控制生产用料的方法。采用这种方法，在定额范围内的原材料应根据限额领料单领取；因生产任务增加而追加的用料，经办理追加限额手续后，仍可使用限额领料单领取。如果由于其他原因超额领料时，应另行填制超额领料单，并经有关部门审批后才能领用。因此，超额领料单上的金额，就是原材料脱离定额差异的超支数；反之，如果定额领料单有结余，或者产品完工后，有多余的材料，车间应编制退料单，退回多余材料，那么限额领料单上的余额和退料单中的数额均为原材料脱离定额差异的节约数。

但是，在实际工作中，限额领料单上反映的仅仅是领用材料的数量，而不是实际耗费材料的数量。在这种情况下，其所反映的差异是领料的差异，而不是耗料的差异，此外，车间投产的数量，不一定就等于限额领料单所规定的产品数量，车间中往往还有期初和期末余料，并且期初的余料与期末的余料不可能总是相等的。因此，在采用限额法时应该考虑这些因素。原材料脱离定额差异的计算公式如下：

原材料脱离定额差异＝原材料实际消耗量－原材料定额消耗量
原材料实际消耗量＝月初余料数量＋本月领料数量－月末余料数量
定额消耗量＝产品投产数量×原材料消耗定额

【例6-3】 东亚工厂基本生产车间生产甲产品，限额领料单列明甲产品的产量1 000件，每件甲产品的原材料消耗定额为8千克，限额领料为8 000千克，本月领料6 700千克；甲产品实际投产900件，车间月初余料500千克，月末余料250千克，计算甲产品原材料脱离定额差异如下：

原材料实际消耗量＝500＋6 700－250＝6 950（千克）
原材料定额消耗量＝900×8＝7 200（千克）
原材料脱离定额差异＝6 950－7 200＝－250（千克）

2）切割核算法　它是指对于需要经过切割后才能进一步加工的材料，通过材料切割核算单，核算材料的实际消耗量和脱离定额差异，以控制用料的方法。需要经过切割后进一步加工的材料有板材、棒材等。

材料切割核算单应按切割材料的批别填列，单中填明发交切割材料的名称、种类、数量、消耗定额和应切割成的毛坯数量；再根据实际切割的结果，填列实际割成毛坯的数量和材料实际消耗量。并根据实际切割成毛坯的数量，乘以消耗定额，即为材料定额消耗量。材料实际消耗量与材料定额消耗量之差，就是脱离定额差异。

【例6-4】 基本生产车间生产乙产品耗用的E材料需要经过切割后才能加工。现根据其切割的结果，编制"材料切割核算单"如表6-11所示。

表6-11

材料切割核算单

材料名称：E材料　　　　2021年7月8日

计量单位：千克
材料单价：32元
金额单位：元

发料数量		退回余料数量			材料实际消耗量		废料实际回收量	
974		22			952		20	
单位消耗定额		单位回收废料定额		应切割成毛坯数量	实际切割成毛坯数量		材料定额消耗总量	废料定额回收总量
16		0.6		60	60		960	36
材料脱离定额差异		废料脱离定额差异			差异原因		操作人	
数量	金额	数量	单价	金额				
－8	－256.00	16	1.80	28.80	因技术较好，节约了原材料，减少了废料		周勤	

上表中材料实际消耗量低于材料定额消耗总量,节约 E 材料 8 千克,金额 256 元,因此材料脱离定额差异用负数表示;而废料实际回收量低于定额回收总量,因此废料脱离定额差异用正数表示,以冲减材料脱离定额差异。所以上项材料切割的结果材料脱离定额差异为－227.20 元。

3) 盘存法　　它是指根据定期盘点车间的在产品数量和结余材料数量,计算出本期产品生产所耗费的材料实际耗用量和脱离定额差异,以控制用料的方法。

当企业采用大量生产的组织方式时,难以像前两种方法分批核算原材料脱离定额差异,届时除了要使用限额领料单、超额领料单等反映材料差异的凭证控制日常原材料的耗费外,还要定期按工作日或周、旬,通过盘存的方法,以确定材料脱离定额差异,具体程序如下:

(1) 确定本期投产产品数量　　根据完工产品的数量和在产品盘存的数量,以确定本期投产产品数量。其计算公式如下:

$$\text{本期投产产品数量} = \text{本期完工产品数量} + \text{期末在产品盘存数量} - \text{期初在产品数量}$$

(2) 确定材料定额消耗量　　如果原材料是在投产时一次投入的,应根据本期投产产品数量,乘以单位材料消耗定额,计算出材料定额消耗量。如果原材料是在加工过程中分批投入的,期末在产品则应根据其原材料的投入程度确定。

(3) 确定材料实际消耗量　　根据限额领料单、超额领料单和退料单等领料凭证以及车间余料的盘存数量,计算原材料实际消耗量。

(4) 确定材料脱离定额差异　　将材料实际消耗量减去材料定额消耗量,即为材料脱离定额差异。

【例 6-5】　大明工厂基本生产车间生产甲产品领用 A 材料,其单位材料消耗定额为 6 千克,计划单价为 40 元,材料在开始生产时一次投入。甲产品月初有在产品 400 件,本月完工 1 200 件,月末在产品经盘点实存 200 件,限额领料单中记录本月已领料 5 770 千克,车间月初余料为 300 千克。月末 A 材料经盘点,实存 250 千克。计算材料脱离定额差异如下:

$$\text{本期投产甲产品数量} = 1\,200 + 200 - 400 = 1\,000 (\text{件})$$
$$\text{材料定额消耗量} = 1\,000 \times 6 = 6\,000 (\text{千克})$$
$$\text{材料实际消耗量} = 5\,770 + 300 - 250 = 5\,820 (\text{千克})$$
$$\text{材料脱离定额数量差异} = 5\,820 - 6\,000 = -180 (\text{千克})$$
$$\text{材料脱离定额金额差异} = -180 \times 40 = -7\,200 (\text{元})$$

无论企业采用哪种核算方法,材料定额费用和材料脱离定额差异均应按照成本计算对象分批或定期汇总,编制材料定额费用及脱离定额差异汇总表,以集中反映某种或某批产品耗费的各种材料的定额费用和脱离定额的差异,并分析原材料耗费脱离定额差异的原因。此外,该表还可以代替原材料费用分配表编制会计分录,登记"基本生产成本"明细账。

【例 6-6】 大明工厂基本生产车间生产甲产品耗用 A,B 两种材料,根据[例 6-5]中 A 材料的计算结果(B 材料计算过程从略),编制材料定额费用及脱离定额差异汇总表如表 6-12 所示。

表 6-12

材料定额费用及脱离定额差异汇总表

产品名称:甲产品　　　　　　2021 年 7 月 31 日　　　　　　金额单位:元

原材料名称	计量单位	计划单价	定额费用		实际费用		脱离定额差异		差异原因分析
			数量	金额	数量	金额	数量	金额	
A 材料	千克	20.00	6 000	120 000	5 820	116 400	-180	-3 600	(略)
B 材料	千克	16.00	4 500	72 000	4 350	69 600	-150	-2 400	
合　计	—	—	—	192 000	—	186 000	—	-6 000	

2. 加工费用脱离定额差异的核算　　现分别阐述如下:

(1) 人工费用脱离定额差异的核算　　在计件工资制度下,生产工人工资属于直接计入费用,因此其人工费用脱离定额差异的核算方法与原材料相似。按计件单价支付的工资费用及计提的其他人工费用就是定额人工费用,计件工资通常在工序进程单、工作班产量记录中反映。对于因料废而支付的计件工资,以及支付计件生产工人的工资性的津贴和奖金等,以及按这部分金额计提的其他人工费用则属于人工费用脱离定额差异,人工费用脱离定额差异通常在"工资补付单""其他人工费用补提单"中反映。

在计时工资制度下,由于实际支付的生产工人工资总额到月末才能确定,因此人工费用脱离定额差异平时不能按照产品直接计算,为了加强平时对人工费用的控制,可以将决定人工费用高低的两个因素分别进行核算,以分别反映工时效率人工费用差异和人工费用分配率差异。

工时效率人工费用差异是指因生产工时利用效率而产生的人工费用脱离定额的差异。其计算公式如下:

$$\text{工时效率人工费用差异} = \left(\text{实际生产工时} - \text{定额生产工时} \right) \times \text{计划小时人工费用分配率}$$

$$\text{或} = \text{实际投入产量} \times \left(\text{实际单耗工时} - \text{定额单耗工时} \right) \times \text{计划小时人工费用分配率}$$

人工费用分配率差异是指因小时人工费用分配率的变化而产生的人工费用脱离定

额差异。其计算公式如下。

$$\substack{人工费用\\分配率差异} = \left(\substack{实际小时人工\\费用分配率} - \substack{计划小时人工\\费用分配率}\right) \times 实际生产工时$$

$$\substack{计划小时人工\\费用分配率} = \frac{计划产量的定额生产工人人工费用}{计划产量的定额生产工时}$$

$$\substack{实际小时人工\\费用分配率} = \frac{实际生产工人人工费用}{实际生产工人工时}$$

工时效率人工费用差异和人工费用分配率差异构成了人工费用脱离定额差异。

【例 6-7】 大明工厂基本生产车间 7 月 1 日有甲在产品 400 件,该月又投产甲产品 1 000 件,单位产品定额工时为 5 小时。计划该月完成产品的约当产量为 1 100 件,计划定额生产工人的人工费用为 175 780 元。生产甲产品实际耗费生产工人工时 5 400 小时,实际发生生产工人人工费用为 173 232 元,计算人工费用脱离定额差异如下:

$$计划小时人工费用分配率 = \frac{175\ 780}{1\ 100 \times 5} = 31.96$$

$$实际小时人工费用分配率 = \frac{173\ 232}{5\ 400} = 32.08$$

工时效率人工费用差异 = (5 400 - 5 500) × 31.96 = -3 196(元)

人工费用分配率差异 = (32.08 - 31.96) × 5 400 = 648(元)

人工费用脱离定额差异 = -3 196 + 648 = -2 548(元)

计算的结果显示,由于提高工时效率节约了人工费用 3 196 元,由于人工费用的实际分配率高于计划分配率而增加了人工费用 648 元,在实际工作中,车间平时可以随时根据产品生产进度测算工时效率人工费用差异,以加强对人工费用的监督和控制。

(2) 其他加工费用脱离定额差异的核算　其他加工费用脱离定额差异主要有燃料及动力脱离定额差异、制造费用脱离定额差异和废品损失脱离定额差异等。

燃料及动力和制造费用均是间接计入费用。在日常核算中难以按照产品直接核算费用脱离定额差异。通常将月份的燃料及动力费用计划、制造费用计划分别作为这两个成本项目的定额费用,分别计算计划小时燃料及动力分配率和计划小时制造费用分配率,以此作为计算这两项费用脱离定额差异的依据。因此,燃料及动力脱离定额差异和制造费用脱离定额差异的核算方法,基本上同计时工资费用的核算方法相同,其计算方法也相同。

【例 6-8】 续[例 6-7],该车间根据甲产品的投产数量及单位产品定额工时,确定 7 月份燃料及动力计划为 42 515 元,制造费用计划为 85 140 元;而实际发生燃料及动力为 41 148 元,制造费用为 84 348 元。分别计算燃料及动力脱离定额差异和制造费用

脱离定额差异如下:

$$\text{计划小时燃料及动力分配率} = \frac{42\,515}{1\,100 \times 5} = 7.73$$

$$\text{实际小时燃料及动力分配率} = \frac{41\,148}{5\,400} = 7.62$$

工时效率燃料及动力差异 $=(5\,400-5\,500)\times 7.73 = -773(元)$

燃料及动力分配率差异 $=(7.62-7.73)\times 5\,400 = -594(元)$

燃料及动力脱离定额差异 $= -773-594 = -1\,367(元)$

$$\text{计划小时制造费用分配率} = \frac{85\,140}{1\,100 \times 5} = 15.48$$

$$\text{实际小时制造费用分配率} = \frac{84\,348}{5\,400} = 15.62$$

工时效率制造费用差异 $=(5\,400-5\,500)\times 15.48 = -1\,548(元)$

制造费用分配率差异 $=(15.62-15.48)\times 5\,400 = 756(元)$

制造费用脱离定额差异 $= -1\,548+756 = -792(元)$

单独核算废品损失的企业,在发生废品损失时,应以废品通知单和废品损失计算表单独反映,其中不可修复废品的成本可以按定额成本计算。从理论上讲,企业在生产中应避免出现废品,因此通常产品定额成本中不包括废品损失,而发生的废品损失均应作为脱离定额成本差异处理。如果企业生产产品的工艺技术水平要求较高,发生废品损失是不可避免的,也可以根据具体情况按投产数量的一定比例确定废品损失定额,将实际发生的废品损失与废品损失定额的差额作为废品损失脱离定额差异处理,据此来控制和减少废品损失的发生。

(三)材料成本差异的分配

在采用定额法核算时,为了便于对产品成本的日常控制和期末的考核分析,原材料日常核算只能按计划价格进行。这样,材料定额成本和材料脱离定额差异均以计划价格反映,则前述材料脱离定额差异反映的仅仅是按计划单位成本计算的数量差异。因此,月末计算产品实际耗费的原材料费用时,还必须计算所耗费原材料的实际成本与计划成本之间的价格差异。其计算公式如下:

$$\text{某产品应分配的材料成本差异} = (\text{该产品材料定额成本} \pm \text{材料脱离定额差异}) \times \text{材料成本差价分配率}$$

【例6-9】 大明工厂7月份生产甲产品耗费材料定额成本192 000元,材料脱离定额差异为节约6 000元,材料成本差价分配率为-2%,分配该产品应负担的材料成本差异如下:

甲产品应分配材料成本差异 $=(192\,000-6\,000)\times -2\% = -3\,720(元)$

为了便于计算产品成本,简化核算手续,各种产品应分配的材料成本差异通常全部由各种完工产品负担,月末在产品不再负担材料成本差异。

具有多步骤生产工艺过程特点的企业,采用逐步结转分步法与定额法相结合计算产品成本时,自制半成品的日常核算也按定额成本进行;在月末计算产品实际成本时,也要分配自制半成品成本差异,分配的方法与分配材料成本差异的方法相同,不再重述。各生产步骤所耗费的原材料和自制半成品的成本差异,通常由厂部进行分配和调整,不计入各生产步骤产品的成本,以简化核算手续。

(四)定额变动差异的核算

定额变动差异是指因产品生产条件的变化而修订消耗定额所产生的新旧定额成本之间的差额。因为随着经济的发展,新技术、新工艺、新材料、新设备不断地涌现,劳动生产率也因生产条件的改善而相应地提高。对各项消耗定额要及时修订,以确保各项定额对生产活动的控制作用。因此定额变动差异与脱离定额差异是不同的,定额变动差异反映的是定额本身变动的结果,它与生产费用的节约或超支没有关系,而脱离定额差异反映的则是生产费用的节约或超支额。

各项消耗定额的修订通常是在月初、季初或年初定期进行的。当月初有在产品时,定额发生变动,其在产品的定额成本并未修订,仍然按照原来的消耗定额计算,而新投入生产的产品按修订后新的消耗定额计算定额成本。为了使两者能在同一基础上相加,就需要将月初在产品原来的定额成本调整成为按修订后新的消耗定额计算的定额成本,从而产生了定额变动差异。定额变动差异应按成本项目分别计算,其计算公式如下:

$$\text{月初在产品某成本项目定额变动差异} = \text{月初在产品该成本项目按原消耗定额计算的定额成本} - \text{月初在产品该成本项目按新消耗定额计算的定额成本}$$

采用这种方法要按照零、部件计算定额消耗量。在构成产品的零、部件较多时,工作量很大。为了简化计算工作,定额变动差异也可以采用系数折算的方法。即,按新消耗定额所计算出来的单位产品定额成本,与按原消耗定额计算出来的单位产品定额成本相对比,求得系数,然后根据系数计算月初在产品定额变动差异,其计算公式如下:

$$\text{系数} = \frac{\text{按新定额计算的单位产品某成本项目的成本}}{\text{按原定额计算的单位产品某成本项目的成本}}$$

$$\text{月初在产品某成本项目定额变动差异} = \text{按原定额计算的月初在产品该成本项目的成本} \times (1 - \text{系数})$$

【例6-10】 大明工厂基本生产车间决定从7月1日起修订甲产品原材料消耗定额,单位产品原材料费用原定额成本为200元,修订后单位产品原材料费用新定额成本为192元,其他成本项目定额不变。月初甲产品有400件在产品,原材料在开始生产时

一次投入,按原定额计算原材料定额成本为 80 000 元,计算月初甲在产品原材料定额变动差异如下:

$$系数 = \frac{192}{200} = 0.96$$

$$月初甲在产品原材料定额变动差异 = 80\,000 \times (1 - 0.96) = 3\,200(元)$$

消耗定额通常有降有升,如果消耗定额下降,一方面,应从按原定额确定的月初在产品成本中扣除大于新定额的差异,进行月初定额成本的调整,使其与新定额相一致。另一方面,由于该项差异是月初在产品实际发生的生产费用,应将该项差异作为定额变动差异的增项,计入生产费用合计,俟产品完工时,仍应作为产品成本的组成部分;反之,如果消耗定额上升,那么一方面应按原定额确定的月初在产品成本,加上小于新定额的差异,使其与新定额一致,另一方面由于该项差异并不是月初在产品实际发生的生产费用,应将该项差异作为定额变动差异的减项,抵减生产费用合计,俟产品完工时,作为产品成本的抵减部分。

定额变动差异通常应按照定额成本的比例,在完工产品与月末在产品之间进行分配。如果月初在产品在本月份已全部完工,那么定额变动差异应全部由完工产品负担;如果定额变动差异数额不大,为了简化核算手续,也可以全部由完工产品负担,则期末在产品就不分配定额变动差异。

(五) 计算完工产品实际成本

采用定额法计算产品成本,在对各种产品的定额成本、脱离定额差异、材料成本差异和定额变动差异进行核算后,通过"基本生产成本"明细账户的归集,形成生产费用合计,月末将归集的生产费用合计在完工产品与月末在产品之间进行分配,以计算完工产品的实际成本。其计算的程序如下。

1. 计算完工产品和月末在产品的定额成本　　由于单位产品的定额成本已经确定,因此完工产品定额成本和月末在产品定额成本的计算公式如下:

$$完工产品某项目定额成本 = 完工产品数量 \times 该项目单位定额成本$$

$$期末在产品某项目定额成本 = 某项目定额成本期初数 + 该项目定额成本本月发生数 - 完工产品该项目定额成本$$

2. 分配定额成本差异　　根据完工产品定额成本与月末在产品定额成本的比例,计算差异分配率,分配定额成本差异。其计算公式如下:

$$某成本项目差异分配率 = \frac{该成本项目差异月初数 + 该成本项目差异本月发生数}{完工产品该项目定额成本 + 月末在产品该项目定额成本}$$

$$完工产品某项目应分配定额成本差异 = 完工产品该项目定额成本 \times 该成本项目差异分配率$$

$$\text{月末在产品某项目应分配定额成本差异} = \text{月末在产品该项目定额成本} \times \text{该成本项目差异分配率}$$

或

$$= \text{该成本项目差异月初数} + \text{该成本项目差异本月发生额} - \text{完工产品该项目应分配定额成本差异}$$

3. 计算完工产品实际成本　最后,将构成完工产品成本的四项要素相加,就形成了完工产品的实际成本,其计算公式如下:

$$\text{产品实际成本} = \text{产品定额成本} \pm \text{脱离定额差异} \pm \text{定额变动差异} \pm \text{材料成本差异}$$

（六）定额法的具体应用

【例 6-11】 大明工厂基本生产车间大量生产甲产品,采用定额法结合品种法计算产品成本。月初有在产品 400 件,其定额成本及脱离定额差异资料如表 6-13 所示。

表 6-13

月初在产品定额成本及其脱离定额差异表

单位:元

项　　目	直接材料	直接人工	燃料及动力	制造费用	合　　计
定额成本	80 000.00	19 980.00	4 900.00	9 720.00	114 600.00
脱离定额差异	−2 736.00	−165.00	−225.48	−60.38	−3 186.86

根据[例 6-6]表 6-12 材料定额费用及脱离定额差异汇总表确定投产的甲产品的原材料定额成本和脱离定额差异,以及该例后所举各例的有关资料和计算结果,用定额法登记甲产品"基本生产成本"明细账如表 6-14 所示。

三、定额法的优缺点

（一）定额法的优点

定额法是一种将产品成本定额的制定、成本的核算和分析有机地结合起来,将事前制定定额、事中控制定额、事后分析定额执行情况三者融为一体,以反映和监督产品成本的核算方法。该方法具有以下三个优点。

1. 能够加强产品成本的日常控制　在日常核算中,定额法既反映了产品的定额成本,又提供了产品实际成本脱离定额成本的差异,从而便于企业及时发现问题,采取措施,加强成本控制,以促使企业生产车间节约费用,降低成本。

2. 能够增强挖掘降低产品成本的潜力　由于产品的实际成本是按定额成本和脱离定额差异分别核算的,这就为企业定期进行成本分析和考核有关人员的工作业绩提供了依据,以利于企业进一步分析产生差异的原因,调动职工的积极性,挖掘降低产品成本的潜力。

表6-14

基本生产成本明细账

产品名称：甲产品　　　　　　　　　　　　　　　　　　　　　　　　　　　　　金额单位：元

2021年		摘　要	行　次	直接材料	直接人工	燃料及动力	制造费用	合　计
月	日							
7	1	在产品定额成本	(1)	80 000	19 980.00	4 900.00	9 720.00	114 600.00
		在产品脱离定额差异	(2)	−2 736	−165.00	−275.48	−60.38	−3 186.86
		在产品定额成本调整	(3)	−3 200				−3 200.00
		在产品定额变动差异	(4)	3 200.00				3 200.00
	31	本月定额成本	(5)	192 000	109 890.00	26 950.00	53 460.00	382 300.00
		本月脱离定额差异	(6)	−6 000	−1 458.00	−1 246.00	−324.00	−9 028.00
		本月材料成本差异	(7)	−3 720				−3 720.00
		定额成本合计	(8)=(1)+(3)+(5)	268 800	129 870.00	31 850.00	63 180.00	493 700.00
		脱离差异合计	(9)=(2)+(6)	−8 736	−1 623.00	−1 471.48	−384.38	−12 214.86
		材料成本差异合计	(10)=(7)	−3 720				−3 720.00
		定额变动差异	(11)=(4)	3 200				3 200.00
		脱离定额差异分配率	(12)=(9)/(8)	−0.032 5	−0.012 5	−0.046 2	−0.006 1	—
	31	完工产品定额成本	(13)	230 400	119 880.00	29 400.00	58 320.00	438 000.00
		完工产品脱离定额差异	(14)=(13)×(12)	−7 488	−1 498.50	−1 358.28	−355.75	−10 700.53
		完工产品材料成本差异	(15)=(10)	−3 720				−3 720.00
		完工产品定额变动差异	(16)=(11)	3 200				3 200.00
		结转完工产品实际成本	(17)=(13)+(14)+(15)+(16)	222 392	118 381.50	28 041.72	57 964.25	426 779.47
7	31	在产品定额成本	(18)=(8)−(13)	38 400	9 990.00	2 450.00	4 860.00	55 700.00
		在产品脱离定额差异	(19)=(9)−(14)	−1 248	−124.50	−113.20	−28.63	−1 514.33

3. 能够提高定额管理水平 通过核算脱离定额差异和定额变动差异,既可以反映产品的实际成本偏离定额成本的程度,又可以检验定额成本的制定是否科学与合理,以促使企业及时修订定额,提高定额管理水平。

(二)定额法的缺点

定额法的缺点有以下两点。

1. 核算的工作量大 由于采用定额法必须事先制定出各项消耗定额和定额成本,所以在成本核算过程中,要分别核算定额成本和脱离定额差异,最后将定额成本和各种差异相加或相减,计算出完工产品的实际成本。当产品的生产条件发生变化时,又要修订消耗定额,重新确定定额成本,因此大大地增加了核算的工作量。

2. 适用面窄 由于定额法对企业定额管理的各项要求较高,只有生产的产品已基本定型,有准确、稳定的各项消耗定额,并具有健全的定额管理制度,有良好的定额管理工作基础的企业才能采用。

第三节 联产品、副产品和等级品成本的计算

一、联产品成本的计算

(一)联产品概述

联产品是指企业使用同样的原材料,在同一生产过程中,同时生产出两种或两种以上具有不同使用价值的主要产品。例如,炼油厂可以从原油中同时提炼出汽油、柴油、煤油和机油等联产品;又如,奶制品厂可以从牛奶中同时生产出奶粉、奶油和奶酪等联产品。一组联产品往往是结伴而生的。

联产品有三个特点:其一,联产品是在生产过程中使用相同的原材料一起生产出来的,但其性质和用途却不相同;其二,联产品在生产过程中耗费的原材料和加工费用难以按照产品直接计入;其三,各种联产品均为主要产品,是企业收入的主要来源。

(二)联产品的成本构成

联产品的生产工艺程序不尽相同。有的是进行封闭式的生产,自投产开始在同一生产过程进行生产,生产结束后产出联产品,可以对外销售;有的是在同一生产过程中的某一生产步骤生产出半成品,分离出来后,再按各自的生产过程进一步加工、生产出产成品,因此联产品成本构成也是不同的。联产品从原材料投入到产品完工,要经过分离前、分离时和分离后三个阶段,它们的分界点被称为"分离点"。分离点是指从原材料投入生产后,经过同一个生产过程,分离成各种联产品的那一时点。在分离点前发生的成本称为联合成本或者共同成本。因此分离点是关键,它是联合生产过程的结束。在分离点就必须采用一定的方法,将联合成本分配于各联产品。分离后,不需要进一步加工

就可以销售的联产品,其成本就是分配的联产品成本;分离后如需要进一步加工的,所发生的加工成本称为可归属成本,分配后的联产品成本,加上可归属成本组成了需要进一步加工的联产品成本。联产品的成本构成如图6-1所示。

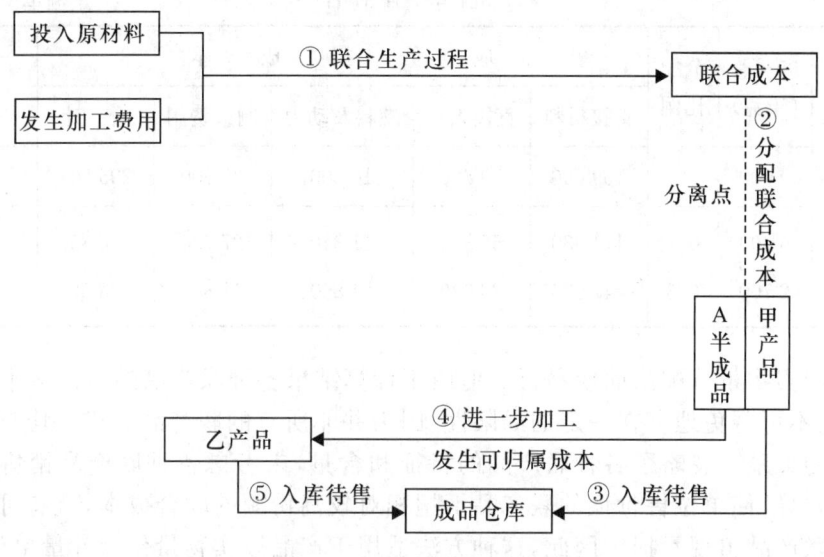

图6-1 联产品成本构成图

(三)联产品成本计算的方法

由于联产品是耗用相同的原材料、在同一个过程中加工出来的产品,因此它们发生的生产费用无法按每种联产品进行归集。我们可以将全部联产品视作一类产品,将其作为成本计算对象,归集生产费用,计算联合成本,然后再在各种联产品之间进行分配,计算出各种联产品的成本。如果联产品中的半成品需要继续生产加工时,就应按分离后的生产加工特点,采用品种法、分批法、分步法等方法计算分离后的联产品成本。由此可见,联产品成本计算的关键是联合成本的分配。联合成本常用的分配方法有系数分配法、实物量分配法、相对销售价值分配法和净实现价值分配法等。系数分配法在本章第一节分类法中已作了阐述,不再重复,现分述其他各种方法。

1. 实物量分配法　　它是指将联合成本按各种联产品之间的重量比例进行分配的方法。这种方法是将联合成本除以各种联产品的重量之和,取得平均单位成本。由于是平均单位成本,因此各种联产品的单位成本都是相同的。

【例6-12】 大丰工厂生产甲、乙两种联产品,其联合成本为295 400元,其中:直接材料159 600元,直接人工79 800元,燃料及动力16 200元,制造费用39 600元。甲产品产量为6 300千克,乙产品产量为2 700千克。用实物量分配法分配甲、乙两种联品成本如表6-15所示。

表6-15

联产品成本计算表(实物量分配法)

2021年7月31日　　　　　　　　　　金额单位：元

项目	产量（千克）	分配比例	应负担成本					单位成本
			直接材料	直接人工	燃料及动力	制造费用	合计	
联合成本	9 000	—	159 600	79 800	16 200	39 600	295 200	32.80
甲产品	6 300	0.7	111 930	55 860	11 340	27 720	206 850	32.80
乙产品	2 700	0.3	47 970	23 940	4 860	11 880	88 650	32.80

采用实物量分配法简便易行。但由于计算结果各种联产品的单位成本是一致的，因而不可避免地存在一定的局限性，因为并非所有的联产品的成本均与实物量有直接的关系。忽略了各种联产品的特征和含量，未考虑各种联产品销售价格上存在的差异，使单位售价低的联产品承担相对较高份额的联合成本，就有可能使售价低的联产品出现亏损。因此，这种方法适用于产品以实物量作为计量单位，成本的发生与产品的实物量关系密切，而且各种联产品的销售价格较为接近的联合成本的分配。

2. 相对销售价格分配法　它是指将联合成本按各种联产品之间的销售价格比例进行分配的方法。其理论依据是销售价格较高的联产品应该按比例地负担较高份额的联合成本，使各种联产品能取得相同的毛利率。

【例6-13】　在[例6-12]资料中，甲产品单位售价为45元，乙产品单位售价为35元，用相对销售价格分配法分配甲、乙两种联产品成本如表6-16所示。

表6-16

联产品成本计算表(相对销售价格分配法)

2021年7月31日　　　　　　　　　　金额单位：元

项目	产量（千克）	销售单价	销售价格	分配比例	应负担成本	
					直接材料	直接人工
联合成本	9 000	—	378 000	—	159 600	79 800
甲产品	6 300	45	283 500	0.75	119 700	59 850
乙产品	2 700	35	94 500	0.25	39 900	19 950

(续表)

项 目	应负担成本			单位成本	毛 利	毛利率
	燃料及动力	制造费用	合 计			
联合成本	16 200	39 600	295 200	—		
甲产品	12 150	29 700	221 400	35.142 9	62 100	21.90%
乙产品	4 050	9 900	73 800	27.333 3	20 700	21.90%

采用相对销售价格法能避免实物量分配法的不足,但仍有其自身的不足,因为并非所有的成本均与产品的售价有关。影响产品售价的因素很多,售价较高的联产品未必相应地承担较高的成本,且并非所有的联产品都具有同等的获利能力。因此,这种方法适用于联产品分离后不再继续生产加工,其销售价格与联产品成本关系密切,且销售价格稳定的联产品的联合成本的分配。

3. 净实现价值分配法　　它是指将联合成本按各种联产品的净实现价值的比例进行分配的方法。净实现价值是指联产品的销售价格减去其发生的可归属成本后的差额。因此净实现价值分配法就是将联合成本按各种联产品的销售价格减去可归属成本后的价值比例分配。

【例 6-14】　在[例 6-13]资料中,甲、乙两种联产品在分离后均还需继续加工,甲产品发生可归属成本 19 000 元,乙产品发生可归属成本 4 000 元,加工后甲产品单位售价为 50 元,乙产品单位售价为 40 元。用净实现价值分配法分配甲、乙两种联产品成本如表 6-17 所示。

表 6-17

联产品成本计算表(净实现价值分配法)

2021 年 7 月 31 日　　　　　　　　　　　　　　　金额单位:元

项 目	产量(千克)	销售单价	销售价格	可归属成本	净实现价值	分配比例	应负担成本	
							直接材料	直接人工
联合成本	9 000	—	423 000	23 000	400 000	—	159 600	79 800
甲产品	6 300	50.00	315 000	19 000	296 000	0.74	118 104	59 052
乙产品	2 700	40.00	108 000	4 000	104 000	0.26	41 496	20 748

项 目	应负担成本			全部成本	单位成本	毛利	毛利率
	燃料及动力	制造费用	合 计				
联合成本	16 200	39 600	295 200	318 200	—		—
甲产品	11 988	29 304	218 448	237 448	37.690 2	77 552	24.62%
乙产品	4 212	10 296	76 752	80 752	29.908 1	27 248	25.23%

采用净实现价值分配法既考虑了联产品销售价格的因素，又考虑了联产品继续加工的可归属成本的因素，因此适用于销售价格与产品成本关系密切，销售价格稳定，并且联产品分离后仍需继续生产加工的联合成本的分配。

联产品成本计算的方法较多，企业应根据联产品生产的特点及具体情况选用。

二、副产品成本的计算

副产品是指在同一生产过程中，使用相同的原材料，在生产主要产品时附带生产出来的非主要产品，或利用生产中的废料加工而成的产品。在生产主要产品时附带生产出来的非主要产品有炼油厂在提炼原油的过程中所产生的石焦油、油渣；酿造厂在制酒时所产生的酒糟等。利用生产中的废品加工而成的产品有炼钢厂利用生产过程中所产生的炉渣生产水泥；木材加工厂利用生产过程中产生的锯屑生产纤维板等。

副产品虽然同主要产品使用同样原材料，是在同一生产过程中生产出来的产品，或者是利用同一生产过程中产生的废料加工而成的产品，然而它不是企业生产的主要目的，其价值与主要产品相比较低，在企业全部产品中所占的比重很小，况且副产品在与主要产品分离前通常不单独发生生产费用。因此，副产品的成本计算不像联产品那么复杂，可以采用简便的方法，将副产品按一定的标准计价，将其从分离前的联合成本中扣除。所以，关键是副产品按什么标准计价。副产品的计价，通常有以下五种方法。

1. 副产品不计价　　对于分离后不再加工的副产品，如果价值很小，可以不负担分离前的联合成本，副产品只计数量，不计金额，其销售收入作为其他业务收入处理。这种方法最为简便，但是由于副产品不计价，将会影响主要产品成本的正确性。

2. 副产品按计划成本计价　　对于分离后不再加工的副产品，如果价值不大，可以按副产品的计划成本计价计算副产品的成本，届时将副产品的产量乘以副产品的计划单位成本，作为副产品的成本；再将联合成本减去副产品成本即为主要产品成本。

3. 副产品以销售价格作为计价依据　　对于分离后不再加工的副产品，如果价值较高，应以其销售价格作为计价依据，将副产品的销售价格扣除副产品的税金及附加以及销售费用后的金额作为副产品应负担的成本，将其从联合成本中扣除。副产品的成本可以从直接材料成本项目中一笔扣除，也可以按比例从各成本项目中分别扣除。这种方法考虑了副产品的计价，能较正确地反映主要产品的成本。然而，当副产品销售价格波动较大时，同样会影响到主要产品成本的正确性。

【例 6-15】　阜新工厂在生产甲、乙两种联产品时，附带生产出丙副产品。本月份共发生联合成本 809 600 元，其中：直接材料 429 088 元，直接人工 218 592 元，燃料及动力 48 576 元，制造费用 113 344 元。丙副产品产量为 1 200 千克，单位售价 8.50 元，税金及附加 2 元，销售费用 598 元。

计算丙副产品总成本如下：

$$丙副产品总成本 = 1\,200 \times 8.50 - 598 - 2 = 9\,600(元)$$

根据副产品总成本按联合成本费用的项目比重,计算分离副产品成本,确定主产品成本。计算分离的结果如表 6-18 所示。

表 6-18

主副产品成本计算表

2021 年 6 月 30 日　　　　　　　　　　　　　　　　金额单位:元

项　　目	直接材料	直接人工	燃料及动力	制造费用	合　　计
联合成本	429 088	218 592	48 576	113 344	809 600
费用项目比重(%)	53	27	6	14	100
副产品成本	5 088	2 592	576	1 344	9 600
主产品成本	424 000	216 000	48 000	112 000	800 000

4. 副产品按可归属成本计价　　对于分离后需要进一步加工才能出售的副产品,如果其价值很小时,可以不负担联合成本,只负担其分离后继续加工而发生的可归属成本,以简化核算手续。

5. 副产品按应负担分离前联合成本加上可归属成本计价　　对于分离后需要进一步加工才能出售的副产品,如果其价值较大时,则需要计算其分离前应负担的联合成本中的数额,加上其分离后继续加工而发生的可归属成本,作为副产品成本,以确保主要产品成本的合理性。

三、等级品成本的计算

等级品是指使用相同的原材料,经过相同的生产过程生产出来的品种相同、但质量品级不同的产品。

等级品与联产品、副产品的相同点是使用相同的原材料,经过相同生产过程生产出产品;不同点是等级品是同一品种不同质量品级的产品,而联产品、副产品却是不同品种的产品。等级品产生质量品级上差别的原因不同,其计算方法也各异,现分别予以阐述。

(一)按实物数量分配计算等级品成本

企业对于因工人操作不慎、技术不熟练、生产管理不善而造成的等级品,因其出现是由于主观上的原因,所以只要采取措施是可以避免的。那么,各种不同质量、等级的产品均应负担相同的成本,就可按实物数量直接将联合成本分配计算到每一个等级产品中去。

【例 6-16】东湖工厂生产甲产品 30 000 件,其中一级品 18 000 件,二级品 9 000 件,三级品 3 000 件。30 000 件甲产品共发生联合成本 472 500 元,一级、二级、三级品的销售单价分别为 20 元、17.50 元和 15 元,按实物数量分配计算等级品成本如表 6-19 所示。

表 6-19

等级品成本计算表(按实物数量比例分配)

2021 年 5 月 31 日　　　　　　　　　　　　　　金额单位：元

产品等级	产量(件)	比 例	各等级品成本	单位成本	单位售价	单位毛利
(1)	(2)	(3)	(4)	(5)=(4)÷(2)	(6)	(7)=(6)−(5)
一级品	18 000	60%	283 500	15.75	20.00	4.25
二级品	9 000	30%	141 750	15.75	17.50	1.75
三级品	3 000	10%	47 250	15.75	15.00	−0.75
合　计	30 000	100	472 500	—	—	—

采用这种方法，一级、二级、三级品的销售单价是不同的，而计算的结果显示它们的单位成本均为 15.75 元，是相等的。这样，一级、二级、三级品的单位毛利分别为 4.25 元、1.75 元和 −0.75 元，从而将主观原因所造成的损失体现在因等级差异而取得的单位销售毛利内，以利于企业加强产品的成本管理，提高产品的质量。

(二) 按系数分配计算等级品成本

企业对于因自然条件的不同，或者由于目前生产技术水平、原材料质量、工艺技术上等客观条件的原因，因此产生等级品是难以避免的。例如，不同煤层的煤炭可能因含量不同而采掘出不同等级的煤；又如，某些电子元件产品，由于受目前生产技术水平的限制，难以控制其产品的质量等。为了使不同等级的产品负担合理的成本，通常根据不同等级产品单位售价的比例确定系数，再按系数比例来分配各等级品应负担的联合成本。

[例 6-17] 仍根据[例 6-16]的资料，一级品的系数定为 1，计算二级品、三级品的系数，并按系数分配计算等级品成本，如表 6-20 所示。

表 6-20

等级品成本计算表(按系数比例分配)

2021 年 5 月 31 日　　　　　　　　　　　　　　金额单位：元

产品等级	产量(件)	单位售价	系 数	标准产量(件)	比 例
(1)	(2)	(3)	(4)	(5)=(2)×(4)	(6)
一级品	18 000	20.00	1	18 000	64%
二级品	9 000	17.50	0.875	7 875	28%
三级品	3 000	15.00	0.75	2 250	8%
合　计	30 000	—	—	28 125	100

(续表)

产品等级	各等级品成本	单位成本	单位毛利	毛利率
(1)	(7)	(8)=(7)÷(2)	(9)=(3)−(8)	(10)=$\frac{(9)}{(3)}$
一级品	302 400	16.80	3.20	16%
二级品	132 300	14.70	2.80	16%
三级品	37 800	12.60	2.40	16%
合　计	472 500	—	—	—

二级品系数 = $\frac{17.50}{20}$ = 0.875

三级品系数 = $\frac{15}{20}$ = 0.75

采用这种方法，一级、二级、三级品的单位成本各不相同，然而却与其售价相协调，从而使等级品的销售毛利率相一致。

课后练习题

一、判断题

1. 在实际工作中，分类法要根据各类产品的工艺特点和管理上的需要，与品种法、分批法或分步法结合运用。（　　）

2. 分类法的成本计算期与会计报告期相一致。（　　）

3. 分类法在同类产品之间分配产品成本的方法有系数分配法和定额比例法，企业可以选用。（　　）

4. 在计划期内，计划成本是不变的，而定额成本却会随着各项定额水平的变动而相应地发生变动。（　　）

5. 在实际工作中，超额领料单上的金额就是原材料脱离定额的超支数，限额领料单上的余额和退料单中的数额均为原材料脱离定额差异的节约数。（　　）

6. 材料定额费用及脱离定额差异汇总表可以代替原材料费用分配表编制会计分录。（　　）

7. 因料废而支付的计件工资以及按这部分工资计提的职工福利费不属于人工费用脱离定额差异。（　　）

8. 通常产品定额成本中不包括废品损失，因此发生废品损失应作为脱离定额成本差异处理。（　　）

9. 采用定额法核算时，原材料定额成本以计划价格反映，月末计算所耗原材料的实际成本与计划成本之间的价格差异，以确定材料脱离定额差异。（　　）

10. 定额变动差异反映了生产费用的节约额或超支额。 （ ）
11. 定额变动差异也可以将按原定额计算的单位产品某成本项目的成本除以按新定额计算的单位产品某项成本项目的成本，求得系数，再根据系数计算月初在产品定额变动差异。 （ ）
12. 定额变动差异通常应按照定额成本的比例，在完工产品与月末在产品之间进行分配。 （ ）
13. 定额法的缺点是核算的工作量大和适用面窄。 （ ）
14. 联产品成本计算的关键是确定联合成本的分配方法。 （ ）
15. 净实现价值分配法是指将联合成本按各种联产品之间的销售价格比例进行分配的方法。 （ ）
16. 联产品是主要产品，是企业收入的主要来源；而副产品是非主要产品，价值较低，这是它们的主要区别。 （ ）
17. 副产品可以以销售价格扣除副产品的税金及附加后的金额，作为副产品的成本。 （ ）
18. 联产品和等级品都是使用相同的原材料，经过相同的生产过程生产出来不同品种的产品。 （ ）
19. 因工人操作不慎、技术不熟练、生产管理不善而造成的等级品应按实物数量分配计算等级品成本。 （ ）
20. 联产品可能会发生可归属成本，而副产品和等级品则不可能有可归属成本。 （ ）

二、单项选择题

1. 在产品品种、规格较多的企业，为了_____可以采用分类法。
   A. 分类计算产品成本   B. 简化产品成本计算工作
   C. 分品种计算产品成本   D. 正确计算产品成本
2. 原材料脱离定额差异是指一种_____。
   A. 材料成本差异   B. 材料价格差异
   C. 材料数量差异   D. 定额变动差异
3. 采用确定本期投产产品数量、确定材料定额消耗量、确定材料实际消耗量和确定材料脱离定额差异程序计算原材料脱离定额差异的方法有_____。
   A. 限额法   B. 累计分配法   C. 切割核算法   D. 盘存法
4. 完工产品实际成本中定额变动差异为正数，表明企业_____。
   A. 本月实际成本超支   B. 本月实际成本节约
   C. 本月消耗定额降低   D. 本月消耗定额上升
5. _____的核算是运用定额法进行成本核算的关键。
   A. 定额成本   B. 脱离定额差异
   C. 定额变动差异   D. 计划成本
6. _____计算的产品成本具有一定的假定性。
   A. 分类法   B. 定额法   C. 简化分批法   D. 品种法
7. _____核算工作量大。
   A. 分类法   B. 定额法   C. 分批法   D. 品种法

第六章 工业企业产品成本的计算(下)

8. _____适用于销售价格与产品成本关系密切,销售价格稳定,并且联产品分离后仍需继续生产加工的联合成本的分配。
   A. 净实现价值分配法　　　　　　　　B. 相对销售价值分配法
   C. 实物量分配法　　　　　　　　　　D. 系数分配法

三、多项选择题

1. 采用系数分配法分配各种产品成本的程序有_____。
   A. 确定系数　　　　　　　　　　　　B. 确定分配标准
   C. 确定各成本项目费用分配率　　　　D. 计算分配各种产成品成本

2. 分类法对同类产品内各种不同品种或规格的产品之间分配生产费用的标准采用经济价值指标的有_____。
   A. 销售成本　　　B. 销售价格　　　C. 计划成本　　　D. 定额成本

3. 采用分类法时,将某类产品成本在同类产品之间进行分配时,采用的分配方法有_____。
   A. 系数分配法　　　　　　　　　　　B. 计划分配法
   C. 定额比例法　　　　　　　　　　　D. 定额成本法

4. 定额法的特点除了包括成本计算对象和成本计算期外,还包括_____。
   A. 以定额成本作为产品成本计算的基础　　B. 事先制定各种产品的消耗定额
   C. 对产品成本实行事中控制　　　　　　　D. 对产品成本实行事后分析

5. 采用定额比例法分配各种产品成本选用的分配标准有_____。
   A. 定额原材料费用　　　　　　　　　B. 定额工时
   C. 费用定额　　　　　　　　　　　　D. 原材料定额消耗量

6. 采用定额法时,产品的实际成本是在计算出产品定额成本的基础上,加减_____而取得的。
   A. 脱离定额差异　　　　　　　　　　B. 定额变动差异
   C. 材料成本差异　　　　　　　　　　D. 产品成本差异

7. 单位产品定额成本通常由_____共同制定。
   A. 生产部门　　　B. 会计部门　　　C. 计划部门　　　D. 技术部门

8. 原材料脱离定额差异的核算方法可选用_____。
   A. 限额法　　　　B. 累计分配法　　C. 切割核算法　　D. 盘存法

9. 加工费用脱离定额差异包括人工费用脱离定额差异、_____等。
   A. 燃料及动力脱离定额差异　　　　　B. 废品损失脱离定额差异
   C. 停工损失脱离定额差异　　　　　　D. 制造费用脱离定额差异

10. 采用定额法核算产品成本时,在有在产品的情况下,月初修订降低消耗定额,将会出现_____的情况。
    A. 月初在产品定额成本调整增加　　　B. 月初在产品定额成本调整减少
    C. 月初在产品定额变动差异增加　　　D. 月初在产品定额变动差异减少

11. 定额法的优点是_____。
    A. 能够加强产品成本的日常控制　　　B. 能够提高定额管理水平
    C. 能够得到广泛的应用　　　　　　　D. 能够增强挖掘降低产品成本的潜力

12. 采用定额法时,完工产品的实际成本由_____构成。
   A. 完工产品定额成本　　　　　　　　B. 完工产品脱离定额差异
   C. 完工产品定额变动差异　　　　　　D. 完工产品材料成本差异
13. 联产品成本的分配方法有_____。
   A. 系数分配法　　　　　　　　　　　B. 实物量分配法
   C. 相对销售价格分配法　　　　　　　D. 净实现价值分配法
14. 副产品有不计价、_____等多种计价方法。
   A. 按计划成本计价　　　　　　　　　B. 按定额成本计价
   C. 以销售价格作为计价依据　　　　　D. 按可归属成本计价
15. 等级品的分配方法有_____。
   A. 系数分配法　　　　　　　　　　　B. 实物量分配法
   C. 相对销售价格分配法　　　　　　　D. 净实现价值分配法

四、计算分析题

1. 分类法的核算

东风工厂甲类产品有 A,B,C 三种产品 7 月 31 日有关资料如下。

(1) A 产品完工 1 000 件,B 产品完工 800 件,C 产品完工 600 件。甲类产品以 A 产品作为标准产品,该类产品以原材料费用定额作为原材料的分配标准,A,B,C 三种产品原材料的单位费用定额分别为 175.50 元、201.65 元和 166.55 元,加工费用以定额工时作为分配标准,A,B,C 三种产品的定额工时分别为 2.5 小时,3 小时和 2.25 小时。

(2) 甲类产品成本计算表如表 6-21 所示。

表 6-21

产品成本计算表

金额单位:元

项目	直接材料	定额工时	直接人工	燃料及动力	制造费用	合计
期初在产品成本	54 660.00	450	14 499.00	3 546.00	7 137.00	79 842
本期生产费用	453 223.00		206 059.00	50 307.00	101 629.00	811 218
生产费用合计	507 883.00		220 558.00	53 853.00	108 766.00	891 060
在产品单位费用定额	182.20		32.18	7.88	15.86	—
期末在产品成本	72 880.00	600	19 308.00	4 728.00	9 516.00	106 432
完工产品成本	435 003.00		201 250.00	49 125.00	99 250.00	784 628

要求:

(1) 根据"资料(1)",确定各种产品的单位系数和总系数。

(2) 根据"资料(2)"和确定的系数,用系数分配法计算各种产品的总成本和单位成本。

(3) 如果现决定甲类产品的原材料采用定额原材料费用作为分配标准,加工费用采用定额工时作为分配标准,根据"资料(1)""资料(2)"的有关资料,用定额比例法计算各种产品的总成本和单位成本。

2. 原材料脱离定额差异的核算

宁新工厂10月份各基本生产车间的有关资料如下。

(1) 第一基本生产车间生产P产品,限额领料单列明P产品的产量为1 200件。每件P产品A材料的消耗定额为5千克,限额领料为6 000千克,本月领料4 700千克。P产品实际投产1 000件,该车间月初余料600千克,月末余料500千克。

(2) 第二基本生产车间生产Q产品,生产Q产品使用的B材料需要切割成毛坯后才能使用。单位产品B材料消耗定额为15千克,单位回收废料定额为0.4千克,B材料发料数量为317千克,应切割成毛坯数量20件。由于操作工方明技术不熟练,多留了边料,因此实际切割成毛坯数量19件,退回余料12千克,废料实际回收量为10千克,计划单价为4.50元。B材料计划单价为48元。

(3) 第三基本生产车间生产K产品领用C材料,其单位材料消耗定额为8千克,计划单价为45元。材料在开始生产时一次投入,K产品月初有在产品250件,本月完工800件,月末在产品经盘点实存350件。限额领料单中记录本月已领料7 150千克,车间月初余料为400千克,月末C材料经盘点实存500千克。

(4) 第三基本生产车间生产K产品耗用的C材料的材料成本差异率为-2.5%。

要求:

(1) 根据"资料(1)",用限额法计算原材料脱离定额差异。

(2) 根据"资料(2)",用切割核算法计算原材料脱离定额差异。

(3) 根据"资料(3)",用盘存法计算原材料脱离定额差异。

(4) 根据"资料(3)",计算的结果及"资料(4)"计算K产品应分配的材料成本差异。

3. 加工费用脱离定额差异的核算

隆昌工厂基本生产车间有关资料如下。

(1) 投产A产品1 000件,单位产品定额工时为7.5小时,计划该月完成产品的约当产量为800件,计划定额生产工人的人工费用为195 000元。生产A产品实际耗用工人工时5 700工时,实际发生生产工人人工费用为186 162元。

(2) 该月燃料及动力计划为35 040元,制造费用计划为97 080元,而实际发生燃料及动力为32 832元,制造费用为91 656元。

要求:

(1) 根据"资料(1)",分别计算工时效率人工费用差异、人工费用分配率差异和人工费用脱离定额差异。

(2) 根据"资料(2)"及"资料(1)",分别计算工时效率燃料及动力差异、燃料及动力分配率差异和燃料及动力脱离定额差异。

(3) 根据"资料(2)"及"资料(1)",分别计算工时效率制造费用差异、制造费用分配率差异和制造费用脱离定额差异。

4. 定额法的核算

华夏工厂生产B产品,该产品原材料在开始生产时一次投入。其他有关资料如下:

(1) 7月1日,有B在产品200件,加工程度为50%,其定额成本和脱离定额差异如表6-22所示。

表6-22

B在产品定额成本和脱离定额差异表

单位:元

项 目	直接材料	直接人工	燃料及动力	制造费用	合 计
定额成本	50 000	12 240	2 460	5 706	70 406
脱离定额差异	−500	−402	−88	−45	−1 035

由于原材料采购成本降低,B产品单位原材料定额成本由250元调整为240元,其他各成本项目的定额不变。

(2) 本月投产B产品900件,发生定额成本和脱离定额差异如表6-23所示。

表6-23

本月投产B产品定额成本和脱离定额差异表

单位:元

项 目	直接材料	直接人工	燃料及动力	制造费用	合 计
定额成本	216 000	110 160	22 140	51 354	399 654
脱离定额差异	−5 100	−3 736	−940	−474	−10 250

本月领用的原材料的成本差异率为−1.5%。

(3) 本月完工B产品800件,单位定额成本为444.06元,其中:直接材料为240元,直接人工为122.40元,燃料及动力为24.60元,制造费用为57.06元。

要求:

(1) 根据"资料(1)",计算月初B在产品定额变动差异。

(2) 根据"资料(1)"及"要求(1)"计算的结果,登记"基本生产成本——B产品"明细账。

(3) 根据"资料(2)",计算B产品应分配的材料成本差异。

(4) 根据"资料(2)"及"要求(3)"计算的结果,登记"基本生产成本——B产品"明细账,并根据登记的结果,计算脱离定额差异分配率。

(5) 根据"资料(3)"在"基本生产成本——B产品"明细账上计算完工产品定额成本、脱离定额差异和完工产品实际成本,并计算月末300件B在产品定额成本和脱离定额差异。

5. 联产品成本的计算

阜新工厂生产 A,B,C 三种联产品,12 月份有关资料如下。

(1) 本月份三种产品所归集的联合成本为 592 800 元,其中:直接材料 319 200 元,直接人工 159 800元,燃料及动力 33 600 元,制造费用 80 200 元。A 产品产量为 7 500 件、B 产品产量为 4 500件、C 产品产量为 3 000 件。

(2) A,B,C 三种联产品的单位售价分别为 54 元、48 元和 43 元。

(3) A,B,C 三种联产品在分离后,均还需要继续加工,A,B,C 三种产品发生的可归属成本分别为 67 175 元、24 350 元和 23 475 元。继续加工后,A,B,C 三种产品的单位售价分别为 66 元、56 元和 51 元。

要求:

(1) 根据"资料(1)",用实物量分配法分配 A,B,C 三种联产品成本。

(2) 根据"资料(1)""资料(2)",用相对销售价格分配法分配 A,B,C 三种联产品成本。

(3) 根据"资料(1)""资料(2)""资料(3)",用净实现价值分配法分配 A,B,C 三种联产品成本。

6. 副产品和等级品的计算

通达工厂 12 月份发生下列有关的经济业务。

(1) 第一基本生产车间在生产 A,B 两种联产品时,附带生产出 C 副产品。该车间 12 月份共发生联合成本 620 000 元,其中:直接材料 332 320 元,直接人工 168 640 元,燃料及动力 35 340 元,制造费用 83 700 元。C 副产品产量为 1 000 千克,单位售价 19.20 元,税金及附加 40 元,销售费用 1 160 元。

(2) 第二基本生产车间生产 D 产品 20 000 件,其中:一级品 12 000 件,二级品 6 000 件,三级品 2 000件,D 产品共发生联合成本 360 000 元。

(3) D 产品的一级品、二级品和三级品的单位售价分别为 24 元、21 元和 18 元。

要求:

(1) 根据"资料(1)",以副产品的销售价格为依据,计算 C 副产品总成本,并按联合成本费用项目比重计算分离 C 副产品成本,确定主产品成本。

(2) 根据"资料(2)",按实物数量分配法计算 D 产品一级、二级、三级品的成本。

(3) 根据"资料(2)""资料(3)",按系数分配法计算 D 产品一级、二级、三级品的成本。

第七章　其他行业成本的核算

第一节　施工企业成本的核算

一、施工企业概述

（一）施工企业的产品

施工企业又称建筑安装公司，是指从事建筑工程和设备安装工程的生产企业。

施工企业的产品按其性质不同，可分为建筑工程和设备安装工程两类。

施工企业的建筑工程主要有如下内容。① 各种房屋，如厂房、商厦、宾馆、医院、学校、仓库、住宅等；各种建筑物，如瞭望塔、烟囱、水塔、水池等建造工程。② 各种管道，如输油、输气、给水、排水等管道；电力、电讯、电缆导线的敷设工程。③ 设备的基础、支柱、工作台、梯子等建筑工程；炼铁炉、炼焦炉、蒸汽炉等各种窑炉的砌筑工程。④ 工程地质勘探、拆除旧建筑物、平整土地以及建筑场地完工后的清理、绿化等工程。⑤ 矿井开凿、露天矿剥离工程；石油、天然气钻井等工程；铁路、公路、机场、桥梁等工程。⑥ 水利工程，如水库、堤坝、灌渠等工程。⑦ 地下建筑工程，如地铁、地下商场等。

施工企业的设备安装工程主要有如下内容。① 生产、动力、起重、运输、传动和医疗、实验等单位各种需要安装设备的装配、装置工程；与设备相连的工作台、梯子、栏杆的装设工程。② 为测定安装工程质量，对单体设备、系统设备进行单机试运和系统联动无负荷试运工作。

（二）施工企业生产经营的特点

由于施工企业是依据建造合同为客户进行工程施工的，因此，其生产经营活动与工业企业的生产经营活动相比，具有显著的特点。

1. 从施工企业施工的过程和结果看　　施工企业具有以下四个特点。

（1）施工企业施工的过程具有流动性　　施工企业所承接的每一建筑工程、安装工程必须在客户指定的地点进行施工，因此其产品具有固定性，而施工企业必须随着承包工程所在地点的转移而转移，使得建筑安装人员和施工机械设备都必须在各个工地上流动。由于建筑、安装工程的施工活动分散在各个工地上进行，就需要合理安排施工人员，充分调动他们的积极性，重视施工机械设备和材料的管理。

（2）施工企业施工的产品具有单件性　　施工企业承接的每一建筑工程、安装工程都有独特的形式、结构和质量要求，需要单独设计图纸，采用不同施工方法和施工组织。即使采用相同的标准设计，但由于建造地点的地形、地质、水文和气候等自然条件的不同,交通运输、原材料和设备供应等资源条件和人文风俗习惯等社会条件的不同,所以,施工企业在施工过程中,也往往需要对设计图纸及施工方法和施工组织作适当的变更,建筑、安装工程的多样性,使得施工产品具有单件性的特点。

(3) 施工企业的施工过程受气候条件的影响大 施工企业承接的建筑、安装工程主要在露天施工,往往有高空、地下、水下作业,因此受到气候条件的影响较大。气候变化直接造成了施工企业的施工活动在各月份的分布不均衡,在冬季寒冷、夏季高温和雨季完成的工程数量较少。由于建筑、安装工程在露天进行,使得施工的机械设备等经常露天存放,受自然力侵蚀而造成的自然损耗较大。

(4) 施工企业的施工周期长 这是施工企业区别于一般工业企业和劳务性企业的显著特点。施工企业承接的建筑、安装工程通常规模较大,由于工程的位置固定在指定的地点,使施工生产只能局限于一定的工作场所,按照一定的施工顺序进行作业,并且施工生产往往会受各种气候条件的影响,因此施工周期较长,工程的开工和完工日期往往分属不同的会计年度,有的甚至长达数年。

2. 从施工企业的经营过程看 施工企业与客户签订建造合同,并依据建造合同施工是施工企业市场经济环境下经营的一个突出特点。

建造合同是指为建造一项或数项在设计、技术、功能、最终用途等方面密切相关的资产而订立的合同。建造合同的主要特点如下。① 先有买主、业主(即客户),后有标底(即资产);建造资产的造价在签订合同时已经确定。② 资产的建设期长,一般都要跨越一个会计年度,有的长达数年。③ 所建造的资产体积大,造价高。④ 建造合同一般为不可取销的合同。

二、施工企业成本核算的特点

施工企业生产经营的特点对施工企业成本核算的影响,主要体现在对成本核算对象的确定、成本计算期的划分、成本核算账户的设置、成本核算程序等几个方面。

(一) 成本核算对象

成本核算对象是指在成本核算时,选择的归集施工生产费用的目标。合理地确定成本核算对象,是正确组织成本核算的前提。由于施工企业是通过与客户签订建造合同而承接工程的,因此,企业要根据签订的建造合同的具体情况,确定成本核算对象,届时有以下四种情况。

1. 以单项建造合同工程作为成本核算对象 施工企业通常应当按照单项建造合同工程作为成本核算对象来归集施工生产费用,计算工程成本。因为施工图预算是按照单项建造合同工程编制的,所以按单项建造合同工程核算的实际成本,便于与其预算成本相比较,检查工程预算的执行情况,分析和考核成本节约或超支的情况。

2. 以每个工程作为成本核算对象 施工企业签订的一项包括建造数项工程的建造合同,并同时满足下列三个条件的,届时应以每项工程作为成本核算对象。① 每项工程均有独立的建造计划。②与客户就每项工程单独进行谈判,双方能够接受或拒绝与每项工程有关的合同条款。③每项工程的收入和成本都可以单独辨认。

3. 以一组建造合同工程作为成本核算对象 施工企业签订了一组建造工程合同,该组合同无论对应单个客户还是多个客户,应同时满足下列三个条件的,届时应当将该组建造合同合并为单项建造合同工程,并以此作为成本核算对象。①该组建造合同按一揽子交易签订。②该组建造合同密切相关,每项建造合同实际上已构成一项综合利润率的组成部分。③该组建造合同同时或依次履行。

4. 以部分工程作为成本核算对象 一个工程由多个承包施工单位共同完成的,各个承包施工单位应当以各自完成的部分工程作为成本核算对象。

（二）成本计算期

施工企业通常以单项建造合同作为成本核算对象,具有类似于工业企业分批法的特点,因而施工企业理应和工业企业一样,其成本计算期与施工周期相一致。但是,工业企业在采用分批法计算产品成本时,往往生产批量不大,生产周期也较短,而施工企业工程规模较大,施工周期较长,跨年度进行施工是常态。因此,一方面,为了准确归集核算某一成本核算对象的工程施工成本,为各工程成本的比较分析提供基础数据,保持成本计算期与施工周期的一致性是必要的。即依据单项建造合同设置"工程施工"明细账,从该项工程开工之日起就依据有关原始凭证进行相关成本的归集与计算,直到该项工程完工时才计算其工程总成本并结清其工程施工明细账。另一方面,为了及时进行工程价款结算,并按照权责发生制、收入与费用相配比的要求,分期确认合同收入和合同费用,准确计算各期利润,真实反映施工企业各会计年度的财务状况和经营成果。对跨年度的建造工程,施工企业应在资产负债表日,若合同结果能够可靠估计的,根据完工百分比法确认合同收入和合同费用,并进行相应的会计处理。

（三）施工企业成本核算账户的设置

为了适应施工企业成本计算期的特殊性,完成特定的成本核算程序,准确归集工程施工过程发生的施工费用,计算工程施工成本,施工企业一般应设置"工程施工""机械作业""辅助生产成本""工程结算""主营业务成本"等成本核算账户。

1. "工程施工"账户 该账户是成本类账户,用以核算施工企业实际发生的合同成本和合同毛利。企业在施工过程中实际发生的合同成本和确认的合同毛利时,记入借方;施工工程完工建造合同完成后,将本账户余额与相关工程合同的"工程结算"账户余额对冲时,记入贷方;对冲后已无余额,在对冲前,期末余额在借方,表示企业尚未完工工程的建造合同成本和合同毛利。

"工程施工"账户可按建造合同分设"合同成本""间接费用"和"合同毛利"三个明细账。"合同成本"明细账内应按成本项目分设专栏进行核算。施工企业的成本项目有以下五个。

(1) 材料费　　它是指在施工生产过程中耗费的构成工程实体或有助于工程形成的主要材料、结构件、其他材料的实际成本和周转材料的摊销额及租赁费用。

(2) 人工费　　它是指在施工过程中,直接从事建造工程施工人员的工资、奖金、津贴和补贴以及计提的各种其他人工费用。

(3) 机械使用费　　它是指在施工生产过程中使用自有施工机械发生的机械使用费和租用外单位的施工机械发生的租赁费,以及施工机械安装、拆卸和进出场费。

(4) 其他直接费　　它是指在施工生产过程中直接发生的,但不包括在材料费、人工费、机械使用费等项目中的其他直接施工费用,如材料二次搬运费、生产工具和用具使用费、施工排水、降水费、检验试验费、工程定位复测费、场地清理费等。

(5) 间接费用　　它是指施工管理部门(即企业下属的分公司、项目工程部等)为组织和管理工程施工所发生的各项费用。它包括施工管理部门人员的职工薪酬,固定资产折旧费和修理费、临时设施摊销费、物料消耗、低值易耗品摊销、取暖费、水电费、办公费、差旅费、财产保险费、工程保险费、劳动保护费、排污费及其他费用。

2."机械作业"账户　　该账户是成本类账户,用以核算施工企业及其内部独立核算的施工单位、机械站和运输队使用自有施工机械和运输设备进行机械化施工和运输作业所发生的各项费用。该账户应按施工机械或运输设备的种类确定成本核算对象,并设置人工费、燃料及动力费、折旧及修理费、其他直接费、间接费用(为组织和管理机械作业生产所发生的费用)五个成本项目。当企业发生机械作业和运输作业支出时,记入借方;月末,企业将借方归集的作业成本结转各受益工程成本时,记入贷方;结转后应无余额。

3."辅助生产成本"账户　　该账户是成本计算账户,用以核算施工企业非独立核算的辅助生产部门为本企业制造工程施工的生产材料、工具和提供劳务所发生的各项费用。企业发生辅助生产费用时,记入借方;企业按受益对象分配或结转完工材料、工具等成本时,记入贷方;期末余额在借方,表示辅助生产部门在产品和未完劳务的成本。

4."工程结算"账户　　该账户是成本类账户,也是"工程施工"账户的抵减账户。用以核算施工企业根据建造合同的约定,向客户办理工程价款结算的累计金额。企业根据合同完工进度向客户办理工程价款结算时,记入贷方;建造合同工程完工时,将其余额与相关的工程施工合同的"工程施工"账户对冲时,记入借方;与"工程施工"账户对冲前,期末余额在贷方,表示企业尚未完工的建造合同工程已办理结算的累计金额;对冲后则无余额。本账户应按"工程施工"账户相对应的成本核算对象设置明细账进行明细核算。

5."主营业务成本"账户　　该账户是损益类账户,用以核算施工企业已确认并计入当期损益的施工成本。在工程完工或资产负债表日按完工百分比法确认应计入当期损益的建造工程的实际成本时,记入借方;期末结转"本年利润"账户时,记入贷方。

（四）施工企业的成本核算程序

施工企业的成本核算程序是指施工企业具体组织工程成本核算的步骤。

施工企业的成本核算程序如图7-1所示。

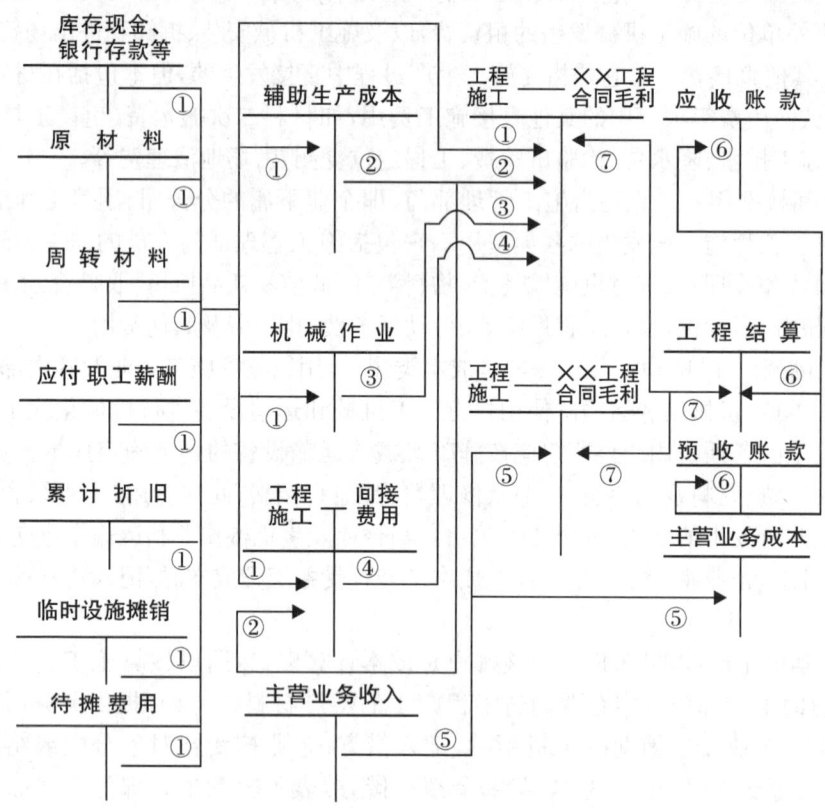

图7-1 施工企业成本计算程序图

说明：

① 归集本月发生的各项施工生产费用。

② 按各受益对象分配辅助生产费用。

③ 按各受益对象分配机械使用费。

④ 按各受益对象分配工程施工间接费用。

⑤ 资产负债表日采用完工百分比法确认合同收入、合同毛利和合同费用。

⑥ 按建造合同的约定向客户办理工程价款结算。

⑦ 工程完工,验收合格,将"工程施工"和"工程结算"两账户对冲结平。

三、施工工程成本的核算

(一) 材料费用的归集与分配

施工企业所耗用的材料包括原材料和周转材料。原材料是指企业用于生产施工的各种材料。它又可分为主要材料、结构件、机械零配件和其他材料四类。周转材料是指在施工生产中能够多次周转使用,仍保持其原有的实物形态,并逐渐转移其价值的工具性材料,如模板、挡板、架料和其他周转材料等。由于施工企业的材料品种规格繁多,材料费在工程成本中占有很大比重,因此,施工企业应加强材料的管理与核算,对于降低工程成本、提高经济效益具有重要的意义。施工企业财会部门对于材料费用的核算是根据材料保管部门定期提供的"领料单""定额领料单""大堆材料耗用计算单""退料单"等原始凭证进行审核后,编制耗用材料费用汇总表,将材料费用分配给不同的受益对象,以便按各受益对象进行归集。

对于领用的材料能够点清数量、分清用料对象的,按成本核算对象填制领料凭证,并直接计入各受益对象。

对于领用的大堆材料,如黄沙、石子、砖、瓦等,因同一大堆材料,往往有几个成本核算对象共同耗用,并使用次数频繁,难以在领用时逐一点数计量。因此通常在月末采用实地盘点法,盘点结存数量,倒挤出本月耗用数量。其计算公式如下:

$$本月实际耗用数量 = 期初结存数量 + 本期收入数量 - 月末盘存数量$$

然后以各成本核算对象的定额耗用量为分配标准,分配计算出各成本核算对象的实际耗用量和耗用额。其计算公式如下:

$$\frac{本月某大堆材料全}{体工程定额耗用量} = \Sigma \left(本月某项工程 \times \frac{该大堆材料单位}{工程量消耗定额} \right)$$

$$\frac{某大堆材}{料分配率} = \frac{本月该大堆材料实际耗用量}{本月该大堆材料全体工程定额耗用量}$$

$$\frac{某项工程}{实际耗用量} = \frac{该项工程某大堆}{材料定额耗用量} \times \frac{该大堆材}{料分配率}$$

$$某项工程实际耗用额 = 该项工程实际耗用量 \times 计划单价(或实际单价)$$

在实际工作中,施工企业通常采用大堆材料耗用量计算单予以分配,计入各项工程的成本,其格式如表 7-1 所示。

【例 7-1】 南通建筑公司承建沪光房地产公司商品房和商务楼两个单项建筑工程,签订两个单项建筑工程合同,并以这两个单项建筑工程合同为成本核算对象。两项建筑工程的开工日期、竣工日期以及期初余额等基础资料见表 7-8 和表 7-9 以及"四、建造合同收入和建造合同费用的确认"部分的相关例题。2020 年 12 月份,大堆材料黄沙和石子的基础资料如下:黄沙月初结存 238 吨,本月收入 374 吨,月末盘点实存 269 吨;石子月初结存 265 吨,本月收入 452 吨,月末盘点实存 227 吨。商品房建筑工程根据12月份完成的工程量计算出本月黄沙定额耗用量为210吨,石子定额耗用量为300吨。商务楼建筑工程根据本月完成的工程量计算出本月黄沙定额耗用量为140吨、石子定额耗用量为200吨。黄沙和石子的计划单价分别为70元和72元。计算本月两项建筑工程大堆材料黄沙和石子的实际耗用额如表7-1所示。

表7-1

大堆材料耗用计算单

2020年12月31日

数量单位:吨
金额单位:元

材料编号	材料名称	规格	计量单位	期初盘存量	本期收入数量	期末盘存量	本期实际耗用量	本期定额耗用量	分配率
(1)	(2)	(3)	(4)	(5)	(6)	(7)	(8)=(5)+(6)−(7)	(9)	(10)=$\frac{(8)}{(9)}$
1 311	黄沙	中粗	吨	238	374	269	343	350	0.98
1 321	石子	10～30	吨	265	452	227	490	500	0.98

材料名称	黄 沙				石 子				实际耗用额合计
计划单价	70元/吨				72元/吨				
工程名称	定额耗用量	分配率	实际耗用量	实际耗用额	定额耗用量	分配率	实际耗用量	实际耗用额	
(1)	(2)	(3)	(4)=(2)×(3)	(5)=4×计划单价	(6)	(7)	(8)=(6)×(7)	(9)=(8)×计划单价	(10)=(5)+(9)
商品房建筑工程	210	0.98	205.80	14 406	300	0.98	294	21 168	35 574
商务楼建筑工程	140	0.98	137.20	9 604	200	0.98	196	14 412	23 716
合 计	350	0.98	343.00	24 010	500	0.98	490	35 280	59 290

对于使用的周转材料,如安全网、模板、挡板、脚手架等,由于施工企业在建筑安装过程中能够多次使用,因此可根据使用周转材料的具体情况,采取不同的摊销方法分配计入各受益对象。对于价值低、易损耗的周转材料,采用一次摊销法于领用时一次计入成本、费用;对于价值高、使用寿命较长的周转材料,采用五五摊销法在领用和报废时摊入成本、费用。

在分配各项材料费用时,倘若材料是按计划成本计价的,还应计算材料成本差异,将已耗费材料的计划成本调整为实际成本。

企业在施工过程中耗用的各种不同材料,在采用不同的方法归集分配给各受益对象之后,应根据各种领料凭证及有关材料耗用计算单编制耗用材料汇总表,以确定各受益对象应分配的材料费总额。

【例7-2】 续[例7-1],南通建筑公司原材料成本差异率为-1%,周转材料采用一次摊销法,其成本差异率为2%。根据12月份领料凭证及有关材料耗用计算单,编制耗用材料汇总表如表7-2所示。

表7-2

耗用材料汇总表

2020年12月31日   单位:元

领料部门	原材料			周转材料摊销	材料成本差异			实际耗用金额
	直接计入	分配计入	合计		库存材料	周转材料	合计	
商品房建筑工程	435 426	35 574	471 000	9 000	-4 710	180	-4 530	475 470
商务楼建筑工程	288 284	23 716	312 000	6 000	-3 120	120	-3 000	315 000
机械作业部门	12 000		12 000		-120		-120	11 880
辅助生产部门	9 800		9 800		-98		-98	9 702
施工管理部门	4 800		4 800		-48		-48	4 752
合 计	750 310	59 290	809 600	15 000	-8 096	300	-7 796	816 804

(1) 根据耗用材料汇总表列示耗用的原材料,进行财务处理。作分录如下:

借:工程施工——商品房建筑工程合同成本——材料费　　　　471 000.00
　　工程施工——商务楼建筑工程合同成本——材料费　　　　312 000.00
　　机械作业　　　　　　　　　　　　　　　　　　　　　　 12 000.00
　　辅助生产成本　　　　　　　　　　　　　　　　　　　　　9 800.00
　　工程施工——间接费用　　　　　　　　　　　　　　　　　4 800.00
　　贷:原材料　　　　　　　　　　　　　　　　　　　　　　809 600.00

(2) 根据耗用材料汇总表列示的原材料成本差异,进行账务处理。作分录如下:

借:材料成本差异——原材料　　　　　　　　　　　　　　　 8 096.00
　　贷:工程施工——商品房建筑工程合同成本——材料费　　　4 710.00
　　　　工程施工——商务楼建筑工程合同成本——材料费　　　3 120.00
　　　　机械作业　　　　　　　　　　　　　　　　　　　　　 120.00
　　　　辅助生产成本　　　　　　　　　　　　　　　　　　　 98.00
　　　　工程施工——间接费用　　　　　　　　　　　　　　　 48.00

(3) 根据耗用材料汇总表列示的周转材料摊销额及其成本差异,进行账务处理。

作分录如下：

  借：工程施工——商品房建筑工程合同成本——材料费   9 180.00
    工程施工——商务楼建筑工程合同成本——材料费   6 120.00
   贷：周转材料——周转材料摊销   15 000.00
     材料成本差异——周转材料   300.00

（二）人工费的归集和分配

施工企业的人工费包括支付给职工的计时工资、计件工资、奖金、津贴和补贴以及计提的职工福利费、社会保险费、工会经费、职工教育经费和住房公积金等其他人工费用。施工企业的人工费应按职工的工作部门和服务对象进行分配。直接从事建筑、安装工程施工的工人及现场从事运料、配料等辅助工人的人工费用，应列入"工程施工——××工程合同成本"账户的"人工费"成本项目；机械设备的操作员、驾驶员及其管理人员的人工费用应列入"机械作业"账户所属的明细账的"人工费"成本项目，辅助生产部门各类人员的人工费应列入"辅助生产成本"账户所属的明细账的"人工费"成本项目；施工部门管理人员的人工费用应列入"工程施工——间接费用"账户；施工企业行政管理人员的人工费用，应列入"管理费用"账户。

实行计件工资制的施工企业，或者虽实行计件工资制但建筑工人单独从事某项建造合同施工的情况下，所发生的建筑工人的人工费用应当直接记入"工程施工——××工程"账户的"人工费"成本项目。

若施工企业实行计时工资制，且建筑工人在一定会计期间同时为多项建造合同工程服务，从而所发生的工资费用无法直接记入"工程施工"账户所属的各明细账"人工费"成本项目。在这种情况下，可按实际工时（工日）或定额工时（工日）数为标准分配计入各成本核算对象。其计算公式如下：

$$\text{平均工资费用率} = \frac{\text{月份内该施工单位建筑、安装工人薪酬总额}}{\text{月份内该施工单位建筑、安装作业工时总和}}$$

$$\text{某项工程应分配的工资费用} = \text{该项工程实际作业工时} \times \text{平均工资费用率}$$

【例7-3】 续［例7-2］，南通建筑公司实行计时工资制，建筑工人由工程部在两项建筑工程间统一调配。12月份发放职工薪酬279 600元，其中：直接从事建筑工程施工工人薪酬为234 000元，机械作业人员薪酬为17 600元，辅助生产部门人员薪酬为13 200元，施工管理人员薪酬为14 800元，工时汇总表显示该公司施工工人为商品房建筑工程作业4 320工时，为商务楼建筑工程作业2 880工时。根据上述资料，分配各类人员的工资费用如下。

（1）计算分配建筑施工工人的工资费用。

$$\text{平均工资费用率} = \frac{234\ 000}{4\ 320 + 2\ 880} = 32.5$$

商品房建筑工程应分配的工资费用 = 4 320×32.5 = 140 400(元)

商务楼建筑工程应分配的工资费用 = 2 880×32.5 = 93 600(元)

(2) 分配本月份工资费用。作分录如下:

借: 工程施工——商品房建筑工程合同成本——人工费　　140 400.00
　　工程施工——办公楼建筑工程合同成本——人工费　　 93 600.00
　　机械作业　　　　　　　　　　　　　　　　　　　　 17 600.00
　　辅助生产成本　　　　　　　　　　　　　　　　　　 13 200.00
　　工程施工——间接费用　　　　　　　　　　　　　　 14 800.00
　　贷: 应付职工薪酬——工资　　　　　　　　　　　　279 600.00

【例 7-4】 续[例 7-3],南通建筑公司根据工资费用分配的结果,编制其他人工费用计算分配表如表 7-3 所示。

表 7-3

其他人工费用计算分配表

2020 年 12 月 31 日　　　　　　　　　　　　　　　　　　　单位:元

受益对象	工资总额	职工福利费		工会经费		职工教育经费	
		提取率	提取额	提取率	提取额	提取率	提取额
商品房建筑工程	140 400	14%	19 656	2%	2 808	1.5%	2 106
商务楼建筑工程	93 600	14%	13 104	2%	1 872	1.5%	1 404
机械作业部门	17 600	14%	2 464	2%	352	1.5%	264
辅助生产部门	13 200	14%	1 848	2%	264	1.5%	198
施工管理部门	14 800	14%	2 072	2%	296	1.5%	222
合　计	279 600		39 144		5 592		4 194

受益对象	社会保险费					住房公积金		合计
	养老保险费		失业保险费		合计	提取率	提取额	
	提取率	提取额	提取率	提取额				
商品房建筑工程	20%	28 080	1%	1 404	29 484	7%	9 828	63 882
商务楼建筑工程	20%	18 720	1%	936	19 656	7%	6 552	42 588
机械作业部门	20%	3 520	1%	176	3 696	7%	1 232	8 008
辅助生产部门	20%	2 640	1%	132	2 772	7%	924	6 006
施工管理部门	20%	2 960	1%	148	3 108	7%	1 036	6 734
合　计		55 920		2 796	58 716		19 572	127 218

根据其他人工费用计算分配表,作分录如下:

借:工程施工——商品房建筑工程合同成本——人工费		63 882.00
工程施工——商务楼建筑工程合同成本——人工费		42 588.00
机械作业		8 008.00
辅助生产成本		6 006.00
工程施工——间接费用		6 734.00
贷:应付职工薪酬——职工福利		39 144.00
应付职工薪酬——工会经费		5 592.00
应付职工薪酬——职工教育经费		4 194.00
应付职工薪酬——社会保险费		58 716.00
应付职工薪酬——住房公积金		19 572.00

（三）机械使用费的归集和分配

机械使用费是指施工企业在机械化施工过程中使用施工机械和运输设备所发生的各项费用。它包括施工企业在建筑工程和安装工程中使用自有施工和运输机械设备所发生的各种使用费和使用租入施工机械和运输设备发生的租赁费。

1. 自有施工机械使用费的归集与分配　　自有施工机械使用费包括施工机械和运输设备操作和驾驶人员的人工费、施工机械和运输设备耗用的各种燃料、动力、材料费用等，施工机械和运输设备的折旧费、修理费，以及替换工具和部件（如轮胎、钢丝绳等）的费用；施工机械和运输设备所耗用的润滑及擦拭材料费用以及预算定额所规定的费用，如养路费、过渡费、施工机械的搬运、安装、拆卸和辅助设施费等；机械作业部门为组织和管理机械施工和运输作业所发生的各项费用。

施工企业发生的自有施工机械使用费应先通过"机械作业"账户归集。"机械作业"账户应按机械类别或单机分设明细账，分别归集各类或各台自有施工机械使用费。

施工企业月末应根据成本核算对象的受益程度，采用一定的方法进行分配。通常采用以下三种分配方法。

（1）台班分配法　　它是指以工程成本核算对象实际使用施工机械的台班数进行分配的方法。其计算公式如下：

$$某种机械台班使用费分配率=\frac{该种机械本月实际发生使用费}{该种机械本月实际工作台班数}$$

$$某受益对象应分配的某种机械使用费=受益对象实际使用该种机械台班数 \times 该种机械台班使用费分配率$$

（2）作业量分配法　　它是指以施工机械为各工程成本核算对象实际完成的作业量为基础进行分配的方法。其计算公式如下：

$$某种机械作业量分配率=\frac{该种机械本月实际发生的使用费}{该种机械本月实际完成的作业量}$$

$$某受益对象应分配的某种机械使用费=某种机械为该受益对象提供的作业量 \times 该种机械作业量分配率$$

【例7-5】 续[例7-4]。南通建筑公司自有塔吊、挖掘机和混凝土搅拌机,12月份"机械作业"总账归集的自有施工机械使用费为93 512元,其中所属的三个明细账"塔吊""挖掘机""混凝土搅拌机"归集的各台自有施工机械使用费分别为20 790元、46 982元、25 740元。根据台时、作业量等统计记录,塔吊、挖掘机和混凝土搅拌机为商品房建筑工程和商务楼建筑工程提供服务的有关数据如表7-4所示。

表7-4

施工机械使用月报表
2020年12月31日

受益对象	机械名称	塔吊	挖掘机	混凝土搅拌机
	分配标准	实际台班(台班)	作业量(立方米)	作业量(立方米)
商品房建筑工程		24	1 127.20	1 000
商务楼建筑工程		18	752.08	716
合 计		42	1 879.28	1 716

根据施工机械使用月报表和"机械作业"明细账的有关资料,计算各种施工机械使用费分配率,并据以编制机械使用费分配表如表7-5所示。

$$\text{塔吊实际台班分配率} = \frac{20\,790}{24+18} = 495(\text{元}/\text{台班})$$

$$\text{挖掘机作业量分配率} = \frac{46\,982}{1\,127.20+752.08} = 25(\text{元}/\text{立方米})$$

$$\text{混凝土搅拌机作业量分配率} = \frac{25\,740}{1\,000+716} = 15(\text{元}/\text{立方米})$$

表7-5

机械使用费分配表
2020年12月31日   金额单位:元

受益对象	机械名称	塔吊			挖掘机			混凝土搅拌机			合计
	分配标准及分配额	实际台班(台班)	分配率(元/台班)	分配额	作业量(立方米)	分配率(元/立方米)	分配额	作业量(立方米)	分配率(元/立方米)	分配额	
工程施工——商品房建筑工程		24	495	11 880	1 127.20	25	28 180	1 000	15	15 000	55 060
工程施工——商务楼建筑工程		18	495	8 910	752.08	25	18 802	716	15	10 740	38 452
合 计		42	495	20 790	1 879.28	25	46 982	1 716	15	25 740	93 512

根据机械使用费分配表,作分录如下:

借:工程施工——商品房建筑工程合同成本——机械使用费　　55 060.00
　　工程施工——商务楼建筑工程合同成本——机械使用费　　38 452.00
　　　机械作业　　　　　　　　　　　　　　　　　　　　　　　93 512.00

(3) 预算分配法　它是指以实际发生的机械使用费占预算成本的比率进行分配的方法。其计算公式如下:

$$某种机械使用费分配率=\frac{该种机械实际发生的使用费}{全部受益成本核算对象的机械使用费预算成本}$$

$$某受益对象应分配的机械使用费=该受益对象的机械使用费预算成本 \times 该种机械使用费分配率$$

【例 7-6】　崇明建筑公司"机械作业——混凝土搅拌机"明细账户归集了机械使用费为 18 810 元,各工程的机械使用费的预算成本为 19 800 元,其中:商品房工程为 10 800 元,安居房工程为 9 000 元。用预算分配法分配计算机械使用费如下:

$$混凝土搅拌机分配率=\frac{18\ 800}{19\ 800}=0.95$$

商品房工程应分配混凝土搅拌机使用费=10 800×0.95=10 260(元)
安居房工程应分配混凝土搅拌机使用费=9 000×0.95=8 550(元)

2. 租入施工机械租赁费的归集与分配　施工企业从市场或企业内部实行独立核算的施工单位机械站和运输队租入施工机械、运输设备时,应分清是经营租赁还是融资租赁。在经营租赁的情况下,由于由出租企业直接承担各项使用费,施工企业只根据租赁合同按期支付租赁费,因此,其支付的施工机械、运输设备的租赁费,凡是能分清各受益对象的,直接记入"工程施工"各明细账的"机械使用费"成本项目;凡是为各受益对象共同发生的,先采用台班分配法或作业量分配法分配给各受益对象,其分配额记入"工程施工"各明细账的"机械使用费"成本项目。经营租赁租入的施工机械、运输设备的租赁费不通过"机械作业"账户归集。融资租赁的施工机械、运输设备,在使用过程中发生的各项使用费与自有施工机械、运输设备的使用费的核算办法相同,不再重述。

(四) 其他直接费的归集和分配

其他直接费主要包括施工过程中耗用的水、电、气费,冬雨季施工费,夜间施工增加费,因场地狭小等原因而发生的材料两次搬运费,土方运输费,流动施工津贴,生产工具用具使用费,检验试验费,工程定位复测费,工程点交费和场地清理费等。

其他直接费可根据不同的情况进行不同的账务处理。施工企业在施工现场耗用的水、电、风、汽和运输等作业,如果由其他企业或企业所属内部独立核算的单位供应,且能分清各受益对象的,可根据有关原始凭证中记载的实际结算金额直接记入"工程施工"总账借方及所属各明细账户"其他直接费"成本项目。对于若干项工程共同耗用的其他直接费用,如临时设施折旧费、场地清理费等,先按定额或实际耗用量等标准进行分配,然后将分配的金额列入"工程施工"各明细账的"其他直接费"成本项目中。

【例 7-7】 续[例 7-5],南通建筑公司 12 月份收到的电力公司账单开列用电 20 750 度,单价 0.64 元/度,计电费 13 280 元;自来水公司账单开列用水 6 000 立方米,单价 1.8 元/立方米,计水费 10 800 元;运输公司账单开列运输土方 7 367 吨/千米,单价 4 元/吨千米,计运输费 29 468 元。这三项费用均为施工现场直接耗用。电表显示,商品房建筑工程耗电 11 825 度,商务楼建筑工程耗电 8 925 度;水表显示,商品房建造工程耗水 3 600 立方米,商务楼建筑工程耗水 2 400 立方米;运输记录反映运输商品房建筑工程土方 4 785 吨/千米,运输商务楼建筑工程土方 2 582 吨/千米。根据各工程受益程度分配其他直接费如表 7-6 所示。

表 7-6

其他直接费分配表

2020 年 12 月 31 日　　　　　　　　　　　　　金额单位:元

受益对象	电费			水费			运输费			合计
	用电量(度)	单价(元/度)	分配额	用水量(立方米)	单价(元/立方米)	分配额	作业量(吨/千米)	单价(元/吨千米)	分配额	
商品房建筑工程	11 825	0.64	7 568	3 600	1.80	6 480	4 785	4.00	19 140	33 188
商务楼建筑工程	8 925	0.64	5 712	2 400	1.80	4 320	2 582	4.00	10 328	20 360
合计	20 750	0.64	13 280	6 000	1.80	10 800	7 367	4.00	29 468	53 548

根据其他直接费分配表,作分录如下:

　　借:工程施工——商品房建筑工程合同成本——其他直接费　　33 188.00
　　　　工程施工——商务楼建筑工程合同成本——其他直接费　　20 360.00
　　　　贷:应付账款　　　　　　　　　　　　　　　　　　　　53 548.00

施工企业在施工现场耗用的水、电、气和运输作业,若由企业所属辅助生产部门供应的,在这些费用发生时,记入"辅助生产成本"总账的借方及其所属的明细账中,月末按一定的分配标准分配记入"工程施工"总账的借方及其所属各明细账"其他直接费"成本项目中,同时记入"辅助生产成本"账户的贷方。

(五)间接费用的归集和分配

间接费用是指施工企业各施工管理部门(分公司、项目工程部等)为组织和管理工程施工所发生的费用,它包括施工管理部门管理人员的薪酬、固定资产折旧费、修理费、工具用具使用费、办公费、差旅费、劳动保护费和其他间接费用。为了简化核算手续,在"工程施工"总账账户下设置"间接费用"二级账户。当发生间接费用时,可根据耗用材料汇总表、工资结算汇总表、其他人工费用计算分配表、待摊费用、辅助生产费用等费用分配表及相关原始凭证先在"工程施工——间接费用"账户进行归集,月末再采用一定的方法进行分配。间接费用的分配方法有以下三种。

1. **直接费用比例分配法** 它是指以各成本核算对象发生的直接费用为标准来分配间接费用的方法,其计算公式如下:

$$间接费用分配率=\frac{当期发生的全部间接费用}{当期各项工程发生的直接费用总额}$$

$$某项工程应分配间接费用=该项工程发生的直接费用\times间接费用分配率$$

直接费用由该工程发生的材料费、人工费、机械使用费和其他直接费构成。

【例 7-8】 续[例 7-7],南通建筑公司第一项目工程部 12 月份"工程施工——间接费用"账户归集的间接费用为 51 120 元,商品房建筑工程发生材料费 475 470 元,人工费 204 282 元,机械使用费 55 060 元,其他直接费 33 188 元;商务楼建筑工程发生材料费 315 000 元,人工费 136 188 元,机械使用费 38 452 元,其他直接费 20 360 元,用直接费用比例分配法计算工程间接费用分配率,并编制间接费用分配表如表 7-7 所示。

$$商品房建筑工程直接费用=475\ 470+204\ 282+55\ 060+33\ 188=768\ 000(元)$$

$$商务楼建筑工程直接费用=315\ 000+136\ 188+38\ 452+20\ 360=510\ 000(元)$$

$$工程间接费用分配率=\frac{51\ 120}{768\ 000+510\ 000}=0.04$$

表 7-7

间接费用分配表

施工部门:第一项目工程部　　　　2020 年 12 月 31 日　　　　　　　　金额单位:元

受益对象	直接费用	间接费用分配率	分配金额
商品房建筑工程	768 000	0.04	30 720
商务楼建筑工程	510 000	0.04	20 400
合　　计	1 278 000	0.04	51 120

根据分配的结果,作分录如下:

借:工程施工——商品房建筑工程合同成本——间接费用　　　30 720.00
　　工程施工——商务楼建筑工程合同成本——间接费用　　　20 400.00
　　贷:工程施工——间接费用　　　　　　　　　　　　　　　　51 120.00

通常情况下,建筑工程的间接费用采用直接费用比例分配法。

2. 人工费比例分配法

它是指以各成本核算对象发生的人工费为标准来分配间接费用的方法。其计算公式如下：

$$间接费用分配率=\frac{当期发生的全部间接费用}{当期各项工程发生的人工费总额}$$

某项工程应分配间接费用＝该项工程发生的人工费×间接费用分配率

【例 7-9】 南通建筑公司第一项目工程部 8 月份归集的间接费用为 41 760 元，其中：305 安装工程发生人工费 172 000 元，306 安装工程发生人工费 116 000 元，用人工费比例分配法分配间接费用计算如下：

$$间接费用分配率=\frac{41\ 760}{172\ 000+116\ 000}=0.145$$

305 安装工程应分配间接费用＝172 000×0.145＝24 940(元)
306 安装工程应分配间接费用＝116 000×0.145＝16 820(元)

通常情况下，安装工程的间接费用采用人工费比例分配法。

3. 计划分配率分配法

它是指按照全年间接费用预算额与全年计划工作量（或预算成本）的比率来确定各成本核算对象应分配间接费用的方法，其计算公式如下：

$$计划分配率=\frac{全年间接费用预算额}{全年计划工作量(或预算成本)}$$

某项工程应分配间接费用＝该项工程实际完成工作量（或预算成本）×计划分配率

采用计划分配率分配法，间接费用的实际发生额与按计划分配率计算的分配额之间产生的差异，通常在年末调整工程合同成本。

（六）工程施工合同成本的明细分类核算

至 12 月月末，两项建筑工程的合同成本各成本项目的归集与分配过程已全部结束。其归集的施工成本登记在"工程施工"总账及其所属的两个明细账"商品房建筑工程合同成本"和"商务楼建筑工程合同成本"中。这两个明细账分别如表 7-8 和表 7-9 所示。

表 7-8

工程施工明细账

账户名称：商务楼建筑工程合同成本

开工日期：2019 年 8 月 1 日
竣工日期：
单位：元

2020年		摘　要	材料费	人工费	机械使用费	其他直接费	间接费用	合　计
月	日							
12	1	月初余额	1 202 500	399 612	153 598	71 890	68 640	1 896 240
	31	耗用材料计划成本	312 000					312 000

(续表)

2020年		摘要	材料费	人工费	机械使用费	其他直接费	间接费用	合计
月	日							
12	31	调整材料成本差异	3 120					3 120
		摊销周转材料	6 120					6 120
		分配工资费用		93 600				93 600
		分配其他人工费用		42 588				42 588
		分配机械使用费			38 452			38 452
		分配其他直接费				20 360		20 360
		分配间接费用					20 400	20 400
12	31	本月合计	315 000	136 188	38 452	20 360	20 400	530 400
12	31	期末余额	1 517 500	535 800	192 050	92 250	89 040	2 426 640

表 7-9

工程施工明细账

开工日期：2019 年 9 月 1 日
竣工日期：2020 年 12 月 31 日

账户名称：商品房建筑工程合同成本   单位：元

2020年		摘要	材料费	人工费	机械使用费	其他直接费	间接费用	合计
月	日							
1	1	年初余额	1 233 200	381 250	125 600	55 810	69 740	1 865 600
12	1	月初余额	5 054 330	1 504 218	509 540	217 712	301 480	7 587 280
	31	耗用材料计划成本	471 000					471 000
		调整材料成本差异	4 710					4 710
		摊销周转材料	9 180					9 180
		分配工资费用		140 400				140 400
12	31	分配其他人工费用		63 882				63 882
		分配机械使用费			55 060			55 060
		分配其他直接费				33 188		33 188
		分配间接费用					30 720	30 720
12	31	本月合计	475 470	204 282	55 060	33 188	30 720	798 720
12	31	施工成本合计	5 529 800	1 708 500	564 600	250 900	332 200	8 386 000
12	31	完工转出	5 529 800	1 708 500	564 600	250 900	332 200	8 386 000
12	31	期末余额						— 0 —

表7-8和表7-9中的资料与下述"四、建造合同收入与建造合同费用的确认"中的两个例题仍然相关,且部分资料是由后两个例题提供的。

四、建造合同收入与建造合同费用的确认

鉴于施工企业成本计算期与施工周期相一致,与会计期间相分离,因此在某项工程尚未完工之前,各月月末无需将施工成本在已完工程和未完工程之间进行分配。但为了准确计算各建筑单项工程的毛利,施工企业必须按照权责发生制和收入与费用相配比的要求,确认各会计期间建造合同收入和建造合同费用。由此可见,建造合同收入与建造合同费用存在着密切的联系,故而在此一并介绍。

(一)建造合同收入

建造合同收入是指施工企业与客户签订建造合同并按合同规定进行工程施工期间所取得的经济利益的总流入。建造合同收入由以下两部分内容组成:① 合同初始收入,是指企业与客户在双方签订的合同中最初商定的合同总金额,它构成了合同收入的基本内容。② 因合同变更、索赔、奖励等形成的收入。

合同变更是指客户为改变合同规定的作业内容而提出的调整。合同变更款同时满足下列条件的,才能构成合同收入:① 客户能够认可变更而增加的收入。② 该收入能够可靠地计量。

索赔款是指因客户或第三方的原因造成的、向客户或第三方收取的、用以补偿不包括在合同造价中成本的款项。索赔款同时满足下列条件的,才能构成合同收入:① 根据谈判情况,预计对方能够同意该项索赔。② 对方同意接受的金额能够可靠地计量。

奖励款是指工程达到或超过规定的标准,客户同意支付的额外款项。奖励款同时满足下列条件的,才能构成合同收入:① 根据合同目前完成情况,足以判断工程进度和工程质量能够达到或超过规定的标准。② 奖励金额能够可靠地计量。

(二)建造合同成本和建造合同费用

建造合同成本是指施工企业从合同签订开始至合同完成止所发生的、与执行合同有关的直接费用和间接费用。合同的直接费用应当包括耗用的材料费用、人工费用、机械使用费和其他直接费用。

直接费用在发生时直接计入合同成本,间接费用在资产负债表日按照系统、合理的方法分摊计入合同成本。

合同完成后处置残余物资取得的收益等与合同有关的零星收益,应当冲减合同成本。

合同成本不包括应当计入当期损益的管理费用、销售费用和财务费用。因订立合同而发生的有关费用,应当直接计入当期损益。

(三)建造合同收入与建造合同费用的确认

在资产负债表日,施工企业应当准确及时地确认合同收入和合同费用,以便分析和

考核建造合同的执行情况,届时应以建造合同的结果能否可靠估计来确定合同收入和合同费用的方法。

1. 建造合同的结果能够可靠估计　　施工企业在资产负债表日(一般指年末),应当采用完工百分比法确认合同收入和合同费用。

建造合同分为固定造价合同和成本加成合同两种类型。固定造价合同是指按照固定的合同价或固定单价确定工程价款的建造合同。成本加成合同是指以合同约定或其他方式议定的成本为基础,加上该成本的一定比例或定额费用确定工程价款的建造合同。

对于不同类型的建造合同,判断其结果能否可靠估计,所应满足的条件各异。固定造价合同的结果能够可靠估计,是指同时满足下列四项条件:① 合同总收入能够可靠地计量。② 与合同相关的经济利益很可能流入企业。③ 实际发生的合同成本能够清楚地区分和可靠地计量。④ 合同完工进度和为完成合同尚需发生的成本能够可靠地确定。

成本加成合同的结果能够可靠估计是指同时满足下列两个条件:① 与合同相关的经济利益很可能流入企业。② 实际发生的合同成本能够清楚地区分和可靠地计量。

2. 建造合同的结果不能可靠估计　　施工企业应当遵循谨慎性会计信息质量要求,区别以下两种情况进行处理。

(1) 合同成本能够收回　　在这种情况下,合同收入根据能够收回的实际合同成本予以确认,合同成本在其发生的当期确认为合同费用。

(2) 合同成本不可能收回　　在这种情况下,合同成本在发生时立即确认为合同费用,不确认合同收入。

(四) 完工百分比法

完工百分比法是指根据建造合同的完工进度确认合同收入与合同费用的方法。运用这种方法确认合同收入和合同费用,能够为报表使用者提供有关合同进度及本期业绩的有用信息。运用完工百分比法有以下两个步骤。

1. 确定建造合同完工进度　　施工企业确定建造合同完工进度通常可以选用以下三种方法。

(1) 累计实际发生的合同成本占合同预计总成本比例法　　它是指根据累计实际发生的某项工程的合同成本占该项工程的合同预计总成本的比例确定合同完工进度的方法。这种方法是确定合同完工进度较常用的方法。其计算公式如下:

$$某项工程合同完工进度 = \frac{该项合同累计实际发生的合同成本}{该项合同预计总成本} \times 100\%$$

累计实际发生的合同成本不包括施工中尚未安装或使用的材料成本等与合同未来活动相关的合同成本,以及在分包工程的工作量完成前预付给分包单位的款项。

(2) 实际完成合同工作量比例法　　它是指根据已经完成的某项工程合同的工作量占该项合同总工作量的比例确定合同完工进度的方法。这种方法适用于合同工作量容易确定的建造合同,如道路工程、土石方挖掘工程和砌筑工程等。其计算公式如下:

$$某项工程合同完工进度=\frac{该项合同实际已经完成的工作量}{该项合同预计总工作量}\times 100\%$$

(3) 实际测定完工进度法　　它是指由专业人员到施工现场进行技术测量,确定合同完工进度的方法。这种方法是在无法根据上述两种方法确定合同完工进度时所采用的一种特殊的技术测量方法。这种方法适用于一些特殊的建造合同,如水下施工建造合同等。

2. 根据完工进度确认与计量当期的合同收入和合同费用　　施工企业在确定建造合同完工进度以后,据以确认与计量当期的合同收入和合同费用,其计算公式如下:

当期确认的合同收入＝合同总收入×完工进度－以前会计年度累计已确认的收入

当期确认的合同毛利＝$\left(\begin{array}{c}合同\\总收入\end{array}-\begin{array}{c}合同预计\\总成本\end{array}\right)\times\begin{array}{c}完工\\进度\end{array}-\begin{array}{c}以前会计年度累\\计已确认的毛利\end{array}$

当期确认的合同费用＝当期确认的合同收入－当期确认的合同毛利

在上列公式中,完工进度实际上是累计完工进度,在实际工作中,施工企业应分别建造合同实施的具体情况,运用上列公式确认与计量合同收入和合同费用,现分述之。

(1) 当年开工当年未完工的建造合同　　在这种情况下,企业确认与计量当期合同收入和合同费用时,以前会计年度累计已确认与计量的合同收入和合同毛利均为零。

(2) 以前年度开工本年仍未完工的建造合同　　在这种情况下,企业可以直接运用上列公式确认与计量当期合同收入和合同费用。

(3) 以前年度开工本年完工的建造合同　　在这种情况下,企业当期确认与计量的合同收入,等于合同总收入扣除以前会计年度累计已确认的合同收入后的余额;当期确认与计量的合同毛利,等于合同总收入扣除实际合同总成本和以前会计年度累计已确认的合同毛利后的余额。

(4) 当年开工当年完工的建造合同　　在这种情况下,当期确认与计量的合同收入,等于该项合同的总收入,当期确认与计量的合同费用,等于该项合同的实际总成本。

(五) 建造合同收入和建造合同费用的核算

建造合同收入和建造合同费用的核算实际上已经构成了建筑工程施工成本核算的一个重要组成部分,它是完整的建筑工程施工成本核算程序中的一个重要组成部分。

【例 7-10】续[例 7-9],南通建筑公司承建的商务楼建筑工程依据建造合同的约定于 2019 年 8 月 1 日开工,2020 年 12 月 31 日完工。建造合同约定的建筑面积为 4 000 平方米,合同总成本为 15 166 500 元,合同总收入为 17 660 000 元。该项工程为跨年度工程,2019 年 12 月 31 日工程尚未完工。当年 12 月份发生的合同成本如表 7-8 所示,共计 530 400 元。自开工日起至 2020 年 11 月 30 日止,累计发生合同成本为 1 896 240 元。

(1) 2020 年 7 月 28 日,工程开工前预收沪光房地产公司第一期工程款 848 000 元,存入银行。作分录如下:

借:银行存款　　　　　　　　　　　　　　　　　　848 000.00
　　贷:预收账款——沪光房地产公司　　　　　　　　　　848 000.00

(2) 2020 年 12 月 31 日,南通建筑公司根据商务楼建筑工程的有关资料,采用累计实际发生的合同成本占合同预计总成本合同比例法计算合同完工进度,并据以确认与计量本年的合同收入、合同毛利和合同费用。其计算结果如下:

$$合同完工进度 = \frac{1\ 896\ 240 + 530\ 400}{15\ 166\ 500} \times 100\% = 16\%$$

2020 年合同收入 = 17 660 000 × 16% − 0 = 2 825 600(元)
2020 年合同毛利 = (17 660 000 − 15 166 500) × 16% − 0 = 398 960(元)
2020 年合同费用 = 2 825 600 − 398 960 = 2 426 640(元)

根据计算的结果和相关的原始凭证,作分录如下:

借:工程施工——商务楼建筑工程合同毛利　　　　　　398 960.00
　　主营业务成本　　　　　　　　　　　　　　　　2 426 640.00
　　贷:主营业务收入　　　　　　　　　　　　　　　　2 825 600.00

(3) 根据合同约定扣除预收工程款后,向沪光房地产公司办理商务楼工程款结算。作分录如下:

借:预收账款——沪光房地产公司　　　　　　　　　　848 000.00
　　应收账款——沪光房地产公司　　　　　　　　　　1 977 600.00
　　贷:工程结算——商务楼建筑工程　　　　　　　　　　2 825 600.00

2020 年年末,"工程施工——商务楼建筑工程合同成本"明细账借方余额 2 426 640 元,"工程结算"账户贷方余额 2 825 600 元。在利润表中应列示主营业务收入 2 825 600 元,主营业务成本 2 426 640 元。

【例 7-11】 续[例 7-10],南通建筑公司承建的商品房工程依据建造合同的约定于 2019 年 9 月 1 日开工,2020 年 12 月 31 日完工。该项工程合同的建筑面积为 2 500 平方米,合同总成本为 8 480 000 元,合同总收入为 9 860 000 元。截至 2019 年 12 月 31 日,累计实际发生合同成本 1 865 600 元;截至 2020 年 11 月 30 日,累计实际发生合同成本 7 587 280 元。2020 年 12 月,实际发生合同成本 798 720 元。商品房工程于 2020 年 12 月 31 日如期竣工。12 月初,"工程结算——商品房建筑工程"账户为贷方余额 6 550 000 元,"预收账款"账户为贷方余额 828 000 元。

(1) 2019 年 12 月 31 日,确认该工程的合同收入、合同费用和合同毛利。计算结果如下:

$$到 2019 年 12 月 31 日止的合同完工进度 = \frac{1\,865\,600}{8\,480\,000} \times 100\% = 22\%$$

2019 年合同收入 = 9 860 000×22%−0 = 2 169 200(元)

2019 年合同毛利 = (9 860 000−8 480 000)×22%−0 = 303 600(元)

2019 年合同费用 = 2 169 200−303 600−0 = 1 865 600(元)

根据计算结果及相关的原始凭证,作分录如下:

借:工程施工——商品房建筑工程合同毛利　　　　　　303 600.00
　　主营业务成本　　　　　　　　　　　　　　　　1 865 600.00
　　贷:主营业务收入　　　　　　　　　　　　　　　　2 169 200.00

(2) 2020 年 12 月 31 日,工程竣工时确认该工程的合同收入、合同费用和合同毛利。计算如下:

2020 年合同收入 = 9 860 000×100%−2 169 200 = 7 690 800(元)

2020 年合同毛利 = [9 860 000−(7 587 280+798 720)]×100%−303 600
　　　　　　　　= 1 170 400(元)

2020 年合同费用 = 7 690 800−1 170 400−0 = 6 520 400(元)

根据以上计算的结果及相关的原始凭证,作分录如下:

借:工程施工——商品房建筑工程合同毛利　　　　　　1 170 400.00
　　主营业务成本　　　　　　　　　　　　　　　　6 520 400.00
　　贷:主营业务收入　　　　　　　　　　　　　　　　7 690 800.00

(3) 2020 年 12 月 31 日,根据合同约定向沪光房地产公司办理工程款结算。作分录如下:

借:预收账款——沪光房地产公司　　　　　　　　　　828 000.00
　　应收账款——沪光房地产公司　　　　　　　　　2 482 000.00
　　贷:工程结算——商品房建筑工程(9 860 000−6 550 000)　3 310 000.00

(4) 商品房工程竣工,验收合格,予以转账。作分录如下:

借:工程结算——商品房建造工程　　　　　　　　　　9 860 000.00
　　贷:工程施工——商品房建筑工程合同成本　　　　　8 386 000.00
　　　　工程施工——商品房建筑工程合同毛利　　　　　1 474 000.00

五、工程竣工成本决算

施工企业承包的工程竣工后,应及时办理竣工成本决算。为了反映施工生产活动的经济效益,除了要正确计算工程实际成本外,还要配合预算部门检查工程造价是否完整。

在正确计算竣工工程的实际成本和预算造价的基础上,要及时办理工程验收和交接手续,以及进行竣工工程成本决算,并编制竣工工程成本决算表,以反映工程预算的执行情况,分析工程成本降低或超支的原因,并为同类工程积累成本资料。

【例 7-12】 南通建筑公司根据"工程施工——商品房建筑工程合同成本"明细账及其他有关资料编制商品房建筑工程竣工成本决算表如表 7-10 所示。

表 7-10

竣工工程成本决算表

工程名称:商品房建筑工程　　　　　　　　　　　　建筑面积:2 500 平方米
开工日期:2019 年 9 月 1 日　　　　　　　　　　　竣工日期:2020 年 12 月 31 日

项目	预算成本(元)	实际成本(元)	降低额(元)	降低率
材料费	5 595 000	5 529 800	65 200	1.17%
人工费	1 724 000	1 708 500	15 500	0.90%
机械使用费	557 000	564 600	−7 600	−1.36%
其他直接费	248 000	250 900	−2 900	−1.17%
直接费小计	8 124 000	8 053 800	70 200	0.86%
间接费用	336 000	332 200	−3 800	1.13%
工程成本合计	8 460 000	8 386 000	74 000	0.87%
单位成本	3 384	3 354.40	29.6	0.87%

第二节　交通运输企业成本的核算

一、交通运输企业概述

(一)交通运输企业的性质

交通运输企业是指运用各种交通工具及其设备,从事运送旅客和货物等劳务活动的物质生产企业。它包括汽车运输、船舶运输等企业。

工农业生产部门主要是劳动者借助于劳动工具,对原材料的结构、性能、规格及形态进行改造或加工生产出新的物质产品,而交通运输企业是劳动者借助于劳动工具实现了旅客和货物空间的、位置的变化,其生产的成果是一种劳务,所以它是一个特殊的物质生产部门,是国民经济的基础产业之一,是第三产业的一个重要组成部分。

(二)交通运输企业生产经营的特点

交通运输企业生产活动的对象是旅客和货物,与工业产品不同,交通运输企业的生产具有以下四个特点。

1. 交通运输业的基本功能是实现旅客和货物的位移　　交通运输企业的产品是人和货物场所的变动。运送旅客是使人们移动位置,满足其工作和生产的需要;运输货物是使产品变动场所,实现其使用价值,满足社会的需要。运输生产活动的结束实现了客货空间的位移。

2. 交通运输业的生产活动不产生新的实物形态的产品　　交通运输企业在生产过程中,只消耗原材料和运输工具,运输活动既不改变运输对象的形状和数量,也不改变运输对象的性质,其最终结果并不创造任何新的物质产品。

3. 交通运输业产品的生产过程和消费过程同时进行　　交通运输企业的运送业务对空间、地域和时间均具有极强的依附性。其产品不具有实物形态,其生产过程和消费过程在时间上和空间上是一致的,当运输过程结束时,满足了运输对象的要求,也就完成了其消费过程,因此运输的产品具有鲜明的时空特征,这就要求交通运输企业合理配置运力,以适应社会的需求。

4. 交通运输业结算工作量大　　交通运输业生产地点分散、流动性强、线长点多,往往出现跨管理局、跨地区、跨国家之间的运输,因此产生了大量的结算工作。

二、交通运输企业成本核算的特点

交通运输企业生产经营的特点决定了其成本核算的特点,主要表现在以下四个方面。

(一) 以旅客和货物的周转量作为成本核算对象

交通运输企业的生产过程结束时,并不产生新的物质产品,仅仅实现了客货空间的位移,因此其成本核算对象是由客货位移的数量和距离构成的周转量。旅客的周转量通常用人/千米(海里)复合单位计量;货物的周转量通常用吨/千米(海里)复合单位计量。

(二) 成本结构中没有构成产品实体的原材料支出

由于交通运输企业不生产具有实物形态的产品,因此,在其成本构成中没有形成产品实体的原材料和有助于产品形成的辅助材料,而与运输、装卸的设备和工具使用有关的燃料消耗、折旧、修理等费用的比重却很大。

(三) 运输成本的计算较为简单

由于交通运输企业的运输消耗过程就是产品成本的形成过程,并且运输的生产过程和销售过程是同时进行的,因此,交通运输企业通常没有在产品,这样就不需要将运输过程中发生的营运费用在完工产品和在产品之间进行分配,也没有必要区分生产成本和销售成本,那么在运输过程中所发生的可计入各成本核算对象的各种耗费就直接构成了交通运输企业的营运成本。

(四) 降低单位周转量成本的关键是提高运输工具的运载利用率

交通运输企业生产过程中消耗的大小,主要取决于运输距离的长短。在运输过程中，必然会发生一些空驶，空驶不会产生任何生产成果，就像工业企业生产中产生的废品一样。空驶运行发生的耗费必然由完成的旅客或货物的周转量来负担。因此，合理地组织运输，减少空驶运程，提高运输工具的运载利用率是交通运输企业降低单位周转量成本的关键。

三、交通运输企业的营运成本与成本核算的账户设置

（一）交通运输企业的营运成本

交通运输企业在获取营运收入的生产经营过程中，会发生各种资产的耗费，从而形成了交通运输企业的费用，这些费用按其在生产经营过程中的作用不同，可分为营运成本和期间费用两类。期间费用由管理费用和财务费用两项组成，反映的内容与工业企业相同，在此不再重述。

营运成本是指企业在营运生产过程中实际发生的与运输和其他业务等营运生产直接有关的各项支出。它包括以下三项内容。

1. 材料费　　是指企业在营运生产过程中实际消耗的各种燃料、材料、润料、备品备件、垫隔材料、轮胎、专用工器具、动力照明、低值易耗品等支出。

2. 人工费　　是指直接从事营运生产活动人员的工资、工资性的津贴和补贴、奖金和其他人工费用。

3. 其他费用　　是指除材料费和人工费以外的应直接或间接计入营运成本的各项费用。

（二）交通运输企业成本核算的账户设置

交通运输企业为了反映和监督在营运过程中发生的资金耗费，计算各种营运成本，通常需要设置以下五个账户。

1. "运输支出"账户　　该账户是费用类账户，用以核算汽车、沿海、内河、远洋、铁路和航空运输企业经营旅客、货物运输业务所发生的各项费用支出。企业经营运输业务发生各项费用时，记入借方，因各种原因抵减的运输费用以及期末结转"本年利润"账户时，记入贷方。结转后该账户应无余额。但远洋运输企业按已完航次结转运输成本的，其期末未完航次所发生的费用，仍保留在本账户内。该账户应按运输工具类型（如货车、客车、油轮、货轮、客货轮）或单车、单船设置明细账户，远洋运输计算航次成本时，还应按航次设置明细账户。

2. "营运间接费用"账户　　该账户是成本计算类账户，用以核算企业营运过程中所发生的不能直接计入成本核算对象的各种间接费用。企业发生营运间接费用时，记入借方；企业期末按规定的标准分配转入各成本核算对象时，记入贷方。分配后该账户应无余额。

3. "船舶固定费用"账户　　该账户是成本计算类账户，用以核算船舶运输企业为保持船舶适航状态所发生的经常性的维持费用。企业发生船舶固定费用时，记入借方；

企业期末按规定的标准分配转入各成本核算对象时,记入贷方;期末余额在借方表示企业尚待分配的船舶固定费用。

4."船舶维护费用"账户　　该账户是成本计算类账户,用以核算有封冻、枯水等非通航期的内河运输企业所发生的,应由通航期成本负担的船舶维护费用。企业发生船舶维护费用时,记入借方;企业期末按规定的分配标准分配转入各成本核算对象时,记入贷方;期末余额在借方,表示企业尚待分配的船舶维护费用。

5."集装箱固定费用"账户　　该账户是成本计算类账户,用以核算运输企业所发生的集装箱固定费用,包括集装箱的保管费、折旧费、修理费、保险费、租赁费、底盘车费用以及其他费用等。企业发生集装箱固定费用时,记入借方;企业期末按规定的标准分配转入各成本核算对象时,记入贷方;期末余额在借方,表示企业尚待结转的集装箱固定费用。

四、汽车运输成本的核算

汽车运输是汽车运输企业借助于汽车运输工具经营客货运输业务。汽车运输企业按其经营业务划分,有专营旅客运输的企业,有专营货物运输的企业,有兼营旅客运输和货物运输的企业,也有从事装卸业务的运输企业。

汽车运输企业的成本核算,通常采用公司和分公司两级核算,车辆较少时,可以由公司集中核算成本。

(一)汽车运输成本核算的特点

汽车运输成本核算的特点主要表现在以下三个方面。

1. 成本核算对象　　汽车运输的成本核算对象是客车和货车的运输业务,即按客车运输、货车运输分别计算分类运输成本。有客车或货车拖带挂车的,不单独核算挂车成本,其所发生的费用随主车计入各分类运输成本。在营运生产活动中,有时发生客车会有少量的货物运输业务,货车会有少量旅客运输业务的情况,为简化成本核算,一般以主要运输业务作为成本核算对象,非经常性业务从属于主要营运业务进行核算。为了考核同类车型成本和大、中、小型车辆的经济效果,还可以进一步计算主要车型成本。此外,还要考核客货综合运输成本,届时将客货分类运输成本的成本额进行汇总即可,并不需要单独计算。

2. 成本计算单位　　在汽车运输业务的计量单位中,客车运输业务以载乘旅客为主,成本计算单位为元/万人千米;货车运输业务以载运货物为主,成本计算单位为元/千吨千米;客货车综合成本的计算单位为元/千吨千米。客车运货,将货物周转量由吨千米换算为人千米;货车载客,将旅客周转量由人千米换算为吨千米,换算的比例,目前定为1吨千米=10人千米。集装箱车辆的成本计算的计量单位为千标准箱千米,集装箱以20英尺为标准箱,小于20英尺标准箱的,每箱按1标准箱计算;40英尺箱或其他大于20英尺标准箱的集装箱,每箱按1.5标准箱计算。

3. 成本计算期　　汽车运输企业以月度作为成本计算期,与会计报告期相一致。

(二) 汽车运输的成本项目

汽车运输成本项目分为直接材料、直接人工、其他直接费用和营运间接费用四项。

1. 直接材料　　它是指企业直接用于运输业务的原材料。直接材料由燃料和轮胎两个明细项目组成。

(1) 燃料　　它是指营运车辆运行中所耗用的各种燃料,如汽油、柴油等。它还包括自动倾卸车辆,卸车时所耗用的燃料。

(2) 轮胎　　它是指营运车辆耗用的外胎、内胎和垫带的费用支出,以及轮胎翻新和零星修补费用。

2. 直接人工　　它是指直接从事运输业务工人的薪酬。直接人工由工资费用和其他人工费用两个明细项目组成。

(1) 工资费用　　它是指按规定支付给营运车辆司机和助手的工资、资金、津贴和补贴。

(2) 其他人工费用　　它是指按规定的工资总额的一定比例计提的职工福利费、工会经费、职工教育经费、住房公积金和社会保险费。

3. 其他直接费用　　它是指除了直接材料和直接人工以外直接用于运输业务的费用。其他直接费用由以下七个明细项目组成。

(1) 折旧费　　它是指营运车辆按规定计提的折旧费。

(2) 修理费　　它是指营运车辆进行各级保养和修理所发生的工料费、修复旧件费用和引车耗用的机油费用。

(3) 养路费　　它是指营运车辆按规定向公路养护单位交纳的养路费。

(4) 运输管理费　　它是指营运车辆按规定向公路运输管理部门交纳的运输管理费。

(5) 车辆保险费　　它是指营运车辆按规定向保险公司投保而支付的费用。

(6) 行车事故损失　　它是指营运车辆在运行过程中,因行车肇事所发生的事故损失,扣除保险公司赔偿后的事故费用。

(7) 其他费用　　它是指不属于以上各项的车辆营运费用。它包括行车杂支、随车工具费、篷布绳索费、车辆牌照和检验费、过桥费、过渡费、高速公路建设费、停车住宿费等。

4. 营运间接费用　　它是指交通运输企业所属的基层营运单位,如分公司、车站等为组织与管理交通运输营运过程中所发生的不能直接计入成本核算对象的各种间接费用。营运间接费用包括这些部门发生的工资费用、其他人工费用、折旧费、修理费、低值易耗品摊销、取暖费、水电费、办公费、差旅费、保险费、劳动保护费和其他费用等。

(三)汽车运输成本的归集和分配

1. 直接材料的归集和分配

(1) 燃料费用的归集和分配　燃料费用的消耗在运输成本中占有较大的比重,因此正确计算燃料费用对正确计算运输成本有着重要的作用。

汽车运输企业将燃料领用出库后,装入车的油箱内,开始了运输生产活动,当运输过程结束后,在车辆的油箱内仍有一部分还未耗用的燃料,因此,企业不仅要核算库存的燃料,还要核算车辆油箱内储存的燃料,这样,在每月月末必须对车辆油箱内储存的燃料进行盘点,在确定了月末库存燃料数的基础上,才能确定本月耗用燃料的数量。其计算公式如下:

本月实际耗用数＝月初车存数＋本月领用数－月末车存数

如果企业实行满箱制车存燃料管理的,当运输车辆投入营运时,就将油箱内加满燃料,以后每次中燃料时均加满油箱,使库存燃料成为一个固定数,那么车辆当月所加燃料的累计数就是当月的实际耗用数。

【例7-13】　天马汽车运输公司对燃料柴油采用实地盘存制。1月31日,根据本月份的柴油领料单和车存柴油盘存表编制燃料耗用汇总表如表7-11所示。

表7-11

燃料耗用汇总表

燃料名称:柴油　　　　　2021年1月1～31日

数量单位:升
金额单位:元

领用部门	月初车存数量	本月领用数量	月末车存数量	本月耗用数量	加权平均单价	本月耗用金额
客运车队	1 780	21 270	1 850	21 200	6.50	137 800
货运车队	2 060	25 050	2 110	25 000	6.50	162 500
第一运输分公司	40	350	50	340	6.50	2 210
行政管理部门	60	680	80	660	6.50	4 290
合　计	3 940	47 350	4 090	47 200	6.50	306 800

根据燃料耗用汇总表,作分录如下:

借:运输支出——客运车队——燃料　　　　　　　　　　137 800.00
　　运输支出——货运车队——燃料　　　　　　　　　　162 500.00
　　营运间接费用——第一运输分公司　　　　　　　　　　2 210.00
　　管理费用　　　　　　　　　　　　　　　　　　　　　4 290.00
　贷:原材料——燃料　　　　　　　　　　　　　　　　　306 800.00

如燃料采用计划成本法时,还要相应地摊销材料成本差异。

若车辆在本企业以外的油库加油,应根据加油车辆所属的部门,直接计入相关的成本或费用账户。

(2) 轮胎费用的归集和分配　　汽车轮胎由外胎、内胎和垫带三部分组成,内胎和垫带的价值较低,通常在"原材料——其他材料"账户核算,在领用时直接计入运输成本。但外胎的价值较大、数量较多,对运输成本的高低有较大的影响,因此需要设置"原材料——轮胎"账户单独进行核算,以加强管理。

轮胎外胎能多次参加运输生产活动,其价值在使用过程中随着磨损而逐渐地减少,这部分减少的价值应通过摊提转入到运输成本中去,摊提的方法有按行驶千米摊提法和一次摊销法两种。

按行驶千米摊提法是指按外胎在预计行驶总千米内实际行驶千米的比例计算其摊提额的方法。其计算公式如下:

$$外胎行驶千米摊提率 = \frac{外胎成本 - 预计残值}{预计行驶总千米}$$

$$本月摊提外胎费用 = 本月外胎行驶千米 \times 外胎行驶千米摊提率$$

汽车运输企业购进的汽车是带有外胎的,因此,当外胎采用按行驶千米摊提法计算出来当期应摊提的外胎费用时,应借记"运输支出"账户,贷记"预提费用"账户;当外胎报废,领用新外胎更换时,再根据外胎的成本借记"预提费用"账户,贷记"原材料——轮胎"账户。

一次摊销法是指在领用轮胎时,将其价值一次计入运输成本。倘若一次大量领用新胎,为了均衡运输成本,可以先列入"待摊费用"账户,分期进行摊销,但摊销期不能超过1年。

【例7-14】 天马汽车运输公司客车使用的外胎单价为998元,预计残值36元,预计行驶总里程为92 500千米,货车使用的外胎单价为950元,预计残值32元,预计行驶总里程为90 000千米。分别计算两种外胎的行驶千米摊提率如下:

$$客车外胎行驶千米摊提率 = \frac{998 - 36}{92\ 500} = 0.010\ 4$$

$$货车外胎行驶千米摊提率 = \frac{950 - 32}{90\ 000} = 0.010\ 2$$

【例7-15】 天马汽车运输公司对于车队领用的外胎采用按行驶千米摊提法,对于其他部门领用的轮胎采用一次摊销法。1月31日,根据本月份的有关轮胎领料单,编制轮胎领用汇总表如表7-12所示。

表 7-12

轮胎领用汇总表

2021 年 1 月 1～31 日

数量单位：条
金额单位：元

领用部门	外胎			内胎			垫带		
	数量	单价	金额	数量	单价	金额	数量	单价	金额
客运车队	8	998	7 984	12	70	840	12	22	264
货运车队	10	950	9 500	14	88	1 232	15	28	420
第一运输分公司	1	450	450				1	18	18
行政管理部门				2	25	50	1	18	18
合　　计	19	—	17 934	28	—	2 122	29	—	720

(1) 领用外胎转账。根据轮胎领用汇总数中领用的外胎，进行账务处理。作分录如下：

　　借：预提费用——轮胎　　　　　　　　　　　　　　　　　　17 484.00
　　　　营运间接费用——第一运输分公司　　　　　　　　　　　　 450.00
　　　贷：原材料——轮胎　　　　　　　　　　　　　　　　　　　17 934.00

(2) 领用内胎和垫带转账。根据轮胎领用汇总表中领用的内胎和垫带进行账务处理。作分录如下：

　　借：运输支出——客运车队——轮胎　　　　　　　　　　　　1 104.00
　　　　运输支出——货运车队——轮胎　　　　　　　　　　　　1 652.00
　　　　营运间接费用——第一运输分公司　　　　　　　　　　　　 18.00
　　　　管理费用　　　　　　　　　　　　　　　　　　　　　　　 68.00
　　　贷：原材料——其他材料　　　　　　　　　　　　　　　　　2 842.00

【例 7-16】天马汽车运输公司的外胎千米摊提率，规格 10.00 的为 0.010 4；规格 9.00～20 的为 0.010 2。根据汽车外胎的行驶千米，编制 1 月份外胎摊提费用计算表，如表 7-13 所示。

根据外胎摊提费用计算表，作分录如下：

　　借：运输支出——客运车队——轮胎　　　　　　　　　　　　5 564.00
　　　　运输支出——货运车队——轮胎　　　　　　　　　　　　8 466.00
　　　贷：预提费用　　　　　　　　　　　　　　　　　　　　　14 030.00

表 7-13

外胎摊提费用计算表

2021 年 1 月 31 日　　　　　　　　　　　　　　　金额单位：元

摊提部门	轮胎规格	实际行驶千米	每车装胎条数	实际行驶胎千米	报废外胎超(亏)千米	胎千米合计	千米摊提率	摊提额
客运车队	10.00	134 000	4	536 000	−1 000	535 000	0.010 4	5 564
货运车队	9.00～20	138 000	6	828 000	+2 000	830 000	0.010 2	8 466
合　计	—	272 000	—	—	—	—	—	14 030

2. 直接人工的归集与分配

汽车运输企业的直接人工由工资费用和其他人工费用两个部分组成。对于有固定车辆的司机和助手的工资费用，可以根据工资结算汇总表直接列入各成本核算对象的明细账户；对于没有固定车辆的司机和助手的工资费用、后备司机和助手的工资费用，则应按一定的标准通过分配后列入各成本核算对象的明细账户。分配标准主要有按营运货物吨位或按营运车日两种，其计算公式如下：

$$工资费用分配率 = \frac{应分配的司机及助手的工资总额}{总运营货物千吨/千米（或总营运车日）}$$

$$某车队应分配工资费用 = 该车队营运货物千吨/千米（或营运车日） \times 工资费用分配率$$

而其他人工费用可根据已归集分配好的工资费用乘以相应的提取率取得后，直接列入各成本核算对象的明细账户。

【例 7-17】 天马汽车运输公司行政管理部门及第一运输分公司 1 月份发生的工资总额为 136 600 元，其中：客运车队 49 600 元，货运车队 58 900 元，第一运输分公司 8 000 元，行政管理部门 15 000 元，机动司机和助手 5 100 元。该月客运车队营运乘客 800 万人/千米，货运车队营运货物 900 千吨/千米。换算比例：1 万人/千米 = 1 千吨/千米。

（1）分配工资费用。按营运货物千吨/千米分配机动司机和助手工资费用。计算如下：

$$千吨/千米工资费用分配率 = \frac{5\ 100}{800 + 900} = 3$$

客运车队应分配工资费用 = 800 × 3 = 2 400（元）

货运车队应分配工资费用 = 900 × 3 = 2 700（元）

（2）分配工资费用。根据上列资料分配工资费用。作分录如下：

借：运输支出——客运车队——工资费用　　　　　　　　　　52 000.00
　　　运输支出——货车车队——工资费用　　　　　　　　　　61 600.00
　　　营运间接费用——第一运输分公司　　　　　　　　　　　8 000.00
　　　管理费用　　　　　　　　　　　　　　　　　　　　　15 000.00
　　　　贷：应付职工薪酬——工资　　　　　　　　　　　　136 600.00

(3) 分配其他人工费用。按工资总额的 14%、2%、1.5%、7% 和 21% 分别计提职工福利费、工会经费、职工教育经费、住房公积金和社会保险费,作分录如下：

借：运输支出——客运车队——其他人工费用　　　　　　　23 660.00
　　　运输支出——货车车队——其他人工费用　　　　　　　28 028.00
　　　营运间接费用——第一运输分公司　　　　　　　　　　3 640.00
　　　管理费用　　　　　　　　　　　　　　　　　　　　　6 825.00
　　　　贷：应付职工薪酬——职工福利　　　　　　　　　　19 124.00
　　　　　　应付职工薪酬——工会经费　　　　　　　　　　 2 732.00
　　　　　　应付职工薪酬——职工教育经费　　　　　　　　 2 049.00
　　　　　　应付职工薪酬——住房公积金　　　　　　　　　 9 562.00
　　　　　　应付职工薪酬——社会保险费　　　　　　　　　28 686.00

3. 其他直接费用的归集和分配

(1) 折旧费用的归集和分配　　汽车运输企业的营运车辆的损耗程度与其行驶里程关系密切,为了正确核算汽车运输企业的运输成本,汽车运输企业对营运车辆通常采用工作量法计提折旧。

汽车运输企业对营运车辆外胎费用的核算方法有两种：一种是一次摊销法,即在外胎领用时一次摊销计入运输成本,其计提折旧时,外胎的价值不需从营运车辆原值中扣除；另一种是按行驶千米摊提法,在购置新车投入营运后,即按行驶千米摊提外胎费用后,为了避免出现重复摊提,因此在计提营运车辆折旧时,应将营运车辆的原值扣除外胎的价值进行计算,其计算公式如下：

$$\frac{车辆折旧率}{(元/千吨千米)} = \frac{车辆原值 - 车装轮胎价值 - 预计净残值}{预计该车辆行驶千米 \div 1\,000}$$

$$某车辆月折旧额 = 该车辆月实际行驶千米 \div 1\,000 \times 车辆折旧率$$

【例 7-18】 奉贤汽车运输公司有货运汽车 1 辆,原始价值 200 000 元,预计可行驶 500 000 千米。该车有轮胎 6 只,每只价值 918 元,预计净残值为 7 492 元。2012 年 1 月份该车行驶 9 600 千米。现计算该车的折旧率和 1 月份的折旧额如下：

$$折旧率 = \frac{200\,000 - 918 \times 6 - 7\,492}{500\,000 \div 1\,000} = 374$$

该车 1 月份的折旧额 = 9 600 ÷ 1 000 × 374 = 3 590.40(元)

【例7-19】 天马汽车运输公司计提折旧对营运车辆采用工作量法,对其他固定资产采用年限平均法。1月月末,通过计算,该公司应提固定资产折旧额 92 742 元,其中客运车队 40 480 元,货运车队 42 444 元,第一运输分公司 3 618 元,行政管理部门 6 200 元。作分录如下:

借:运输支出——客运车队——折旧费	40 480.00
运输支出——货运车队——折旧费	42 444.00
营运间接费用——第一运输分公司	3 618.00
管理费用	6 200.00
贷:累计折旧	92 742.00

(2) 修理费用的归集与分配　　汽车运输企业为了使各种车辆正常运行,需要经常对其进行维修和保养,并定期进行大修理。对车辆进行维修,保养和大修理均系固定资产费用化后续支出。营运车辆可以由车队自行进行维修和保养,直接在"运输支出"账户进行归集。

汽车的大修理通常由修理车间进行,营运车辆的维修和保养也可以安排给修理车间进行。届时修理费用应在"辅助营运费用"账户归集。期末通过编制辅助生产费用分配表,将其分配给各受益对象。

【例7-20】 天马汽车运输公司修理车间共归集了辅助营运费用① 46 400 元,分配的结果为:客运车队 20 200 元,货运车队 21 100 元,第一运输分公司 1 840 元,行政管理部门 3 200 元。作分录如下:

借:运输支出——客运车队	20 200.00
运输支出——货运车队	21 100.00
营运间接费用——第一运输分公司	1 840.00
管理费用	3 260.00
贷:辅助营运费用	46 400.00

(3) 车辆保险费用的归集和分配　　汽车运输企业为了增强各种车辆遭受雷击、暴风、暴雨、洪水、雹灾、火灾和意外事故损失的应变能力,应向保险公司投保,以便在遭受损失时,可以从保险公司取得补偿,以减轻企业的损失。

企业的车辆投保费是按年度支付的,届时借记"待摊费用"账户,贷记"银行存款"账户;按月摊销时,再借记"运输支出"、"营运间接费用"和"管理费用"等有关账户,贷记"待摊费用"账户。

【例7-21】 飞马汽车运输公司全部车辆全年的保险费为 148 500 元,其中:客运

---

① 该账户是成本类账户,与工业企业的"辅助生产成本"账户的用途和结构相同。

车队 69 000 元,货运车队 72 000 元,第一运输分公司 3 000 元,行政管理部门 4 500 元。

1) 支付保险费。1月2日,签发转账支票支付给保险公司全年车辆保险费 148 500 元。作分录如下:

  借:待摊费用   148 500.00
    贷:银行存款   148 500.00

2) 摊销保险费。1月31日,摊销应由本月份负担的车辆保险费。作分录如下:

  借:运输支出——客运车队——车辆保险费   5 750.00
    运输支出——货运车队——车辆保险费   6 000.00
    营运间接费用——第一运输分公司   250.00
    管理费用   375.00
    贷:待摊费用   12 375.00

(4) **行车事故损失费用的归集和分配** 汽车运输企业的营运车辆在营运过程中因碰撞、翻车、碾压、落水、失火和机械故障等原因而造成的人员死亡、车辆损失和物资毁损等行车事故所发生的修理费、救援费、赔偿费以及支付给乘客的医药费、丧葬费、抚恤费、生活补助费等事故损失费,在扣除向保险公司收回的赔偿收入以及事故对方或过失人的赔偿金额后,计入运输成本内。在事故发生时,可预估事故损失费用,届时借记"运输支出"账户,贷记"预计负债"账户。当事故结案处理时,按预估事故损失费用,借记"预计负债"账户;按实际赔偿金额贷记"应付账款"或"银行存款"账户;两者的差额列入"运输支出"账户,以调整已入账的运输成本。

(5) **其他费用的归集和分配** 汽车运输企业的营运车辆除了会发生前述的各项费用外,还会发生其他的直接费用,如车队领用随车工具、篷布绳索、防滑链、司机和助手的劳动保护用具等,届时应借记"运输支出"账户,贷记"低值易耗品"账户;如支付的行车杂支、车辆牌照费、检验费、过桥费、过渡费、高速公路建设费和停车住宿费等,届时应借记"运输支出"账户,贷记"银行存款"或"库存现金"账户。

【例 7-22】 天马汽车运输公司1月份领用随车工具、篷布绳索、司机和助手的劳动保护用具所发生的费用,客运车队为 2 842 元,货运车队为 4 500 元;以现金支付过桥费、过渡费和高速公路建设费等各种费用,客运车队为 8 600 元,货运车队为 11 710 元。作分录如下:

  借:运输支出——客运车队——其他费用   11 442.00
    运输支出——货运车队——其他费用   16 210.00
    贷:低值易耗品   7 342.00
      库存现金   20 310.00

4. **营运间接费用的归集和分配** 汽车运输企业运输业务的营运间接费用是运

输分公司、车场和车站等部门为组织与管理运输业务过程所发生的各种间接费用。这些部门除了会发生前述的燃料费、轮胎费、工资费用、其他人工费用、折旧费、修理费、养路费和保险费等费用外,还会发生差旅费、水电费、办公费、取暖费和其他费用。这些费用在"营运间接费用"账户进行归集,并分部门进行明细分类核算。

期末各部门归集的营运间接费用应按照一定标准在成本核算对象内进行分配,分配的标准主要有直接费用总额或总营运车日等。分配率的计算公式如下:

$$分配率 = \frac{该部门发生的营运间接费用}{运输直接费用总额(或总营运车日)}$$

$$某成本核算对象应分配营运间接费用 = \frac{该成本核算对象的直接费用总额(或总营运车日)}{} \times 分配率$$

【例7-23】 天马汽车运输公司第一运输分公司的1月份共发生营运间接费用20 026元。该公司共发生运输直接费用646 000元,其中:客运车队为298 000元,货运车队为348 000元。分配营运间接费用如下:

$$分配率 = \frac{20\ 026}{298\ 000 + 348\ 000} = 0.031$$

客运车队应分配营运间接费用 = 398 000 × 0.031 = 9 238(元)
货运车队应分配营运间接费用 = 348 000 × 0.031 = 10 788(元)

根据分配的结果,作分录如下:

借:运输支出——客运车队——营运间接费用	9 238.00
运输支出——货运车队——营运间接费用	10 788.00
贷:营运间接费用——第一运输分公司	20 026.00

5. 汽车运输成本明细账的设置与登记　　汽车运输成本明细账应按成本核算对象设置,采用多栏式账页。该账页按成本项目划分为直接材料、直接人工、其他直接费用和营运间接费用四个大栏,再将直接材料、直接人工和其他直接费用划分为若干个明细专栏,然后根据记账凭证逐笔进行登记,以归集其实际成本。汽车运输成本明细账的格式如表7-14所示。

【例7-24】 根据前列各例的业务登记"运输支出"明细账如表7-14、表7-15所示。

(四)汽车运输成本的计算

汽车运输企业汽车运输业务应负担的直接材料、直接人工、其他直接费用和营运间接费用构成了汽车运输总成本。汽车运输总成本除以运输周转量即为运输单位成本。其计算公式如下:

$$\frac{运输单位成本}{(元/千吨千米)} = \frac{运输总成本}{运输周转量(千吨/千米)}$$

表 7-14

运输支出明细账

二级明细账户：客运车队　　　　　　　　　　　　　　　　　　　　　　　　　　　　单位：元

2021年		凭证号数	摘要	直接材料			直接人工		其他直接费用					营运间接费用	合计
月	日			燃料	轮胎		工资费用	其他人工费用	折旧费	修理费	车辆保险费	行车事故损失	其他费用		
1	31	(略)	耗用燃料	137 800											137 800
			耗用内胎、垫带		1 104										1 104
			耗用外胎		5 564										5 564
			分配工资费用				52 000								52 000
			分配其他人工费用					23 660							23 660
			计提折旧费						40 480						40 480
			发生修理费用							20 200					20 200
			摊销车辆保险费								5 750				5 750
			发生其他费用										11 442		11 442
			摊销营运间接费用											9 238	9 238
1	31		本月合计	137 800	6 668		52 000	23 660	41 480	20 200	5 750	—	11 442	9 238	307 238

表 7-15

运输支出明细账

二级明细账户：货运车队　　　　　　　　　　　　　　　　　　　　　　　　单位：元

2021年		凭证号数	摘要	直接材料		直接人工		折旧费	其他直接费用				营运间接费用	合计
月	日			燃料	轮胎	工资费用	其他人工费用		修理费	车辆保险费	行车事故损失	其他费用		
1	31		耗用燃料	162 500										162 500
			耗用内胎、垫带		1 652									1 652
			耗用外胎		8 466									8 466
		(略)	分配工资费用			61 600								61 600
			分配其他人工费用				28 028							28 028
			计提折旧费					42 444						42 444
			发生修理费用						21 100					21 100
			摊销车辆保险费							6 000				6 000
			发生其他费用									16 210		16 210
			摊销营运间接费用										10 788	10 788
1	31		本月合计	162 500	10 118	61 600	28 028	42 444	21 100	6 000	—	16 210	10 788	358 788

汽车运输企业月末应根据"运输支出"明细账所归集的运输成本和该月实际完成的运输周转量编制汽车运输成本计算表，以反映运输总成本和单位成本。

【例 7-25】 天马汽车运输公司 1 月份客运车队实际完成的运输周转量为 800 万人/千米。货运车队实际完成的运输周转量为 900 千吨/千米。该公司"运输支出"明细账的资料见表 7-14、表 7-15，并据以编制汽车运输成本计算表如表 7-16 所示。

表 7-16

汽车运输成本计算表

2021 年 1 月 31 日　　　　　　　　　　　　　　　　　　　　单位：元

项　目	本年预算数	本月实际数 合计	本月实际数 客运车队	本月实际数 货运车队	本年累计数 合计	本年累计数 第一车队	本年累计数 第二车队
一、直接材料		317 086	144 468	172 618			
1. 燃料		300 300	137 800	162 500			
2. 轮胎		16 786	6 668	10 118			
二、直接人工		165 288	75 660	89 628			
1. 工资费用		113 600	52 000	61 600			
2. 其他人工费用	（略）	51 688	23 660	28 028	（略）	（略）	（略）
三、其他直接费用		163 626	77 872	85 754			
1. 折旧费		88 924	40 480	42 444			
2. 修理费		43 300	20 200	21 100			
3. 车辆保险费		11 750	5 750	6 000			
4. 行车事故损失		—	—	—			
5. 其他费用		31 652	11 442	16 210			
四、营运间接费用		20 026	9 238	10 788			
五、运输总成本		666 026	307 238	358 788			
六、周转量（千吨/千米）		1 700	800	900			
七、单位成本（元/千吨千米）①		391.78	384.05	398.65			

五、船舶运输成本的核算

（一）船舶运输概述

船舶运输是指船舶运输企业借助于船舶运输工具经营客货运输业务。船舶运输业

---

① 1 万人千米＝1 千吨千米

务的方式有沿海运输、近海运输、远洋运输和内河运输四种。

1. 沿海运输　　它是指船舶在大陆附近沿海航线上航行，经营国内沿海各港口之间的货物运输业务。

2. 近海运输　　它是指船舶在大陆邻近国家海上航线上航行，经营国内沿海港口与邻国港口之间的货物运输业务。

3. 远洋运输　　它是指船舶跨大洋在国际航线上航行，经营跨大洋港口之间的货物运输业务。

4. 内河运输　　它是指船舶在陆地内的江、河、湖等水道上航行，经营江河港口之间的货物运输业务。

（二）船舶运输成本核算的特点

船舶运输成本核算的特点主要表现在以下三个方面。

1. 成本核算对象　　船舶运输企业以客运、货运业务作为成本核算对象。但由于运输成本主要是船舶设备的使用成本，因此发生的船舶费用仍以运输船舶为对象，通过核算船舶费用，间接计算运输成本。船舶运输企业应根据经营管理上的需要，对不同形式的船舶运输确定不同的成本核算对象。

沿海、近海运输以单船、船舶类型作为成本核算对象，先核算每艘船舶运输成本，在此基础上再计算船舶类型成本。

远洋运输由于船舶航次时间长，吨位大，因此必须以单船的航次作为成本核算对象。

内河运输由于船舶的类型较多，因此通常以运输船舶类型作为成本核算对象。

2. 成本计量单位　　船舶运输成本业务的计量单位分别为客运成本计量单位元/千人海里和货运成本，计量单位元/千吨海里。客、货运周转量的换算比例为：1个铺位（或3个座位）人海里＝1吨海里。

3. 船舶运输业务的成本计算期　　船舶运输企业的沿海运输业务、近海运输业务和内河运输业务因航次时间不长，各月的未完航次数相差不多，且未完航次的运输量和运输费用较少，因此以月度作为成本计算期。而远洋运输因航次时间长，各月未完航次的运输量和运输费用较大，因此以航次作为成本计算期，船舶的航次时间，应从上一航次最终港卸完所载货物起，到本航次最终卸完所载货物时为止。

（三）船舶运输的成本项目

1. 海洋运输的成本项目　　可分为船舶航行费用或航次运行费用、船舶固定费用、集装箱固定费用和营运间接费用四项。

1) 船舶航行费用或航次运行费用　　船舶航行费用是指船舶在运输生产过程中发生的直接费用。它是沿海、近海运输采用的成本项目。航次运行费用是指船舶在运行过程中发生的可以直接归属于航次负担的费用。它是远洋运输采用的成本项目。

船舶航行费用或航次运行费用由以下八个明细项目组成。

(1) 燃料费　　它是指船舶在航行、装卸和停泊等时间内耗用的全部燃料费用。

(2) 港口费　　它是指船舶进出港口、停泊港内所发生的各项费用。

(3) 货物费　　它是指运输船舶载运货物所发生的应由船方负担的业务费用。

(4) 中转费　　它是指船舶载运的货物在中途港口换装其他运输工具运往目的地及在港口中转时发生的应由船方负担的各种费用。

(5) 垫隔材料费　　它是指船舶在同一货舱内装运不同类别的货物需要分开、垫隔，或虽在同一货舱内装运同类货物，但需要防止摇动、移位，以及货物通风需要等耗用的材料、隔货网、防摇装置和通风筒等材料费用。使用后退回可以再利用的材料，应作价予以冲回。

(6) 速遣费　　它是指有装卸协议的营运船舶，提前完成装卸作业，按照协议支付给港口单位的速遣费用。如发生延期，收回的延期费则冲减本项目。

(7) 事故损失　　它是指船舶在营运生产过程中发生海损、机损、货损、货差、污染和人身伤亡等事故的费用。它包括施救、赔偿、修理、诉讼和善后等直接损失。

(8) 船舶航行其他费用或航次其他费用　　它是指不属于以上各项应由船舶航行或航次负担的其他费用。

2) 船舶固定费用　　它是指为保持船舶适航状态所发生的经常性的维持费用。这些费用难以直接归属于某一航次，但可以按单船进行归集。船舶固定费用由以下十二个明细项目组成。

(1) 工资费用　　它是指船员的工资、奖金、津贴和补贴。

(2) 其他人工费用　　它是指根据实际发放的船员工资总额，按规定的比例计提的职工福利费、工会经费、职工教育经费、住房公积金和社会保险费。

(3) 润料费　　它是指船舶耗用的润滑油脂费用。

(4) 船舶材料费　　它是指船舶在运输生产和日常维护保养中耗用及劳动保护耗用、事务耗用的各种材料和低值易耗品等。

(5) 船舶折旧费　　它是指企业以确定的折旧方法按月计提的船舶折旧费用。

(6) 船舶修理费　　它是指已完工的船舶实际修理费支出和日常维护保养耗用的修理用料、备品配件等，以及船舶大修理费用摊销的支出。

(7) 船舶保险费　　它是指企业向保险公司投保的各种船舶保险所支付的保险费用。保险公司退回的保险费予以冲减。

(8) 船舶非营运期间费用　　它是指船舶在厂修、停船自修、事故停航和定期熏仓等非营运期间所发生的费用，包括为修理目的的空驶至船厂期间内发生的费用。

(9) 船舶共同费用　　它是指船舶共同受益，但不能或不便按单船归集的船舶费用。它主要包括工资费用、其他人工费用、船员服装费、船员差旅费、文体宣传费、广告及业务活动费、单证资料费、船员疗养休养费、电信费、其他费用,等等。

3) 集装箱固定费用　　它是指为保证集装箱的良好使用状态所发生的经常性的费用,它由以下七个项目组成。

(1) 空箱保管费　　它是指空箱存放在堆场所支付的堆存费用。

(2) 折旧费　　它是指按规定折旧率计提的集装箱折旧费用。

(3) 租赁费　　它是指租入的集装箱按租赁合同规定所支付的租金。

(4) 修理费　　它是指集装箱修理用配件、材料和修理费用。

(5) 保险费　　它是指投保集装箱安全险所支付给保险公司的保险费用。

(6) 底盘车费用　　它是指企业自有或租入的集装箱底盘车所发生的保管、折旧费、租赁费、保险费和修理费等。

(7) 其他费用　　它是指不属于以上各项目的集装箱固定费用,如清洁费、熏箱费等。

4) 营运间接费用　　它是指企业的船队或分公司为管理和组织营运生产所发生的各项管理费用和业务费用。它是不能直接计入运输成本核算对象的间接费用。

2. 内河运输的成本项目　　可分为船舶航行费用、船舶固定费用、船舶维护费用和营运间接费用四项。

1) 船舶航行费用　　它由燃料费、润料费、材料费、燃料及材料节约奖、外付港口费、外付业务费、养河及过闸费、事故损失和船舶其他航行费用等九个成本明细项目组成。其中,燃料费、事故损失和船舶其他航行费用三个成本明细项目核算的内容与海洋运输相应成本项目核算内容相同,在此不再重述。

(1) 润料费　　它是指船舶在运输生产中耗用的各种润滑油脂。

(2) 材料费　　它是指船舶在运输生产中耗用的各种材料和低值易耗品等。

(3) 燃料、材料节约奖　　它是指根据规定对节约燃料、材料按比例提取支付的节约奖金。

(4) 外付港口费　　它是指运输船舶在外单位港口发生的港口费用。但不包括在自营港埠发生的港口费用。

(5) 外付业务费　　它是指运输船舶支付给非自营港埠或其他单位的业务代理费、理货费及转口、倒舱、翻舱、扫舱和洗舱等费用。

(6) 养河费及过闸费　　它是指按规定向航道管理部门支付的养河费,以及运输船舶过闸时按规定向船闸管理部门支付的过闸费用。

2) 船舶固定费用　　它由工资费用、其他人工费用、船舶折旧费、船舶修理费、船舶保险费、劳动保护费和其他船舶固定费用七个成本明细项目组成。除了劳动保护费项目外,其他六个成本明细项目核算的内容与海洋运输相应成本明细项目核算的内容相同,在此不再重述。

劳动保护费是指由运输业务成本负担的劳动安全保护费用。

3) 船舶维护费用　　它是指内河运输业务有封冻、枯水等非通航期时,在非通航期间发生的船舶维护费用。它由以下七个明细项目组成。

(1) 工资费用　　它是指非通航期间留船船员的工资、奖金、津贴和补贴。

(2) 其他人工费用　　它是指根据上项留船船员工资总额,按规定的比例计提的职工福利费、工会经费、职工教育经费、住房公积金和社会保险费。

(3) 燃料费　　它是指在非通航期间由于船舶照明、取暖所耗用的燃料。

(4) 材料费　　它是指船舶在非通航期间领用的维护用材料和低值易耗品。

(5) 保卫费　　它是指船舶在非通航期间为防止事故和防火所发生的费用。

(6) 破冰费　　它是指为保护船舶免受流冰损坏和清除船上冰雪所发生的费用。

(7) 其他费用　　它是指不属于以上项目的船舶维护费用。

4) 营运间接费用　　它的明细项目与海洋运输业务相应的明细项目基本相同,在此不再重述。

(四) 沿海、近海运输成本的核算

1. 船舶航行费用的归集　　船舶运输企业的沿海或近海运输业务通常以单船作为成本核算对象,因此按船舶名称设置明细账进行明细核算。

船舶运输企业运输货物所发生的船舶航行费用,应根据燃料耗用汇总表、发票和单据等各种原始凭证编制记账凭证,届时借记"运输支出"账户,贷记"原材料"、"银行存款"、"应付账款"等相关账户。并在"运输支出"账户下按船舶的命名设置明细账。

【例 7-26】　浦江海运公司沿海运输分公司经营沿海运输业务,对燃料柴油采用实地盘存制。1月31日,根据本月份的柴油领料单和船存柴油盘存表编制的燃料耗用汇总表如表7-17所示。

表 7-17

燃料耗用汇总表

燃料名称:柴油　　　　2021年1月1~31日

数量单位:升
金额单位:元

领料部门	月初船存数量	本月领用数量	期末船存数量	本月耗用数量	加权平均单价	本月耗用金额
光耀轮	4 000	106 000	3 000	107 000	6.50	695 500
光辉轮	3 200	89 400	3 600	89 000	6.50	578 500
合　计	7 200	195 400	6 600	196 000	6.50	1 274 000

根据燃料耗用汇总表,作分录如下:

借:运输支出——光耀轮——燃料费　　　　　　　　　　　　　　695 500.00
　　运输支出——光辉轮——燃料费　　　　　　　　　　　　　　578 500.00
　　贷:原材料——燃料类　　　　　　　　　　　　　　　　　　　　1 274 000.00

2. 船舶固定费用的归集和分配　　沿海、近海运输是按单船归集成本的,船舶固定费用中的工资费用、其他人工费用、润料费、船舶材料费、船舶折旧费、船舶修理费和船舶保险费等明细成本项目,可以根据涉及这些明细成本项目的"工资结算汇总表""其他人工费用分配表""固定资产折旧费用计算表""领料单"及各种发票、单据等原始凭证直接列入所属船舶的成本。届时借记"运输支出"账户,贷记"应付职工薪酬""原材料""低值易耗品"等相关账户。

然而,船舶固定费用中的"船舶共同费用"和"船舶非营运期间费用"两个明细成本项目,则需要先在"船舶固定费用"账户中归集,期末通过分配后,再计入各艘船舶的运输成本。

(1) 船舶共同费用的归集与分配　　在"船舶固定费用"账户内归集的由各艘船舶负担的共同费用,期末应按照一定的分配标准,在各艘船舶之间进行分配,分配标准通常采用运输周转量(千吨/海里)。其计算公式如下:

$$分配率 = \frac{船舶共同费用}{总运输周转量(千吨/海里)}$$

$$某船舶应负担船舶共同费用 = 该船完成运输周转量(千吨/海里) \times 分配率$$

【例 7-27】　浦江海运公司沿海运输分公司 1 月份发放的工资总额中,光耀轮船员为 136 000 元,光辉轮船员为 128 000 元,后备船员为 12 000 元。

分配本月份船员的工资费用,作分录如下:

借:运输支出——光耀轮——工资费用　　　　　　　　　　　　　136 000
　　运输支出——光辉轮——工资费用　　　　　　　　　　　　　128 000
　　船舶固定费用——船舶共同费用　　　　　　　　　　　　　　 12 000
　　贷:应付职工薪酬——工资　　　　　　　　　　　　　　　　　　276 000

按本月份船员工资总额的 14%、2%、1.5%、7% 和 21% 分别计提职工福利费、工会经费、职工教育经费、住房公积金和社会保险费,作分录如下:

借：运输支出——光耀轮——其他人工费用	61 880.00
运输支出——光辉轮——其他人工费用	58 240.00
船舶固定费用——船舶共同费用	5 460.00
贷：应付职工薪酬——职工福利	38 640.00
应付职工薪酬——工会经费	5 520.00
应付职工薪酬——职工教育经费	4 140.00
应付职工薪酬——住房公积金	19 320.00
应付职工薪酬——社会保险费	57 960.00

【例 7-28】 浦江海运公司沿海运输分公司 1 月 31 日"船舶固定费用——船舶共同费用"明细账余额为 136 620 元,该月光耀轮的运输量为 72 000 千吨/海里,光辉轮的运输量为 66 000 千吨/海里,按运输周转量分配计算各船应负担的船舶共同费用如下：

$$分配率 = \frac{136\,620}{72\,000 + 66\,000} = 0.99$$

光耀轮应负担船舶共同费用 = 72 000 × 0.99 = 71 280(元)

光辉轮应负担船舶共同费用 = 66 000 × 0.99 = 65 340(元)

根据分配的结果,作分录如下：

借：运输支出——光耀轮——船舶共同费用	71 280.00
运输支出——光辉轮——船舶共同费用	65 340.00
贷：船舶固定费用——船舶共同费用	136 620.00

(2) 船舶非营运期间费用的分配 在"船舶固定费用"账户中归集的船舶在厂修、停船自修、事故停航和定期熏仓等非营运期间所发生的费用,应由营运期间各成本计算期的运输成本负担。届时先按非营运期间费用的全年预算数和全年计划营运天数确定计划分配率,然后据以计算通航期间各月应负担的非营运期间费用。其计算公式如下：

$$计划分配率 = \frac{船舶非营运期间费用全年预算数}{全年计划营运天数}$$

$$各月应负担的船舶非营运期间费用 = 该月船营运天数 \times 计划分配率$$

【例 7-29】 浦江海运公司沿海运输分公司,船舶非营运期间费用全年预算数中,光耀轮为 929 600 元;光辉轮为 885 120 元;两艘船舶全年计划营运天数均为 320 天。7 月份,光耀轮营运了 26 天,光辉轮营运了 25 天,分配计算本月份船舶非营运期间费用如下：

$$光耀轮计划分配率 = \frac{929\,600}{320} = 2\,905$$

$$光辉轮计划分配率 = \frac{885\,120}{320} = 2\,766$$

光耀轮应负担的船舶非营运期间费用 = 2 905 × 26 = 75 530(元)

光辉轮应负担的船舶非营运期间费用 = 2 766 × 25 = 69 150(元)

根据分配的结果,作分录如下:

借:运输支出——光耀轮——船舶非营运期间费用	75 530.00
运输支出——光辉轮——船舶非营运期间费用	69 150.00
贷:船舶固定费用——船舶非营运期间费用——光耀轮	75 530.00
船舶固定费用——船舶非营运期间费用——光辉轮	69 150.00

3. 集装箱固定费用的归集和分配　　船舶运输企业运输业务使用的集装箱是自有的,或者租入的。自有的集装箱是固定资产。每月计提折旧时,借记"集装箱固定费用"账户,贷记"累计折旧"账户。借入的集装箱是要支付租金的,支付租金时,借记"集装箱固定费用"账户,贷记"银行存款"账户。期末将归集的集装箱固定费用总额按全部船舶装用集装箱的标准箱天数进行分配,其计算公式如下:

$$分配率 = \frac{集装箱固定费用总额}{全部船舶装用集装箱标准箱天数}$$

$$全部船舶装用集装箱标准箱天数 = \sum(船舶装用集装箱标准箱数量 \times 使用天数)$$

某船舶应负担的集装箱固定费用 = 该船装用集装箱标准箱天数 × 分配率

【例7-30】　浦江船舶运输公司沿海运输分公司1月31日"集装箱固定费用"账户余额为481 580元,该月光耀轮装40英尺集装箱80只,共使用26天;该月光辉轮装20英尺集装箱152只,共使用25天。以20英尺集装箱作为标准箱,分配计算集装箱固定费用如下:

全部船舶装用集装箱标准箱天数 = 80 × 2 × 26 + 152 × 25 = 7 960(天)

$$分配率 = \frac{481\ 580}{7\ 960} = 60.50$$

光耀轮应负担集装箱固定费用 = 80 × 2 × 26 × 60.50 = 251 680(元)

光辉轮应负担集装箱固定费用 = 152 × 25 × 60.50 = 229 900(元)

根据分配的结果,作分录如下:

借:运输支出——光耀轮——集装箱固定费用	251 680.00
运输支出——光辉轮——集装箱固定费用	229 900.00
贷:集装箱固定费用	481 580.00

4. 营运间接费用的归集与分配　　船舶运输企业经营沿海、近海运输业务设有分公司的,应按分公司设置明细账,以归集各分公司为管理运输船舶和组织营运活动所发生的费用。发生分公司费用时,应根据发票、单据和费用计算表等原始凭证借记"营运间接费用"账户,贷记"应付职工薪酬""银行存款"等账户。期末再将归集的营运间接费

用采用一定的标准在各船舶之间进行分配。分配的标准主要有船舶费用总额和船舶营运总吨/天等。营运间接费用分配的计算公式如下:

$$分配率 = \frac{船舶运输业务的营运间接费用}{船舶费用总额(或船舶营运总吨/天)}$$

某船舶应负担的营运间接费用=该船舶的船舶费用(或船舶营运吨/天)×分配率

【例 7-31】 浦江船舶运输公司沿海运输分公司 1 月 31 日"营运间接费用——第一海运分公司"账户余额为 462 600 元,该月光耀轮发生船舶费用 2 416 000 元,光辉轮发生船舶费用 2 210 000 元。按船舶费用分配营运间接费用如下:

$$分配率 = \frac{462\ 600}{2\ 416\ 000 + 2\ 210\ 000} = 0.1$$

光耀轮应负担营运间接费用=2 416 000×0.1=241 600(元)
光辉轮应负担营运间接费用=2 210 000×0.1=221 000(元)

根据分配的结果,作分录如下:

借:运输支出——光耀轮——营运间接费用　　　　　　　241 600.00
　　运输支出——光辉轮——营运间接费用　　　　　　　221 000.00
　贷:营运间接费用——第一海运分公司　　　　　　　　462 600.00

5. 船舶运输成本明细账的设置与登记　　沿海、近海船舶运输成本明细账应按单船设置,采用多栏式账页。该账户按成本项目划分为船舶航行费用、船舶固定费用、集装箱固定费用和营运间接费用四个大栏,再将船舶航行费用和船舶固定费用划分为若干个明细专栏,然后根据记账凭证逐笔进行登记,以归集其实际成本。沿海、近海船舶运输成本明细账的格式如表 7-18 所示。

【例 7-32】 根据前述各例的业务,登记光耀轮、光辉轮"运输支出"明细账如表 7-18、表 7-19 所示。

6. 船舶运输成本的计算　　船舶运输企业船舶运输业务应负担的船舶航行费用、船舶固定费用、集装箱固定费用和营运间接费用构成了船舶运输总成本,船舶运输总成本除以运输周转量即为运输单位成本,其计算公式如下:

$$运输单位成本(元/千吨海里) = \frac{运输总成本}{运输周转量(千吨/海里)}$$

【例 7-33】 浦江船舶运输公司沿海运输分公司 1 月份光耀轮实际完成的运输周转量为 72 000 千吨/海里,光辉轮实际完成的运输周转量为 66 000 千吨/海里。该公司的"运输支出"明细账的资料如表 7-18、表 7-19 所示,据以编制船舶运输成本计算表如表 7-20 所示。

表7-18

运输支出明细账

明细账户：光耀轮　　　　　　　　　　　　　　　　　　　　　　　　　　　　　　　　单位：元

2021年		凭证号数	摘要	船舶航行费用				船舶固定费用						集装箱固定费用	营运间接费用	合计
月	日			燃料费	港口费①	货物费①	小计	工资费用	其他人工费用	润料费①	船舶非营运期间费用	船舶共同费用	小计			
1	31		耗用燃料	695 500			695 500									695 500
			分配工资费用					136 000					136 000			136 000
			计提其他人工费用						61 880				61 880			61 880
			支付港口费		99 600		99 600									99 600
			领用润料							64 100			64 100			64 100
		(略)	支付货物费			75 900	75 900									75 900
			分配船舶共同费用									71 280	71 280			71 280
			分配船舶非营运期间费用								75 530		75 530			75 530
			分配集装箱固定费用											251 680		251 680
1	31		船舶费用合计	695 500	99 600	75 900	1 088 000	136 000	61 880	64 100	75 530	71 280	1 076 320			2 416 000
1	31		分配营运间接费用												241 600	241 600
1	31		本月合计	695 500	99 600	75 900	1 088 000	136 000	61 880	64 100	75 530	71 280	1 076 320	251 680	241 600	2 657 600

表7-19

运输支出明细账

明细账户：光辉轮　　　　　　　　　　　　　　　　　　　　　　　　　　　　　　　单位：元

2021年		凭证号数	摘要	船舶航行费用				工资费用	其他人工费用	船舶固定费用				集装箱固定费用	营运间接费用	合计
月	日			燃料费	港口费①	货物费①	小计			润料费①	船舶非营运期间费用	船舶共同费用	小计			
1	31		耗用燃料	578 500			578 500									578 500
			分配工资费用					128 000								128 000
			计提其他人工费用						58 240							58 240
			支付港口费		83 160		83 160									83 160
			领用润料							59 850			59 850			59 850
		(略)	支付货物费			62 580	62 580									62 580
			分配船舶共同费用									65 340	65 340			65 340
			分配船舶非营运期间费用								69 150		69 150			69 150
			分配集装箱固定费用											229 900		229 900
1	31		船舶费用合计	578 500	83 160	62 580	998 000	128 000	58 240	59 850	69 150	65 340	982 100	229 900		2 210 000
			分配营运间接费用												221 000	221 000
1	31		本月合计	578 500	83 160	62 580	998 000	128 000	58 240	59 850	69 150	65 340	982 100	229 900	221 000	2 431 000

表 7-20

船舶运输成本计算表

2021 年 1 月 31 日　　　　　　　　　　　　　　　　　　　单位：元

项　目	本年预算数	本月实际数 合计	本月实际数 光耀轮	本月实际数 光辉轮	本年累计数 合计	本年累计数 光耀轮	本年累计数 光辉轮
一、船舶航行费用		2 086 000	1 088 000	998 000			
1. 燃料费		1 274 000	695 500	578 500			
2. 港口费		182 760	99 600	83 160			
3. 货物费		138 480	75 900	62 580			
⋮							
二、船舶固定费用		2 058 420	1 076 320	982 100			
1. 工资费用		264 000	136 000	128 000			
2. 其他人工费用		120 120	61 880	58 240			
3. 润料费		123 950	64 100	59 850	（略）	（略）	（略）
⋮							
9. 船舶非营运期间费用		144 680	75 530	69 150			
10. 船舶共同费用	（略）	136 620	71 280	65 340			
⋮							
三、集装箱固定费用		481 580	251 680	229 900			
四、船舶费用合计		4 626 000	2 416 000	2 210 000			
五、营运间接费用		426 600	241 600	221 000			
六、运输总成本		5 088 600	2 657 600	2 431 000			
七、运输周转量（千吨/海里）		138 000	72 000	66 000			
八、运输单位成本（元/千吨海里）		36.87	36.91	36.83			

（五）远洋运输成本的核算

船舶运输企业的远洋运输业务通常以航次作为成本核算对象，因此按船舶的航次设置明细账，归集船舶每航次所发生的费用。航次运行费用的具体核算方法与沿海、近海运输的船舶航次费用相同，在此不再重述。

船舶运输企业的远洋运输业务发生的船舶固定费用是在"船舶固定费用"账户中按船舶进行归集的,月末应将各船舶所归集的船舶固定费用,按该船的全月营运天数在已完航次和未完航次之间进行分配。其计算公式如下:

$$船舶固定费用分配率 = \frac{该船舶固定费用总额}{该船舶全月营运天数}$$

某航次应负担的船舶固定费用 = 该船舶本航次营运天数 × 该船舶固定费用分配率

【例 7-34】 浦江船舶运输公司远洋运输分公司 1 月 31 日"船舶固定费用——光华轮"明细账余额为 1 960 140 元,该船全月共营运 30 天,其中第一航次营运了 25 天,其余 5 天为第二航次,尚在营运途中。分配计算该船第一航次应负担的船舶固定费用如下:

$$船舶固定费用分配率 = \frac{1\,960\,140}{30} = 65\,338$$

光华轮第一航次应负担的船舶固定费用 = 65 338 × 25 = 1 633 450(元)

光华轮第二航次应负担的船舶固定费用 = 65 338 × 5 = 326 690(元)

根据分配的结果,作分录如下:

借:运输支出——光华轮第一航次——船舶固定费用　　　1 633 450.00
　　贷:船舶固定费用——光华轮　　　　　　　　　　　　　　1 633 450.00

结转光华轮第一航次的船舶固定费用后,余额为 326 690 元,系该轮第二航次营运 5 天应负担的船舶固定费用。至 2 月末,该余额再加上 2 月份光华轮第二航次营运天数应负担的船舶固定费用,就构成了该轮第二航次的船舶固定费用。

远洋运输业务的营运间接费用可以只计入当期已完成航次成本,不必分配计入该期未完成航次成本。届时,船舶运输业务的营运间接费用,按已完成航次的船舶费用进行分配。其计算公式如下:

$$营运间接费用分配率 = \frac{船舶运输业务的营运间接费用}{已完成航次船舶费用总额}$$

$$某船舶已完成航次应负担的营运间接费用 = 该船舶已完成航次船舶费用 × 营运间接费用分配率$$

(六)内河运输成本的核算

船舶运输企业的内河运输业务通常以船舶类型作为成本核算的对象,因此按船舶类型设置明细账,如可以分设"客轮""货轮""拖轮"等,来归集不同类型船舶的航行费用和船舶固定费用。其具体核算方法与沿海、近海运输业务相同,在此不再重述。

船舶运输企业内河运输业务在非通航期间发生的船舶维护费用,应按船舶类型设置"船舶维护费用"明细账户予以归集。届时根据工资结算汇总表、其他人工费用分配表、领料单、发票和单据等原始凭证,借记"船舶维护费用"账户,贷记"应付职工薪酬"

"原材料""银行存款"等相关账户。

非通航期间发生的船舶维护费用,通常由通航期间各成本计算期的运输成本负担。届时先按非通航期间船舶维护费用的全年预算数和全年计划通航期天数,确定计划分配率,然后据以计算通航期间各月应负担的船舶维护费用。其计算公式如下:

$$计划分配率=\frac{船舶维护费用全年预算数}{全年计划通航期天数}$$

$$通航期某月份应负担的船舶维护费用=该月份船舶通航天数×计划分配率$$

【例7-35】 浦江船舶运输公司内河运输分公司船舶维护费用全年预算数客轮为354 000元,货轮为372 000元,全年计划通航各为300天。3月份客轮和货轮各通航了27天,分别分配客轮和货轮的船舶维护费用如下:

$$客轮计划分配率=\frac{354\ 000}{300}=1\ 180$$

客轮应负担的船舶维护费用=27×1 180=31 860(元)

$$货轮计划分配率=\frac{372\ 000}{300}=1\ 240$$

货轮应负担的船舶维护费用=27×1 240=33 480(元)

根据分配的结果,作分录如下:

借:运输支出——客轮——船舶维护费用　　　　　　　　　　31 860.00
　　运输支出——货轮——船舶维护费用　　　　　　　　　　33 480.00
　贷:船舶维护费用　　　　　　　　　　　　　　　　　　　65 340.00

内河运输业务的营运间接费用也按船舶类型进行分配,其核算方法与沿海、近海运输业务相同,在此不再重述。

第三节　商品流通企业成本的核算

一、商品流通企业概述

商品流通企业是指从事商品购销活动的企业。它是工业和农业之间、城市和乡村之间、生产和消费之间的纽带。商品流通企业包括商业、粮食、物资供销、供销合作社、对外贸易和图书发行等各种企业。

商品流通企业的中心工作是组织商品流通。商品流通是指商品流通企业通过商品购销活动,将工农业生产者生产的商品,从生产领域向消费领域转移的过程。通过这一转移过程,使商品生产中消耗的物质资料得到补偿,使转移到商品上去的价值和新创造的价值得以实现,使社会扩大再生产得以顺利进行。商品流通业务主要包括商品购进、商品销售和商品储存三个环节。

商品流通企业的组织形式,按其在商品流通中所处的地位和作用不同,可分为批发企业和零售企业两种类型。批发企业主要从事商品批发业务,零售企业主要从事商品零售业务。

商品流通企业商品的销售价格通常大于商品的采购成本,从而形成了商品进销差价。商品销售以后,实现的进销差价称为销售毛利。商品销售毛利抵补了企业的各项费用以后,就形成了商品流通企业的利润。

二、商品流通企业成本核算的特点

商品流通企业的经营活动只有购进过程和销售过程,与工业企业相比较,少了一个生产过程,因此其成本核算比工业企业简单得多。商品流通企业开展经营活动,必须要采购商品。其在商品采购过程中,除了要按商品的购进价格支付货款外,还会发生运输费、装卸费等商品采购费用。

商品流通企业对于商品采购费用有以下三种不同的处理方法:① 商品采购费用直接计入商品采购成本。② 商品采购费用先在"进货费用"账户中归集,期末再将进货费用在存销商品之间进行分配。③ 商品采购费用直接计入当期损益。

不同类型的商品流通企业,由于经营的特点不同,对商品的管理的方法就各异,因此其核算的方法也就不一样,现分别予以阐述。

三、商品批发企业成本的核算

(一) 商品批发企业的经营特点及核算方法

商品批发企业是指向生产企业或其他企业购进商品,供应给零售企业用以转售,或供应给其他生产企业用以进一步加工的商品流通企业。商品批发企业大批地向工农业生产部门采购商品,又成批地供应出去,将社会产品从生产领域转入流通领域和再生产领域,它处于商品流通的起点,是组织城乡之间、地区之间商品流通的桥梁。

商品批发企业经营的是大宗的商品购销业务,交易次数虽然不多,但每次成交的金额却较大。每次交易都必须取得或填制内容完整的有关凭证,以反映和控制商品的交易活动。为了确保交易活动的正常开展,企业还必须储备一定数量的商品,随时掌握各种商品购进、销售和储存的数量和金额,因此,商品批发企业通常采用数量进价金额核算的方法。数量进价金额核算是指以商品的数量和进价金额来反映商品的购进、销售和储存情况的核算方法。

(二) 商品进价金额的构成

商品进价金额就是商品采购成本,它由买价和采购费用两个部分组成。

1. 买价　　企业采购商品的途径不同,增值税纳税人不同,因此其买价的构成也不同。

1) 国内采购商品的买价　　根据我国税法规定,增值税纳税人分为一般纳税人与小规模纳税人两种,这两种纳税人的计税方法不同,从而引起商品买价的构成也不同,现分别予以阐述。

(1) 一般纳税人国内采购商品的买价　我国税法规定,增值税是价外税,应纳税额不包括在商品的价值之内。增值税税率主要有13%和9%两档。企业购进商品支付的增值税额(简称进项税额),可以从销售商品时应纳的增值税额(简称销项税额)中抵扣。因此,国内采购商品的买价应是增值税专用发票上列明商品的货款,不包括增值税额;向农业生产者采购的农业产品,由于供货方不使用增值税专用发票,应按照农业产品收购价格的91%作为农业产品的买价,其余的9%作为农业产品的增值税额,准予抵扣。

(2) 小规模纳税人国内采购商品的买价　小规模纳税人是指年销售额在规定标准以下,并且会计核算不健全,不能按规定报送有关税务资料的增值税纳税人。税法规定小规模纳税人增值税征收率为3%,但不得抵扣购进商品时支付的增值税额,这样,小规模纳税人国内采购商品的买价应由采购时支付的商品的货款和增值税额两部分组成;小规模纳税人收购的农业产品,应以农产品的全部收购价格作为买价,不得抵扣9%的进项税额。

2) 国外采购商品的买价　企业从国外采购的商品,即进口商品,其买价应由进口商品的国外进价、进口关税和消费税组成。

进口商品的国外进价一律以到岸价格(CIF)为基础,倘若对外合同以离岸价格(FOB)成交的,商品离开对方口岸后,应由进口方负担的运杂费、保险费和佣金等费用,也应计入商品的进价。无论是按离岸价格结算还是按到岸价格结算均是按外币计价的,应按其支付日中国人民银行公布的外币汇率折合人民币计价。

进口关税是指海关对进入国境的商品征收的税款。

消费税是国家对某些特定商品进行特殊调节而征收的税款。消费税的税目包括烟、酒及酒精、化妆品、贵重首饰、鞭炮焰火、成品油、高尔夫球及球具、实木地板、汽车轮胎、小汽车、摩托车等。

2. 采购费用　商品的采购费用有以下三种不同的处理方法。

(1) 采购费用直接计入商品采购成本　企业将发生的商品采购费用直接计入商品采购成本,这样商品的买价和采购费用就构成了商品采购成本。由于这种方法核算的工作量大,因此适用于经营商品品种不多或者商品采购费用较大的企业。

(2) 采购费用先在"进货费用"账户中归集　企业将发生的商品采购费用先在"进货费用"账户中归集,期末再将所归集的进货费用按商品的存销比例分摊,其计算公式如下:

$$进货费用分摊率=\frac{期初结存进货费用+本期增加进货费用}{库存商品期初余额+本期增加库存商品}$$

$$结存商品应分摊进货费用=库存商品期末余额\times 进货费用分摊率$$

$$已销商品应分摊进货费用=\frac{期初结存}{进货费用}+\frac{本期增加}{进货费用}-\frac{结存商品应}{分摊进货费用}$$

通过分摊后,对于已销商品应分摊的进货费用,应作为已销商品成本的组成部分,将其转入"主营业务成本"账户;对于结存商品应分摊的进货费用,将其转入"库存商品"账户。这样,在平时,商品的买价就是商品采购成本,而到期末,商品采购成本由商品的买价和采购费用构成。下月初再将转入"库存商品"账户的进货费用转回"进货费用"账户。这种方法核算的工作量较大,适用于商品经营品种较多的企业。

(3) 采购费用直接计入当期损益　　企业将发生的商品采购费用直接列入"销售费用"账户。月末再将其全部转入"本年利润"账户。这样商品的购买价就是商品的采购成本。这种方法核算虽然最为简便,但商品的采购费用全部由当期销售的商品负担,显然不够合理。这种方法适用于经营商品规格繁多,且采购费用较小的企业。

(三) 商品销售成本的计算

商品销售成本是将销售商品的数量,乘以该种商品购进的单位进价成本计算的。然而,同一品名、规格的商品,各批购进的单位进价成本往往是不同的,因此需要进行计算,计算的方法有以下四种。

1. 个别计价法　　它又称分批实际进价法,是指认定每一件或每一批商品的实际进价,计算该件或该批商品销售成本的一种方法。在整批购进分批销售时,可以根据该批商品的实际购进单价,乘以销售数量来计算商品销售成本。其计算公式如下:

$$商品销售成本 = 商品销售数量 \times 该件(批次)商品购进单价$$

采用个别计价法计算商品销售成本,可以逐日结转商品销售成本。这种方法计算的商品销售成本最为准确,但计算起来工作量最为繁重。这种方法适用于能分清进货件别或批次的商品。

2. 综合加权平均法　　它是指在一个计算期内(一般为 1 个月),综合计算每种商品的加权平均单价,再乘以销售数量,计算商品销售成本的一种方法。其计算公式如下:

$$加权平均单价 = \frac{期初结存商品金额 + 本期收入商品金额 - 本期非销售发出商品金额}{期初结存商品数量 + 本期收入商品数量 - 本期非销售发出商品数量}$$

$$本期商品销售成本 = 本期商品销售数量 \times 加权平均单价$$

在计算公式中,本期非销售发出商品数量和金额,是指除销售以外其他的商品发出,包括发出商品、发出加工商品、盘缺商品等。这些非销售发出的商品,在发出时,即在库存商品账户予以转销,所以在期末计算加权平均单价时要剔除这些因素。

采用加权平均法计算出来的商品销售成本较为均衡,也较为准确,但计算的工作量较大。这种方法一般适用于经营品种较少,或者前后购进商品的单价相差幅度较大,并定期结转商品销售成本的企业。

3. 移动加权平均法　　它是指以各次收入数量和金额与各次收入前的数量和金

额为基础,计算出移动加权平均单价,再将其乘以销售数量,计算商品销售成本的一种方法。其计算公式如下:

$$\text{移动加权平均单价} = \frac{\text{本次收入前结存商品金额} + \text{本次收入商品金额}}{\text{本次收入前结存商品数量} + \text{本次收入商品数量}}$$

$$\text{商品销售成本} = \text{商品销售数量} \times \text{移动加权平均单价}$$

采用移动加权平均法,计算出来的商品销售成本比采用加权平均法计算出来的结果更为均衡和准确,但计算起来的工作量大。这种方法一般适用于经营品种不多,或者前后购进商品的单价相差幅度较大,并且逐日结转商品销售成本的企业。

4. 先进先出法 它是指根据先购进先销售的原则,以先购进商品的价格先作为商品销售成本的一种计算方法。

先进先出法的具体做法是:先按最早购进商品的进价计算,销售完了,再按第二批购进商品的进价计算,以此类推,作为计算商品销售成本的依据。

采用先进先出法计算商品销售成本,由于期末结存商品金额是根据近期进价成本计价的,因此,它的价值接近于市场价格,但每次销售要根据先购进的单价计算,工作量较大。这种方法一般适用于收、发货次数不多的商品。

(四) 批发商品成本的具体核算

商品批发企业主要是指一般纳税人企业,因此这里仅阐述一般纳税人的核算。商品批发企业在国内采购商品时,按照增值税专用发票上列明的商品货款和发生的采购费用,借记"在途物资"账户;按照增值税专用发票上列明的增值税额,借记"应交税费——应交增值税——进项税额"账户;贷记"银行存款"账户。待商品采购完毕,验收入库时,再借记"库存商品"账户,贷记"在途物资"账户。

商品批发企业在国外采购商品时,按照进口商品的到岸价格支付货款时,按当日中国人民银行公布的外币汇率折合为人民币,借记"在途物资"账户,贷记"银行存款"账户。进口商品在国内发生的采购费用,也应列入"在途物资"账户。当按规定的进口关税税率和消费税税率确定应交进口关税和消费税时,借记"在途物资"账户,贷记"应交税费——应交进口关税""应交税费——应交消费税"账户;当商品采购完毕验收入库时,再将"在途物资"账户所归集的商品采购成本转入"库存商品"账户。当按规定向税务部门交纳增值税、进口关税和消费税时,应借记"应交税费——应交增值税——进项税额""应交税费——应交进口关税""应交税费——应交消费税"账户,贷记"银行存款"账户。

商品批发企业在销售商品时,也要填制增值税专用发票,分别列明商品的货款和增值税额,届时应根据所取得的价税合计数,借记"银行存款"账户;根据销售的货款,贷记"主营业务收入"账户;根据增值税额,贷记"应交税费——应交增值税——销项税额"账户。还应选用适合的方法计算商品的销售成本,并根据计算的结果,借记"主营业务成本"账户,贷记"库存商品"账户。如将采购费用在"进货费用"账户归集的,还应将已销商品分摊的进货费用转入"主营业务成本"账户。

四、商品零售企业成本的核算

(一)商品零售企业的经营特点及核算方法的主要内容

1. 商品零售企业的经营特点　　商品零售企业是指向生产企业或批发企业购进商品,销售给个人,或销售给企事业单位用于非生产性消费的商品流通企业。它处于商品流通的终点。因此,只有通过商品零售企业的销售,社会生产的商品价值才真正得以实现。商品零售企业与批发企业相比较,具有其自身的特点,主要有:经营的商品品种繁多;交易次数频繁而数量零星;销售对象主要是广大消费者,销售时一般是"一手交钱,一手交货",并不一定都要填制销货凭证;售货部门对其所经销的商品负有物资保管责任。

2. 商品零售企业核算方法的主要内容　　商品零售企业为了适应其经营特点,有利于开展商品经营业务,充分发挥营业员的工作效率,简化记账工作,因此通常采用售价金额核算。售价金额核算是指以商品的售价金额来反映商品的购进、销售和储存情况的核算方法。售价金额核算的主要内容有以下四点。

(1) 建立实物负责制　　商品零售企业将经营商品的柜组或门市部划分为若干实物负责小组。实物负责小组对其经管的全部商品承担经济责任。在实物小组内,要建立岗位责任制。这是实行售价金额核算的基础。

(2) 库存商品按售价记账　　库存商品总分类账及其所属的明细分类账都必须按售价记账,并按实物负责小组设置库存商品明细分类账,以随时反映和掌握各实物负责小组对其经管商品所承担经济责任的情况。这是售价金额核算的核心。售价记账的售价由销售价格和销项税额两部分组成,也就是说,售价是含税价格。

(3) 设置"商品进销差价"账户　　由于库存商品按售价记账,在商品购进时,"库存商品"账户反映的是商品的售价,这就与购进商品实际支付的价格不一致。因此,需要设置"商品进销差价"账户,以反映商品进价与售价之间的差额。在月末要分摊并结转已销商品所实现的进销差价。

(4) 加强商品盘点　　由于库存商品明细分类账户只反映和控制库存商品的售价金额指标,不反映数量和进价金额指标。期末为了核实各实物负责小组库存商品的实有数额,每月必须进行一次全面盘点,计算出实际结存库存商品的售价金额,并与账面金额进行核对。如发现账实不符,要及时查明原因,进行处理,以达到账实相符,保护企业财产安全与完整的目的。

(二)商品零售企业商品采购成本的核算

商品零售企业的商品采购成本由商品的买价和采购费用两个部分组成。采购费用也有三种不同的处理方法,这些与商品批发企业是一致的,但是它们的核算方法是不同的。现分别予以阐述。

1. 商品零售企业一般纳税人进价成本的核算　　零售企业的商品采购费用较小,

通常直接列入"销售费用"账户,计入当期损益。零售企业一般纳税人购进商品,取得增值税发票,支付款项时,按照发票上开列的货款,借记"在途物资"账户;按照发票上开列的增值税额,借记"应交税费"账户;根据支付的款项,贷记"银行存款"账户。俟商品验收入库结转商品采购成本时,按照商品的售价金额,借记"库存商品"账户;按照商品的进价,贷记"在途物资"账户;按售价与进价的差额,贷记"商品进销差价"账户。

【例 7-36】 东方商厦向精工服装厂购进牛仔裤 600 条,单价 55.50 元,货款 33 300 元,增值税额 4 329 元,款项以银行存款支付,作分录如下:

  借:在途物资   33 300.00
    应交税费——应交增值税——进项税额   4 329.00
   贷:银行存款   37 629.00

上项牛仔裤单位售价为 75 元,已由服装柜验收入库,结转其采购成本,作分录如下:

  借:库存商品   45 000.00
   贷:在途物资   33 300.00
    商品进销差价——服装柜   11 700.00

从上笔业务可以看出,"库存商品"账户反映的是商品含税的售价,将"库存商品"账户余额减去"商品进销差价"账户的余额后,才是商品的进价成本。

 2. 商品零售企业小规模纳税人进价成本的核算 小规模纳税人购进商品时,将货款和进项税额之和作为商品的进价成本,因此在采购商品取得增值税专用发票支付款项时,按照发票上开列的货款和增值税额,借记"在途物资"账户,贷记"银行存款"账户。商品验收入库结转商品采购成本时,按照商品的售价借记"库存商品"账户;按照商品的进价成本,贷记"在途物资"账户;按售价与进价的差额,贷记"商品进销差价"账户。

(三)商品零售企业销售成本的核算

 商品零售企业一般纳税人和小规模纳税人的核算方法是一致的,为了简化核算手续,在销售商品时,按照取得的含税销售收入,借记"库存现金"账户,贷记"主营业务收入"账户;同时,再借记"主营业务成本"账户,贷记"库存商品"账户。这样,平时的"主营业务收入"账户和"主营业务成本"账户反映的金额是相同的,都是销售商品的含税收入。月末再将含税的主营业务收入调整为真正的商品销售收入,将主营业务成本调整为已销商品的进价成本。

 1. 商品销售收入的调整 由于零售企业平时在"主营业务收入"账户中反映的是含税收入,因此至月末就需要进行调整,将含税收入中的销项税额分离出来,使"主营业务收入"账户反映企业真正的销售额。含税收入的调整公式如下:

$$销售额 = \frac{含税收入}{1 + 增值税税率}$$

销项税税额 = 含税收入 − 销售额

【例 7-37】 华声商厦月末"主营业务收入"账户余额为 1 084 800 元,增值税税率为 13%。调整商品销售收入,计算的结果如下:

$$销售额 = \frac{1\ 084\ 800}{1 + 13\%} = 960\ 000(元)$$

销项税额 = 1 084 800 − 960 000 = 124 800(元)

根据计算的结果,作分录如下:

借:主营业务收入 124 800.00
　　贷:应交税费——应交增值税——销项税额　　124 800.00

以上是一般纳税人的调整方法,增值税税率为 13%。小规模纳税人的调整方法也相同。但是,由于小规模纳税人的进项税额不能抵扣,因此根据税务部门规定,增值税税率按 3% 计算。

2. 商品销售成本的调整　　月末要通过计算和结转已销商品进销差价,将商品销售成本由售价的含税收入调整为进价成本。已销商品进销差价计算的方法有以下三种。

(1) 综合差价率推算法　　它是指按全部商品的存销比例,推算本期销售商品应分摊进销差价的方法,其计算公式如下:

$$综合差价率 = \frac{结转前商品进销差价账户余额}{期末库存商品账户余额 + 本期商品销售收入} \times 100\%$$

本期已销商品进销差价 = 本期商品销售收入 × 综合差价率

【例 7-38】 华声商厦 1 月 31 日有关账户余额(单位:元)如下:

期末库存商品账户余额　　　　　　　　　825 000
主营业务收入账户余额　　　　　　　　　960 000
结转前商品进销差价账户余额　　　　　　462 652

用综合差价率推算法计算已销商品进销差价如下:

$$综合差价率 = \frac{462\ 652}{825\ 000 + 960\ 000} \times 100\% = 25.92\%$$

本期已销商品进销差价 = 960 000 × 25.92% = 248 832(元)

根据计算的结果,结转已销商品进销差价,作分录如下:

借:商品进销差价 248 832.00
　　贷:主营业务成本　　　　　　　　　　　　248 832.00

这种计算方法,计算与核算的手续最为简便。但由于各营业柜组之间商品的差价率不同,而且各柜组之间商品存销的比例也不同,因此计算的结果不够准确。这种方法适用于所经营商品的差价率较为均衡的企业。

(2) 分柜组差价率推算法　　它是指按各营业柜组或门市部商品的存销比例,推算本期销售商品应分摊进销差价的方法。这种方法要求按营业柜组分别进行计算,计算公式和计算方法与综合差价率相同。通常可编制已销商品进销差价计算表进行计算。

【例 7-39】　华声商厦采用分柜组差价率推算法在 1 月 31 日有关各明细账户的余额(单位:元)如下:

营业柜组	库存商品账户余额	主营业务收入账户余额	结转前商品进销差价账户余额
百货柜	471 000	494 000	247 812
食品柜	354 000	466 000	214 840
合　计	825 000	960 000	462 652

根据上列资料编制已销商品进销差价计算表如表 7-21 所示。

表 7-21

已销商品进销差价计算表

2021 年 1 月 31 日　　　　　　　　　　　　　　　金额单位:元

营业柜组	期末库存商品账户余额	主营业务收入账户余额	本期存销商品合计额	结转前商品进销差价账户余额	差价率	已销商品进销差价	期末库存商品进销差价
(1)	(2)	(3)	(4)=(2)+(3)	(5)	(6)=$\frac{(5)}{(4)}$	(7)=(3)×(6)	(8)=(5)-(7)
百货柜	471 000	494 000	965 000	247 812	25.68%	126 859.20	120 952.80
食品柜	354 000	466 000	820 000	214 840	26.20%	122 092.00	92 748.00
合　计	825 000	960 000	1 785 000	462 652	—	248 951.20	213 700.80

根据计算的结果,作分录如下:

借:商品进销差价——百货柜　　　　　　　　　　　　　　　126 859.20
　　商品进销差价——食品柜　　　　　　　　　　　　　　　122 092.00
　贷:主营业务成本——百货柜　　　　　　　　　　　　　　　126 859.20
　　　主营业务成本——食品柜　　　　　　　　　　　　　　　122 092.00

这种计算方法,计算较为简便,计算的结果也较为准确。但由于营业柜组各种商品的差价率不尽相同,因此计算的数额与实际相比较,仍有一定的偏差。这种方法适用于经营柜组之间差价率不太均衡的企业,或需要分柜组考核其经营成果的企业。

(3) 实际进销差价计算法　　它是指先计算出期末库存商品的进销差价,进而逆算已销商品进销差价的一种方法。具体做法是:期末由各营业柜组或门市部通过商品盘点,编制"库存商品盘存表",根据各种商品的实存数量,分别乘以销售单价和购进单价,计算出期末库存商品的售价金额和进价金额。财会部门复核无误后,据以编制商品盘存汇总表。期末商品进销差价、已销商品进销差价的计算公式如下:

期末商品进销差价＝期末库存商品售价金额－期末库存商品进价金额

已销商品进销差价＝结转前商品进销差价账户余额－期末商品进销差价

【例 7-40】　华声商厦采用实际进销差价计算法,1 月 31 日,根据各营业柜组的库存商品盘存表编制商品盘存汇总表,如表 7-22 所示。

表 7-22

商品盘存汇总表

2021 年 1 月 31 日　　　　　　　　　　　　　　　　　单位:元

营业柜组	库存商品售价金额	库存商品进价金额	库存商品进销差价
(1)	(2)	(3)	(4)＝(2)－(3)
百货柜	471 000	349 816.60	121 183.40
食品柜	354 000	261 445.20	92 554.80
合　计	825 000	611 261.80	213 738.20

各营业柜组结转前商品进销差价账户余额同[例 7-39],计算本月已销商品进销差价如下:

百货柜已销商品进销差价＝247 812－121 183.40＝126 628.60(元)

食品柜已销商品进销差价＝214 840－92 554.80＝122 285.20(元)

这种方法计算的结果最为准确,但计算工作量较大。这种方法适用于经营商品品种较少的企业,或在管理上需反映月末库存商品实际价值时采用。

课后练习题

一、判断题

1. 以每个工程作为成本核算对象必须同时满足每项工程均有独立的建造计划和每项工程的收入、成本都可以单独辨认的条件。(　　)

2. "机械作业"账户应设置人工费、燃料及动力费、折旧及修理费、其他直接费用和间接费用五个项目。   （ ）

3. 施工企业自有施工的机械使用费在发生时均需通过"机械作业"账户进行归集，然后再按一定标准分配给各受益对象。   （ ）

4. 施工企业间接费用的分配方法有直接费用比例分配法和计划分配率分配法两种。（ ）

5. 施工企业对获得合同前发生的成本，一般在获得合同时确认为工程成本，列入"工程施工"账户。   （ ）

6. 建造合同收入由合同初始收入和因合同变更、索赔、奖励等形成的收入两部分组成。（ ）

7. 在年末，施工企业的建造合同的结果能够可靠估计的，应当采用完工百分比法确认合同收入和合同成本。   （ ）

8. 建造合同费用是根据完工百分比法在先确认建造合同收入和合同毛利后才能确认的。（ ）

9. 集装箱车辆的成本计算的计量单位为千标准箱千米，集装箱以20英尺为标准箱，40英尺箱每箱按2标准箱计算。   （ ）

10. 汽车运输企业的直接材料成本项目中的轮胎明细项目，是指营运车辆耗用的外胎、内胎的费用支出，以及轮胎的零星修补费用。   （ ）

11. 汽车运输企业的直接人工成本项目中的工资费用明细项目，是指按规定支付给营运车辆司机和助手的工资、奖金、津贴和补贴。   （ ）

12. 营运间接费用是指交通运输企业所属的基层营运单位，如分公司、车站等，为组织与管理交通运输营运过程中所发生的不能直接计入成本核算对象的各种间接费用。（ ）

13. 汽车运输企业营运间接费用的分配标准主要有直接费用总额或营运货物千吨/千米等。
                                                                    （ ）

14. 船舶航行费用是指船舶在运输生产过程中发生的直接费用，它是远洋运输采用的成本项目。
                                                                    （ ）

15. 船舶固定费用是指为保持船舶适航状态所发生的经常性的维持费用。   （ ）

16. 商品流通企业发生的商品采购费用均应计入商品的采购成本。   （ ）

17. 进口商品如以离岸价格成交的，商品离开对方口岸后，应由进口方负担的运杂费、保险费和佣金等费用也应计入商品的进价。   （ ）

18. 建立实物负责制是售价金额核算的核心。   （ ）

19. 计算和结转已销商品进销差价是手段，调整商品销售成本是目的。   （ ）

20. 售价金额核算是指以商品的售价金额来反映商品购进和销售情况的核算方法。（ ）

21. 按实际进销差价计算法计算的结果最为准确，但计算工作量较大。   （ ）

二、单项选择题

1. 施工企业通常应当以_____为成本计算对象。
   A. 单项建造合同工程   B. 分立后的单项建造工程合同
   C. 一组建造合同工程   D. 部分工程

2. 施工企业使用的_____，由于在建筑安装过程中能够多次使用，可采取摊销的方法分配计入各受益对象。
   A. 结构件   B. 机械零配件   C. 其他材料   D. 周转材料

第七章 其他行业成本的核算

3. 施工企业按规定支付的施工机械的进出场费，应借记_____账户。
   A. 待摊费用　　　　B. 工程施工　　　　C. 机械作业　　　　D. 应付账款
4. 施工企业发生的夜间施工增加费应列入"工程施工"账户的_____成本项目内。
   A. 人工费　　　　　B. 其他直接费　　　C. 间接费用　　　　D. 机械使用费
5. 行车事故损失应归入汽车运输的_____成本项目。
   A. 直接材料　　　　B. 其他直接费用　　C. 直接人工　　　　D. 营运间接费用
6. 船舶折旧费应归入海洋运输的_____成本项目。
   A. 船舶航行费用　　B. 船舶共同费用　　C. 船舶固定费用　　D. 营运间接费用
7. 船舶维护费用是_____的成本项目。
   A. 沿海运输　　　　B. 近海运输　　　　C. 远洋运输　　　　D. 内河运输
8. 期末结存商品的价值比较接近市场价格的商品销售成本的计算方法是_____。
   A. 加权平均法　　　B. 移动加权平均法　C. 个别计价法　　　D. 先进先出法
9. 商品零售企业通常采用_____的方法。
   A. 进价金额核算　　　　　　　　　　　B. 数量进价金额核算
   C. 售价金额核算　　　　　　　　　　　D. 数量售价金额核算

三、多项选择题

1. 从施工企业的施工过程和结果看，其特点是施工的过程具有流动性、_____。
   A. 施工周期长　　　　　　　　　　　　B. 要与客户签订建造合同
   C. 施工的产品具有单件性　　　　　　　D. 施工过程受气候条件的影响大
2. 建造合同的主要特点是资产的建设期长、_____。
   A. 建造合同一般为不可撤销合同　　　　B. 先有买主、业主，后有标底
   C. 所建造的资产体积大、造价高　　　　D. 所建造的产品具有单件性
3. 以一组建造合同工程作为成本核算对象必须同时符合的条件有_____。
   A. 该组建造合同为同一客户
   B. 该组建造合同按一揽子交易签订
   C. 该组建造合同同时或依次履行
   D. 该组建造合同密切相关，每项建造合同实际上已构成一项综合利润率的组成部分
4. 属于成本计算的账户有"_____"。
   A. 工程施工　　　　B. 机械作业　　　　C. 辅助生产成本　　D. 主营业务成本
5. 施工企业的成本项目有人工费、材料费、_____等。
   A. 间接费　　　　　B. 机械使用费　　　C. 机械作业费　　　D. 其他直接费
6. 固定造价合同的结果能够可靠估计，必须同时满足的条件有合同总收入能够可靠地计量、_____。
   A. 与合同相关的经济利益很可能流入企业
   B. 合同完工进度和为完成合同尚需发生的成本能够可靠地确定
   C. 实际发生的合同成本能够清楚地区分和可靠地计量
   D. 实际发生的合同费用能够清楚地区分和可靠地计量

7. 施工企业确定建造建造合同完工进度的方法有_____。
   A. 实际测定完工进度法
   B. 实地测算完工进度法
   C. 实际完成合同工作量比例法
   D. 累计实际发生的合同成本占合同预计总成本比例法
8. 交通运输企业的生产具有：其基本功能是实现旅客和货物的位移、_____等特点。
   A. 生产活动不产生新的实物形态的产品   B. 生产过程和消费过程同时进行
   C. 生产地点分散,流动性强   D. 结算工作量大
9. 交通运输企业成本核算的特点是_____。
   A. 以旅客和货物的周转量作为成本核算对象
   B. 成本结构中没有构成产品实体的原材料支出
   C. 运输成本的计算较为简单
   D. 降低单位周转量成本的关键是提高运输工具的运载利用率
10. 汽车运输企业的外胎采用按行驶千米摊提法计算其摊提额时,应考虑的因素有外胎成本、_____等。
    A. 外胎尚可行驶千米   B. 预计残值
    C. 预计外胎行驶千米   D. 本月外胎行驶千米
11. _____以单船作为成本核算对象。
    A. 沿海运输   B. 近海运输   C. 远洋运输   D. 内河运输
12. 商品流通企业小规模纳税人国内采购商品的买价由_____组成。
    A. 购进商品的货款   B. 购进商品的增值税额
    C. 采购费用   D. 储存费用
13. 商品流通企业国外采购商品的买价由_____组成。
    A. 国外进价   B. 进口关税   C. 进口增值税   D. 消费税
14. 商品零售企业核算方法的主要内容有_____。
    A. 建立实物负责制   B. 库存商品按售价记账
    C. 设置"商品进销差价"账户   D. 加强商品盘点
15. 商品零售企业月末需要调整的账户有"_____"。
    A. 库存商品   B. 主营业务收入   C. 主营业务成本   D. 商品进销差价

四、计算分析题
1. 施工企业成本的核算
青浦建筑公司承建东方房地产公司的商品房和开泰房地产公司的商务楼两个单项工程,分别与对方签订了两个单项建造合同。建造合同约定,两个工程同时于 2020 年 1 月 6 日开工,商品房于 2020 年 12 月 31 日竣工,商务楼于 2021 年 1 月 31 日竣工。商品房建筑工程合同的建造面积为 2 400 m²,建筑工程的合同成本为 8 016 000 元,合同收入为 9 480 000 元;商务楼建筑工程合同的建造面积为 2 800 m²,建筑工程的合同成本为 9 430 400 元,合同收入为11 200 000元。合同还约定开工前 3 天支付工程款 30%,2020 年 12 月 10 日再支付工程款 50%,俟工程竣工时再付清其余 20%的工

程款。

(1) 2020年12月初,有关账户的余额为:"工程施工——商品房建筑工程合同成本"账户为7 168 725元,其中:材料费4 488 240元,人工费1 539 264元,机械使用费511 008元,其他直接费296 788元,间接费用333 425元。"工程施工——商务楼建筑合同成本"账户为7 499 843元,其中:材料费4 663 710元,人工费1 628 602元,机械使用费540 782元,其他直接费319 066元,间接费用347 683元。"预收账款——东方房地产公司"账户为2 844 000元,"预收账款——开泰房地产公司"账户为3 360 000元。

(2) 2020年12月份发生下列有关的经济业务。

① 12月10日,预收商品房建筑工程和商务楼建筑工程第二期工程款分别为4 740 000元和5 600 000元,存入银行。

② 12月31日,本月份编制的耗用材料汇总表如表7-23所示。

表7-23

耗用材料汇总表

2020年12月31日

受益对象	原材料	材料成本差异	周转材料摊销	材料成本差异	实际耗用金额
商品房建筑工程	448 000	-8 960	8 800	220	448 060
商务楼建筑工程	385 000	-7 700	7 600	190	385 090
机械作业部门	14 000	-280			13 720
辅助生产部门	11 000	-220			10 780
施工管理部门	5 000	-100			4 900
合 计	863 000	-17 260	16 400	410	862 550

表7-24

其他人工费用计算分配表

2020年12月31日　　　　　　　　　　　　　　　金额单位:元

受益对象	工资总额	职工福利费		工会经费		职工教育经费	
		提取率	提取额	提取率	提取额	提取率	提取额
商品房建筑工程	139 200	14%	19 488	2%	2 784	1.5%	2 088
商务楼建筑工程	105 600	14%	14 784	2%	2 112	1.5%	1 584
机械作业部门	18 600	14%	2 604	2%	372	1.5%	279
辅助生产部门	13 800	14%	1 932	2%	276	1.5%	207
施工管理部门	15 000	14%	2 100	2%	300	1.5%	225
合 计	292 200		40 908		5 844		4 383

(续表)

受益对象	社会保险费					住房公积金		合计
	养老保险费		失业保险费		合计			
	提取率	提取额	提取率	提取额		提取率	提取额	
商品房建筑工程	20%	27 840	1%	1 392	29 232	7%	9 744	63 336
商务楼建筑工程	20%	21 120	1%	1 056	22 176	7%	7 392	48 048
机械作业部门	20%	3 720	1%	186	3 906	7%	1 302	8 463
辅助生产部门	20%	2 760	1%	138	2 898	7%	966	6 279
施工管理部门	20%	3 000	1%	150	3 150	7%	1 050	6 825
合　　计		5 8440		2 922	61 362		20 454	132 951

③ 12月31日，本月份发放职工薪酬292 200元，其中：直接从事施工工人为244 800元，机械作业人员为18 600元，辅助生产人员为13 800元，施工管理人员为15 000元。工时汇总表显示该公司施工工人为商品房建筑工程作业4 350工时，为商务楼建筑工程作业3 300工时。分配本月工资费用。

④ 12月31日，本月份编制的其他人工费用分配表如表7-24所示。

⑤ 12月31日，本月份"机械作业"账户各明细账户归集的机械施工费中，塔吊为24 800元，挖掘机为48 880元，混凝土搅拌机为25 080元，这些设备为商品房建筑工程和商务楼建筑工程完成的台班数或作业量分别如表7-25所示。

表7-25

施工机械使用月报表

2020年12月31日

工　　程	塔吊（台班）	挖掘机作业量（立方米）	混凝土搅拌机（立方米）
商品房建筑工程	27	1 120	900
商务楼建筑工程	23	960	750

⑥ 12月31日，收到本月份各种账单，其中：电力公司账单开列用电21 700度，单价0.65元，计电费14 105元；自来水公司账单开列用水6 590立方米，单价1.80元，计水费11 862元；运输公司账单开列运输土方7 884.75吨/千米，单价4元，计运输费31 539元。根据有关记录反映商品房建筑工程和商务楼建筑工程耗用情况如表7-26所示。

表7-26

其他直接费用耗用情况表

2020年12月31日

工　　程	电费（度）	水费（立方米）	运费（吨/千米）
商品房建筑工程	11 720	3 500	4 273.5
商务楼建筑工程	9 980	3 090	3 611.25

⑦ 12月31日，本月末"工程施工——间接费用"账户归集的间接费用为60 552元。

⑧ 12月31日，商品房建筑工程已全部竣工，验收合格，商务楼建筑工程尚未完工。分别确认和计量两项工程的合同收入、合同毛利和合同费用。

⑨ 12月31日，根据合同约定向东方房地产公司办理商品房工程款结算。

⑩ 12月31日，商品房建筑工程已竣工，验收合格，予以转账。

(3) 2021年1月份发生下列有关的经济业务。

① 1月31日，商务楼建筑工程领用原材料720 000元，周转材料摊销10 000元，原材料和周转材料的材料成本差异率分别为—1%和1.5%。

② 1月31日，本月份商务楼建筑工程发放职工薪酬196 000元。

③ 1月31日，按各类人员工资总额的14%、2%、1.5%、21%和7%，分别计提职工福利费、工会经费、职工教育经费、社会保险费和住房公积金。

④ 1月31日，本月份"机械作业"账户归集的机械施工费为82 200元，全部用于商务楼建筑工程。

⑤ 1月31日，本月份收到各种账单，其中：电力公司账单开列用电19 800度，单价0.65元，计电费12 870元；自来水公司账单开列用水4 600立方米，单价1.80元，计水费8 280元；运输公司账单开列运输土方5 800吨/千米，单价4元，计运输费23 200元，全部用于商务楼建筑工程。

⑥ 1月31日，"工程施工——间接费用"账户归集的间接费用为59 800元，全部用于商务楼建筑工程。

⑦ 1月31日，商务楼建筑工程已全部竣工，验收合格，确认和计量工程的合同收入、合同毛利和合同费用。

⑧ 1月31日，根据合同约定向开泰房地产公司办理商务楼工程款结算。

⑨ 1月31日，商务楼建筑工程已竣工，验收合格，予以转账。

(4) 各工程预算成本如下。

① 商品房建筑工程预算总成本为8 016 000元，其中：材料费4 995 000元，人工费1 760 000元，机械使用费566 000元，其他直接费320 000元，间接费用375 000元。

② 商务楼建筑工程预算总成本为9 430 400元，其中：材料费5 837 200元，人工费2 088 600元，机械使用费675 800元，其他直接费382 800元，间接费用446 000元。

要求：

(1) 根据"资料(1)"，设置"工程施工"明细账。

(2) 根据"资料(2)""资料(3)"，编制必要的分配表，并编制会计分录。

(3) 根据编制的会计分录登记"工程施工"明细账。

(4) 根据"资料(4)"及"工程施工"明细账，编制竣工工程决算表。

2. 汽车运输成本的核算

(1) 黄浦汽车运输公司对燃料柴油采用实地盘存制。1月份发生下列有关的经济业务：

① 1日，签发转账支票支付车辆全年保险费151 500元，其中：客运车队70 200元，货运车队73 800元，第一运输分公司3 300元，行政管理部门4 200元，并摊销本月份负担的车辆保险费。

② 15日，以现金支付本月份职工工资150 400元，其中：客运车队54 900元，货运车队65 000元，

第一运输分公司8 800元,行政管理人员16 000元,机动司机和助手5 700元。

③ 31日,该月客运车队营运乘客900万人/千米,货运车队营运货物1 000千吨/千米,换算比例为:1万人/千米=1千吨/千米,分配本月份工资费用。

④ 31日,按工资总额的14%、2%、1.5%、7%和21%,分别计提本月份的职工福利费、工会经费、职工教育经费、住房公积金和社会保险费。

⑤ 31日,各部门本月份柴油的领用数量、月初、月末柴油的车存数量如表7-27所示。

表7-27

燃料领用数量和车存数量汇总表

单位:升

项目	客运车队	货运车队	第一运输分公司	行政管理部门
本月领用数量	23 120	27 360	330	510
月初车存数量	1 860	2 120	50	40
月末车存数量	1 940	2 060	30	50

柴油每升的加权平均单价为6.50元,予以入账。

⑥ 31日,客运车队领用外胎7条,每条1 006元;货运车队领用外胎9条,每条972元,领用的外胎采用按行驶千米摊提法摊销。客运车队领用内胎15条,每条70元;货运车队领用内胎16条,每条88元;第一运输分公司领用外胎1条,每条480元,采用一次摊销法,领用内胎1条,每条30元;行政管理部门领用内胎2条,每条30元,予以转账。

⑦ 31日,客车每辆装轮胎4条,预计每条残值40元;货车每辆装轮胎6条,预计每条残值36元,客车的外胎预计可行驶92 000千米,货车外胎预计可行驶90 000千米,该月客车行驶145 750千米,货车行驶149 250千米,摊销本月份外胎损耗的价值。

⑧ 31日,本月份领用随车工具、篷布、绳索、司机和助手的劳动保护用具8 330元,其中:客运车队3 020元,货运车队4 560元,第一运输分公司300元,行政管理部门450元。

⑨ 31日,本月份应提折旧94 975元,其中:客运车队41 100元,货运车队44 600元,第一运输分公司2 775元,行政管理部门6 500元。

⑩ 31日,以现金支付过桥费、摆渡费和高速公路建设费共22 274元,其中:客运车队9 684元,货运车队12 090元,第一运输分公司200元,行政管理部门300元。

⑪ 31日,公司机修车间共归集了辅助营运费用46 816.30元,分配的结果为:客运车队20 606.50元,货运车队21 708.80元,第一运输分公司1 801元,行政管理部门2 700元。

⑫ 31日,按本月份直接费用比例分配营运间接费用。

(2) 黄浦汽车运输公司1月份客运车队实际完成运输周转量为900万人/千米;货运车队实际完成运输周转量为1 000千吨/千米。

要求:

(1) 根据"资料(1)",编制会计分录。

(2) 根据会计分录设置并登记"运输支出"明细账。
(3) 根据"资料(2)"及登记的"运输支出"明细账,编制汽车运输成本计算表。

3. 船舶运输成本的核算

(1) 太平洋船舶运输公司沿海运输分公司经营沿海运输业务,1月31日发生下列有关的经济业务。

① 根据本月份的柴油领料单和船存柴油盘存表,编制的燃料耗用汇总表如表7-28所示。

表7-28

燃料耗用汇总表

燃料名称:柴油　　　　　　2021年1月1~31日

数量单位:升
金额单位:元

领料部门	月初船存数量	本月领用数量	期末船存数量	本月耗用数量	加权平均单价	本月耗用金额
顺风轮	4 200	109 200	3 800	109 600	6.50	712 400
踏浪轮	3 000	97 600	3 200	97 400	6.50	633 100
合　计	7 200	206 800	7 000	207 000	—	1 345 500

② 本月份发放的工资总额中,顺风轮船员为142 000元,踏浪轮船员为133 600元,后备船员为12 600元,分配本月份船员工资。

③ 按本月份船员工资总额的14%、2%、1.5%、7%和21%,分别计提职工福利费、工会经费、职工教育经费、住房公积金和社会保险费。

④ 以银行存款支付本月份船舶进出港口、停泊港内所发生的各种港口费共181 700元,其中:顺风轮99 100元,踏浪轮82 600元。

⑤ 以银行存款支付本月份发生的装卸工力资费和理货费等各种货物费共140 300元,其中:顺风轮76 500元,踏浪轮63 800元。

⑥ 本月份根据各船舶不同用途的领料单编制的领料单汇总表如表7-29所示。

表7-29

领料单汇总表

2021年1月1~31日

单位:元

领料部门	垫隔材料	润　料	船舶材料	合　计
顺风轮	8 200	60 000	57 100	125 300
踏浪轮	7 600	55 000	42 800	105 400
合　计	15 800	115 000	99 900	230 700

⑦ 以银行存款支付货损事故损失12 880元,其中:顺风轮7 200元,踏浪轮5 680元。

⑧ 以银行存款支付淡水费和交通车船费等船舶航行其他费用127 340元,其中:顺风轮69 100元,踏浪轮58 240元。

⑨ 计提本月份船舶折旧费710 200元,其中:顺风轮为378 000元,踏浪轮为332 200元。

⑩ 摊销本月份负担的船舶保险费151 674元,其中:顺风轮79 660元,踏浪轮72 014元。

⑪ 船舶非营运期间费用全年预算数顺风轮为936 180元,踏浪轮为888 300元,两艘船舶的全年计划营运天数均为315天。本月份顺风轮营运了25天,踏浪轮营运了24天,分配本月份船舶非营运期间费用。

⑫ 以银行存款支付制发给船员的服装费、广告及业务活动费和电讯费等船舶共同费用130 563元。

⑬ 以银行存款支付船舶检验费等其他船舶固定费用74 564元,其中:顺风轮39 050元,踏浪轮35 514元。

⑭ 本月份顺风轮实际完成运输周转量75 000千吨/海里;踏浪轮实际完成运输周转量69 000千吨/海里,按运输周转量分配各船应负担的船舶共同费用。

⑮ 本月份共发生集装箱固定费用493 284元,其中:顺风轮装40英尺集装箱86只,该船共使用25天;踏浪轮装20英尺集装箱160只,该船共使用24天。以20英尺集装箱作为标准箱,分配集装箱固定费用。

⑯ "营运间接费用——沿海运输分公司"账户,本月份共归集了457 380元,按该月份两艘船舶发生的船舶费用进行分配。

(2) 环球船舶运输公司远洋运输分公司12月31日"船舶固定费用——东海轮"明细账余额为2 098 080元,"船舶固定费用——北海轮"明细账余额为1 920 760元,两艘船舶全月均营运了31天。东海轮第五航次营运了24天,其余7天为第六航次,尚在营运中;北海轮第六航次营运了23天,其余8天为第七航次。分配已完航次应负担的船舶固定费用。

(3) 长江船舶运输公司内河运输分公司船舶维护费用全年预算数客轮为365 800元,货轮为384 090元,全年计划通航为295天。8月份客轮和货轮各通航了26天,请分别分配客轮和货轮的船舶维护费用。

要求:

(1) 根据"资料(1)",编制会计分录。

(2) 根据编制的会计分录设置并登记"运输支出——顺风轮""运输支出——踏浪轮"明细账。

(3) 根据"资料(1)"及登记的"运输支出——顺风轮""运输支出——踏浪轮"明细账,编制"船舶运输成本计算表"。

(4) 分别根据"资料(2)"和"资料(3)",编制会计分录。

4. 商品流通企业成本的核算

(1) 上海百货批发公司1月份有关18 cm三五牌不锈钢锅的收入、发出和结存的有关资料如下:

① 月初结存不锈钢锅2 400只,每只16.75元,金额40 200元。

② 三五牌不锈钢锅收入和发出业务的资料如表7-30所示。

表 7-30

商品进销业务记录

金额单位：元

业务号数	日期	摘要	数量(只)	单价	金额
1	3	销售	1 000	18.20	18 200
2	6	购进	3 000	16.80	50 400
3	10	销售	1 500	18.20	27 300
4	12	销售	1 800	18.20	32 760
5	16	购进	4 000	16.85	67 400
6	18	销售	2 400	18.20	43 680
7	21	销售	2 000	18.20	36 400
8	25	购进	3 000	16.88	50 640
9	31	销售	1 500	18.20	27 300

（2）南汇商厦 2 月份发生下列有关的经济业务：

① 1 日，向川沙服装厂购进休闲服 900 件，单价 134 元，货款 120 600 元，增值税额 15 678 元，款项一并以转账支票付讫。

② 2 日，1 日购进的休闲服由服装柜验收入库，该休闲服单位售价为 180 元。

③ 5 日，向儿童食品厂购进巧克力糖果 2 500 千克，单价 37 元，货款 92 500 元，增值税额 12 025 元，款项一并以转账支票付讫。

④ 6 日，5 日购进的巧克力糖果由食品柜验收入库，该糖果单位售价 50 元。

⑤ 15 日，向新光服装厂购进女时装 1 660 件，单价 150 元，计货款 249 000 元，增值税额 32 370 元，款项尚未支付。

⑥ 16 日，15 日购进的女时装由服装柜验收入库，该时装单位售价 200 元。

⑦ 25 日，向光明食品厂购进牛肉干 1 600 千克，每千克 123 元，计货款 196 800 元，增值税额 25 584 元，款项以商业汇票付讫。

⑧ 26 日，25 日购进的牛肉干由食品柜验收，该牛肉干单位售价 168 元。

⑨ 28 日，本月服装柜销售收入 448 800 元，食品柜销售收入 395 200 元，销售收入全部收到现金，存入银行。

⑩ 28 日，增值税税率为 13%，调整本月份商品销售收入。

⑪ 28 日，本月初有关账户余额如下：

    库存商品——服装柜   410 600 元

    库存商品——食品柜   357 400 元

    商品进销差价——服装柜   105 548 元

    商品进销差价——食品柜   96 666 元

用分柜组差价率法调整商品销售成本。

(3) 南汇商厦月末盘点,服装柜商品售价金额为 455 800 元,进价金额为 339 718.36 元;食品柜商品售价金额为 356 000 元,进价金额为 260 755.28 元。

三、要求

(1) 根据"资料(1)",分别用加权平均法和先进先出法计算商品销售成本。

(2) 根据"资料(2)",编制会计分录及已销商品进销差价计算表。

(3) 根据"资料(3)"及"资料(2)"有关资料,用实际差价计算法调整商品销售成本。

第八章 成本预测和成本决策

第一节 成本预测

一、成本预测的意义

预测是指用科学方法预计、测算事物的发展趋势,即根据有关事物的历史和现状来推测将来。成本预测是指根据成本特性、各种技术经济条件的相关数据和情况,结合发展前景,采用一定的科学方法,对企业未来期间的一定产品、项目或方案的成本水平及变动趋势进行预计和测算。成本预测是现代会计的一项重要职能。产品成本的高低是反映企业竞争能力大小的重要因素之一。搞好成本预测,对企业掌握未来成本发展变化方向,加强成本管理,妥善安排资金,挖掘降低成本的潜力,增加市场份额,提高经济效益都具有十分重要的意义。

（一）成本预测是企业成本决策的依据

正确的决策来自可靠的预测。通过成本预测,企业可以预计在各种技术经济条件下产品的成本,提供制造产品的多个技术经济方案,由决策者从中选择成本最低、效益最好、切实可行的方案。并可针对成本形成过程中的重点环节、薄弱环节进行改良,制定更完善的方案,为合理组织生产经营、提高企业经济效益作出正确决策。

（二）成本预测是编制成本计划的基础

成本计划是对成本决策作出具体的实施规划。成本预测是成本计划过程中必不可少的阶段,没有成本预测,就没有成本决策;没有成本决策,也无所谓成本计划。成本预测使成本计划建立在科学的基础之上。

（三）成本预测是加强成本管理,降低产品成本的方法

成本预测过程是对产品成本的解剖和分析过程。通过对历史资料的分析和对未来情况的估计,能发现可降低成本的环节,拟定降低成本的措施,挖掘降低成本的潜力,针对薄弱环节,加强成本管理,克服盲目性,提高预见性。

成本预测在成本管理中发挥着重要的作用。作为管理人员,在进行成本预测时,应充分注意到以下几个方面:第一,预测的结果和实施的结果可能不完全一致,甚至完全不一致,这都是正常状况。因为客观条件和经济环境是不断变化的,只有不断根据现状调整成本预测数据,修改成本计划,才能使预测结果更贴近实际。第二,成本预测按时间分类,可分为短期预测、中期预测和长期预测。短期预测提供的方案要求详细,最好同时配合考虑降低成本的具体措施,而中长期预测主要是指出成本趋势,可以粗略一

些。第三，为使成本预测真正起到提高企业经济效益的作用，还需对开展成本预测工作所需的成本进行预测，如进行成本预测的耗费大于等于降低成本可能获取的收益，那是否需要成本预测就应考虑了。

二、成本预测的内容

成本预测是现代化企业管理的重要环节，每个企业在不同的时期，有着不同的项目需要进行成本预测，涉及生产技术、生产组织及经营管理诸方面。成本预测的内容主要有以下几个方面。

（一）技术改造项目成本费用的预测

企业在组织生产经营活动中，为提高产品质量、提高劳动生产率和降低产品成本而采取技术改造、设备更新等措施。在改造中，应以最小的耗费取得最好的效益，成本预测可提供最佳方案。

（二）老产品生产过程有关条件变化的成本预测

老产品由于更换了原料及主要材料，采用了新工艺、使用了新设备等，改变了原有生产条件，使生产成本随之发生变化。这些变化对产品成本的影响程度如何，也需进行成本预测。

（三）新建、扩建企业（网点）成本的预测

扩大生产经营规模是企业的重大投资项目，需进行严格的可行性研究。建设成本的预测和投产后产品成本的预测是可行性研究的重要内容。

（四）新产品开发、投产成本的预测

企业在开发新产品之前，必须进行大量的市场调查和市场预测，经过严密的成本预测，才能作出开发新产品的决策。只有既能满足市场需要，又能达到设计的成本水平的产品，才能为企业带来预想的经济利益。

三、成本预测的步骤

成本预测的过程是挖潜力、定措施、算效益的过程。科学合理的预测程序是保证预测正确性的必要条件。成本预测通常有以下几个工作步骤。

（一）确定预测对象和目标

进行成本预测，首先要有明确的对象和目标。只有确定了预测的对象，并且明确了预测所要达到的目的，才能有针对性地收集数据资料，选择合适的预测方法，确定预测的期限，从而有效地实施全部工作步骤。

（二）收集、整理成本预测资料

根据已确定的目标，全面收集、整理与预测目标相关的资料。可通过广泛的社会调查，了解预测对象的市场状况、竞争能力、国内外同类产品的成本水平等情况。同时收集本企业历年的产品产量、收入、成本、单耗和废品等资料，进行必要的分析整理，去粗取精，去伪存真，然后将各项资料综合起来加以应用。

(三) 选择恰当的方法进行成本测算

对所收集的各类资料,需运用一定的数学方法进行科学的加工处理。通常通过建立预测模型,借以揭示有关变量之间的内在联系,求得成本预测的结果。预测模型是预测对象与各个影响因素之间关系的数学表达式,是对客观事物发展变化情况的高度概括和抽象模拟,具有一定的假定性。这将导致预测结果与实际结果的不相符合,因而在预测中还需不断地检验和修正。

(四) 分析、修正预测结果,提出最优方案

由于影响预计成本水平及变化趋势的因素非常复杂,数学模型不可能把所有影响因素全部考虑到,必定有些因素不能在模型中体现。但这些因素对预测对象的影响还是存在的,有时甚至非常重要。因此,必须对测算结果进行分析评价,对存在的不利偏差进行及时修正。最后,向企业决策者提出可供选择的成本方案及可行性报告,帮助决策者作出成本决策。

四、成本预测的方法

用于成本预测的方法很多,一般可分为定性预测法和定量预测法两大类。测算时应根据预测对象的特点和预测的目的来选用。

(一) 定性预测法

定性预测法是成本管理人员根据专业知识和实际工作经验,结合相关信息,对产品成本的发展趋势和可能达到的水平作出预测的方法。由于定性预测法预测成本所依赖的是直观材料和成本管理人员的素质、资历及判断能力,其操作简单易行,应用广泛,因此,这种方法必须建立在对企业成本耗费的历史资料、现状及影响因素深刻了解的基础上。

定性预测的基本程序是:首先由熟悉企业财务情况和生产经营情况的多个专业人员,根据当时的直观资料及积累的经验,对成本发展趋势进行分析判断,提出预测的初步意见,然后对多个预测初步意见进行综合平衡,并通过适当方法进行调查,补充、修正初步意见。几次反复后,得出预测的最终结果。成本定性预测的方法可分为专家判断法、经验判断法、调查研究判断法和分析判断法等。这种方法简便易行、节约时间,通常在企业缺乏完备、准确的历史资料的情况下使用。但同时存在因缺乏可靠的数据资料,单凭主观判断,有时准确度不高、有一定的片面性的问题。这种方法如与成本定量预测法结合使用、相互补充,可使判断更正确、预测更可靠。

(二) 定量预测法

定量预测法又称数学分析法,是指运用现代数学方法对预测对象的各种历史数据进行科学的加工处理,据以建立能够反映有关变量之间规律性联系的各类预测模型,并进行成本预测的方法。

1. 时间序列预测分析法　　它是指将时间作为制约预测对象变化的自变量,假定未来时期成本情况大致按这种趋势延续发展,进行预测的一种动态预测方法。其依据是:未来是历史的自然延续,必将按其自身发展规律运行。算术平均法、移动平均法、加权平均法、平滑指数法等就属于这类分析方法。

2. 因果预测分析法　　它是指根据变量之间存在的因果关系,以相关因素的变动情况为基础来推算对象因素未来水平的一种相关预测方法。其实质是利用事物内部各因素之间的因果关系来预测事物的发展趋势。回归分析法、本量利分析法、投入产出法和因素测算法等就属于这类分析方法。

五、成本定性预测法的具体运用

采用定性分析法预测产品成本,也可将多种定性预测方法结合使用。例如,将专家判断法和经验判断法相结合,理论联系实际,使预测结果更可信。

【例 8-1】　华钟工厂接到订单一份,要求加工甲产品 1 000 件,加工费每件 650 元。华钟工厂以前虽未加工过甲产品,但加工过类似甲产品的乙产品。为了作出是否接受该订单的决策,负责生产的厂长组织设计室工程师 2 人、技师 2 人、车间主任 2 人组成了工作小组专门预测甲产品的加工成本。

首先,要求每个人根据自己的专业知识和工作经验,考虑甲产品的材料结构、工艺等情况,预测生产甲产品的各种成本可能值及相应概率。设华钟工厂工作小组各成员预测成本情况如表 8-1 所示。

表 8-1

甲产品成本预测工作底稿(一)

单位:元

人员	概率					概率平均值
	0.1	0.2	0.3	0.4	0.5	
工程师 A	800	400	600	500		540
工程师 B	700	400	600	550		550
技师 C	500			600	550	565
技师 D	500	650	550	600		585
车间主任 E	720	420	520	620		560
车间主任 F		450	650		550	560

其次,为各类人员确定权数,计算工作小组全部成员的加权平均成本预测值。华钟工厂工作小组中权数设定及加权平均值的计算,如表 8-2 所示。

表 8-2

甲产品成本预测工作底稿(二)

单位：元

人　　员	权数 x	概率平均值 y	xy
工程师 A	5	540.00	2 700
工程师 B	5	550.00	2 750
技师 C	4	565.00	2 260
技师 D	4	585.00	2 340
车间主任 E	3	560.00	1 680
车间主任 F	3	560.00	1 680
合　　计	24	558.75	13 410

$$13\ 410 \div 24 = 558.75(元)$$

工作小组 6 名成员预测的综合加权平均成本为 558.75 元，小于客户开价 650 元，有利可图。提供给决策者的意见当然是接受订单。综合工作小组 6 名成员的预测数据，用概率平均的方法加以处理，既考虑了各类人员的业务水平和个人经验，又顾及了各类人员所在层次、环境造成的信息量的差异，其测算结果的可信度是较高的。

六、成本定量预测法的具体运用

成本定量预测的具体方法很多，预测时应根据预测的目的和预测对象的特点选用。这里主要介绍：目标成本的预测、设计成本的预测、成本变动趋势的预测和成本降低幅度的预测等方法。

(一) 目标成本的预测

目标成本是指企业事先确定的，需要在一定时期内通过成本管理工作达到的成本水平。

目标成本的预测是在综合考虑未来一定时间内有关产品的数量、单价、税金和利润等因素的基础上进行的成本水平预测。目标成本预测既可用于开发新产品的成本预测，也可用于革新老产品的成本预测。通常根据产品价格、成本、利润三者之间的内在关系用倒扣法来确定产品目标成本的。即以市场为依据先确定产品售价，再确定目标利润，然后倒算出目标成本。其计算公式如下：

目标总成本＝预计销售收入－预计税金及附加－目标销售利润

其中预计销售收入应以预测产品的市场公允价值乘以预计销售数量确定。

预计税金及附加应以上年发生的税金及附加占销售收入的比率确定。

目标销售利润是指销售该产品的预期利润,可通过利润预测求得。

【例 8-2】 华圆工厂计划年度欲生产新产品乙,通过大量的市场调查、分析和测算,预计计划年度销售数量为 21 000 件,单位售价为 480 元,乙产品的税金附加率为 5%,乙产品的目标销售利润确定为 1 209 000 元。其计划年度目标成本计算如下:

$$预计销售收入 = 21\,000 \times 480 = 10\,080\,000(元)$$
$$目标成本 = 10\,080\,000 - 10\,080\,000 \times 5\% - 1\,209\,000 = 8\,367\,000(元)$$

目标成本也可以单位产品来确定。计算公式如下:

$$目标单位成本 = 预计单位售价 - 单位销售税金 - \frac{目标销售利润}{预计销售量}$$

仍以[例 8-2]说明,计算如下:

$$乙产品目标单位成本 = 480 - 480 \times 5\% - \frac{1\,209\,000}{21\,000} = 398.43(元)$$

在目标单位成本的预测中,还应考虑市场竞争因素,即测算为取得具有竞争能力的价格应达到的成本水平。设[例 8-2]中,乙产品如以 450 元的价格销售,可使该产品的销售量增加 10%,则乙产品的目标单位成本如下:

$$乙产品目标单位成本 = 450 - 450 \times 5\% - \frac{1\,209\,000}{2\,100 \times (1+10\%)} = 375.16(元)$$

为使产品销售量扩大 10%,并保持销售利润总额 1 209 000 元,目标成本应降至每件 375.16 元。

科学地制定产品目标成本是非常重要的,过高过低都不利于产品的生存和发展,因此对目标成本的测定必须注意它的科学性、客观性和适度性。

(二) 设计成本的预测

设计成本是指按产品的设计方案测算的产品成本。产品的目标成本确定之后,还要根据产品的设计图纸测算产品的设计成本,以便正确确定产品投产后的成本水平。产品设计成本的高低主要取决于产品的结构、零部件的材质及加工的难易程度。产品设计成本应以企业经营决策为出发点,以目标成本为奋斗方向,要求设计方案既具有先进技术水平,又具有较好的经济效益。产品设计成本的测算,一般采用下列方法。

1. 直接法　　直接法是指根据设计方案的技术定额直接测算设计成本的一种方法。设计成本计算可分为直接材料、直接人工和制造费用三项,并分别计算。即按材料定额、计划单价测算原材料及辅助材料的设计成本;按工时定额和计划直接人工单价测算工资的设计成本;按工时定额和计划制造费用单价测算制造费用的设计成本,综合汇总后,即可计算出产品的设计成本。其计算公式如下:

$$\begin{matrix}产品设\\计成本\end{matrix} = \begin{matrix}直接材\\料定额\end{matrix} \times \begin{matrix}计划\\单价\end{matrix} + \begin{matrix}工时\\定额\end{matrix} \times \begin{matrix}计划直接\\人工单价\end{matrix} + \begin{matrix}工时\\定额\end{matrix} \times \begin{matrix}计划制造\\费用单价\end{matrix}$$

2. 概算法　　概算法是指设计成本中除原材料采用直接法计算,其他项目比照类似产品成本中这些项目占总成本的比重来概算,以此简化测算过程的一种方法。其计算公式如下:

$$产品设计成本 = \frac{原材料成本}{1-(工资成本比重+制造费用比重)}$$

【例 8-3】　丙产品原材料设计成本采用直接法测算为每件 1 800 元。直接人工、制造费用采用概算法测算,比照同类产品,直接人工约占总成本的 20%,制造费用约占总成本的 16%,则丙产品设计成本测算如下:

$$产品设计成本 = \frac{1\,800}{1-(20\%+16\%)} = 2\,812.50(元/件)$$

一般说来,需对设计方案进行反复测算,才能使设计成本达到目标成本的要求。设计成本等于或低于目标成本,这个设计方案是可行的,如果设计成本高于目标成本,则这个设计方案就是不可行的,这时可采用价值工程法对产品的功能和成本进行分析,剔除过剩功能,并尽量使产品的零部件标准化,以便降低生产成本,达到目标成本的要求。

3. 价值工程法　　它又称功能成本分析法,是指在实现产品必要功能的前提下,通过功能与成本的比值,找出实际成本与功能之间不协调的地方,进而寻求改进措施,以最大限度地降低产品成本的方法,这也是预测产品成本的重要方法。价值工程法多用于新产品的开发和老产品的技术改造。运用价值工程法测算设计成本的工作步骤如下:

1)选择分析对象,收集相关资料　　企业对产品进行功能成本分析,必须抓住重点,要根据企业的经营目标和当前存在的关键问题选择分析对象。一般可以从以下方面考虑:从产品设计方面看,选择体积大、分量重、性能差、技术含量低、材料耗费大、质量问题多的产品;从成本方面看,选择生产成本高于同类或相近产品的产品,以及产品中成本高的零部件;从生产方面看,选择产品体积大、工艺复杂、材料单耗高、成品率低的产品;从销售方面看,选择市场潜力大、用户意见多、返修率高的产品;从产品的发展趋势看,选择投入少、收益大、有发展前途的产品。

确定分析对象后,应围绕对象收集相关资料,收集资料时应注意:① 针对性——对分析对象有用,避免无的放矢。② 可靠性——真实可靠,避免误导。③ 适时性——及时提供信息,避免马后炮。所需资料包括:成本费用方面的资料,如料、工、费的定额资料;销售方面的资料,如国内外历史上的销售量资料;科学技术、设计方面的资料,如国内外最新设计资料;工艺、材料技术方面的资料,如国内外新工艺、新材料运用方面的资料;用户方面的资料,如用户对产品功能、质量、寿命、售价方面的要求等。必要时还需收集国家的有关政策、法规、条例方面的资料。

2) 开展功能评价,提出改进方案　　对分析对象及其零部件进行功能分析,评价分析对象及零部件功能价值大小,对功能从定性评价转为定量评价。其分析过程如下。

(1) 计算对象的功能评价系数　　将评价对象分解为若干个零部件,任意排列,将每一零部件与其他零部件一对一地进行功能重要程度的对比,重要的打1分,次要的打0分(即01评分法)。把每个零部件的得分累计起来,即为各零部件的功能重要程度的得分数。把各零部件的得分数分别除以全部零部件得分总数,即得出每个零部件的功能评价系数,它反映该零部件在产品中的重要性程度。

(2) 计算成本系数　　将每个零部件的设计成本(或现实成本)除以全部零部件的设计成本(现实成本)之和,即得出每个零部件的成本系数,它反映该零部件成本在产品成本中所占的比重。

(3) 计算价值系数　　以功能评价数为分子,成本系数为分母所求出的值即为价值系数,它反映各零部件的重要程度与所耗成本大小的相符程度。例如,价值系数等于1或接近1的,说明其功能重要性与所耗成本大体相符;如价值系数小于1,则说明对该零部件而言,成本支出偏高,需研究如何降低成本;如价值系数大于1,则说明对该零部件来说,成本支出偏低,也需分析研究,确定其合理性。

(4) 测算各零部件目标成本,计算成本应降低幅度　　各零部件的目标成本等于产品目标成本乘以该零部件功能评价系数,以各零部件的设计成本与其目标成本比较,即可一目了然地把握各零部件需降低成本的幅度。当然这也不是一概而论,不排除有些零部件功能效用大,而成本耗费相对低;有些零部件功能效用低,而成本耗费相对高的情况。

【例 8-4】　华川工厂拟对丁产品进行技术改造,其主要零部件有 A,B,C,D,E,F 六个,采用价值工程法对其设计成本进行分析测算,各零部件功能评价系数的计算如表 8-3 所示。

表 8-3

丁产品零部件功能评价系数表

零部件名称	一 对 一 比 较						得分累计	功能评价系数
	A	B	C	D	E	F		
A	×	1	0	1	1	1	4	0.266 7
B	0	×	1	0	0	0	1	0.066 7
C	1	0	×	1	0	0	2	0.133 2
D	0	1	0	×	0	0	1	0.066 7
E	0	1	1	1	×	0	3	0.200 0
F	0	1	1	1	1	×	4	0.266 7
合　　计							15	1

根据计算结果,可以看出这六个零部件对丁产品的重要程度依次为 A,F 并列第一;E 第二;C 第三;B,D 并列第四。然后根据设计成本资料和企业的目标成本进一步对其进行价值功能分析,具体如表 8-4 所示。

表 8-4

丁产品价值功能分析表

金额单位:元

零件名称	功能评价系数 ①	设计成本 ②	成本系数 ③=②/∑②	价值系数 ④=①/③	按功能系数分配的目标成本 ⑤=∑⑤×①	应降低成本额 ⑥=②-⑤
A	0.266 7	700	0.271 3	0.983 0	640.08	59.92
B	0.066 7	258	0.100 0	0.667 0	160.08	97.92
C	0.133 2	400	0.155 0	0.859 4	319.68	80.32
D	0.066 7	172	0.066 7	1.000 0	160.08	11.92
E	0.200 0	450	0.174 4	1.146 8	480.00	−30.00
F	0.266 7	600	0.232 6	1.146 6	640.08	−40.08
合 计	1	2 580	1	—	2 400.00	180.00

根据计算结果,A,D 的价值系数等于 1 或接近于 1;B,C 的价值系数小于 1;而 E,F 的价值系数大于 1。显而易见,企业应将降低设计成本的重点放在 B,C 两个零件上。设计成本测算后,必须与目标成本进行比较。将设计成本控制在目标成本范围内是实现目标成本的保证。

3)确定最优方案,预测经济效果　　为了使产品的设计方案达到最优化,应同时提出几种不同的设计方案,围绕产品功能进行技术评价,围绕经济效益进行经济评价,围绕社会效益进行社会评价。通过分析比较进行设计方案的选优。对方案的评选,可采用定量评价法和优缺点列举法等。评价的原则如下。① 设计成本必须小于目标成本。② 设计方案在技术上是可行的。③ 在一定的前提下,成本耗费是最低的或成本利润是最高的。④ 要考虑社会效果。通过评价,确定最优方案,就能有效地控制产品成本,保证从根本上提高企业的经济效益。最后,对整个价值工程活动可能取得的经济效果进行测算,用数据来进行成果评价。其计算公式如下:

$$成本降低率 = \frac{改进后单位成本降低额}{改进前单位成本} \times 100\%$$

$$全年净节约额 = \left(\begin{array}{c}改\ 进\ 前\\单位成本\end{array} - \begin{array}{c}改\ 进\ 后\\单位成本\end{array}\right) \times \begin{array}{c}预\ 计\\年产量\end{array} - \begin{array}{c}价值工程\\活动费用\end{array}$$

(三)产品成本变动趋势的预测

产品成本变动趋势的预测是指根据历史资料,假定未来时期的成本情况将大致按照这种趋势延续发展,采用数理统计的方法进行的成本预测。

成本按其习性,可分为固定成本和变动成本,在一定范围内,固定成本表现为一个常量,而变动成本则随着产品产量的增减而变化,在成本总额中表现为一个变量。根据这种关系可以将产品成本发展趋势用直线方程式 $y=a+bx$ 表示。用坐标系表示产品成本变动趋势如图 8-1 所示。

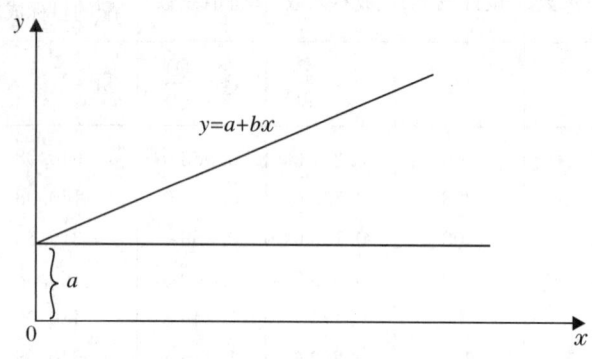

图 8-1 产品成本变动趋势

图 8-1 中,y 表示产品总成本,a 表示固定成本,b 表示单位变动成本,x 表示产品产量。

只要求出 a 和 b 的值,就可以利用上述直线方程式来预测产品在任何产量下的总成本。确定 a、b 值的方法有高低点法、回归分析法和散布图法等多种方法。

1. 高低点法　　高低点法是根据企业历史资料中产量最高时期和产量最低时期的总成本之差(Δy),与两者产量之差(Δx)进行对比,推算出单位变动成本 b,然后再根据总成本和单位变动成本确定固定成本 a,最后根据直线方程式,进行成本预测的一种方法。其计算方法如下:

$$\Delta y = y_h - y_l$$
$$\Delta x = x_h - x_l$$
$$\Delta y = b \cdot \Delta x$$
$$b = \frac{\Delta y}{\Delta x}$$
$$a = y_h - bx_h$$

或

$$a = y_l - bx_l$$
$$y_p = a + bx_p$$

式中，y_h, x_h 分别表示历史上最高产量时期的总成本和总产量；y_l, x_l 表示历史上最低产量时期的总成本和总产量；y_p 表示预测产量为 p 时的总成本。

【例 8-5】 华海工厂生产戊产品的历史成本资料如表 8-5 所示。

表 8-5

戊产品历史成本资料表

指　　标	最高点(2020年)	最低点(2016年)
产量 x(台)	300	200
总成本 y(万元)	290	205

$$\Delta y = 290 - 205 = 85(万元)$$
$$\Delta x = 300 - 200 = 100(台)$$
$$b = \frac{85}{100} = 0.85(万元)$$
$$a = 290 - 0.85 \times 300 = 35(万元)$$

或

$$a = 205 - 0.85 \times 200 = 35(万元)$$

这样，就决定了直线方程如下：

$$y = 35 + 0.85x$$

根据这个方程，就可以预测任何产量(x)下的总成本(y)了。例如，产量为 320 台时，则预计总成本如下：

$$y = 35 + 0.85 \times 320 = 307(万元)$$

用高低点法进行成本预测较为简便，但准确性较差，可在生产环境、条件变动不大的情况下使用；或考虑预测期影响成本变动的各项因素，对 a, b 数值进行适当调整后使用。

2. 回归分析法　　回归分析法是根据一系列历史成本资料，用数学上最小平方法的原理，确定能反映 $y = a + bx$ 直线方程中 x(自变量)与 y(因变量)之间具有误差平方和最小的一条线，即回归线，并以此来测算对象产品的固定成本和变动成本。回归分析法可分为一元线性回归分析法和多元线性回归分析法。一元线性回归分析法是指在只有产量一个因素影响成本变动的条件下，根据若干历史期间的产量、成本资料，经分析计算直线回归方程，并根据产量的变动来预测未来一定期间的成本发展趋势和水平的方法。一元线性回归方程如下：

$$y = a + bx$$

式中,y 为因变量,表示某时期的产品总成本;x 为自变量,表示某时期的产品产量;a 为回归系数,表示某时期的固定成本;b 为回归系数,表示单位产品的变动成本。

$$a=\frac{\sum y-b\sum x}{n} \qquad (公式一)$$

$$b=\frac{n\sum xy-\sum x\sum y}{n\sum x^2-(\sum x)^2} \qquad (公式二)$$

运用回归分析法进行成本预测的步骤如下。

① 收集若干期(n)产量(x)和总成本(y)的资料,并按回归分析法要求,分别计算出 $\sum x$、$\sum y$、$\sum xy$ 和 $\sum x^2$ 的数值。

② 将计算出的 $\sum x$、$\sum y$、$\sum xy$ 和 $\sum x^2$ 的数值代入(公式一)和(公式二),求出 a,b 的值。

③ 将 a 值和 b 值代入直线方程式 $y=a+bx$,测算未来某时期的对象产品的成本。

【例 8-6】 华海工厂近 6 年戊产品产量和总成本资料如表 8-6 所示。

表 8-6

戊产品回归分析计算表

年 度	产量(台)x	总成本(万元)y	xy	x^2
2015	200	205	41 000	40 000
2016	220	226	49 720	48 400
2017	260	258	67 080	67 600
2018	240	244	58 560	57 600
2019	300	290	87 000	90 000
2020	280	287	80 360	78 400
$n=6$	$\sum x=1\,500$	$\sum y=1\,510$	$\sum xy=383\,720$	$\sum x^2=382\,000$

根据表 8-6,计算 a,b 值如下:

$$b=\frac{6\times 383\,720-1\,500\times 1\,510}{6\times 382\,000-1\,500^2}=\frac{37\,320}{42\,000}=0.888\,6(万元)$$

$$a=\frac{1\,510-0.888\,6\times 1\,500}{6}=\frac{177.10}{6}=29.516\,7(万元)$$

若 2021 年计划生产戊产品 320 台,则

预测产品总成本 $=29.516\,7+0.888\,6\times 320=313.868\,7$(万元)

预测单位产品成本 $=313.868\,7\div 320=0.980\,8$(万元)

(四)可比产品成本降低指标的预测

可比产品成本降低指标有两个,即可比产品成本降低额和可比产品成本降低率。

预测可比产品成本降低指标,一定要从实际出发,实事求是,保证企业计划指标建立在积极平衡和先进水平的基础上,把企业内部潜力最大限度地挖掘出来。

产品成本是由各产品成本项目构成,分析、预测产品成本降低幅度也应从分析、预测有关成本项目的成本降低幅度着手,即通过对计划期由于市场变化和采取技术组织措施所引起的主要成本项目的变化程度进行分析,来预测计划期有关可比产品的成本降低率和降低额。一般采用因素分析法,其基本步骤如下。

1. 计算上年预计平均单位成本和按上年预计(实际)平均单位成本计算的计划年度可比产品总成本 计划年度可比产品降低率和降低额是以上年平均单位成本为基数计算的。因此,进行成本降低幅度的预测,必须首先确定上年可比产品的全年平均单位成本。其计算公式如下:

$$\text{上年预计平均单位成本} = \frac{\text{上年1~9月份实际平均单位成本} \times \text{上年1~9月份实际产量} + \text{上年10~12月份预计单位成本} \times \text{上年10~12月份预计产量}}{\text{1~9月份实际产量} + \text{10~12月份预计产量}}$$

$$\text{按上年预计(实际)平均单位成本计算的计划年度可比产品总成本} = \text{可比产品上年预计(实际)成本总额} \times \left(1 + \text{计划年度产量增长率}\right)$$

2. 测算各主要因素变动对成本降低的影响程度 一般以成本项目作为主要因素测算如下。

(1) 预测材料费用变动对产品成本降低的影响 产品成本中材料费用的大小,主要取决于单位产品的材料消耗定额和材料单位价格两项因素。当材料价格不变时,降低材料消耗定额可以相应减少单位产品成本中的材料费用,且两者降低的幅度一致。由于材料费用只占产品成本的一部分,因此,计算材料消耗定额的降低所形成的节约对产品成本影响的计算公式如下:

$$\text{材料消耗定额变动引起的成本降低率} = \text{材料消耗定额降低率} \times \text{材料费用占成本的百分比}$$

$$\text{材料消耗定额降低率} = \frac{\text{调整前材料消耗定额} - \text{调整后材料消耗定额}}{\text{调整前材料消耗定额}} \times 100\%$$

当材料消耗既定时,材料价格变动影响产品成本降低幅度的计算公式如下:

$$\text{材料价格变动影响的成本降低率} = \text{材料价格降低率} \times \text{材料费用占成本的百分比}$$

$$\text{材料价格降低率} = \frac{\text{材料价格降低额}}{\text{调整前材料价格}} \times 100\%$$

如材料消耗定额和材料价格同时变动,可以综合计算,其计算公式如下:

$$\text{材料消耗定额及价格同时变动影响的成本降低率} = \left[1 - \left(1 - \text{材料消耗定额降低率}\right) \times \left(1 - \text{材料价格降低率}\right)\right] \times \text{材料费用占成本的百分比}$$

燃料及动力费用变动对产品成本影响的计算,可参照材料费用项目的计算方法。

(2) 预测人工费用变动对产品成本的影响　　单位产品生产工人人工费用的大小,主要取决于生产工人劳动生产率和生产工人平均人工水平两个因素。需分别两种情况来预测人工费用对产品成本的影响。

由于劳动生产率提高(生产工人人数和人工费用水平不变)而形成的成本降低率的计算公式如下:

$$\text{劳动生产率提高影响的成本降低率} = \left(1 - \frac{1}{1+\text{劳动生产率提高率}}\right) \times \text{生产工人人工费用占成本的百分比}$$

由于劳动生产率的提高超过平均人工费用增长率而形成的成本节约,计算公式如下:

$$\text{劳动生产率和平均人工费用共同影响下的成本降低率} = \left(1 - \frac{1+\text{平均人工费用增长率}}{1+\text{劳动生产率提高百分比}}\right) \times \text{生产工人人工费用占成本的百分比}$$

由于以产量表示的劳动生产率和以工时表示的劳动生产率互为倒数,所以,当掌握了预测年度工时定额降低幅度的资料时,工时定额降低影响成本降低率的计算公式如下:

$$\text{工时定额降低影响的成本降低率} = \left(1 - \frac{1+\text{平均人工费用增长率}}{\frac{1}{1-\text{工时定额降低率}}}\right) \times \text{生产工人人工费用占成本的百分比}$$

或

$$= \left[1 - \left(1 - \frac{\text{工时定额}}{\text{降低率}}\right)\left(1 + \frac{\text{平均人工}}{\text{费用增长率}}\right)\right] \times \text{生产工人人工费用占成本的百分比}$$

(3) 预测制造费用变动对产品成本降低的影响　　单位产品制造费用的大小,主要取决于制造费用本身的增减和产品产量增减两个因素。企业制造费用中一部分属于固定费用,如管理人员工资、办公费、差旅费等;一部分属于半变动费用,如消耗材料、低值易耗品摊销、运输费等。当企业产量增长超过制造费用增长时,就会使单位产品所分摊的制造费用减少,从而降低产品成本。由制造费用影响产品成本降低程度的计算公式如下:

$$\text{制造费用变动影响成本降低率} = \left(1 - \frac{1+\text{制造费用增长率}}{1+\text{产量增加率}}\right) \times \text{制造费用占产品成本的百分比}$$

也可将制造费用中的固定费用和半变动费用分开计算,公式如下:

$$\text{制造费用中固定费用变动影响成本降低率} = \left(1 - \frac{1}{1+\text{产量增加率}}\right) \times \text{固定费用占产品成本的百分比}$$

$$\text{制造费用中半变动费用变动影响成本降低率} = \left(1 - \frac{1+\text{半变动费用增加率}}{1+\text{产量增加率}}\right) \times \text{半变动费用占产品成本的百分比}$$

(4) 预测废品损失变动对产品成本降低的影响　　生产过程中的废品损失要计入

第八章 成本预测和成本决策

合格品的成本中。废品增加,合格品的成本就高;反之,合格品的成本就低。废品损失减少影响产品成本降低程度的计算公式如下:

$$\frac{废品损失变动}{影响成本降低率} = \frac{废品损失}{减少率} \times \frac{废品损失占产品}{成本的百分比}$$

3. 综合测算计划年度可比产品成本降低率和降低额　综合以上计算结果,即可求得计划年度可比产品成本总降低率和总降低额。其计算公式如下:

$$\frac{计划年度可比}{产品成本降低率} = \sum \frac{各项主要因素变动}{影响成本降低率}$$

$$\frac{计划年度可比}{产品成本降低额} = \frac{按上年预计(实际)平均单位成本}{计算的计划年度可比产品总成本} \times \frac{计划年度可比}{产品成本降低率}$$

如可比产品成本降低后仍未达到目标成本,成本管理部门应会同有关部门共同研究讨论,进一步挖掘潜力,补充、调整有关措施,以保证目标成本的实现。

【例 8-7】　华艾工厂计划年度预计 P 产品产量比上年增长 15%,实际生产 P 产品 200 000 件。按目标成本要求计划年度的成本降低率为 4%。有关资料如表 8-7 所示。

表 8-7

P 产品年度成本资料表

成本项目	本年度预计总成本(万元)	成本构成	预计计划年度成本变动幅度
直接材料	50 000	50%	消耗定额降低 6%,价格提高 5%
燃料和动力	16 000	16%	消耗定额降低 7%,价格提高 10%
直接人工	18 000	18%	平均工资增加 5%,劳动生产率提高 8%
制造费用	14 000	14%	节约开支 10%
废品损失	2 000	2%	废品损失降低 12%
合　计	100 000	100	

根据上列资料对 P 产品计划年度成本预测如下:

(1) 原材料消耗定额和价格变动对成本降低的影响。由原材料成本降低率来反映:

$$原材料成本降低率 = [1-(1-6\%) \times (1+5\%)] \times 50\% = 0.65\%$$

(2) 燃料和动力消耗定额和价格变动对成本降低的影响。由燃料和动力成本降低率来反映:

$$燃料和动力成本降低率 = [1-(1-7\%) \times (1+10\%)] \times 16\% = -0.37\%$$

(3) 人工费用变动对成本降低的影响。由人工费用成本降低率来反映:

$$\text{人工费用成本降低率} = \left(1 - \frac{1+5\%}{1+8\%}\right) \times 18\% = 0.50\%$$

(4) 制造费用变动对成本降低的影响。由制造费用成本降低率来反映：

$$\text{制造费用成本降低率} = \left(1 - \frac{1-10\%}{1+15\%}\right) \times 14\% = 3.04\%$$

(5) 废品损失变动对成本降低的影响。由废品损失成本降低率来反映：

$$\text{废品损失成本降低率} = 12\% \times 2\% = 0.24\%$$

P产品计划年度成本降低率如下：

$$0.65\% - 0.37\% + 0.50\% + 3.04\% + 0.24\% = 4.06\%$$

P产品低于目标成本的要求。

P产品计划年度成本降低额如下：

$$100\,000 \times (1 + 15\%) \times 4.06\% = 4\,669(\text{万元})$$

各成本项目降低情况计算如表8-8所示。

表8-8

P产品成本预测计算表

金额单位：万元

成本项目	比重①	本年度实际总成本②	按本年度单位成本计算的计划年度总成本③=②×115%	成本降低率④	成本降低额⑤=∑③×④	成本降低后的计划总成本⑥=③-⑤
直接材料	50%	50 000	57 500	0.65%	747.50	56 752.50
燃料和动力	16%	16 000	18 400	0.37%	−425.50	18 825.50
直接人工	18%	18 000	20 700	0.50%	575.00	20 125.00
制造费用	14%	14 000	16 100	3.04%	3 496.00	12 604.00
废品损失	2%	2 000	2 300	0.24%	276.00	2 024.00
合　　计	100	100 000	115 000	4.06	4 669.00	110 331.00

第二节　成　本　决　策

一、成本决策的意义

成本决策是指运用决策理论和方法，在预测、分析多个成本方案的基础上，权衡利弊，从中选择最佳方案的过程，是现代企业成本管理中的重要组成部分。

成本决策涉及对成本有影响的各个方面,从理论上说每一个环节都应选择最优的成本决策方案。一般说来,决策正确与否,直接影响着企业未来的经营前途和经济效益的水平。决策正确,就能取得预期的经济效益或社会效益,增强企业的竞争实力。决策错误,就会使企业遭受损失,甚至导致企业破产。进行成本决策的标准:一是可行性,指方案的实现是合理可行的,包括技术上、设备上、原材料供应等各方面都有可行性,符合社会需求,适合我国国情,经过一定努力可以实现;二是经济性,指方案对有限的经济资源做到合理利用,以最少的耗费取得最大的经济成果。离开这两个标准的方案是不可取的。正确的成本决策是企业实现成本事前控制和提高经济效益的重要途径。

二、成本决策的分类

成本决策贯穿整个生产经营的全过程,与前期的成本预测紧密衔接,成本预测的结果是成本决策的前提,成本决策必须以成本预测为基础。按成本决策在生产经营过程中所处的阶段和涉及的时间长短,可分为短期决策和长期决策。

(一)短期成本决策

凡决策方案对企业经济效益的影响程度在一年以内的成本决策,称为短期成本决策。其主要特点为一般不需投入较多资金,产生经济效益较快,主要是充分利用现有资源进行成本决策。短期成本决策的内容大多为生产经营过程中的成本决策,如生产工序、生产批量的合理安排的决策;零部件自制或外购、半成品进一步加工或出售的决策等。短期成本决策对企业未来的经营方向无直接影响,所涉及的因素一般是既定的,因而是一种确定性成本决策。

(二)长期成本决策

凡决策方案对企业经济效益的影响程度在一年以上的成本决策,称为长期成本决策。其主要特点为需要投入较多资金,而且产生经济效益较慢。长期成本决策的内容大多为生产经营规划中的成本决策,如新建、扩建企业(网点)的决策,老产品革新、改造的决策,目标成本决策,设计成本决策;也包括一些生产组织中的成本决策等。长期成本决策对企业的发展具有战略意义,所涉及的因素是多变的,大多属于风险性成本决策。

三、成本决策中涉及的成本概念

为了正确进行成本决策,需多方位、多角度地认识成本,对成本作进一步剖析,确认按不同标志进行分类后的成本在决策中的地位和作用,便于成本决策工作的顺利进行。

(一)差别成本和边际成本

可供选择的决策备选方案之间预期成本的差额称为差别成本,亦称差异成本。差别成本的含义有广义和狭义之分。广义的差别成本是指两个备选方案的预期成本之间的差额。例如,企业生产中所需的零件可以自制,也可以委托加工,将这两个方案进行比较,计算出来的成本差额即为差别成本,是成本决策的依据。狭义的差别成本是指在同一产品的生产中,由于生产能力利用不同而引起的不同产量水平下成本的差额。成本决策中常对差别成本予以广义的理解。

边际成本是指成本对产量无限小变化的变动部分。在实际工作中，产量无限小的变化，最小只能小到一个单位，小于一个单位就没有实际意义了。因此，边际成本的实际计量，就是产量增加或减少一个单位所引起的成本变动。在相关范围内，增加或减少一个单位的差别成本，就是单位产品的变动成本。在这个范围内，边际成本和差别成本、变动成本是一致的。边际成本具有两个重要的性质：① 当边际成本与边际收入相等时，边际利润为零，此时可获得最大的利润值。② 当某产品的平均成本与边际成本相等时，其平均成本达到最低。这两个性质对企业选择最优经营决策是非常有用的。

（二）付现成本和沉没成本

付现成本又称现金支出成本，是指那些由于某项决策而引起的需要在未来动用现金支付的成本。在决策过程中，全面衡量各个备选方案在经济上是否真正有利时，不能仅比较备选方案的总成本，还应对付现成本予以必要的考虑。特别是在企业资金比较拮据，筹资又有困难时，可能选择总成本较高而付现成本较低的方案更为有利。

沉没成本又称沉落成本，是指那些由于过去的决策所引起的，已支付过款项的成本。这些成本已经发生，无法被现在或将来的任何决策所变更。因此，这种成本与未来决策无关，可不考虑。需考虑的是沉没成本形成的资产的变现价值，因为这是一项未来成本，有导致决策差别的能力。

（三）历史成本和重置成本

历史成本是指过去为取得现有资产而实际发生的全部支出。历史成本通常是成本会计注意的成本。

重置成本是指以现在的市场价格取得的某项现有资产所需支付的全部费用。企业在进行成本决策时，应以有关资产的重置成本为依据，而不能以历史成本为依据，否则会误入歧途。

（四）可避免成本和不可避免成本

可避免成本是指决策者通过某项决策行动可以改变其数额或决定其是否会发生的成本。

不可避免成本是指不因决策者的某项决策结论或行动而改变其数额的成本。

（五）机会成本

机会成本是指在决策分析中，从各个备选方案中选取最优方案而放弃次优方案所失去的潜在利益。它可以理解为由于放弃某一机会而失去的收益。机会成本并非实际支出，不记入会计账簿，但在决策中必须加以考虑，这个潜在的收益要从选择的最优方案中得到补偿。

（六）专属成本和共同成本

专属成本是指可以明确归属于某种、某批产品或某个部门等某些特定对象的固定成本,又称特定成本。

共同成本是指几个备选方案都需负担,且金额相同的固定成本,是与专属成本相对应的概念。

(七) 有关成本和无关成本

有关成本是指与决策方案有关联的成本,是进行成本决策时必须考虑的成本,如差别成本、边际成本、付现成本、重置成本、不可避免成本、机会成本、专属成本等。无关成本是指与决策方案无关联的成本,在进行成本决策时无须考虑的成本,如沉没成本、历史成本、可避免成本、共同成本等。区分有关成本和无关成本对管理人员进行决策分析十分重要,它不仅可以减少收集、分析成本资料的工作量,还可以保证分析、评价结果的准确性。

四、成本决策的方法

成本决策的方法与成本预测的方法一样,可分为定性决策方法和定量决策方法两类。应根据决策的内容、性质、资料状况,选择适合的方法进行决策。

定性决策分析法是指依靠有丰富经验的专业人员,利用对直观材料的分析和逻辑推理,对备选方案作出评价和选择的方法,适用于缺乏完整历史资料的项目。

定量决策分析法是指运用现代数学方法和管理科学原理,将决策涉及的变量与决策目标之间的关系,通过建立数学模型据以分析决策的方法,适用于具备完整历史资料的项目。定性、定量成本分析方法都可单独作为决策方法,但如配合使用,互补互助,定能使成本决策更加完善。这里主要介绍定量成本分析方法中的几种常用方法。

(一) 差量分析法

差量分析法也称差额成本法,是指将两个或两个以上备选方案的成本进行比较,计算出不同方案的成本差量,从中选出最优方案的方法;或当两个备选方案具有不同的预期收入和预期成本时,根据比较不同方案间的差量收入和差量成本后求得差量损益来分析选择最优方案的方法。不同备选方案之间的差别叫做差量。不同备选方案预期收入的差异称为差量收入,不同备选方案预期成本的差异称为差量成本。差量收入与差量成本的差异称为差量损益。当差量收入大于差量成本时,其差异为差量收益,当差量收入小于差量成本时,其差异为差量损失。分析程序如图8-2所示。

$$\left.\begin{array}{l}\text{预期收入}\left\{\begin{array}{l}\text{A方案}\\\text{B方案}\end{array}\right\}\begin{array}{c}\text{差异数}\\(\text{差量收入})\end{array}\\\text{预期成本}\left\{\begin{array}{l}\text{A方案}\\\text{B方案}\end{array}\right\}\begin{array}{c}\text{差异数}\\(\text{差量成本})\end{array}\end{array}\right\}\begin{array}{c}\text{差异数}\\(\text{差量损益})\end{array}\left\{\begin{array}{l}\text{差量收入}>\text{差量成本}\\(\text{差量收益})\\\text{差量收入}<\text{差量成本}\\(\text{差量损失})\end{array}\right.$$

图8-2 差量分析法分析程序

差量分析法可用于零部件自制或外购的成本决策、是否进一步加工半成品的成本决策、亏损产品是否停产的成本决策等。

【例 8-8】 华欣工厂生产的 A 产品由甲、乙、丙、丁四个部件组装而成,组装费用为每件 710 元,这些零部件可以自制、外购或委托加工。在成本预测的基础上采用差量分析法比较三种零部件取得方式的最低成本,并进行成本决策,如表 8-9 所示。

表 8-9

A 产品零部件取得方式决策表

单位:元

零部件	备选方案			决策	
	自制	外购	委托加工	最优方案	成本金额
甲	800	870	900	自制	800
乙	590	580	620	外购	580
丙	400	380	380	外购或委托加工	380
丁	550	580	530	委托加工	530

最优方案零部件成本=800+580+380+530=2 290(元)

产品决策成本=2 290+710=3 000(元)

由决策表可知,A 产品的四个零部件的取得决策应为:

甲自制、乙外购、丙外购或委托加工、丁委托加工。

【例 8-9】 华为工厂生产的 B 产品呈亏损状态,业务部门建议停止生产,以减少亏损,增加盈利。成本会计部门根据 B 产品上半年的有关资料(见表 8-10),采用差量分析法分析如下。

表 8-10

B 产品有关资料表

单位:元

销售数量(台)	销售单价	销售收入总额	单位变动成本	固定成本	销售成本总额	亏损总额
5 000	320	1 600 000	280	286 000	1 656 000	86 000

为了判断 B 产品的停产是否真正能使企业增加盈利,必须计算和比较由于停产造成的差别收入和差别成本情况,其计算如表 8-11 所示。

表 8-11

B 产品停产与否差量分析表

单位:元

摘　　要	继续生产	停　产	差　量
差量收入			
继续生产:5 000×320	1 600 000		1 600 000
停产:0		0	
差量成本			
继续生产:5 000×280	1 400 000		1 400 000
停产:0		0	
继续生产获得的差量收益	200 000	0	200 000

表 8-11 的计算中,在差量成本上,考虑了变动成本,而未计算固定成本,这是因为变动成本是与产品的生产和销售直接联系的,而固定成本在一定范围内,无论 B 产品是否生产,都是照常发生的,不计入 B 产品的成本,就要计入其他成本,是与"经营期间"相联系的成本。从表 8-11 中可知,B 产品的差量收入大于差量成本 200 000 元,说明撇开固定成本因素,B 产品为企业的利润总额作出了积极贡献。如果停止生产 B 产品,就会使企业利润总额在原有基础上减少 200 000 元。因此,该项目的最后决策是:继续生产 B 产品;如果条件发生变化,即停止生产 B 产品后,有关固定资产出租,可获得 200 000 元以上收入的,则停止生产 B 产品。

(二) 概率分析法

概率分析法是把决策所涉及的随机变量与条件价值联系起来选择最优方案的决策方法。概率分析法可用于零部件自制或外购的成本决策,添置或租用设备的决策等。

【例 8-10】 华爱工厂生产 C 产品,需新增专用检测仪器一台,成本预测后提供三个备选方案:① 购买检测仪器、价值 168 000 元,使用期限 4 年,使用中每月需支付维修保养费 600 元。② 委托有关单位进行产品检测,每件产品检测费为 30 元。③ 租用检测仪器,每月基本租金 2 800 元,使用中每检测一件产品需另支付保养费 5 元。假定生产 C 产品月产量为 180 件的概率是 20%,为 150 件的概率是 50%,为 120 件的概率是 30%。采用概率分析法选择方案,如表 8-12 所示。

由表 8-12 所示的概率分析结果可知,华爱工厂租用检测仪器使用的成本最低,每月耗费为 3 535 元,应选择租用检测仪器的方案。

表8-12

C产品专用检测仪器预期成本价值分析表

金额单位:元

方　案	事　件	概率	条件价值	预期成本价值
① 购买 价值168 000元,可使用4年,月保养费600元	检测件数不限,月折旧费用3 500元	1	4 100	4 100
② 委托检测 每件30元	检测180件 150件 120件	0.2 0.5 0.3	5 400 4 500 3 600	1 080 2 250 1 080 4 410
③ 租用 基本月租2 800元,另加检测保养费5元/件	检测180件 150件 120件	0.2 0.5 0.3	3 700 3 550 3 400	740 1 775 1 020 3 535

(三)量本利分析法

量本利分析法是指通过对备选方案的业务量、成本、利润之间的依存关系进行分析,确定在特定情况下哪个方案最优的方法。量本利分析法的关键是确定成本分界点(也称成本平衡点)。所谓成本分界点是指两个备选方案的预期成本相等时的业务量。确定了成本分界点,可以明确在某个业务量范围内哪个方案最优。这一方法可用于零件是自制还是外购的决策和采用不同工艺进行加工的决策等。

成本分界点业务量的计算公式如下:

$$成本分界点业务量 = \frac{两方案相关固定成本之差}{两方案单位变动成本之差}$$

设成本分界点业务量为 x。A方案的固定成本为 a_1,单位变动成本为 b_1;B方案的固定成本为 a_2,单位变动成本为 b_2,且满足 $a_1 > a_2, b_1 < b_2$,则

$$x_0 = \frac{a_1 - a_2}{b_2 - b_1}$$

若业务量等于 x_0,则A、B两方案成本相等,均可行。

若业务量小于 x_0,则固定成本较低的B方案优于A方案。

若业务量大于 x_0,则变动成本较低的A方案优于B方案。

【例8-11】 华光工厂生产D产品,年产量约为6 000件,现拟有甲、乙两个工艺方案。其中,甲方案的固定成本为200 000元,单位变动成本为53元,乙方案的固定成本为100 000元,单位变动成本为73元,试对选择工艺方案作出决策。

计算甲、乙两方案的成本分界点，设成本分界点为 x_0，则

$$x_0 = \frac{200\,000 - 100\,000}{73 - 53} = 5\,000（件）$$

或

$$200\,000 + 53x_0 = 100\,000 + 73x_0$$

$$x_0 = 5\,000（件）$$

因年产量（6 000 件）大于成本分界点业务量（5 000 件），故应选用单位变动成本较低的甲方案。

量本利分析法还可以采用图解法求解，其答案可更加直观，形象地在坐标上显现出来，使决策方案一目了然。[例 8-11]的图解如图 8-3 所示。

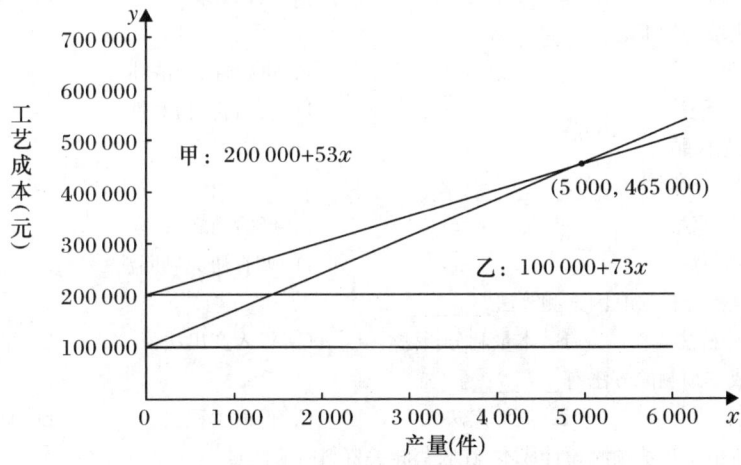

图 8-3　D 产品工艺方案量本利图解法

课后练习题

一、判断题

1. 只要采用科学的方法进行成本预测，预测的结果与实施的结果一定是一致的。　　（　）
2. 成本预测分定量分析和定性分析两类方法，进行成本预测时只需选择其中一种即可。（　）
3. 用高低点法进行成本预测较为简便，但准确性较差。　　　　　　　　　　　　　（　）
4. 可比产品成本降低指标的预测，通常采用回归分析法。　　　　　　　　　　　　（　）
5. 材料消耗定额及价格同时变动影响的成本降低率＝[1－(1－材料消耗定额降低率)×(1－材料价格降低率)]　　　　　　　　　　　　　　　　　　　　　　　　　　　　　（　）
6. 计划年度可比产品成本降低率 ＝ $\sum$ 各项主要因素变动影响成本降低率　　　（　）
7. 差别成本有广义和狭义之分，成本决策中通常予以广义的理解。　　　　　　　（　）

8. 不可避免成本是指不因决策者的某项决策结论或行动而改变其数额的成本。（ ）
9. 以差量分析法确定的最优方案,是成本较低的那个方案。（ ）
10. 用量本利分析法作成本决策,关键是确定目标成本。（ ）

二、单项选择题

1. _____ 提供的方案要求详细,最好同时配合考虑降低成本的具体措施。
   A. 短期预测　　　　　B. 中期预测　　　　　C. 长期预测　　　　　D. 中长期预测
2. 下列成本决策如_____属长期决策。
   A. 生产批量合理安排　　　　　　　　　B. 零部件自制或外购
   C. 设计成本决策　　　　　　　　　　　D. 半成品进一步加工或出售
3. 在成本决策中,下列_____是有关成本。
   A. 专属成本　　　　　B. 历史成本　　　　　C. 沉没成本　　　　　D. 可避免成本
4. 成本决策的标准有_____。
   A. 可行性、社会性　　　　　　　　　　B. 可行性、经济性
   C. 社会性、经济性　　　　　　　　　　D. 可行性、盈利性

三、多项选择题

1. 成本定性预测法有_____。
   A. 专家判断法　　　　　　　　　　　　B. 经验判断法
   C. 分析判断法　　　　　　　　　　　　D. 调查研究判断法
2. 因果预测分析法有因素测算法、_____。
   A. 回归分析法　　　　B. 本量利分析法　　　C. 投入产出法　　　　D. 平滑指数法
3. 设计成本预测的方法有_____。
   A. 概算法　　　　　　B. 高低点法　　　　　C. 价值工程法　　　　D. 直接法
4. 采用价值工程法预测设计成本,在收集相关资料时应注意_____。
   A. 准确性　　　　　　B. 适时性　　　　　　C. 可靠性　　　　　　D. 针对性
5. 产品成本变动趋势的预测方法有_____。
   A. 概算法　　　　　　B. 高低点法　　　　　C. 因素分析法　　　　D. 回归分析法
6. 影响可比产品成本降低指标的因素主要有_____。
   A. 材料费用　　　　　B. 人工费用　　　　　C. 制造费用　　　　　D. 废品损失
7. 下列成本决策如老产品革新改造决策、_____属长期决策。
   A. 新建扩建企业（网点）决策　　　　　B. 生产工序合理安排决策
   C. 设计成本决策　　　　　　　　　　　D. 目标成本决策
8. 在成本决策中,边际成本、不可避免成本、差别成本、_____是有关成本。
   A. 沉没成本　　　　　　　　　　　　　B. 重置成本
   C. 历史成本　　　　　　　　　　　　　D. 机会成本
9. 定量决策法主要有_____。
   A. 差量分析法　　　　　　　　　　　　B. 本量利分析法
   C. 概率分析法　　　　　　　　　　　　D. 因素分析法

四、计算分析题

1. 目标成本的预测

东华公司开发新产品 A,预测单位售价 1 000 元,税金附加率为 5%。

要求:

(1) 比照同类老产品的销售利润率 15%,测算该产品的单位目标成本。

(2) 若单位售价降至 950 元,预计 A 产品年销量可达 1 800 件,测算该产品的目标成本总额和单位目标成本。

2. 用功能分析法预测产品成本

伟华工厂开发新产品 B,主要部件为甲、乙、丙、丁、戊五部分。预测目标成本为 1 060 元,其部件设计成本及功能分析情况如表 8-13 所示。

表 8-13

B 产品零部件功能评价系数表

部件名称	单位设计成本（元）	功　能　一　对　一　比　较				
		甲	乙	丙	丁	戊
甲	400	×	1	0	1	1
乙	136	0	×	0	1	0
丙	210	1	1	×	0	0
丁	98	0	0	1	×	0
戊	326	0	1	1	1	×
合　计	1 170	—	—	—	—	—

要求:用功能分析法测算按功能系数分配的各部件的目标成本及为达到目标成本要求各部件应降低的成本额,试作简要文字说明。

3. 用高低点法和回归分析法预测产品成本

(1) 爱华工厂 C 产品有关历史资料如表 8-14 所示。

表 8-14

C 产品历年产量及总成本表

项　目	年　份					
	2015	2016	2017	2018	2019	2020
产量(台)	6 500	7 200	6 800	7 000	7 600	8 000
总成本(万元)	6 800	7 120	6 900	7 100	7 580	8 000

(2) 2021 年预计 C 产品产量为 8 200 台。

要求：

(1) 用高低点法测算 2021 年 C 产品的总成本。

(2) 用回归分析法测算 2021 年 C 产品的总成本。

4. 用因素分析法预测可比产品的成本降低幅度

新华股份有限公司长年生产 D 产品，已确定的计划年度的产量按上年平均单位成本计算的 D 产品总成本为 3 800 万元。各项成本的比重分别为：原材料 70%，燃料及动力 8%，人工费用 12%，制造费用 8%，废品损失 2%。

计划年度已确定下列因素使产品成本水平较上年发生变动：产量增长 25%，原材料消耗定额压缩 2%，原材料价格平均下跌 5%，燃料及动力消耗上升 4%，人工费用增长 6%，劳动生产率（人均产量）提高 10%，制造费用总额下降 8%，废品损失率较上年降低 20%。

要求：

(1) 按成本项目计算成本降低率。

(2) 计算 D 产品计划年度总成本的降低率及降低额。

5. 用差量分析法进行成本决策

海华公司年生产 E 产品 8 000 件，单位变动成本 10 元，单位固定成本 7 元，单位售价为 22 元。如将 E 产品进一步加工为 F 产品，单位售价可提高到 30 元，但需追加单位变动成本 4 元，固定成本 28 000 元。

要求：用差量分析法作出是生产 E 产品还是将 E 产品进一步加工成 F 产品的决策。

6. 用概率分析法进行成本决策

大华公司在码头暂存 G 产品 5 000 袋，每袋 40 元，共计 200 000 元，约 20 天后可装船运走。如露天存放，遇小雨将损失 20%，遇大雨将损失 40%；如租赁油布遮盖，每天租金 1 000 元，遇小雨损失 5%，遇大雨损失 20%。根据气象预报，20 天内不下雨的概率为 60%，下小雨的概率为 30%，下大雨的概率为 10%。

要求：用概率分析法作出该批 G 产品露天存放还是租用油布的决策。

7. 用量本利分析法进行成本决策

(1) 浦江工厂生产甲产品，年产量约为 7 500 件，现拟有 A、B 两个工艺方案。其中：A 方案的固定成本为 320 000 元，单位变动成本为 41 元；B 方案的固定成本为 200 000 元，单位变动成本为 56 元。

(2) 乐华工厂生产 H 产品，每年需耗用甲零件约 4 000 件，甲零件若外购，采购成本为 20 元/件；若自制，需单位变动成本 14 元。年固定成本为 30 000 元（企业有现成的生产能力）。

要求：

(1) 根据"资料(1)"，对选择甲产品工艺方案作出决策。

(2) 根据"资料(2)"，分别下列情况作出甲零件取得方式的决策，并作简单分析。

① 生产能力无法转移，如不用于生产即闲置。

② 生产能力可出租，每年租金收入 24 000 元。

③ 甲零件的年耗用量不固定，视订单而定。

第九章 成本计划和成本控制

第一节 成本计划

一、成本计划的意义

成本计划是指以货币形式预先规定企业计划期内产品生产耗费和各种产品成本水平的书面文件。成本计划既是企业管理的组成部分,又是企业成本管理的重要环节。在市场经济条件下,企业是按照一定的决策目标组织生产经营活动的,为了实现决策目标,企业必须通过预测目标利润和目标成本,制订切实可行的成本计划,将生产经营活动纳入可控的范围。因此,编制成本计划,对加强成本管理,降低产品成本,提高经济效益具有重要的意义。

(一)成本计划是企业成本控制的重要依据

成本计划规定了企业在一定时期内完成生产任务所需消耗的生产费用额,并确定各种产品的成本水平和降低成本的任务。企业生产经营过程实质上是计划执行过程,在执行计划的过程中,须比照计划,加强对生产经营活动过程的控制。

(二)成本计划是成本考核与分析的基本标准

成本计划指标不仅是产品的成本目标,也是各部门进行成本管理的目标。生产管理部门根据成本计划,将指标分解,逐渐落实到有关的部门和人员,据以控制部门和人员的耗费,并通过定期分析成本计划的完成情况,计算成本差异,分清主客观原因,评价和考核有关部门和人员的工作业绩。

(三)成本计划是编制其他计划的基础

成本计划是财务计划的重要组成部分,是制订利润计划、资金计划的重要依据。只有降低成本,才能节省营运资金,提高经济效益。

二、编制成本计划的原则和步骤

(一)编制成本计划的原则

为了充分发挥成本计划的积极作用,保证企业经营目标的实现,编制成本计划时应遵循下列原则。

1. 以先进合理的技术经济定额为基础　　定额是编制成本计划的基础,要制订先进而又切实可行的成本计划,必须以先进合理的原材料消耗定额和工时定额为基础,以具体的措施作保证,使先进的计划通过努力可以完成,进而取得先进性和现实性的统一。

2. 严格遵守成本开支范围　　编制成本计划须遵守国家财经法规和有关编制成本计划的统一规定，遵守成本开支范围，注意成本计划和成本核算一致性。

3. 与其他有关计划密切衔接　　编制成本计划，要以生产计划、物资供应计划、利润计划、劳动工资计划等为依据，综合反映这些计划预计的效果，同时又要从合理降低产品成本的角度，对相关计划作出制约，使各项计划紧密衔接，相互促进，保证成本计划的有效实施。

（二）编制成本计划的步骤

编制成本计划，一般可按下列步骤进行。

1. 收集和整理资料　　成本会计部门应从各方面收集和整理编制成本计划所需要的资料。主要包括如下内容。① 有关成本计划编制的各项规定和要求。② 计划期企业在销售、生产、物资供应、劳动工资和技术组织措施等方面的计划资料。③ 计划期原材料及辅助材料、燃料及动力、工具等消耗定额、劳动定额及费用定额。④ 新产品的设计资料和目标成本。⑤ 上期实际成本资料及厂内计划价格资料。⑥ 其他企业同类型产品的实际成本资料等。

2. 预计和分析上期成本计划执行情况　　在编制成本计划之前，必须正确预计上年成本计划执行情况，并分析成本升降原因，总结经验，找出降低成本的规律，发扬成绩，纠正错误，挖掘潜力，使成本计划建立在先进且可行的基础上。

3. 进行计划年度成本降低指标的测算　　在完成前两个步骤工作的基础上，结合预定的成本降低指标，测算计划期产品成本降低的幅度，如一次测算达不到要求，应集思广益进一步寻找降低成本的途径，反复测算，直至达到目标成本的要求。

4. 正式编制企业成本计划　　在成本降低指标测算的基础上，以成本会计部门为主，上下结合编制成本计划，并制订保证计划实现的相关措施。

三、成本计划的编制

编制成本计划是一项涉及面广，技术性强的成本管理工作。由于各企业的规模、生产特点和成本管理的要求不同，成本计划的编制方法也有差别，通常可分为三种方法。① 成本计划一级编制方法。即由企业成本会计部门为主，在其他部门的配合下，统一编制成本计划。中小型企业一般采用这种方法。② 成本计划分级编制方法。即由厂部对各车间、部门下达有关控制数字，由车间、部门编制本部门的成本计划，然后由成本会计部门汇总平衡，编制出企业成本计划后再下达贯彻。大型企业一般采用这种方法。③ 成本计划一级和分级结合的编制方法。即成本计划中部分内容采用一级编制方法，部分内容采用分级编制方法，最后汇总成企业成本计划。成本计划一级编制和分级编制的程序如图9-1、图9-2所示。

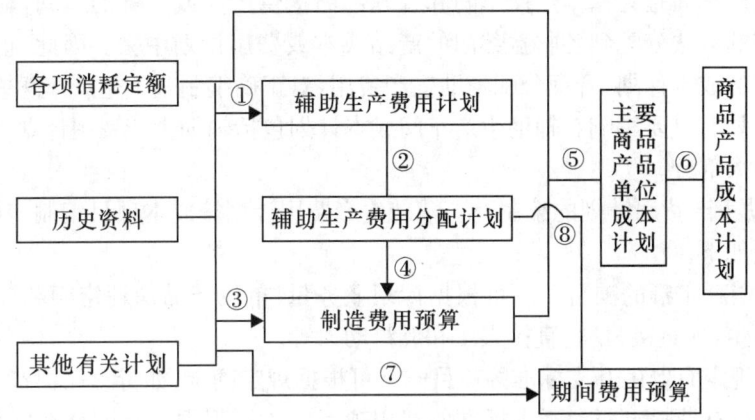

图 9-1 成本计划一级编制程序

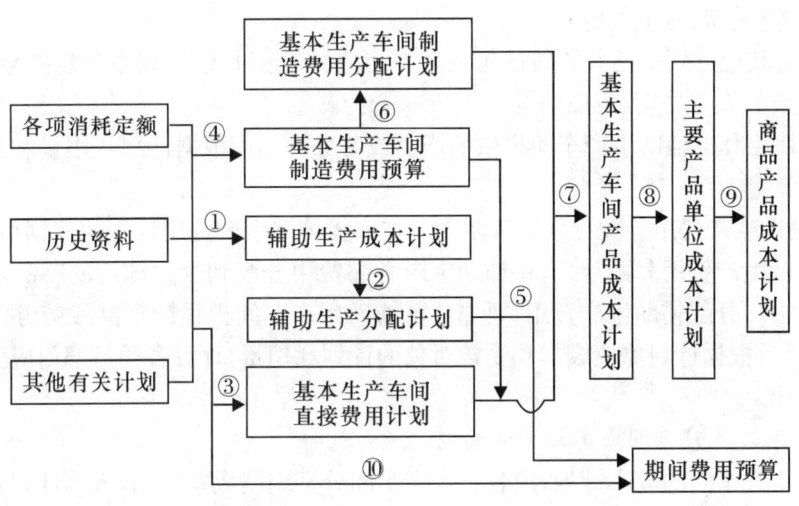

图 9-2 成本计划分级编制程序

在分级编制成本计划时,一般可分为五个步骤:① 编制辅助生产车间成本计划。② 编制基本生产车间成本计划。③ 汇总编制全厂制造费用总预算。④ 汇总编制全厂产品成本计划。⑤ 汇总编制全厂期间费用预算。下面,我们以分级编制成本计划为例,具体介绍成本计划的编制方法。

(一) 辅助生产车间成本计划的编制

辅助生产车间是为基本生产车间和管理部门提供产品或劳务的车间,辅助生产费用应按一定的方法分配到各收益部门的产品成本或费用计划中去。因此,正确编制辅助生产车间的成本计划,合理分配辅助生产费用,对正确编制基本生产车间成本计划和期间费用计划有重要影响。辅助生产车间成本计划包括辅助生产费用计划和辅助生产费用分配两大部分。

1. 辅助生产费用计划的编制　辅助生产费用计划按成本项目编制,其有关数据确定的方法如下。

(1) 有消耗定额的项目　可根据计划业务量、单位产品消耗定额和计划单价等资料计算确定,如直接材料、直接人工和燃料动力等。

(2) 对规定有费用开支标准的项目　可根据规定确定,如劳动保护费等。

(3) 对没有消耗定额和开支标准的费用项目　可根据上年预计实际数,结合本期产量或劳务供应增减情况以及计划期节约费用的要求来确定,如低值易耗品、修理费等。

(4) 对固定费用性质的项目　可根据上年预计实际数和计划期节约费用的要求来确定,如办公费、水电费等。

(5) 对其他计划中已有资料的项目　可直接根据其他计划中确定的数据填列,如管理人员的人工费用、折旧费等。

(6) 耗用其他辅助生产车间提供的产品或劳务　可根据计划耗用量和内部结算价格计算确定。

2. 辅助生产费用分配计划的编制　在完成辅助生产费用计划的编制后,应进一步编制辅助生产费用分配计划,将辅助生产全部费用分配到受益部门的产品成本或费用计划中去。分配辅助生产费用,要先计算辅助生产车间提供的产品或劳务的计划单位成本,然后根据计划单位成本和受益对象的计划耗用量,计算各受益部门应分配的辅助生产费用。

(二) 基本生产车间成本计划的编制

基本生产车间的成本计划,由各个生产车间分别编制成本计划,成本计划有三个编制步骤:第一,编制车间直接费用计划,按产品计算直接费用;第二,编制制造费用预算,并在各产品之间进行分配;第三,编制车间产品成本计划。

1. 车间直接费用计划　车间直接费用计划按成本项目编制,包括直接材料、直接人工、燃料和动力和废品损失等。

(1) 直接材料、燃料和动力项目　应根据各项消耗定额及厂内计划价格计算。如材料消耗定额包括的废料具有回收价值,则应在直接材料项下扣除。在实际工作中有些材料物资由于品种多、消耗量小,也可参照上年实际发生额,结合计划期节约消耗的要求来确定材料的消耗额。但对主要材料、燃料和动力一定要以先进合理的消耗定额为基础。

（2）直接人工项目　　应根据计划期相关产品的工时定额及每小时生产工人人工费用计算确定。每小时生产工人人工费用是以生产工人计划人工费用除以计划期各产品所需生产工人总工时计算求得的。

（3）废品损失项目　　只是指在一些工艺上有不可避免废品损失的企业才允许编入成本计划，包括因废品损失而发生的一切费用扣除残值后的损失净额，但也应结合计划期降低损失的要求来确定。

（4）由上一车间转来的半成品　　编制直接费用计划的处理与实际成本核算方法一致，采用平行结转法或逐步结转法。平行结转法不计算前一车间转来的半成品成本，逐步结转法则应将上一车间转来的半成品成本列入"直接材料"或"自制半成品"成本项目中。

2. 制造费用预算　　制造费用是车间为制造产品和提供劳务而发生的应计入产品成本的各项间接费用。在生产成本中，是除了直接材料、直接人工及燃料和动力以外的一切生产性费用。制造费用预算是按费用项目来反映的，其编制方法主要有固定预算法和弹性预算法。固定预算法是按某一预定业务量水平确定相应的固定预算数的方法。对于一些与经营业务量无关或关系不大的制造费用，如办公费、管理人员人工费用等项目，通常采用固定预算法。弹性预算法是在不能准确预测业务量的情况下，根据本量利之间有规律的数量关系，按照一系列业务量水平（一般可定在正常生产水平的70%～110%之间）编制的有伸缩性的预算，可同时给出不同业务量水平下的费用预算数。其编制方法如表9-1所示。

表9-1

制造费用预算表

部门：××车间　　　　　　　　　2021年度　　　　　　　　　金额单位：元

生产量（件）	2 800	3 200	3 600	4 000	4 400
占正常生产能力（%）	70	80	90	100	110
变动费用					
动力（$b=1.2$）	33 600	38 400	43 200	48 000	52 800
消耗材料（$b=0.3$）	8 400	9 600	10 800	12 000	13 200
变动费用合计	42 000	48 000	54 000	60 000	66 000
混合费用					
维护费	8 000	8 200	8 500	8 700	9 000
水电费	9 200	9 600	9 800	10 000	11 000
混合费用合计	17 200	17 800	18 300	18 700	20 000
固定费用					

(续表)

折旧费	15 000	15 000	15 000	15 000	15 000
管理人员人工费用	50 000	50 000	50 000	50 000	50 000
其他	8 000	8 000	8 000	8 000	8 000
固定费用合计	73 000	73 000	73 000	73 000	73 000
制造费用总计	132 200	138 800	145 300	151 700	159 000

制造费用分配可以生产工人工时、机器工时为标准，企业可根据实际情况选用。

3. 车间产品成本计划的编制　　车间产品成本计划，应按产品成本项目反映各种产品的计划单位成本和总成本，根据各种产品的直接费用计划和制造费用分配计划，结合计划期完工产品进行编制。

（三）制造费用总预算的编制

制造费用总预算是在各车间制造费用预算的基础上编制的。它是根据辅助生产车间、基本生产车间的制造费用预算资料按明细项目汇总列示的。制造费用总预算可用作控制和监督制造费用发生额的标准，将实际制造费用与预算相比较，可以分析和评价制造费用耗用的情况，查出超支或节约的原因。

（四）全厂产品成本计划的编制

企业成本会计部门对各车间上报的成本计划进行审核后，综合编制全厂产品成本计划。全厂产品成本计划包括以下两项指标。

1. 主要产品单位成本计划　　主要产品单位成本计划是根据基本生产车间成本计划编制的。在采用逐步结转法核算时，可直接在最后一个生产车间的计划单位成本基础上编制，如果要求按原始成本项目反映成本构成，则需将最后一个生产车间计划单位成本中的"自制半成品"项目逐步分解后编制。在采用平行结转法核算时，将各基本生产车间同一产品的单位成本按成本项目分别相加，就是该产品的计划单位成本。

2. 商品产品成本计划　　商品产品成本计划是根据各种产品单位成本计划，结合计划产量编制的。可按成本项目编制，也可按产品类别编制。它将全部产品分为可比产品和不可比产品两部分。根据各种产品的单位成本、计划产量，确定全部产品的计划总成本。对可比产品部分，还要将按上年预计（或实际）平均单位成本计算的总成本和按计划单位成本计算的总成本进行比较，求出可比产品成本计划的计划成本降低额和降低率。

四、成本计划的具体应用

现将成本计划的具体应用举例予以说明。

【例 9-1】　光华工厂设有一个辅助生产车间（修理车间）和两个基本生产车间。常年生产甲、乙两种产品，并于计划年度首次投产丙产品。其中甲产品需经第一、第二两个基本生产车间的连续加工才能完成；乙、丙产品经过一个车间的加工即可完成。该厂实行厂部、车间两级成本核算,采用平行结转成本方式。

1) 编制辅助生产车间成本计划。设该厂修理车间的主要任务是为厂内各部门进行设备检修。按生产计划安排,计划年度为基本生产车间服务 9 840 工时,其中:第一车间 5 040 工时,第二车间 4 800 工时;为行政管理部门服务 3 360 工时。修理车间成本计划如表 9-2 所示。

表 9-2

修理车间成本计划
2021 年度　　　　　　　　　　　　　　　金额单位:元

费用计划		费用分配			
成本项目	金额	受益部门	修理工时（小时）	分配率	分配金额
直接材料	41 800	第一车间	5 040	18	90 720
直接人工	128 400	第二车间	4 800	18	86 400
燃料和动力	19 860	管理部门	3 360	18	60 480
制造费用	47 540	合　计	13 200		237 600
其中:人工费用	30 000				
办公费	6 800				
折旧费	5 400				
低值易耗品摊销	2 600	分配率 $=\dfrac{237\ 600}{13\ 200}=18$			
劳动保护费	2 200	分配费用=计划修理工时×分配率			
其他	540				
合　计	237 600				

2) 编制基本生产车间成本计划。光华工厂产品生产计划如表 9-3 所示。

表 9-3

产品生产计划

产品名称	预计销量（台）	期初预计库存（台）	期末预计库存（台）	计划产量（台）	单位产品工时定额（元）	计划产品总工时（小时）
甲	270	25	30	275	154	42 350
乙	500	40	40	500	50	25 000
丙	100	0	10	110	94	10 340
合　计	—	—	—	—	—	77 690

表中: 计划产量=预计销售量+计划期末预计库存－计划期初预计库存

(1) 编制直接费用计划。该工厂生产加工甲、乙、丙三种产品,分车间按计划期有关定额资料计算编制直接费用计划如表 9-4、表 9-5 所示。

表9-4

第一车间直接费用计划

2021年度　　　　　　　　　　　　　　　　　　　　　　　　　　　　　金额单位:元

项目	计量单位	单价	甲产品(计划产量275台)				乙产品(计划产量500台)			
			单位成本		总成本		单位成本		总成本	
			消耗定额	金额	消耗数量	金额	消耗定额	金额	消耗数量	金额
		①	②	③=②×①	④=②×计划产量	⑤=④×①或③×计划产量	⑥	⑦=⑥×①	⑧=⑥×计划产量	⑨=⑧×①或⑦×计划产量
直接材料										
其中:A材料	千克	70.00	28	1 960	7 700	539 000	26.00	1 092	13 000	546 000
B材料	千克	42.00								
辅料	元	30.00		284		78 100		268		134 000
直接人工	工时	30.00	50	1 500	13 750	412 500	40.00	1 200	20 000	600 000
燃料和动力										
其中:煤	千克	2.40	20	48	5 500	13 200	12.50	30	6 250	15 000
电	度	0.80	90	72	24 750	19 800	75.00	60	37 500	30 000
合计	—	—	—	3 864	—	1 062 600	—	2 650	—	1 325 000

表 9-5

第二车间直接费用计划
2021 年度

金额单位:元

项目	计量单位	单价	甲产品(计划产量 275 台)			乙产品(计划产量 500 台)		
			单位成本		总成本	单位成本		总成本
			消耗定额 ②	金额 ③=②×①	消耗数量 ④=②× 计划产量	金额 ⑤=④×①或 ③×计划产量	消耗定额 ⑥	金额 ⑦=⑥×①	消耗数量 ⑧=⑥× 计划产量	金额 ⑨=⑧×①或 ⑦×计划产量
直接材料									
其中:C 材料	千克	32.00	80	2 560	22 000	704 000	48	3 072	5 280	337 920
D 材料	千克	64.00						328		36 080
辅料	元	30.00		272		74 800				
直接人工	工时	30.00	68	2 040	18 700	561 000	72	2 160	7 920	237 600
燃料和动力										
其中:煤	千克	2.40	75	60	20 625	16 500	30	72	3 300	7 920
电	度	0.80					100	80	11 000	8 800
合 计	—	—	—	4 932	—	1 356 300		5 712		628 320

(2) 编制制造费用预算。制造费用预算按生产车间采用固定预算法编制,并按产品工时进行制造费用分配,如表9-6、表9-7所示。

表9-6

第一车间制造费用预算分配表

2021年度　　　　　　　　　　　　　　　　　　　金额单位:元

费用预算		费用分配					
明细科目	金额	产品	生产工时(小时)		分配率	分配金额	
			单位产品	总产品		单位产品	总产品
人工费用	212 000	甲	66	18 150	10.8	712.80	196 020
办公费	25 000	乙	50	25 000	10.8	540.00	270 000
折旧费	34 000	合计	116	43 150			466 020
消耗材料	45 000						
低值易耗品摊销	10 000						
修理费	90 720						
劳动保护费	18 000						
试验检验费	17 000						
其他	14 300						
合计	466 020						

分配率 = $\frac{466\,020}{43\,150}$ = 10.8

分配金额 = 生产工时 × 分配率

表9-7

第二车间制造费用预算分配表

2021年度　　　　　　　　　　　　　　　　　　　金额单位:元

费用预算		费用分配					
明细科目	金额	产品	生产工时(小时)		分配率	分配金额	
			单位产品	总产品		单位产品	总产品
人工费用	176 000	甲	88	24 200	11	968	266 200
办公费	20 600	丙	94	10 340	11	1 034	113 740
折旧费	29 180	合计		34 540			379 940
消耗材料	25 000						
低值易耗品摊销	6 000						
修理费	86 400						
劳动保护费	13 000						
试验检验费	14 000						
其他	9 760						
合计	379 940						

分配率 = $\frac{379\,940}{34\,540}$ = 11

分配金额 = 生产工时 × 分配率

(3) 编制车间产品成本计划。车间产品成本计划根据车间直接费用计划和制造费用预算分配表编制,如表 9-8、表 9-9 所示。

表 9-8

第一车间产品成本计划

2021 年度　　　　　　　　　　　　　　　　　　　　金额单位:元

项目	甲产品 计划产量 275 台		乙产品 计划产量 500 台		计划总成本
	单位成本	总成本	单位成本	总成本	
直接材料	2 244	617 100	1 360	680 000	1 297 100
直接人工	1 500	412 500	1 200	600 000	1 012 500
燃料和动力	120	33 000	90	45 000	78 000
制造费用	712.80	196 020	540	270 000	466 020
合　计	4 576.80	1 258 620	3 190	1 595 000	2 853 620

表 9-9

第二车间产品成本计划

2021 年度　　　　　　　　　　　　　　　　　　　　金额单位:元

项目	甲产品 计划产量 275 台		丙产品 计划产量 110 台		计划总成本
	单位成本	总成本	单位成本	总成本	
直接材料	2 832	778 800	3 400	374 000	1 159 032
直接人工	2 040	561 000	2 160	237 600	802 800
燃料和动力	60	16 500	152	16 720	33 432
制造费用	968	266 200	1 034	113 740	381 942
合　计	5 900	1 622 500	6 746	742 060	2 377 206

3) 编制制造费用总预算。制造费用总预算是根据辅助生产车间成本费用计划和基本生产车间制造费用计划编制的,将这两类计划中的有关项目分别汇总合计,即求得制造费用总预算各项目的金额。在汇总编制时应注意扣除内部转账部分,避免重复计算。通常可在制造费用总预算表中设置"减内部转账"一栏,用于调整内部转账数额。制造费用总预算表如表 9-10 所示。

表 9-10

制造费用总预算表

2021 年度　　　　　　　　　　　　　　　　　　　单位：元

明 细 项 目	修理车间	第一车间	第二车间	减内部转账	合 计
人工费用	30 000	212 000	176 000		418 000
办公费	6 800	25 000	20 600		52 400
折旧费	5 400	34 000	29 180		68 580
消耗材料		45 000	25 000		70 000
低值易耗品摊销	2 600	10 000	6 000		18 600
修理费		90 720	86 400	177 120	0
劳动保护费	2 200	18 000	13 000		33 200
试验检验费		17 000	14 000		31 000
其 他	540	14 300	9 760		24 600
合 计	47 540	466 020	379 940	177 120	716 380

4) 编制全厂成本计划。全厂成本计划包括主要产品单位成本计划和商品产品成本计划。

(1) 主要产品单位成本计划。主要产品单位成本计划是根据生产该种产品的各车间的成本计划，按平行结转法汇总编制的。甲产品单位成本计划如表 9-11 所示。乙、丙两种产品的单位成本计划从略。

表 9-11

主要产品单位成本计划

产品名称：甲　　　　　　　　　2021 年度

计划产量：275 件　　　　　　　　　　　　　　　　　　金额单位：元

成本项目	单位成本		降低额	降低率
	上年预计平均	本年计划		
	①	②	③=①-②	④=③÷①
直接材料	5 200	5 076	124	2.38%
直接人工	3 620	3 540	80	2.21%
燃料和动力	168	180	−12	−7.14%
制造费用	1 600	1 680.80	−80.80	−5.05%
合 计	10 588	10 476.80	111.20	1.05%

(2) 商品产品成本计划(按产品类别)。商品产品成本计划是根据产品单位成本计划结合计划产量编制的。本例按产品类别编制,对可比产品还需根据上年平均单位成本和计划年度单位成本,计算可比产品的计划成本降低额和降低率。设甲、乙两产品上年预计平均单位成本分别为 3 982 元和 1 520 元。该厂商品产品成本计划如表 9-12 所示。

表 9-12

商品产品成本计划

2021 年度　　　　　　　　　　　　　　　金额单位:元

产品名称	计划产量	单位成本		总成本		降低额	降低率
		上年预计平均	本年计划	按上年预计平均单位成本计算	按本年计划单位成本计算		
	①	②	③	④=②×①	⑤=③×①	⑥=④-⑤	⑦=⑥÷④
可比产品				4 536 700	4 476 120	60 580	1.34%
其中:甲产品	275	10 588	10 476.80	2 911 700	2 881 120	30 580	1.05%
乙产品	500	3 250	3 190	1 625 000	1 595 000	30 000	1.85%
不可比产品					742 060		
丙产品	110		6 746		742 060		
全部商品产品成本	—	—	—	—	5 218 180		

第二节　成 本 控 制

一、成本控制的意义

成本控制是指在成本形成过程中,按照事先制定的成本目标,采用科学的方法,监督影响成本的各种因素,及时发现偏差,采取纠正措施,将成本耗费限制在预定的范围内,保证成本计划的有效实施的过程。成本控制有广义和狭义之分。广义的成本控制包括事前控制、事中控制和事后控制。事前控制也称前馈控制,是指在产品投产前的设计规划时,对影响成本的各有关因素进行事前预测、规划、审核和监督,以及健全成本责任制等管理制度。事中控制也称过程控制,是指在产品生产过程中,按预定的成本标准对生产耗费进行监督和指导,分辨是节约还是浪费,并随时把各种成本偏差反馈给责任者,以利于及时采取纠正措施,保证成本目标的实现。事后控制也称后馈控制,是指在产品成本形成之后,对成本的差异进行综合分析和研究,找出实际成本脱离目标(计划)

的主客观原因,确定责任,为下一个成本循环提出积极有效的措施。狭义的成本控制是指成本的过程控制,不包括前馈控制和后馈控制。我们这里主要介绍狭义的成本控制。

成本控制是成本管理的重要组成部分。在实施成本计划的过程中,通过成本控制可以有计划地控制成本的形成,将产品成本有效地限制在成本计划的范围内,从而达到降低成本、提高经济效益的目的。同时,成本控制又是企业内部管理制度建立和完善的过程,是提高企业管理水平的重要举措。

二、成本控制的原则和程序

(一) 成本控制的原则

成本控制的原则是进行成本控制的行为规范,主要有以下五项原则。

1. 全面控制的原则　　全面控制包括全过程控制和全员控制。全过程控制是指对产品形成全过程的每一个环节包括产品试制、产品生产、产品销售、售后工作等都要实行全面的、科学的控制。全员控制是指发动并依靠企业全体成员共同进行成本控制。只有充分调动每个部门、每个职工关心成本、控制成本的积极性和主动性,人人树立降低成本、节约开支的观念,做到专业控制与群众控制相结合,科学的成本计划才能收到预期的效果。

2. 经济效益的原则　　成本控制的目的是降低成本开支,提高经济效益。因此,成本控制必须以人力、物力和财力的使用效果为衡量的标准,考核各项成本支出能否以尽可能少的劳动消耗取得尽可能大的经济效益。同时,企业在推行成本控制的过程中而发生的成本,不应超过因缺少控制而丧失的利益,否则就偏离了成本控制的本来意图。

3. 责权利相结合的原则　　成本控制实行权责对等原则和物质利益原则。一方面,要明确各级组织及有关人员的责任权限,做到有责有权。另一方面,有责还需有利,以一定的经济利益作为推动履行责任的动力,促使职工对本部门的经济利益共同负责,充分调动各责任者在成本控制中的积极性和主动性。成本控制必须有一套健全的管理制度。

4. 例外管理的原则　　例外管理是指对某些实际脱离标准的成本差异进行特殊的控制。当实际成本脱离标准产生差异的时候,并非每一项差异都值得管理人员去重视。为了提高成本控制的工作效率,管理人员应集中力量抓主要矛盾,对那些符合"例外管理"原则,需进行"例外"管理的事项才进行分析,查明原因,并采取有效措施。确定"例外"的标准主要有以下四点:① 重要性。一般只有数额较大的差异才应给予足够的重视。② 一贯性。是指有些成本差异虽未达到重要性程度,但一贯在控制线上下徘徊,则也应引起管理人员的重视。③ 可控性。指符合重要性标准,又属于本部门的可控范围的差异。④ 特殊性。对企业长期获利能力有重要影响的某些成本项目,即使未达到重要性标准,也应受到管理人员的特别关注。

5. 因地制宜的原则　　因地制宜是指成本控制系统必须针对不同情况分别设计,适合特定企业、部门、岗位和成本项目的实际情况,不可完全照搬他人的做法。

（二）成本控制的程序

科学的成本控制程序,有助于控制生产成本,达到预期的目标。

1. 制定成本控制标准　　成本控制标准是检查、衡量、评价实际成本水平的依据,一般按直接材料费、直接人工费和制造费用分别制定。制定每一项控制标准都要考虑数量和单价两个因素。控制标准可分为理想标准、基本标准和正常标准等。

（1）理想标准　　它是指在目前生产条件下,以现有生产技术和生产组织处于最完美状态为基础制定的标准成本。它包括最好的生产设备、最低的原材料价格和最低的材料消耗、最高的劳动生产率、最高的产量和销量。同时要求生产过程中无废料、废品、无停工损失等。这种标准过高,全体职工即使团结奋斗,一般也难以达到。

（2）正常标准　　它是指以企业已达到的生产技术和生产组织水平为基础而制定的标准成本。这种标准一般将生产经营中不可避免的损失估计在内,若生产条件发生变化,正常标准也随之进行修订,使之在成本控制中始终发挥积极的作用。在一般情况下,达到正常标准既非高不可攀,又非轻而易举,而是经过努力可以达到的标准,是实际成本控制中采用的标准。

（3）基本标准　　它是指以某一年度的生产技术和生产组织条件为基础制定的标准成本。基本标准在一定时期内相对稳定,各期实际成本与这一标准成本相比较,能反映出各期成本升降的程度,既是成本控制的标准,又是成本考核的依据。但由于基本标准相对稳定,随着生产技术和经营管理的进步,该标准就会显得过时,在后期难以起到控制作用。因此这种标准多在分析对比各期实际成本水平时采用。

2. 控制成本形成过程　　是指在成本形成过程中,按既定的成本控制标准,对正在形成的实际成本进行控制。包括设计成本的控制、制造成本的控制和费用预算的控制。

（1）设计成本的控制　　产品成本往往是在设计阶段决定的,产品设计不合理,就会造成产品成本先天性偏高,而投产后再要求大幅度降低成本是很困难的。因此,必须加强在产品设计阶段的成本控制,以保证新设计的产品不仅在技术上先进,而且在经济上也是合理的。

（2）制造成本的控制　　产品的制造过程是产品实体的形成过程,应采用定额成本法或标准成本法对制造过程中原材料的耗用、直接人工及各项费用的发生加以控制。

（3）费用预算的控制　　企业在生产制造过程中,除了产品的直接费用外,还发生大量的间接费用。间接费用的高低对成本水平的影响也较大,也需要通过编制预算实行控制。

3. 揭示分析成本差异　　以成本标准和预算与实际发生的成本费用进行比较,计算并揭示成本差异。如实际成本低于成本标准,为节约差异;如实际成本高于成本标准,为超支差异。通过对成本差异的剖析,进一步查找产生差异的原因,对可控费用,应责成责任人予以改进,加强控制。

三、标准成本控制

(一) 标准成本控制系统的意义

标准成本是指经过调查、分析和技术测定后制定的,在正常生产经营条件下应该实现的,可以作为控制成本开支,评价实际成本,衡量工作效率的依据和尺度的一种目标成本。标准成本控制系统是指事先制定标准成本,在实际执行过程中将实际成本与标准成本进行比较,揭示成本差异,对成本差异进行因素分析,并据此进行成本控制和业绩评价的一种成本控制系统。一个完整的成本控制系统由标准成本的制定、成本差异的计算和分析以及成本差异的处理三个部分组成。

建立标准成本控制系统,对企业来说有着非常重要的意义,具体表现在以下四个方面。

1. 有利于加强成本控制　　在实际成本核算中,产品成本要等到月末计算后才能确定。因此在成本信息提供的时间上是滞后的,而标准成本系统提供了一个具有衡量成本水平的适当尺度,可在成本形成过程中据以控制实际发生的生产耗费,预防成本超支。同时,通过差异计算,有利于贯彻例外管理的原则,使企业管理人员能将精力集中在更重要的方面,大大提高了管理工作的效率,以便及时有效地控制不利差异。

2. 有助于业绩的评价　　标准成本系统以标准成本为尺度,分析成本差异产生的原因,查明责任归属,从而合理地进行业绩评价,促使广大员工增强成本意识,主动采取有效措施,最大限度地挖掘降低成本的潜力。

3. 有助于简化成本核算的账务处理　　实行标准成本制度。原材料、在产品、产成品等存货和销售成本直接按标准成本计价,成本差异单独列示,大大节约了成本计算工作量,简化了日常的账务处理和期末的报表编制工作。

4. 有助于企业编制预算和预算控制　　编制生产经营的全面预算,是企业实现短期利润目标,进行综合平衡、实现全面控制的重要措施。标准成本资料可以直接作为编制预算的基础。

(二) 标准成本的制定

实施标准成本制度需要具备一些基本条件。首先是需要提高企业会员成本管理的意识,只有取得全体员工对标准成本系统的支持,该项制度才能顺利实施;其次是需要建立、健全与标准成本管理系统相适应的管理机构,专门负责标准成本的制定、差异的分析、工作成果的评价等;最后是企业的作业流程和工艺过程必须标准化,从而使它们与成本要素之间形成确定的数量关系,为合理制定标准成本提供依据。

产品的标准成本是由直接材料、直接人工和制造费用三个项目组成,其基本形式是以

"数量"标准乘以"价格"标准。即分别根据直接材料、直接人工的标准用量、材料价格标准、人工工资价格标准和制造费用分配率标准进行计算。因此,标准的制定不能凭主观臆想,必须在对企业生产经营的具体条件进行认真分析研究、反复测算后确定。

1. 直接材料标准成本的制定　　直接材料是指在产品生产过程中发生的直接构成产品成本的材料费用。直接材料标准成本的影响因素包括直接材料数量标准和直接材料价格标准。

（1）直接材料数量标准（消耗定额）　　是指在一定生产技术条件下,生产技术部门确定的,制造单位产品必须耗用的各种构成产品实体的原料及主要材料的数量,包括生产中必要的损耗量和不可避免的废品损耗量。直接材料的数量标准应根据生产产品所需的各种材料分别确定。

（2）直接材料价格标准（计划单价）　　是指企业采购材料时在正常情况下发生的单位材料成本,包括材料的买价和采购费用等。直接材料标准成本计算公式如下:

$$\begin{aligned}单位产品的直接材料标准成本 &= \Sigma\left(\text{某种直接材料数量标准} \times \text{直接材料价格标准}\right) \\ &= \Sigma\left(\text{某种直接材料消耗定额} \times \text{计划单价}\right)\end{aligned}$$

在直接材料标准成本制定中,应将重点放在材料数量标准上。因为材料数量的确定是企业内部的行为,对企业来说是可以控制的成本;而材料价格的确定是企业外部的行为,是由市场供求关系确定的,对企业来说是无法控制的。

2. 直接人工标准成本的制定　　直接人工是指产品生产过程中发生的生产工人的人工费用。直接人工标准成本的影响因素包括直接人工数量标准和人工费用价格标准。

（1）直接人工数量标准（工时定额）　　是指生产技术部门根据历史资料,或通过技术测定所确定的制造单位产品必须消耗的生产工人工作时间,包括必要的间歇和停工时间,以及不可避免的废品所用的时间。

（2）直接人工费用标准（人工费用率）　　在计件工资形式下,是指单位产品发生的生产工人人工费用;在计时工资形式下,是指每一工作时间标准应分配的人工费用。其计算公式如下:

$$\text{计时工资价格标准} = \frac{\text{预计发生直接工人人工费用}}{\text{标准总工时}}$$

标准总工时亦称"生产能力标准",一般以工时总数或机器台时总数表示。

直接人工标准成本计算公式如下:

$$\begin{aligned}\text{单位产品的直接人工标准成本} &= \text{工作时间标准} \times \text{人工费用标准} \\ &= \text{工时定额} \times \text{工资单价}\end{aligned}$$

在直接人工标准成本制定中,也应将重点放在标准工时上。因企业生产产品的时间一般取决于工艺,企业可以加以控制,而工资单价是由职工与企业制定的契约规定的,有时会受到国家政策法规的限制。

3. 制造费用标准成本的制定　　制造费用是指产品生产过程中发生的除直接材料、直接人工以外的各项费用。制造费用包含的明细项目较多,一般以编制费用预算的方式来确定制造费用用标准支出数额。制定单位产品制造费用同样需要考虑制造费用的数量标准和价格标准两个因素。

（1）制造费用数量标准　　是指生产单位产品所耗用的人工小时或机器小时,一般通过技术方法确定。

（2）制造费用价格标准　　是指单位标准工时应分摊的制造费用,又称分配率。在编制预算时,对于制造费用中的变动费用部分,可编制变动预算（弹性预算）；对于制造费用中的固定费用部分,可编制固定预算。其分配率计算公式如下：

$$变动性制造费用标准分配率 = \frac{变动制造费用预算总数}{标准总工时}$$

$$固定性制造费用标准分配率 = \frac{固定制造费用预算总数}{标准总工时}$$

某产品的制造费用标准成本可以通过单位产品所用的标准工时和与之相关的标准分配率计算求得：

$$变动性制造费用标准成本 = 标准工时 \times 变动性制造费用标准分配率$$

$$固定性制造费用标准成本 = 标准工时 \times 固定性制造费用标准分配率$$

4. 单位产品标准成本的制定　　将直接材料、直接人工、制造费用三项标准成本汇总即可得出单位产品标准成本。企业通常通过编制"标准成本卡"方式完成单位产品标准成本的制定。

【例 9-2】 有为公司 A 产品标准成本卡如表 9-13 所示。

表 9-13

A 产品标准成本卡

标准制定日期：2020 年 12 月 31 日

项　　目	标 准 用 量	标 准 价 格	标 准 成 本(元)
直接材料			
其中 1 号材料	7 千克	24 元/千克	168
直接人工	3 工时	36 元/工时	108
变动制造费用	3 工时	20 元/工时	60
固定制造费用	3 工时	10.40 元/工时	31.20
合　　计	—	—	367.20

(三)标准成本差异的计算与分析

标准成本差异是指实际成本脱离标准成本而形成的偏差。实际成本低于标准成本形成的差额为有利差异,也称节约差异,用(F)表示;实际成本高于标准成本的差额为不利差异,也称超支差异,用(U)表示。对于成本差异应通过分析评价,找出形成的原因和责任,采取相应的措施,发展有利差异,消除不利差异,进而有效地控制产品成本。

标准成本差异总额主要由直接材料成本差异、直接人工成本差异和制造费用成本差异构成,而每一成本项目差异额的形成又可大致分为数量差异和价格差异两类。在数量差异和价格差异中还可细分。标准成本差异总额的组成如图9-3所示。

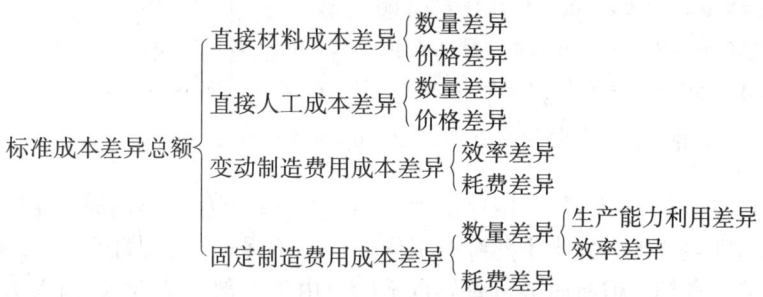

图9-3 标准成本差异总额的组成

为了分清标准成本差异总额的构成,我们可以运用连环替代的方法,将形成总差异的数量因素和价格因素区分开来。其计算模式如图9-4所示。

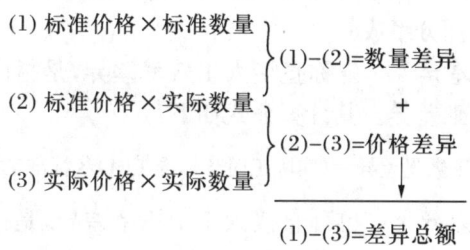

图9-4 连环替代法的计算模式

1. 直接材料成本差异的计算和分析　　直接材料成本差异是指企业生产一定数量产品实际发生的直接材料费用与标准材料费用之间的差额。它由直接材料数量差异和直接材料价格差异两部分组成。

(1) 直接材料数量差异　　是指由于直接材料实际耗用量与标准耗用量不一致而形成的差异。其计算公式如下:

直接材料数量差异=(实际数量-标准数量)×标准价格

(2) 直接材料价格差异　　是指由于直接材料实际价格与标准价格不一致形成的差异。其计算公式如下：

直接材料价格差异=(实际价格-标准价格)×实际数量

【例9-3】　有为公司A产品1号材料标准成本资料见表9-13。本月实际产量3 000件,实际耗用1号材料42 100千克,1号材料实际成本为513 620元。作直接材料成本差异计算和分析如下：

直接材料标准成本=3 000×7×24=504 000(元)

直接材料成本差异=实际成本-标准成本=513 620-504 000=9 620元(U)

其中：直接材料数量差异=(42 100-3 000×7)×24=1 200元(U)

直接材料价格差异=$\left(\dfrac{513\ 620}{42\ 100}-24\right)\times 42\ 100=8\ 420$元(U)

对于直接材料数量差异,一般应由生产部门负责。产生差异的原因主要有两个：一是人的因素,即生产工人技术不熟练或工作责任心不强；二是物的因素,如机器设备故障、加工工艺不良等。但有时数量差异也不能全由生产部门负责,如购入劣质材料等。对于直接材料价格差异,一般应由采购部门负责,差异主要取决于采购批量大小、运输方式、紧急订货、材料质量等。如果临时接单需紧急订货,或市场价格变动引起的差异,也不应由采购部门负责。

2. 直接人工成本差异的计算和分析　　直接人工成本差异是指企业生产一定数量产品实际发生的直接人工成本与标准人工成本之间的差额。它由直接人工数量差异和直接人工价格差异两部分组成。

(1) 直接人工数量差异　　也称直接人工效率差异,是指由于实际工时与标准工时的差异形成的直接人工差异。其计算公式如下：

直接人工数量差异=(实际工时-标准工时)×标准工资价格

(2) 直接人工价格差异　　也称直接人工费用率差异,是指由于直接人工的实际人工价格与标准人工价格差异所形成的直接人工成本差异。其计算公式如下：

直接人工价格差异=(实际人工价格-标准人工价格)×实际工时

【例9-4】　承[例9-3],本月实际生产工人人工费用325 076元,实际生产工时9 050小时,作直接人工成本差异计算和分析如下：

直接人工标准成本=3 000×3×36=324 000(元)

直接人工成本差异=325 076-324 000=1 076(元)(U)

其中：直接人工数量差异=(9 050-3 000×3)×36=1 800(元)(U)

直接人工价格差异 $= \left(\dfrac{325\,076}{9\,050} - 36\right) \times 9\,050 = -724(F)$

对于直接人工数量差异一般应由生产部门负责。差异主要取决于生产工人的技术水平、劳动态度、设备性能及保养完好程度、被加工材料的质量等。对于直接人工的价格差异一般由劳动工资部门负责。工资价格是由劳动契约规定的，变动的原因主要有企业调整工资、不同工资等级的人员结构的变动等。

3. 变动制造费用成本差异的计算和分析　　变动制造费用差异是指变动制造费用实际发生额同标准发生额之间的差异。它也是由数量差异和价格差异两部分组成的。

（1）变动制造费用数量差异　　它也称效率差异，是由于实际工时脱离标准，多用（少用）工时导致的变动性制造费用增加(减少)。其计算公式如下：

$$\text{变动制造费用数量差异} = (\text{实际工时} - \text{标准工时}) \times \text{标准分配率}$$

（2）变动制造费用价格差异　　它也称耗费差异，是指变动制造费用的实际支出与按实际工时和标准费率计算的预算数之间的差额。其计算公式如下：

$$\text{变动制造费用价格差异} = (\text{实际分配率} - \text{标准分配率}) \times \text{实际工时}$$

【例 9-5】　承[例 9-4]，本月 A 产品实际生产工时为 9 050 工时，实际发生变动制造费用为 181 724 元，作变动制造费用成本差异计算和分析如下：

变动制造费用标准成本 $= 3\,000 \times 3 \times 20 = 180\,000$(元)

变动制造费用成本差异 $= 181\,724 - 180\,000 = 1\,724$(元)(U)

其中：变动制造费用数量差异 $= (9\,050 - 9\,000) \times 20 = 1\,000$(元)(U)

变动制造费用价格差异 $= \left(\dfrac{181\,724}{9\,050} - 20\right) \times 9\,050 = 724$(元)(U)

变动制造费用数量差异的形成原因与人工效率差异相同，主要是由于实际工时增加形成的，而价格差异完全是由于增加支出而形成的，应逐一分析明细项目，找出超支原因，明确责任。

4. 固定制造费用成本差异的计算和分析　　固定制造费用成本差异是指固定制造费用实际发生额与标准发生额之间的差额。它由数量差异(包括效率差异和生产能力利用差异)和价格差异(耗费差异)两部分组成。其中：生产能力利用差异是指生产能力的实际耗用总工时与预计总工时不一致引起的差异。当实际耗用工时大于预算工时时，为有利差异，说明预计生产能力被超额利用；反之，则为不利差异，说明预计生产能力未被充分利用，出现浪费。有关计算公式如下：

$$\text{固定制造费用标准分配率} = \dfrac{\text{固定性制造费用预算总额}}{\text{预计生产能力标准总工时}}$$

固定制造费用效率差异＝(实际工时－标准工时)×标准分配率

固定制造费用能力利用差异＝(预计生产能力标准总工时－实际工时)×标准分配率

固定制造费用耗费差异＝实际费用－预算费用

【例 9-6】 承[例 9-5]，有为公司本月份有关固定制造费用资料如下：

(1) 固定制造费用预算总额①   108 000 元

(2) 固定制造费用实际支出总额   110 000 元

(3) 预计生产能力标准总工时   10 000 工时

(4) 实际产量应耗标准工时   9 000 工时

(5) 实际完成机器工时   9 050 工时

作固定制造费用成本差异计算和分析如下：

固定制造费用标准分配率＝$\dfrac{108\,000}{10\,000}$＝10.80(元/工时)

固定制造费用标准成本＝3 000×3×10.80＝97 200(元)

固定制造费用成本差异＝110 000－97 200＝12 800(元)(U)

其中：固定制造费用效率差异＝(9 050－9 000)×10.80＝540(元)(U)

固定制造费用能力利用差异＝(10 000－9 050)×10.80＝10 260(元)(U)

固定制造费用耗费差异＝110 000－108 000＝2 000(元)(U)

对固定制造费用中的耗费差异，应根据费用项目，将实际数与预算数逐一进行对比，分析项目的差异及形成的原因。

(四) 标准成本差异的账务处理

采用标准成本制度，应将产品的标准成本与标准成本差异分别进行会计核算。

1. 有关会计账户的设置及使用   设置及使用情况如下所述。

(1) "基本生产成本"、"库存商品"账户按标准成本记账   即：直接材料按标准耗用量乘以标准单价；直接人工按标准工时乘以标准工资价格；变动和固定性制造费用分别按其标准工时乘以标准分配率计入"基本生产成本"账户，完工后按标准成本转入"库存商品"账户。

(2) 实际脱离标准的差异，按差异种类分别设置成本差异账户进行归集   即：将各种不利差异计入各有关成本差异账户的借方；将各种有利差异计入各有关成本差异账户的贷方。一般可设置成本差异账户如下：

直接材料数量差异   直接材料价格差异

直接人工效率差异   直接人工价格差异

---

① 固定制造费用预算总额资料从成本计划中取得，此数据已考虑到计划期生产工时未达到生产能力利用标准要求，故预算数大于标准成本的要求。

变动制造费用效率差异　　　变动制造费用耗费差异
固定制造费用效率差异　　　固定制造费用耗费差异
固定制造费用生产能力利用差异

2. 标准成本差异的处理　　对标准成本差异的处理，主要有以下两种方法。

（1）标准成本差异由各种受益产品负担　　采用这种方法将本期的各种标准成本差异，按标准成本的比例分配给期末在产品、库存产成品和本期销售产品。理由是本期发生的各种成本差异与上述三种产品均有关联，应由三种产品共同承担。其优点是将存货和销售成本调整为实际成本后，既符合存货的历史成本原则，又较准确地反映了损益结果。其缺点是成本差异计算分配过程较为复杂，工作量较大。

（2）标准成本差异全部由本期销售产品负担　　采用这种方法将本期发生的各种成本差异全部计入本期产品销售成本。理由是本期发生的成本差异是本期成本控制的结果，反映在本期产品销售成本中，才能如实反映生产经营活动的成效或不足。其优点是产品成本计算简便，无需进行复杂的成本差异分配；其缺点是期末资产负债表中的存货只反映标准成本，不符合历史成本的原则。如采用这种方法必须定期调整标准成本，使之与实际成本非常接近，西方大多数企业采用这种方法处理成本差异，以体现稳健性原则。

3. 成本差异的核算　　现按本节前述例题业务，采用将本期成本差异全部计入本期产品销售成本的方法，作账务处理如下。

（1）领用材料，计入生产成本，作分录如下：

　　借：基本生产成本——A产品　　　　　　　　　　　　　　504 000.00
　　　　直接材料数量差异　　　　　　　　　　　　　　　　　1 200.00
　　　　直接材料价格差异　　　　　　　　　　　　　　　　　8 420.00
　　　　贷：原材料——1号材料　　　　　　　　　　　　　　513 620.00

（2）将直接人工费用计入生产成本。作分录如下：

　　借：基本生产成本——A产品　　　　　　　　　　　　　　324 000.00
　　　　直接人工效率差异　　　　　　　　　　　　　　　　　1 800.00
　　　　贷：直接人工价格差异　　　　　　　　　　　　　　　　724.00
　　　　　　应付职工薪酬　　　　　　　　　　　　　　　　　325 076.00

（3）将变动制造费用计入生产成本。作分录如下：

　　借：基本生产成本——A产品　　　　　　　　　　　　　　180 000.00
　　　　变动制造费用效率差异　　　　　　　　　　　　　　　1 000.00
　　　　变动制造费用耗费差异　　　　　　　　　　　　　　　　724.00
　　　　贷：制造费用——变动制造费用　　　　　　　　　　　181 724.00

(4) 将固定制造费用计入生产成本。作分录如下：

借：基本生产成本——A产品　　　　　　　　　　　　　　　97 200.00
　　固定制造费用效率差异　　　　　　　　　　　　　　　　540.00
　　固定制造费用生产能力利用差异　　　　　　　　　　　10 260.00
　　固定制造费用耗费差异　　　　　　　　　　　　　　　2 000.00
　　贷：制造费用——固定制造费用　　　　　　　　　　　　　110 000.00

(5) 结转完工产品标准成本。完工产品3 000件，标准成本为每件368.40元。作分录如下：

借：库存商品——A产品　　　　　　　　　　　　　　　1 105 200.00
　　贷：基本生产成本——A产品　　　　　　　　　　　　　　1 105 200.00

(6) 销售产品。设本期销售A产品2 800件，每件460元，应交增值税税率13%，款项尚未收到。作分录如下：

借：应收账款　　　　　　　　　　　　　　　　　　　1 455 440.00
　　贷：主营业务收入　　　　　　　　　　　　　　　　　　1 288 000.00
　　　　应交税费——应交增值税（销项税额）　　　　　　　　167 440.00

(7) 结转已销产品标准成本。作分录如下：

借：主营业务成本　　　　　　　　　　　　　　　　　1 031 520.00
　　贷：库存商品——A产品　　　　　　　　　　　　　　　1 031 520.00

(8) 将标准成本有利差异结转"主营业务成本"账户。作分录如下：

借：直接人工效率差异　　　　　　　　　　　　　　　　　724.00
　　贷：主营业务成本　　　　　　　　　　　　　　　　　　　724.00

(9) 将标准成本不利差异结转"主营业务成本"账户。作分录如下：

借：主营业务成本　　　　　　　　　　　　　　　　　　25 944.00
　　贷：直接材料数量差异　　　　　　　　　　　　　　　　1 200.00
　　　　直接材料价格差异　　　　　　　　　　　　　　　　8 420.00
　　　　直接人工价格差异　　　　　　　　　　　　　　　　1 800.00
　　　　变动制造费用效率差异　　　　　　　　　　　　　　1 000.00
　　　　变动制造费用耗费差异　　　　　　　　　　　　　　　724.00
　　　　固定制造费用效率差异　　　　　　　　　　　　　　　540.00
　　　　固定制造费用生产能力利用差异　　　　　　　　　　10 260.00
　　　　固定制造费用耗费差异　　　　　　　　　　　　　　2 000.00

第九章 成本计划和成本控制

课后练习题

一、判断题

1. 编制成本计划应遵循以先进合理的技术经济定额为基础,分析上期成本计划执行情况和严格遵守成本开支范围的原则。（ ）
2. 车间直接费用计划包括直接材料、直接人工、燃料和动力及废品损失。（ ）
3. 控制标准可分为理想标准、一般标准和正常标准。（ ）
4. 在制定直接材料标准成本时,应将重点放在材料的价格上,价格低了,成本就降低了。（ ）
5. 标准成本差异是指原材料实际成本脱离计划成本形成的差异。（ ）
6. 企业通常通过编制"标准成本卡"方式完成单位产品标准的制定。（ ）
7. 脱离标准成本的差异都是不利因素,应设法消除。（ ）
8. 标准成本差异主要是价格差异。（ ）
9. 变动性制造费用的数量差异(效率差异),是由于实际工时脱离标准,多用(少用)工时导致变动性制造费用增加(减少)。（ ）
10. 标准成本差异由各种受益产品负担的优点是将存货和销售成本调整为实际成本,准确地反映了损益的情况。（ ）

二、单项选择题

1. "减内部转账"是在_____中设置的栏目,用于调整内部转账的数额。
   A. 车间产品成本计划   B. 制造费用预算分配表
   C. 全厂产品成本计划   D. 制造费用总预算表
2. 狭义的成本控制是指_____。
   A. 前馈控制   B. 后馈控制
   C. 过程控制   D. 计划控制
3. 下列_____不是成本控制系统的组成部分。
   A. 成本差异的处理   B. 成本差异的计算和分析
   C. 标准成本的运用   D. 标准成本的制定
4. 可用弹性预算法编制成本费用预算的项目是_____。
   A. 直接材料   B. 直接人工
   C. 废品损失   D. 制造费用

三、多项选择题

1. 编制成本计划的步骤有：_____和正式编制企业成本计划。
   A. 收集和整理资料   B. 预计和分析上期成本计划执行情况
   C. 制定先进合理的技术经济定额   D. 进行计划年度成本降低指标的测算
2. 成本计划编制的方法有：_____。
   A. 成本计划一级编制方法   B. 成本计划二级编制方法
   C. 成本计划分级编制方法   D. 成本计划一级和分级结合编制方法

3. 请按顺序写出分级编制成本计划的步骤：_____和汇总编制全厂期间费用预算。
A. 汇总编制全厂产品成本计划　　　　　　B. 汇总编制全厂制造费用总预算
C. 编制辅助生产车间成本计划　　　　　　D. 编制基本生产车间成本计划
4. 请按顺序写出基本生产车间成本计划的编制步骤：_____。
A. 编制车间产品成本计划　　　　　　　　B. 编制制造费用预算
C. 编制车间直接费用计划　　　　　　　　D. 编制各种消耗定额
5. 成本控制的原则有：_____和经济效益原则。
A. 因地制宜原则　　　　　　　　　　　　B. 例外管理原则
C. 责、权、利结合原则　　　　　　　　　D. 全面控制原则
6. 标准成本由_____等多个项目组成。
A. 直接材料　　　　　　　　　　　　　　B. 直接人工
C. 制造费用　　　　　　　　　　　　　　D. 工时定额
7. 计算分析制造费用成本差异通常通过分别计算_____来进行分析。
A. 变动性制造费用成本差异　　　　　　　B. 半变动性制造费用成本差异
C. 半固定性制造费用成本差异　　　　　　D. 固定性制造费用成本差异
8. 对标准成本差异的处理,可采用的方法有_____。
A. 由各种受益产品负担　　　　　　　　　B. 由库存产成品负担
C. 由在产品负担　　　　　　　　　　　　D. 由本期销售产品负担

四、计算分析题

1. 产品成本计划的编制

山堆工厂设有第一、第二两个基本生产车间和一个辅助生产（机修）车间。计划年度生产 A,B 两种可比产品和新产品 C。其中 A 产品需经过第一、第二两个基本生产车间连续加工才能完成；B,C 两种产品只需经过一个车间加工即可完成。该厂采用分级编制成本计划的方法,基本生产车间之间半成品成本不转移,由会计部门采用平行结转方法计算产品成本。可比产品预计上年平均单位成本：A 产品为 3 720 元,B 产品为 1 810 元。其他有关资料如表9-14至表9-16 所示。

表 9-14

产品产量计划表

单位：台

车　间	产品名称	预计销量	计划产量
第一	A	1 000	1 000
	B	2 000	2 000
第二	A	1 000	1 000
	C	1 600	1 600

表 9-15

单位消耗定额和计划价格明细表

项 目	单位	单位消耗定额					计划单价（元）
		A 产 品			B产品	C产品	
		第一车间	第二车间	合 计	第一车间	第二车间	
一、直接材料							
甲材料	千克	10		10	6		150
乙材料	千克		15	15		10	60
二、直接人工	工时	30	20	50	20	15	36
三、燃料和动力							
焦炭	千克	60	50	110	50		1.80
电	度	90	100	190	100	50	0.70

表 9-16

基本生产车间制造费用预算

单位：元

明 细 项 目	2021 年度计划数	
	第 一 车 间	第 二 车 间
人工费用	57 000	48 000
办公费	8 000	2 600
折旧费	26 200	24 800
消耗材料	24 000	20 800
低值易耗品摊销	12 000	15 000
修理费	22 000	20 000
劳动保护费	7 000	12 000
其他费用	5 920	6 840
合 计	162 120	150 040

要求：

(1) 编制基本生产直接费用计划。
(2) 编制基本生产车间制造费用预算分配表。
(3) 编制基本生产车间产品成本计划。
(4) 编制全部商品产品成本计划。

2. 标准成本制度下成本差异的计算与分析

费顿公司生产D产品，本月计划产量2 000个，实际产量2 000个，固定制造费用预算总额85 800元，预计生产能力标准5 500工时。其他有关资料如表9-17、表9-18所示。

表9-17

D产品标准成本卡

项 目	标 准 用 量	标 准 价 格	标 准 成 本(元)
直接材料			
其中：甲材料	20千克	8元/千克	160
乙材料	8千克	12元/千克	96
直接人工	2.5工时	36元/工时	90
变动制造费用	2.5工时	12元/工时	30
固定制造费用	2.5工时	16元/工时	40
合　计	—		416

表9-18

D产品实际成本消耗资料

项 目	实 际 用 量	实际平均单价(元)	实际金额(元)
直接材料			512 280
其中：甲材料	40 100千克	7.80	312 780
乙材料	15 960千克	12.50	199 500
直接人工	4 800工时	36.40	174 720
变动制造费用	4 800工时	12.44	59 712
固定制造费用	4 800工时	17.70	84 960
合　计	—	—	831 672

要求：对D产品本月实际成本脱离标准的差异进行计算和分析。

3. 编制标准成本差异业务有关的会计分录

(1) 有关标准成本差异计算资料见习题2。

(2) 投产的2 000个D产品当月全部完工。

(3) 本月销售了D产品1 800个，单位售价475元，适用增值税税率13%。

(4) 该公司采用将本期成本差异全部计入当期产品销售成本的方法。

要求：编制有关成本差异发生、产品完工入库、销售产品、结转已销产品成本和期末将标准成本差异结转产品成本的会计分录。

第十章 成本报表和成本分析

第一节 成本报表

一、成本报表的意义

成本报表是根据成本管理的需要,依据日常成本核算资料和其他有关资料编制的,用来反映和控制企业在一定时期内生产费用与产品成本的水平、构成及其升降变动情况,据以考核和分析企业成本计划执行情况和结果的报告文件。正确、及时地编制成本报表,是成本会计的一项重要内容。

成本报表属企业内部成本管理报表,编报的目的,是向企业管理者提供有关成本信息,便于管理者进行成本分析和成本决策,相对财务报表来说,成本报表具有以下三个特点。

第一,成本报表是为企业内部生产经营管理需要而编制的,具有及时性、灵活性、多样性和实用性的特点。

第二,成本报表与企业生产特点和管理要求密切联系,不同企业的成本报表可以有不同的形式和内涵,具有个性化的特点。

第三,成本报表是企业会计资料和其他技术经济资料相结合的产物,提供的信息具有综合性和全面性的特点。

成本报表是会计报表体系的重要组成部分,对企业加强成本管理,提高经济效益具有重要的意义。具体表现在以下四个方面。

(一) 综合反映报告期内的产品成本水平

成本报表综合反映了企业在一定时期内成本费用水平、构成及其升降情况,通过将成本报表中的实际数与计划数相比较,能及时反映企业在生产、技术、管理、质量等方面取得的成绩及存在的问题。

(二) 评价和考核成本计划的完成情况

利用成本报表资料,经过相关指标的计算、分析,可以了解企业成本管理的情况,明确有关部门和人员在执行成本计划中的成绩和责任,以便总结经验教训,提高企业成本管理的水平。

(三) 作为成本分析的依据

企业通过对成本报表资料的分析,揭示成本差异对成本升降的影响程度,将工作重点集中在那些不正常的、对成本有重要影响的关键差异上,查明原因,采取针对性措施来控制成本,实现企业的成本管理目标。

（四）为编制成本计划提供重要依据

计划期的成本计划是建立在报告期的成本报表基础之上的。因此编制成本计划需以报告年度成本报表资料为重要依据，结合计划年度可能发生的各种有利或不利因素来制订新年度的成本计划。

二、成本报表的分类

成本报表服务于企业内部的经营管理活动，因此，成本报表的编报项目、报送时间、报送对象及报表的格式，都可由企业根据自身生产经营过程的特点、成本管理的要求来设定，并可根据情况的变化加以调整。根据不同的标志，成本报表可作以下分类。

（一）按报表反映的内容分类

1. 反映成本水平的报表　　反映企业成本水平的报表主要有商品产品成本表、主要产品单位成本表等。

2. 反映费用支出情况的报表　　反映企业费用支出情况的报表主要有制造费用明细表、销售费用明细表、管理费用明细表和财务费用明细表等。

3. 反映成本管理专题的报表　　反映企业成本管理方面某个专题的报表有责任成本报表、质量成本报表等。

（二）按报表编制的时间分类

1. 定期报表　　定期报表是指需按规定期限编报的成本报表。一般可分为月报、季报和年报。此外，如果内部管理有特殊需要，也可按日、按周、按旬编报。

2. 不定期报表　　不定期报表是指针对成本管理中出现的某些较大或亟待解决的问题而随时按要求编制的成本报表。例如，发生金额较大的内部故障成本，需立即将信息反馈到有关部门而编制的质量成本报表等。

（三）按报表编制的范围分类

1. 企业（全厂）成本报表　　企业成本报表是指反映全厂范围成本费用状况的报表。

2. 车间成本报表　　车间成本报表是指反映车间范围成本费用状况的报表。

3. 班组成本报表　　班组成本报表是指反映班组范围成本费用状况的报表。

三、成本报表编制的依据和要求

（一）成本报表编制的依据

企业编制成本报表主要依据以下资料：① 报告期产品成本的账簿资料，包括总账和相关的明细账。② 本期成本计划和费用预算资料。③ 以前年度的成本报表资料。④ 本企业内与成本管理有关的统计资料、生产技术资料等其他资料。

（二）成本报表编制的要求

1. 资料真实可靠　　成本报表应客观、真实地反映企业成本、费用水平。有关数据必须真实可靠。成本报表必须在账账、账实核对的基础上，根据账簿资料如实编制，如报表资料有假，不仅不能发挥应有的提供信息的作用，而且会误导报表的使用者。

2. 数据计算正确　成本报表的原始资料来源于日常成本核算资料、成本计划、费用预算和有关历史资料,需要通过汇总、计算、分析、综合才能揭示成本的深层次问题。因此,有关计算必须正确无误,才能保证成本报表的质量。

3. 内容全面完整　成本报表应能反映企业成本费用管理的全貌,满足各方面对成本费用管理资料的需要。因此,成本报表中应填报的指标、内容、说明等有关要素必须根据资料进行加工计算后填报,做到内容完整、指标齐全,便于报表使用者运用报表资料进行成本分析。

4. 编制报表及时　成本报表应按规定期限编制、报送给报表使用者。时效性是信息的主要特征之一,只有及时报送报表,才能在第一时间发现问题,并采取措施加以解决,否则,再真实正确、全面完整的成本报表,由于编报不及时,时过境迁,对报表的使用用者也无价值可言,甚至会耽误大事。

四、成本报表的编制

（一）商品产品成本表

商品产品成本表是指反映工业企业在报告期内(月、季、年)全部产品总成本和单位成本及成本计划完成情况的报表。通过此表,可以反映企业报告期的全部商品产品的实际成本资料以及成本计划的完成情况,分析可比产品成本降低任务完成情况,并据以对企业的成本工作进行一般的评价。商品产品成本表是成本报表体系中的主要报表,它由表首、基本内容和补充资料三部分构成。按分类标准不同,可分为按成本项目反映和按产品品种反映的商品产品成本表两种。

1. 按成本项目反映的商品产品成本表　按成本项目反映的商品产品成本表由生产费用和产品生产成本两部分构成,是根据成本计算表、产品生产成本明细账及成本计划等有关资料计算填列的。其格式如表10-1所示。

表10-1

商品产品成本表(按成本项目反映)

编制单位:阳光工厂　　　　2020年12月　　　　　　　　　　　单位:元

项　目	上年实际	本年计划	本月实际	本年累计实际
生产费用				
直接材料	277 200	290 000	30 320	302 200
直接人工	172 000	225 000	21 880	238 000
制造费用	119 800	125 000	11 900	132 000
生产费用合计	569 000	640 000	64 100	672 200
加:在产品、自制半成品期初余额	2 200	2 300	2 300	2 200
减:在产品、自制半成品期末余额	2 300	2 300	2 400	2 400
产品生产成本合计	568 900	640 000	64 000	672 000

该表有关栏目的填制方法如下:

(1) 上年实际　　根据上年末该表"本年累计实际"数填列。

(2) 本年计划　　根据本年成本计划资料填列。

(3) 本月实际　　根据各产品本月成本计算表或产品生产成本明细账按成本项目分别汇总填列。

(4) 本年累计实际　　根据上期该表"本年累计实际"数加上"本月实际"数计算填列。

(5) 在产品、自制半成品的期初、期末余额　　根据各种产品生产成本明细账和自制半成品明细账期初、期末余额分别汇总填列。

2. 按产品品种反映的商品产品成本表　　按产品品种反映的商品产品成本表由基本报表和补充资料两部分构成,是依据报告期产品成本计算表或库存商品明细账计算填列的,如表10-2所示。表中将全部产品区分为可比产品和不可比产品两部分。可比产品是指以前年度正式生产过的,并有较完备的资料可以进行比较的产品。不具备上述条件的产品为不可比产品。基本报表部分有关栏目的填制方法如下:

(1) 产品名称　　应根据企业生产的产品分可比产品和不可比产品,按品种列示,并列明规格和计量单位。

(2) 实际产量　　它分为两栏反映,其中,"本月实际"根据本月成本计算单或产品生产成本明细账填列。"本年累计"根据"产品生产成本"明细账或商品产品成本表上期该栏的数量加本月实际产量计算填列。

(3) 单位成本　　它分为四栏反映,其中,"上年实际平均"栏应根据上年年末商品产品成本表中"本年累计实际平均数"填列;"本年计划"根据本年度成本计划资料填列;"本月实际"根据各种产品成本计算单的资料直接填列;"本年累计实际平均"根据自年初起至本月末止的成本计算单资料或账簿资料计算填列。

(4) 本月总成本　　它分为三栏反映,其中,"按上年实际平均单位成本算"和"按本年计划单位成本算"两栏是以本月实际产量分别乘以上年实际平均单位成本和本年计划单位成本后填列;"本月实际"则根据本期成本计算单填列。

(5) 本年累计总成本　　它分为三栏反映,其中,"按上年实际平均单位成本算"和"按本年计划单位成本算"两栏只需以本年累计实际产量分别乘以上年实际平均单位成本和本年计划单位成本后填列;而"本年实际"栏则根据上期商品产品成本表此栏数字加上本月实际总成本填列。

补充资料部分有关数据的计算公式如下所列。

(1) 可比产品成本降低额　　计算公式如下:

$$\begin{matrix}可比产品\\成本降低额\end{matrix} = \begin{matrix}按上年实际平均单位成本计算\\的可比产品本年累计总成本\end{matrix} - \begin{matrix}本年可比产品\\累计实际总成本\end{matrix}$$

表10-2

商品产品成本表（按产品品种反映）

编制单位：阳光工厂　　　　2020年12月　　　　单位：元

产品名称	计量单位	实际产量 本月实际	实际产量 本年累计	单位成本 上年实际平均	单位成本 本年计划	单位成本 本月实际 ⑤=⑨÷①	单位成本 本年累计实际平均 ⑥=⑫÷②	本月总成本 按上年实际单位成本计算 ⑦=①×③	本月总成本 按本年计划单位成本计算 ⑧=①×④	本月总成本 本期实际 ⑨=①×⑤	本年累计总成本 按上年实际单位成本计算 ⑩=②×③	本年累计总成本 按本年计划单位成本计算 ⑪=②×④	本年累计总成本 本年实际 ⑫=②×⑥
		①	②	③	④								
可比产品成本合计		—	—	—	—	—	—	47 400	45 840	47 280	480 000	464 400	474 000
其中：甲	台	250	2 400	100	96	104	101.25	25 000	24 000	26 000	240 000	230 400	243 000
乙	台	280	3 000	80	78	76	77	22 400	21 840	21 280	240 000	234 000	231 000
不可比产品成本合计		—	—	—	—	—	—	—	15 960	16 720	—	189 000	198 000
其中：丙	件	380	4 500	—	42	44	44	—	15 960	16 720	—	189 000	198 000
全部商品产品成本合计		—	—	—	—	—	—	—	61 800	64 000	—	653 400	672 000

(2) 可比产品成本降低率　计算公式如下：

$$可比产品成本降低率 = \frac{可比产品成本降低额}{按上年实际平均单位成本计算的可比产品本年累计总成本} \times 100\%$$

(3) 按现行价格计算的商品产值　根据有关统计资料填制。

(4) 产值成本率　计算公式如下：

$$产值成本率 = \frac{产品总成本}{商品产值} \times 100\%$$

(二) 主要产品单位成本表

主要产品是指企业经常生产的，在企业全部产品中所占的比重较大，能概括反映企业生产经营面貌的那些产品。主要产品单位成本表是指反映工业企业在报告期内(月、季、年)生产的各种主要产品单位成本构成情况的报表。通过此表，可以反映生产各种主要产品的实际成本水平及其构成，考核各种主要产品单位成本计划的执行情况及升降原因，为分析各项消耗量指标的变化情况提供资料，便于与同行业同类产品成本进行对比，找出差距，挖掘潜力，降低成本。

主要产品单位成本表是按成本项目反映单位产品成本水平的，它是商品产品成本表的补充报表，由产量、单位成本和主要技术经济指标三部分构成，主要根据成本计算表和日常积累的技术经济资料填列。其格式如表10-3所示。

表10-3

主要产品单位成本表

编制单位：阳光工厂　　　　　　2020年12月　　　　　　金额单位：元

产品名称		甲产品	本月计划产量	200
规　格		××	本月实际产量	250
计量单位		台	本年计划产量	2 300
销售单价		65	本年累计实际产量	2 400
成本项目	历史先进水平(2012年)	上年实际平均	本年计划	本月实际	本年累计实际平均
直接材料	50	46	44	20	42
直接人工	28	36	32	20	40
制造费用	14	18	20	24	19.25
产品单位生产成本	92	100	96	104	101.25
主要经济技术指标	用量(千克)	用量(千克)	用量(千克)	用量(千克)	用量(千克)
A材料	0.98	1	1	1	1
B材料	4	5	5	4	4.5
工时(小时)	0.975	1.05	1	1.025	1.05

主要产品单位成本表各栏目填列方法如下所列。

(1)"本月计划产量"和"本年计划产量"项目　分别根据本月和本年产品产量计划填列。

(2)"本月实际产量"和"本年累计实际产量"项目　分别根据统计提供的产品产量资料或产品入库单填列。

(3)"历史先进水平"栏各项目　根据有关年度的资料填列。

(4)"上年实际平均"栏各项目　根据上年年末本表"本年累计实际平均"栏资料填列。

(5)"本年计划"栏各项目　根据成本计划单位成本资料填列。

(6)"本月实际"栏各项目　根据产品成本明细账有关资料填列。

(7)"本年累计实际平均"栏各项目　根据自年初至本月末止的有关产品成本明细账资料采用加权平均计算后填列。

(8)"主要技术经济指标"项目　应分别根据实际消耗记录、计划、上年度有关数据等业务技术资料和企业或上级机构规定的指标名称、填列方法计算填列。

(三)制造费用明细表

制造费用明细表是反映工业企业在报告期内发生的制造费用总额及其各项费用明细数额的报表。通过此表,可以了解制造费用的实际发生情况、制造费用的构成及其增减变动情况,分析和考核制造费用预算的执行情况及其结果,充分揭示差异及产生的原因。制造费用明细表由表首和基本内容两部分构成,基本内容为本年计划数、上年同期实际数、本月实际数和本年累计实际数四部分。各部分均按制造费用明细项目逐项反映,制造费用明细表格式如表10-4所示。

表10-4

制造费用明细表

编制单位:阳光工厂　　　　　　　　2020年12月　　　　　　　　　　单位:元

序号	项目	本年计划	上年同期实际	本月实际	本年累计实际
1	职工薪酬	50 000	4 650	4 880	52 000
2	办公费	5 000	420	400	4 800
3	折旧费	17 700	1 400	1 580	19 000
4	修理费	6 300	450	600	7 280
5	水电费	6 000	400	480	5 600
6	机物料消耗	5 900	420	500	6 000
7	低值易耗品摊销	4 000	320	340	4 100
8	劳动保护费	9 800	550	720	8 800
9	设计制图费	3 800	250	300	3 500
10	其他制造费用	16 500	1 500	2 100	20 920
	合计	125 000	10 360	11 900	132 000

制造费用明细表各栏目填制方法如下。

（1）本年计划　　根据本年制造费用预算表资料填列。

（2）上年同期实际　　根据上年该表同期本月实际数填列。

（3）本月实际　　根据"制造费用"账户总账及所属明细账计算填列。

（4）本年累计实际　　根据"制造费用"明细账年初至本月月末止累计数计算填列。

（四）其他成本报表

企业除需按时编报上述几种成本费用报表外，有时还要按成本管理的要求和责任会计的要求，编制一些其他成本报表，服务于企业内部的成本控制。例如，责任成本报表、质量成本表、材料成本考核表、人工成本考核表等。其他成本报表形式多样，不同的企业可以有不同的设计，现仅介绍几种常用的其他成本报表，以供参考。

1. 责任成本表　　责任成本表是指根据责任中心（部门）的成本核算资料定期进行编制的，用于反映和考核责任成本预算完成情况的内部成本报表。责任成本报表仅供进行责任成本核算的企业使用。

责任成本以部门或个人作为成本计算和控制对象，根据"谁负责，谁承担"的原则来归集和分配可控成本，达到分清责任，考核业绩的目的。责任成本表的核心内容是反映各级成本责任中心所能控制的成本项目的执行情况，揭示差异，编报的具体内容取决于各成本中心（班组、车间、部门）控制成本的责任范围。责任范围大的成本中心，其报表可涉及若干项成本内容；责任范围小的成本中心，其报表内容可能只涉及某项用料、用工标准的执行情况。责任成本报表的繁简程度应服从于各级成本管理人员的信息需求。责任成本报表通常可分班组、车间、厂部三级编制，其格式如表10-5、表10-6、表10-7所示。

表10-5

甲班组责任成本表

2020年12月　　　　　　　　　　　　　　　　　　　金额单位：元

项　目	预算成本	实际成本	差异额	差异率	原因分析
直接材料	40 000	39 600	400(F)	1.00%	
直接人工	4 500	4 581	81(U)	1.80%	（略）
返工费用		600	600(U)		
可控成本合计	44 500	44 781	281(U)	0.63%	

表 10－6

第一车间责任成本表

2020 年 12 月　　　　　　　　　　　　　　　金额单位：元

项　　目	预算成本	实际成本	差异额	差异率	原因分析
制造费用	38 000	38 608	608(U)	1.60%	
甲班组	44 500	44 781	281(U)	0.63%	
乙班组	48 000	47 880	120(F)	0.25%	（略）
丙班组	51 000	50 500	500(F)	0.98%	
可控成本合计	181 500	181 769	269(U)	0.15%	

表 10－7

厂部责任成本表

2020 年 12 月　　　　　　　　　　　　　　　金额单位：元

项　　目	预算成本	实际成本	差异额	差异率	原因分析
第一车间	181 500	181 769	269(U)	0.15%	
第二车间	216 000	215 200	800(F)	0.37%	（略）
供电车间	42 000	42 200	200(U)	0.48%	
可控成本合计	439 500	439 169	331(F)	0.075%	

责任成本报表依据责任中心的成本记录编制。表中预算数大于实际数，为有利差异，表明可控成本节约；如实际数大于预算数，为不利差异，表明可控成本超支。作为考核评价责任中心的依据，对于责任中心不可控的成本，报表中不予列示。

2．质量成本表　　质量成本表是指根据企业质量管理的需求，按照质量成本的种类和项目，核算企业实际发生的质量成本，用以反映、分析和考核一定时期内质量成本预算执行情况的内部成本报表。质量成本是指企业为保证或提高产品质量所支出的费用和由于质量故障所造成的损失的总和。质量成本一般分为预防成本、鉴定成本和故障成本。预防成本是指企业为了使产品质量不低于标准开支的费用和提高产品质量水平所支付的费用。鉴定成本是指企业用于试验、检验及评定产品是否符合规定质量标准所发生的各种费用。故障成本是指企业产品在出厂前后由于质量问题产生故障所追加的费用和造成损失的总和。质量成本还有显性成本和隐性成本之分。对显性成本，可通过会计方法进行核算；而对未实际发生的隐性成本，如由于质量事故造成的停工损失等，需用统计方法计算确定。因此，需同时运用会计和统计方法才能全面正确地计算质量成本。

质量成本表也可按不同层次的责任由下而上编制,通常分车间、厂部两级编制。车间质量成本表的主要项目如下。①内部质量损失(废次品损失、返修损失、停工损失、复检损失和其他)。②预防费用(质量培训费用、质量资料费、质量审核费、各项管理费用和其他)。③检验费用(进货检验费、工序、产品检验费、设备检验费、半成品检验费和其他)。厂部质量成本表的主要项目有:①故障成本,有内部故障成本(废次品损失、返修损失、停工损失、复检损失和其他)。外部故障成本(折价损失、索赔损失、保修费用、退货损失和其他)。②鉴定成本(进货检验费、工序、产品检验费、设备检验费、半成品检验费、其他)。③预防成本(质量培训费用、质量资料费、质量审核费、各项管理费用、其他)。

3. 材料成本考核表　　材料成本考核表是指根据企业对主要材料成本管理的需要,反映和考核主要材料的耗用量及采购成本情况的内部成本报表。包括材料耗用量月报表(反映某种材料的每日耗用量、本月累计耗用量及本年累计耗用量)、材料耗用成本月报表(反映相关部门材料耗用的计划价格成本和定额成本的差异情况)、材料成本差异分析月报表(反映各供货单位实际与计划材料采购成本的差异)。这些报表可分别由仓库保管人员和财会部门材料核算人员编制。

4. 人工成本考核表　　人工成本考核表是指反映报告期内工人工作效率的报表。该报表主要用于分析生产工人在生产时间内的工作效率。该报表一般采用由下而上逐级编报。

5. 生产损失报告表　　生产损失报告表是指反映报告期内各项生产损失(废品损失、停工损失)详细情况的报表。该报表主要用于分析各项生产损失的金额构成及产生原因,以便采取纠正和预算措施。该报表可根据"废品损失""停工损失"等账户记录或其他有关资料编制。

第二节　成　本　分　析

一、成本分析的意义

成本分析是指利用成本核算及相关资料,按照一定的程序,采用专门的方法,对成本水平及其构成情况进行分析与评价,认识和掌握降低成本费用的规律,揭示影响成本升降的各种因素及其变动的原因,挖掘降低成本的潜力,提高企业成本效益的一种管理活动。成本分析是成本管理的重要组成部分。在工业企业,成本分析贯穿于成本管理工作的始终,在产品成本形成前、形成中和形成后都离不开成本分析。由于成本计划和成本报表是成本信息的主要载体,因此成本分析也就成为主要是对成本计划和成本报表中提供的成本信息进行的分析。

成本管理的目的是要不断降低产品的成本,而成本分析则是寻求降低产品成本途径的重要手段。成本分析在成本管理中具有重要的意义,主要表现在以下三个方面。

（一）为编制成本计划提供依据

企业通过成本分析,可以对成本计划的完成情况进行考核和评价,查明影响成本计划完成的原因,揭示实际与计划的差距,发现成本管理中的薄弱环节。总结经验,为编制下一轮成本计划提供依据。

（二）促使企业完善成本管理责任制

企业通过成本分析,可以揭示影响成本升降的各种原因,检查企业成本管理行为的合法性,分清成本管理中各部门、各环节的成本管理责任,促使企业完善成本管理责任制。

（三）提高企业成本管理水平

企业通过成本分析,可以正确认识和掌握成本变动的规律。为企业的成本预测、成本决策提供信息资料,为改善成本管理工作指出方向,提高企业的成本管理水平。

二、成本分析的内容和原则

（一）成本分析的内容

工业企业成本分析的内容主要包括以下几个方面。① 全部商品产品成本计划完成情况分析。② 可比产品成本降低计划完成情况分析。③ 单位产品成本分析。④ 技术经济指标变动对产品成本影响的分析。⑤ 其他成本费用分析。

企业产品成本的高低,受多种因素的影响,成本分析就是对影响产品成本的各种因素进行分析。这些因素性质不同,又往往相互作用,使企业的产品成本水平处于不断变化之中。影响企业产品成本的因素主要包括以下两方面：

一是主观因素,又称内部因素,是指由于企业经营管理方面的因素和企业生产技术方面的因素对产品成本的影响。经营管理方面的因素包括：劳动生产率水平、生产设备利用程度、材料、燃料和动力的利用效果、产品的质量水平、工资水平和制造费用水平、企业管理水平等。生产技术方面的因素包括：生产工艺的革新、代用材料的采用、生产技术的改革等。

二是客观因素,又称外部因素,是指企业固有的环境状况和先天条件因素以及国家宏观经济政策、社会环境因素对产品成本的影响。企业固有的环境状况和先天条件因素包括：企业所处的地理位置和资源条件、企业的生产经营规模和技术装备水平、企业的专业化协作水平等。国家宏观经济政策和社会环境因素包括：国家宏观经济政策导向、成本管理制度的改革、产品的市场需求和价格水平等。

主观因素与客观因素有时不能截然分开,两者之间相互缠绕。一般来说,主观因素对产品成本造成的不利差异,可通过企业自身的努力来消除；而客观因素对产品成本造成的不利差异则不是企业的责任,往往在短期内不能改变。因此,主观因素是企业成本分析的重点,应紧紧抓住企业可以控制的因素,挖掘一切可以降低成本的潜力,使成本降低由可能变为现实。

(二) 成本分析的原则

成本分析的原则是成本分析工作应遵循的规范。企业进行成本分析时,应遵循的一般原则是:以国家的有关财经政策,企业会计准则、企业会计制度及有关规定为依据,以成本计划、目标成本为标准,坚持实事求是的精神,对企业的产品成本及成本效益进行及时分析,正确评价。在分析方法上应注意的原则如下。① 全面分析与重点分析相结合。② 经济分析与技术分析相结合。③ 成本分析与责任分析相结合。④ 专业分析与群众分析相结合。⑤ 数据资料分析与调查研究相结合。⑥ 事后分析与事前、事中分析相结合。

三、成本分析的评价标准

正确确定和选择成本分析的评价标准,对于发现问题、找出差距,正确评价成本现状是非常重要的。成本分析的评价标准主要有历史标准、行业标准、预算标准等三种。

1. 历史标准　　它是指以企业过去某一时间的实际成本业绩为评价标准。历史标准可选择企业在正常经营条件下的平均成本水平,也可选择企业在历史上的最高水平。使用历史标准分析成本现状有较强的说服力,因为那是企业曾经达到的水平。其不足之处是该评价标准比较保守,只能说明企业与历史相比较后的发展变化状况,不能全面分析企业在同行业中的地位和水平。

2. 行业标准　　它是指按行业制定的,反映行业基本成本水平或反映行业先进成本水平的评价标准。使用行业标准分析成本现状可表明企业在行业中所处的地位与水平。其不足之处是该评价标准不能说明目前成本状况对本企业来说是进步了,还是退步了。

3. 预算(计划)标准　　它是指企业根据自身经营状况制定的目标标准。使用预算(计划)标准分析成本现状可考核、评价企业各级各部门的经营业绩以及对企业总体目标实现的影响。其不足之处是该评价标准受人为主观影响较大。

四、成本分析的方法

成本分析采用的技术方法种类较多,有会计的方法、统计的方法和数学的方法。企业应根据已掌握的资料及本企业产品成本费用的特点和管理者对成本分析的要求来确定。常用的方法有以下几种。

(一) 比较分析法

比较分析法是通过对不同时间或不同情况下的成本指标数据的对比,揭示客观存在的差异,从而进一步分析产生差异原因的方法。常用的指标对比形式如下:

1. 实际指标与计划指标对比　　可以检查分析成本计划的完成情况,为进一步分析指明方向。

2. 本期实际指标与上期(或上年同期或历史最高水平)实际指标对比可以观察企

业成本指标的变动情况和变动趋势,有助于总结经验,改进成本管理工作。

3. 本期实际指标与国内国外同行业先进指标对比　可以了解企业成本水平在国内外同行业中所处的地位,在更大的范围内揭示差距,激励企业为降低产品成本作出更大的努力。

采用比较分析法,应注意比较指标的同质性,即所对比的指标在内容、计价标准、时间单位、计算方法等方面是可比的。同行业成本指标对比时只有在客观条件基本接近的前提下,技术上、经济上才有可比性。

比较分析法简单易懂,便于发现问题,但它只能确定成本指标的差异数,不能找到影响指标变动的具体原因。因此,还需采用其他成本分析方法作进一步的分析。

（二）比率分析法

比率分析法是通过计算和对比经济指标的比率进行数量分析的方法,常用的比率分析形式如下:

1. 相关比率分析法　它是将两个性质不同但又相关的指标进行对比求出两者的比率,以实际数与计划数(或前期实际数)作对比分析,以便从经济活动的客观联系中,更深入地认识企业的生产经营状况,如成本利润率、产值成本率等。

2. 构成比率分析法　它是以局部数量(数额)与整体数量(数额)相比,反映局部在总体中所占的比重,通过观察产品成本构成的变动,掌握经济活动情况及其对产品成本的影响。例如,计算各成本项目在产品总成本中所占的比重,确定成本构成的变动等。

3. 动态比率分析法　它是将不同时期同类指标的数值进行对比,计算出动态比率,用以反映分析对象的增减速度和发展趋势,从中发现企业在生产经营方面的成绩或不足,具体又分为定基对比和环比对比两种。

（三）因素分析法

因素分析法是指将某一综合经济指标分解成若干相互联系的原始因素,采用一定的计算方法,确定各因素变动对该项经济指标的影响方向和影响程度的方法。常用的因素分析法种类如下所述。

1. 连环替代法　它是因素分析法的基本形式,是将综合性经济指标分解为各个因素,将各因素的实际值按顺序替换成标准值(如计划数、前期实际数等),以此来计算各个因素变动对该项指标的影响程度的方法。

1）连环替代法的计算程序　连环替代法有以下四个计算程序。

（1）将某项经济指标分解成若干原始因素　按一定顺序列出数字关系式,并计算出所有因素都按比较标准(本期计划或前期实际)数值计算的总值。

（2）以标准指标的数字关系式为基础　依次以各因素的本期实际数值替换该因素的标准数值,每次替换一个因素,并计算出替换后的数据,有几个因素就替换几次,直至将所有因素逐一替换为止。

（3）将每次替换后计算的新数据与替换前的数据进行比较，其差额即表示该替换因素变动对综合指标的影响程度。

（4）计算各因素变动影响数额的代数和，这个代数和应等于该指标的实际指标值与标准指标值的差异总数，否则，计算过程中就有错误。

设成本指标 M 是由 A,B,C 三个因素的乘积组成，其计划成本指标（比较标准）与实际成本指标列示如下。

计划成本：$M_1 = A_1 \times B_1 \times C_1$

实际成本：$M_2 = A_2 \times B_2 \times C_2$

差异额：$D = M_2 - M_1$

以比较标准为基础，依次替换。

第一次替换：$A_2 \times B_1 \times C_1 = M_3$

$M_3 - M_1 = A$ 因素变动对综合指标 M 的影响

第二次替换：$A_2 \times B_2 \times C_1 = M_4$

$M_4 - M_3 = B$ 因素变动对综合指标 M 的影响

第三次替换：$A_2 \times B_2 \times C_2 = M_2$

$M_2 - M_4 = C$ 因素变动对综合指标 M 的影响

计算以上三因素变动影响数的代数和：

$$(M_3 - M_1) + (M_4 - M_3) + (M_2 - M_4) = M_2 - M_1 = D$$

从上式可以看到，各构成因素变动的差异之和与前计算的实际成本脱离计划的总差异是相等的。通过因素分析可以确定各因素对成本升降的影响程度，以便采取改进措施。

2）连环替代法的特点　连环替代法具有以下三个特点。

（1）因素替换的顺序性　即计算分析时应按各因素排列的先后顺序逐一替换，一般按如下顺序替换。即先数量因素，后质量因素；先实物因素，后价值量因素；先基本因素，后从属因素的顺序替换。

（2）因素替换的连环性　即后一因素的计算分析建立在前一因素的基础之上，在全部因素替换完毕后，才完成对该综合经济指标的因素分析。

（3）计算条件的假定性　即测算某一因素变动的影响是在某种假定条件下进行的。如假定其他因素不变、规定替换顺序，都会造成计算结果在一定程度上的假定性。而这种假定性的分析方法，是在确定事物内部各种因素影响程序时必不可少的。

2. 差额计算法　差额计算法是连环替代法的简化形式，是将各个因素的实际数与基数进行比较，计算出差额，在其他因素不变的假定前提下，分析各因素对综合经济指标的影响程度。其计算程序如下。

(1) 求实际数与标准数的差额 确定对象因素的实际数,与标准(本期计划或前期实际)比较,求得两者的差额。

(2) 求对象因素对综合经济指标的影响程度 以对象因素的差额乘以数学关系式中排列在该因素前的各因素的实际数和排列在该因素后面各因素的标准数,其结果即为该因素对综合经济指标的影响程度。

(3) 求出实际成本脱离标准的总差异 将该指标数学关系式中全部因素计算分析完毕后,各因素的影响数值的代数和即是该综合经济指标的实际成本脱离标准的总差异。

五、成本计划完成情况的分析

成本计划完成情况的分析,主要是全部商品产品成本计划的完成情况分析和可比产品成本降低目标的完成情况分析,属于成本事后定期分析。

(一) 全部商品产品成本分析

企业的全部商品产品包括可比产品和不可比产品。因为包括不可比产品,企业就不可能有全部商品产品的上年实际成本资料。所以对全部商品产品的成本分析,主要是分析成本计划的完成情况,确定本期全部商品产品的实际成本与计划成本相比较的差异额和差异率,并分析原因,以了解企业完成成本计划的一般情况,为进一步分析指明方向。

对全部商品产品成本计划完成情况的分析,可按产品品种(类别)、成本项目和成本性态三个方面进行。

1. 按成本项目进行成本计划完成情况分析 这种分析方法是将全部商品产品总成本按成本项目逐一汇总,与按实际产量调整后的计划总成本对比,确定每个成本项目的降低额和降低率,分析总成本变动的原因。

【例 10-1】 阳光工厂按成本项目反映的商品产品成本分析表,如表 10-8 所示。

表 10-8

商品产品成本分析表(按成本项目)

编制单位:阳光工厂　　　　　　2020 年 12 月　　　　　　　　　　单位:元

成本项目	本年实际产量总成本		实 际 比 计 划		各项差异对总成本影响的百分比
	计划总成本	实际总成本	差异额	差异率	
	①	②	③=②-①	④=③÷①	⑤=③÷∑①
直接材料	287 200	302 000	14 800	5.15%	2.27%
直接人工	234 000	238 000	4 000	1.71%	0.61%
制造费用	132 200	132 000	-200	-0.15%	-0.03%
商品产品成本	653 400	672 000	18 600	2.85%	2.85%

注:差异额(率)正数为超支,负数为降低。

由表 10-8 可知，阳光工厂全部商品产品的实际制造成本超支 2.85%，主要是由于直接材料成本超支 14 800 元，比计划增加 5.15%；直接人工成本超支 4 000 元，比计划增加 1.71%造成的。而制造费用则比计划成本有所降低，形成成本的有利差异。对直接材料、直接人工的超支，企业应作进一步的分析，了解变动因素是由主观因素还是客观因素所致，并采取相应的措施。

2. 按产品品种进行成本计划完成情况分析　　这种分析方法所依据的资料是全部产品成本表和按产品品种编制的全部产品成本计划。通过编制商品产品成本分析表，计算确定可比产品、不可比产品和全部商品产品成本的降低额和降低率。其计算公式如下：

$$\text{成本降低额} = \text{实际总成本} - \text{计划总成本} = \sum \left[\text{实际产量} \times (\text{实际单位成本} - \text{计划单位成本}) \right]$$

$$\text{成本降低率} = \frac{\text{成本降低额}}{\sum(\text{实际产量} \times \text{计划单位成本})} \times 100\%$$

计算结果表明，负数表示成本节约；正数表示成本增加。

【例 10-2】　阳光工厂生产甲、乙、丙三种产品，其中甲、乙产品为可比产品，丙产品为不可比产品。2020 年 12 月，商品产品成本表如表 10-2 所示。

对全部商品产品成本的分析计算，如表 10-9 所示。

表 10-9

商品产品成本分析表（按产品品种）

编制单位：阳光工厂　　　　2020 年 12 月　　　　　　　　　　单位：元

产品名称	按实际产量计算		实际与计划的差异		各项差异对总成本影响的百分比
	计划总成本	实际总成本	差异额	差异率	
	①	②	③=②-①	④=③÷①	⑤=③÷∑①
可比产品合计	464 400	474 000	9 600	2.07%	1.47%
其中：甲产品	230 400	243 000	12 600	5.47%	1.93%
乙产品	234 000	231 000	−3 000	−1.28%	−0.46%
不可比产品合计	189 000	198 000	9 000	4.76%	1.38%
丙产品	189 000	198 000	9 000	4.76%	1.38%
商品产品成本	653 400	672 000	18 600	2.85%	2.85%

由表 10-9 可知：

(1) 该企业全部商品产品成本实际总成本比计划总成本超支 18 600 元(672 000−653 400)，超支率为 2.85%。

(2) 全部商品产品成本计划尚未完成,但从产品品种上看,成本计划完成情况不平衡,其中:可比产品中甲产品实际成本比计划增加了 12 600 元(243 000－230 400),成本超支率为 5.47%;乙产品实际成本比计划降低了 3 000 元(231 000－234 000),成本降低率为 1.28%。甲、乙产品构成了可比产品成本超支额 9 600 元(474 000－464 400),成本超支率 2.07%,而不可比产品超支额 9 000 元(198 000－189 000),超支率为 4.76%。

(3) 进一步对超支率较高的甲、丙产品进行分析,究其原因:是成本计划制订得不合实际,无法完成,还是实际生产过程中遇到特殊情况,或者是人为地将属于可比产品的成本费用挤进不可比产品成本,以达到完成可比产品成本降低任务的目的等。

3. 按成本性态构成进行成本计划完成情况分析　　这种分析方法是将全部商品产品成本按成本性态划分为变动成本和固定成本,确定变动成本和固定成本的降低额和降低率。

【例 10-3】　承[例 10-2],根据表 10-1 及有关成本资料,按成本性态构成对阳光工厂进行全部商品产品成本的分析计算如表 10-10 所示。

表 10-10

商品产品成本分析表(按成本性态构成)

编制单位:阳光工厂　　　　　　　2020 年 12 月　　　　　　　　　　单位:元

产品名称	按实际产量计算		实际与计划的差异		各项差异对总成本影响的百分比
	计划总成本	实际总成本	差异额	差异率	
	①	②	③=②－①	④=③÷①	⑤=③÷∑①
变动成本	563 600	582 500	18 700	3.32%	2.86%
其中:直接材料	287 200	302 000	14 800	5.15%	2.27%
直接人工	234 000	238 000	4 000	1.71%	0.61%
变动制造费用	42 400	42 300	－100	－0.24%	－0.02%
固定成本	89 800	89 700	－100	－0.11%	－0.01%
其中:固定制造费用	89 800	89 700	－100	－0.11%	－0.01%
商品产品成本	653 400	672 000	18 600	2.85%	2.85%

由表 10-10 可知,阳光工厂全部商品产品的实际制造成本超支 2.85%,主要是由于变动成本超支 2.86%造成的。其中直接材料超支 14 800 元,比计划增加 5.15%,直接人工超支 4 000 元,比计划增加 1.71%。而变动制造费用和固定成本则都比计划成本有所降低,形成成本有利差异。对变动成本中材料及人工成本超支状况,有关部门应

作进一步剖析,以便采取相应措施,加以控制。

(二)可比产品成本降低情况分析

企业在正确划分可比产品和不可比产品的基础上,还需进一步分析可比产品成本降低计划的完成情况。

1. 可比产品成本降低计划完成情况的分析　　对可比产品成本降低计划完成情况的分析主要涉及可比产品成本降低额和降低率,实际成本的降低额和降低率。通过计算,评定企业可比产品成本降低任务的完成情况,确定各因素的影响程度,为进一步挖掘潜力,降低成本指出方向。其计算公式如下:

$$\text{可比产品成本计划降低额} = \sum \left[\text{计划产量} \times \left(\text{上年实际单位成本} - \text{本年计划单位成本} \right) \right]$$

$$\text{可比产品成本计划降低率} = \frac{\text{可比产品成本计划降低额}}{\sum(\text{计划产量} \times \text{上年实际单位成本})} \times 100\%$$

$$\text{可比产品成本实际降低额} = \sum \left[\text{实际产量} \times \left(\text{上年实际单位成本} - \text{本年实际单位成本} \right) \right]$$

$$\text{可比产品成本实际降低率} = \frac{\text{可比产品成本实际降低额}}{\sum(\text{实际产量} \times \text{上年实际单位成本})} \times 100\%$$

【例 10-4】 阳光工厂生产甲、乙两种可比产品,有关成本资料如表 10-11、表 10-12 所示。

表 10-11

可比产品计划成本资料

编制单位:阳光工厂　　　　　　2020 年 12 月　　　　　　金额单位:元

可比产品名称	计划产量(台)	单位成本		总成本		成本降低指标	
		上年实际	本年计划	按上年实际单位成本计算	按本年计划单位成本计算	差异额	差异率
	①	②	③	④=①×②	⑤=①×③	⑥=⑤-④	⑦=⑥÷④
甲产品	2 300	100	96	230 000	220 800	−9 200	−4.00%
乙产品	2 800	80	78	224 000	218 400	−5 600	−2.50%
合计	—	—	—	454 000	439 200	−14 800	−3.26%

注:负数差异即为降低额(率)。

可比产品计划降低额=2 300(100−96)+2 800(80−78)=14 800

可比产品计划降低率=14 800÷454 000=3.26%

表 10-12

可比产品实际成本资料

编制单位:阳光工厂　　　　　2020 年 12 月　　　　　　　金额单位:元

可比产品名称	计划产量（台）	单位成本		总成本		成本降低指标	
		上年实际	本年计划	按上年实际单位成本计算	按本年计划单位成本计算	差异额	差异率
	①	②	③	④=①×②	⑤=①×③	⑥=⑤-④	⑦=⑥÷④
甲产品	2 400	100	101.25	240 000	243 000	3 000	1.25%
乙产品	3 000	80	77.00	240 000	231 000	-9 000	-3.75%
合计	—	—	—	480 000	474 000	-6 000	-1.25%

注:负数差异即为降低额(率)。

$$可比产品实际降低额 = 2\,400(100-101.25) + 3\,000(80-77) = 6\,000$$
$$可比产品实际降低率 = 6\,000 \div 480\,000 = 1.25\%$$

从上述资料可以看出,阳光工厂可比产品的生产成本计划降低额为 14 800 元,实际降低额为 6 000 元,实际比计划少完成 8 800 元;计划降低率为 3.26%,实际降低率为 1.25%,实际比计划少完成 2.01%,两项指标都未完成任务。但各产品情况还不平衡,其中甲产品实际单位成本超过了上年实际单位成本,没有完成降低成本的要求,乙产品则完成了降低成本的要求。其具体原因需作进一步分析。

2. 可比产品成本降低计划完成情况因素分析　　影响可比产品成本的因素主要有三种,即产量因素、品种结构因素和单位成本因素。通过对这三个因素逐一替换计算,能解剖分析可比产品成本降低的原因。

(1) 产量变动因素的影响　　成本计划降低额是根据各种产品的计划产量制定的。实际产量发生变动,必然会影响到成本降低额。当产品的品种结构和单位产品成本不变时,单纯的产量变动只影响产品成本的降低额,而不影响产品成本的降低率。其计算公式如下:

$$\begin{aligned}产量变动对成本\\降低额的影响\end{aligned} = \left[\sum\binom{实际}{产量}\times\binom{上年实际}{单位成本} - \sum\binom{计划}{产量}\times\binom{上年实际}{单位成本}\right]\times\begin{aligned}计划成本\\降\ 低\ 率\end{aligned}$$

$$= \sum\left[\binom{实际}{产量}-\binom{计划}{产量}\right)\times\binom{上年实际}{单位成本}\right]\times 计划成本降低率$$

[例 10-4]中,因产量变动对成本降低额的影响如下:

$$[(2\,400-2\,300)\times 100 + (3\,000-2\,800)\times 80]\times 3.26\% \approx 848(元)$$

在生产实践中,产量因素的变化往往会引起产品品种结构的变动。

(2) 产品品种结构变动因素的影响　全部可比产品成本降低率实质上是在各种产品的个别成本降低率的基础上计算出来的。由于各种产品的成本降低程度的不同,当产品品种结构发生变化时,成本降低额、成本降低率也会随之发生变化。一般情况下,产品成本降低率高的产品在全部可比产品产量中所占的比例比计划提高,就会影响到全部可比产品成本降低率的提高,成本降低额也会随之增加;反之,产品成本降低率、降低额就会降低和减少。其计算公式如下:

$$\text{产品品种结构变动对成本降低额的影响} = \Sigma\left(\text{实际产量} \times \text{上年实际单位成本}\right) - \Sigma\left(\text{实际产量} \times \text{本年计划单位成本}\right)$$

$$- \Sigma\left(\text{实际产量} \times \text{上年实际单位成本}\right) \times \text{计划成本降低率}$$

$$\text{产品品种结构变动对成本降低率的影响} = \frac{\text{产品品种结构变动对成本降低额的影响金额}}{\Sigma(\text{实际产量} \times \text{上年实际单位成本})} \times 100\%$$

[例 10-4] 中因产品品种结构变动对成本降低额、降低率的影响计算如下:

$$\text{产品品种结构变动对成本降低额的影响} = (2\,400 \times 100 + 3\,000 \times 80) - (2\,400 \times 96 + 3\,000 \times 78)$$

$$- (2\,400 \times 100 + 3\,000 \times 80) \times 3.26\% = -48(\text{元})$$

$$\text{产品品种结构变动对成本降低率的影响} = \frac{-48}{2\,400 \times 100 + 3\,000 \times 80} \times 100\% = 0.01\%$$

(3) 单位成本变动因素的影响　可比产品计划成本降低额和实际成本降低额都是以上年成本为计算基础的。因此,可比产品成本降低任务的完成程度,实际上是各种产品单位成本发生变化的结果。产品实际单位成本比计划单位成本升高或降低,都会引起成本降低额和降低率的变动。其计算公式如下:

$$\text{单位成本变动对成本降低额的影响} = \Sigma\left[\text{实际产量} \times (\text{计划单位成本} - \text{实际单位成本})\right]$$

$$\text{单位成本变动对成本降低率的影响} = \frac{\text{单位成本变动对成本降低额的影响金额}}{\Sigma(\text{实际产量} \times \text{上年实际单位成本})} \times 100\%$$

[例 10-4] 中,因单位成本变动对产品成本降低额、降低率的影响计算如下:

$$\text{单位成本变动对成本降低额的影响} = 2\,400 \times (96 - 101.25) + 3\,000 \times (78 - 77) = -9\,600(\text{元})$$

$$\text{单位成本变动对成本降低率的影响} = \frac{-9\,600}{2\,400 \times 100 + 3\,000 \times 80} \times 100\% = -2\%$$

最后,综合各种因素对可比产品成本降低计划完成情况的影响程度,其结果与上述计算相符,如表 10-13 所示。

表 10-13

各因素影响可比产品成本降低程度汇总表

编制单位：阳光工厂　　　　　　　2020 年 12 月　　　　　　　金额单位：元

因　素	影　响　程　度	
	降　低　额	降　低　率(%)
产品产量	848	
产品品种结构	-48	0.01
单位产品成本	-9 600	-2
成本降低计划完成情况	-8 800	-2.01

对可比产品成本降低情况的分析，还可采用成本性态因素分析法，即将影响可比产品成本降低的因素划分为产品产量、品种结构、单位变动成本和固定成本总额四个方面。通过分析，进一步揭示两种不同性态成本对完成成本降低任务的影响。

六、产品单位成本的分析

对企业全部商品产品成本降低情况进行总结分析，可以得出企业产品成本及其升降的总括情况。但不能了解个体产品的成本指标是怎样完成的，存在哪些超降的因素，还有哪些潜力，这就需要对产品的单位成本进行分析。对生产多种产品的企业，可选择主要产品成本或超降幅度较大的产品进行分析。

单位产品成本计划完成情况分析的内容主要包括：主要产品成本计划完成情况分析、单位产品成本主要项目完成情况分析以及各主要技术经济指标变动对单位产品成本的影响分析。其中最后一方面内容的分析将在本节第七部分介绍。

（一）产品单位成本计划完成情况分析

产品单位成本计划完成情况的分析，是将分析对象的各成本项目的实际数与计划数进行对比，确定差异额和差异率以及各成本项目变动对产品单位成本计划的影响程度，查明造成产品单位成本升降的原因。

【例 10-5】　阳光工厂甲产品是该厂的主要产品之一，且本年度成本超支，现按成本项目分析如表 10-14 所示。

从资料分析看，甲产品本年实际单位成本比计划超支了 5.25 元，主要是直接人工费用超支 8 元，影响单位成本降低任务的完成，因此还应对直接人工进行进一步分析。

（二）产品单位成本项目分析

产品单位成本项目分析，可按每个成本项目逐一进行分析，也可有选择地对某些成本项目进行重点分析。

表 10-14

产品单位成本计划完成情况分析表

产品：甲产品　　　　　　2020 年 12 月　　　　　　计量单位：元

成本项目	单位成本			与上年实际比		与本年计划比	
	上年实际	本年计划	本年实际	差异额	差异率	差异额	差异率
	①	②	③	④=③-①	⑤=④÷①	⑥=③-②	⑦=⑥÷②
直接材料	46	44	42.00	-4.00	-8.70%	-2.00	-4.55%
直接人工	36	32	40.00	4.00	11.11%	8.00	25%
制造费用	18	20	19.25	1.25	6.94%	-0.75	-3.75%
合计	100	96	101.25	1.25	1.25%	5.25	5.47%

1. 直接材料项目的分析　　直接材料是直接用于产品生产的原材料，生产一种产品往往要耗用多种原材料。直接材料项目分析应根据耗用的各种原材料进行分析，分析单位产品各种材料的消耗量和相应的材料单价两个因素。其计算公式如下：

$$单位产品直接材料费用 = \sum(直接材料消耗量 \times 材料单价)$$

$$单位产品直接材料差异额 = 单位产品直接材料实际费用 - 单位产品直接材料计划费用$$

或

$$= 单位产品直接材料消耗数量变动的影响 + 单位产品直接材料单价变动的影响$$

$$单位产品直接材料消耗数量变动的影响 = \sum\left[(实际材料单耗 - 计划材料单耗) \times 计划材料单价\right]$$

$$单位产品直接材料单价变动的影响 = \sum\left[(实际材料单价 - 计划材料单价) \times 实际材料单耗\right]$$

影响材料消耗量变动的因素主要有：① 材料质量的变化。例如，使用优质材料可能使材料消耗量降低，使用低质材料可能使材料消耗量增加。② 产品生产工艺改变和新技术的采用。一般改进生产工艺、采用新技术会提高材料的利用率，降低材料消耗。③ 代用材料的使用或配料比例的变化。例如，在保证质量的前提下，用廉价的普通材料代替高价的贵重材料。④ 原材料的综合利用。例如，将边角余废料利用起来生产副产品等。

影响材料单价变动的因素主要有：① 材料买价变动。在市场经济条件下，由于供求关系的影响，在不同的时间、不同的地点采购，乃至不同或相同质量的材料，都可能出现不同的单价。② 采购费用变动。由于采购地点、运输工具、交货方式等不同，都会影响采购费用的变动。

2. 直接人工项目的分析　　单位产品直接人工费用的变动，主要受劳动生产率和人工费用水平两个因素的影响。其计算公式如下：

$$单位产品直接人工费用 = 单位产品工时消耗量 \times 小时人工费用率$$

$$单位产品直接人工差异额 = 单位产品直接人工实际费用 - 单位产品直接人工计划费用$$

或

$$= 单位产品人工效率差异 + 小时人工费用率差异$$

$$\text{单位产品人工效率差异} = \left(\text{单位产品实际工时} - \text{单位产品计划工时}\right) \times \text{计划小时人工费用率}$$

$$\text{小时人工费用率差异} = \left(\text{实际小时人工费用率} - \text{计划小时人工费用率}\right) \times \text{单位产品实际工时}$$

其中单位产品消耗工时数的多少体现劳动生产率(人工效率)的高低。劳动生产率越高,单位产品消耗的工时越少,人工费用就能降低;反之,就会超支。影响劳动生产率变动的因素主要有生产技术工艺、劳动组织、生产工人的熟练程度、材料质量等。小时人工费用率体现平均人工费用水平的高低,它取决于生产工人职工薪酬总额和生产工时总数。

3. 制造费用项目分析 单位产品制造费用的变动主要受单位产品工时消耗量和每小时制造费用分配率的影响。其计算公式如下:

单位产品制造费用=单位产品耗用工时数×每小时制造费用分配率

单位产品制造费用差异额=单位产品实际制造费用−单位产品计划制造费用

=工时消耗量变动差异+小时制造费用分配率变动差异

$$\text{工时消耗量变动的影响} = \left(\text{实际单位工时消耗量} - \text{计划单位工时消耗量}\right) \times \text{计划小时制造费用分配率}$$

$$\text{小时制造费用分配率变动的影响} = \left(\text{实际小时制造费用分配率} - \text{计划小时制造费用分配率}\right) \times \text{实际单位工时消耗量}$$

【例10-6】 阳光工厂甲产品单位成本有关资料如表10-15所示。

表10-15

甲产品单位成本资料

编制单位:阳光工厂　　　　　　2020年12月　　　　　　金额单位:元

成本项目	计划金额			实际金额		
直接材料	44.00			42.00		
直接人工	32.00			40.00		
制造费用	20.00			19.25		
合计	96.00			101.25		
主要技术经济指标	计划			实际		
	数量	单价	金额	数量	单价	金额
A材料	1千克	8.00	8.00	1千克	9.60	9.60
B材料	5千克	7.20	36.00	4.5千克	7.20	32.40
直接人工	1工时	32.00	32.00	1.05工时	38.0952	40.00
制造费用	1工时	20.00	20.00	1.05工时	18.3333	19.25
合计	—		96.00			101.25

根据表 10-15 资料,甲产品单位成本实际数比计划数超支额为 5.25 元(101.25－96),超支率为 5.468 8%。具体分析原因如下。

(1) 直接材料项目分析计算。

直接材料差异额＝42－44＝－2(元)
材料消耗量变动影响额＝(1－1)×8＋(4.5－5)×7.2＝－3.60(元)
材料单价变动影响额＝(9.6－8)×1＋(7.2－7.2)×4.5＝1.60(元)

甲产品单位产品成本中直接材料节约了 2 元,其构成因素为:B 材料耗用量减少,节约了 3.60 元;A 材料的价格提高,超支了 1.60 元。

(2) 直接人工项目分析计算。

直接人工差异额＝40－32＝8(元)
人工效率差异＝(1.05－1)×32＝1.6(元)
小时人工费用率差异＝(38.095 2－32)×1.05＝6.40(元)

甲产品单位产品成本直接人工超支了 8 元,其组成因素为:人工效率降低,超支了 1.60 元,小时人工费用率提高,超支了 6.40 元。

(3) 制造费用项目分析计算。

制造费用差异额＝19.25－20＝－0.75(元)
工时消耗量变动影响＝(1.05－1)×20＝1.00(元)
小时制造费用分配率变动的影响＝(18.333 3－20)×1.05＝－1.75(元)

甲产品单位产品成本制造费用节约了 0.75 元,其组成因素为:工时消耗量增加,超支了 1.00 元,小时制造费用分配率降低,节约了 1.75 元。

对通过因素分析计算出来的数据,有关部门和管理人员应作进一步的调查和分析,巩固有利差异,加强对不利差异的控制。

七、技术经济指标变动对产品成本影响的分析

技术经济指标是指从各种生产资源的利用情况和产品质量等方面反映生产技术水平的各种指标的总称。例如,原材料利用率指标、产品合格率指标、劳动生产率指标、产量指标等。技术经济指标是产品单位成本的基础,进行产品成本的分析,必须深入到技术经济指标的分析,才能了解产品单位成本变动的原因,找到改善企业技术经济指标,降低产品成本的途径。由于不同行业企业的生产经营活动及管理方法各具特点,故而不同行业、企业的技术经济指标各不相同。下面就经常遇到的若干技术经济指标对成本的影响展开分析。

(一) 原材料耗用量变动对产品成本影响的分析

1. 原材料利用率变动对产品成本影响的分析　　原材料利用率是反映原材料利用程度的相对指标,在不同类型的企业有不同的表达方法,通常用投入原材料的重量与实际利用原材料的重量的比率来表示。原材料利用率提高说明单位产品的材料消耗量降低,材料消耗量降低就能使单位产品成本降低。其计算公式如下:

$$原材料利用率 = \frac{单位产品中某种原材料的净重}{单位产品某种原材料的投料重量} \times 100\%$$

$$\begin{matrix}原材料利用率变动对\\单位产品成本的影响率\end{matrix} = \left(\frac{变动前原材料利用率}{变动后原材料利用率} - 1\right) \times \begin{matrix}变动前原材料成本占\\单位产品成本的比重\end{matrix}$$

$$\begin{matrix}原材料利用率变动对\\单位产品成本的影响额\end{matrix} = \begin{matrix}原材料利用率变动对\\单位产品成本的影响率\end{matrix} \times \begin{matrix}单位产\\品成本\end{matrix}$$

【例10-7】 阳光工厂甲产品上年实际单位成本为100元,其中直接材料为46元。上年原材料利用率为80%,本年原材料利用率为82%。如果其他条件不变,分析原材料利用率变动对产品成本的影响。

$$\begin{matrix}原材料利用率变动对\\单位产品成本的影响率\end{matrix} = \left(\frac{80\%}{82\%} - 1\right) \times \frac{46}{100} \times 100\% = -1.122\%$$

原材料利用率变动对单位产品成本的影响额 = $100 \times (-1.122\%) = -1.12$(元)

由于原材料利用率的提高,甲产品单位成本比上年降低了1.122%,计1.12元。

2. 改进产品设计对产品成本影响的分析　　在生产、管理、技术水平较高的企业,若要较大幅度地降低产品成本,提高市场竞争力,必须通过改进产品设计,在保证质量的前提下,使产品的体积变小,重量变轻,结构简化,采用代用材料及消除产品的不必要的功能等来节约原材料的耗费,降低产品材料成本。其计算公式如下:

$$\begin{matrix}改变产品设计对单位\\产品成本的影响额\end{matrix} = \begin{matrix}改变产品设计\\后的材料成本\end{matrix} - \begin{matrix}改变产品设计\\前的材料成本\end{matrix}$$

$$\begin{matrix}改变产品设计对单位\\产品成本的影响率\end{matrix} = \frac{改变产品设计对单位产品成本的影响额}{改变产品设计前的单位产品成本} \times 100\%$$

【例10-8】 阳光工厂乙产品上年实际单位成本为80元,其中直接材料成本36元。为降低产品成本,本年改进了产品设计,单位产品直接材料成本降为32元,如其他条件不变,分析改变产品设计后对产品成本的影响。

$$\begin{matrix}改变产品设计对单位\\产品成本的影响额\end{matrix} = 32 - 36 = -4(元)$$

$$\begin{matrix}改变产品设计对单\\位产品成本影响率\end{matrix} = \frac{-4}{80} \times 100\% = -5\%$$

由于改变产品设计使该产品单位成本降低4元,降低幅度为5%。

3. 原材料综合利用对产品成本影响的分析　　企业对原材料或生产过程中产生的废气、废水、废渣等进行综合利用,一方面可以减少对环境的污染,变废为宝,节约有限的资源;另一方面又可以在生产主产品的同时,生产出副产品,分摊主产品的部分原材料成本,使主产品的原材料成本相应降低。原材料综合利用对产品成本影响的计算公式如下：

$$\begin{matrix}\text{原材料综合利用对}\\\text{单位产品成本的影响}\end{matrix} = \begin{matrix}\text{原材料成}\\\text{本降低额}\end{matrix} + \begin{matrix}\text{加工费用}\\\text{变动额}\end{matrix}$$

$$\begin{matrix}\text{原材料成}\\\text{本降低额}\end{matrix} = \left(1-\begin{matrix}\text{综合利用后的}\\\text{费用分配率}\end{matrix}\right) \times \begin{matrix}\text{综合利用前原材料}\\\text{在单位成本中的比重}\end{matrix} \times \begin{matrix}\text{综合利用前的}\\\text{单位产品成本}\end{matrix}$$

$$\begin{matrix}\text{加工}\\\text{费用}\\\text{变动额}\end{matrix} = \left[1-\left(1+\begin{matrix}\text{加工费用}\\\text{增加率}\end{matrix}\right) \times \begin{matrix}\text{综合利用后的}\\\text{费用分配率}\end{matrix}\right] \times \begin{matrix}\text{综合利用前加工费}\\\text{用在成本中的比重}\end{matrix} \times \begin{matrix}\text{综合利用前}\\\text{单位产品成本}\end{matrix}$$

（二）产品产量变动对产品成本影响的分析

产品成本按其习性分类，可分为固定成本和变动成本，在其他条件不变的情况下，产量与变动成本呈正比例关系，与固定成本呈反比例关系。也就是说，当产量增加，固定消耗利用率（如生产设备利用率）提高，使单位产品分摊的固定费用减少；反之，则使单位产品分摊的固定费用增加。其计算公式如下：

$$\begin{matrix}\text{产品产量增加对单}\\\text{位产品成本影响率}\end{matrix} = -\left(1-\frac{1}{1+\text{产量增长率}}\right) \times \begin{matrix}\text{单位产品成本中}\\\text{固定费用的比重}\end{matrix} \times 100\%$$

【例10-9】 阳光工厂甲产品上年实际产量2 182件，平均单位成本100元，其中固定制造费用10元，本年实际产品为2 400件，如其他条件不变，甲产品产量增加，则产品成本降低，具体计算如下：

$$\text{产量增长率} = \frac{2\,400-2\,182}{2\,182} \times 100\% = 9.99\%$$

$$\begin{matrix}\text{产品产量增加对单}\\\text{位产品成本影响率}\end{matrix} = -\left(1-\frac{1}{1+9.99\%}\right) \times \frac{10}{100} \times 100\% = -0.908\%$$

$$\begin{matrix}\text{产品产量增加对单}\\\text{位产品成本影响额}\end{matrix} = 100 \times (-0.908\%) = -0.908(\text{元})$$

由于产量增加，使单位产品成本降低0.908元，降低率为0.908%。

（三）工人劳动生产率变动对产品成本影响的分析

工人劳动生产率提高，意味着单位工作时间的产量增加或单位产品的工时消耗减少。劳动生产率直接影响单位成本中的直接人工成本。影响直接人工成本变动的因素包括工人劳动生产率和工人平均人工费用。只有当劳动生产率的增长超过平均人工费用的增长时，才能形成人工成本的降低。其计算公式如下：

$$\begin{matrix}\text{劳动生产率变动对}\\\text{单位成本的影响率}\end{matrix} = -\left(1-\frac{1+\text{平均人工费用增加率}}{1+\text{劳动生产率增加率}}\right) \times \begin{matrix}\text{直接人工占产品}\\\text{成本的百分比}\end{matrix}$$

$$\begin{matrix}\text{劳动生产率变动对}\\\text{单位成本的影响额}\end{matrix} = \begin{matrix}\text{上年（计划）}\\\text{单位成本}\end{matrix} \times \begin{matrix}\text{劳动生产率变动}\\\text{对单位成本影响率}\end{matrix}$$

【例10-10】 阳光工厂乙产品上年实际单位成本为80元，其中直接人工成本24元，本年实际产量为3 000件，生产工人劳动生产率实际比上年提高9%，生产工人平均人工费用比上年增加6%。因劳动生产率提高，超过生产工人平均人工费用的增加形成的成本降低率和降低额计算如下：

$$\text{劳动生产率变动对单位成本的影响率} = -\left(1 - \frac{1+6\%}{1+9\%}\right) \times \frac{24}{80} \times 100\% = -0.825\%$$

劳动生产率变动对单位成本的影响额 $= 80 \times (-0.825\%) = -0.66(元)$

由于劳动生产率提高的幅度超过生产工人平均工资增长的幅度，使单位产品成本降低了0.66元，降低率为0.825%。

（四）产品质量变动对产品成本的影响分析

在生产消耗水平不变的条件下，产品质量提高可以使产品成本中废品损失项目的含量降低。同样数量的原材料、直接人工能生产出更多的合格品，从而达到降低产品单位成本的目的。反映产品质量的指标主要有废品率、合格品率、等级品率、返修率等。这里以不可修复废品的废品率为例，将废品率变动前后产品单位成本中的废品损失进行比较，可得出废品率变动对成本的影响额和影响率，其计算公式如下：

$$\text{废品率} = \frac{\text{废品数量}}{\text{合格品数量} + \text{废品数量}} \times 100\%$$

$$\text{废品损失占单位成本的百分比} = \frac{\text{废品率} \times (1 - \text{废品残料价值占废品成本的百分比})}{1 - \text{废品率}}$$

【例10-11】 阳光工厂乙产品上年合格品产量为2 800件，废品数量为120件，单位成本为80元，废品残料价值占废品成本的1%；本年合格产品为3 000件，废品数量为124件，废品率变动对产品成本的影响如下：

$$\text{上年废品率} = \frac{120}{2\,800 + 120} \times 100\% = 4.11\%$$

$$\text{上年废品损失占单位成本的百分比} = \frac{4.11\% \times (1 - 1\%)}{1 - 4.11\%} = 4.24\%$$

上年产品单位成本中含废品损失金额 $= 80 \times 4.24\% = 3.392(元)$

$$\text{本年废品率} = \frac{124}{3\,000 + 124} \times 100\% = 3.97\%$$

假定其他条件不变，废品率的变动对成本的影响如下：

$$\text{本年废品损失占单位成本百分比} = \frac{3.97\% \times (1 - 1\%)}{1 - 3.97\%} = 4.09\%$$

本年产品单位成本中含废品损失金额 $= 80 \times 4.09\% = 3.272(元)$

根据以上计算可以看到，由于本年的废品率由上年的4.11%降低为3.97%，使单位产品成本中废品损失的比重由上年的4.24%降低为4.09%，所含废品损失金额降低了0.12元(3.392 - 3.272)。

课后练习题

一、判断题

1. 成本报表属企业内部成本管理报表,编报的目的是向企业管理者提供有关成本信息,便于管理者进行成本分析和成本决策。（　　）
2. 成本会计报表应达到资料真实可靠、数据计算正确和编制报表及时的要求。（　　）
3. 按成本项目反映的商品产品成本表除按成本项目反映生产费用外,还需分别反映可比产品和不可比产品的生产成本情况。（　　）
4. 质量成本是指企业为保证或提高产品质量所支出的费用和由于质量故障所造成的损失的总和。（　　）
5. 影响企业产品成本的因素主要包括主观因素和客观因素,客观因素是企业成本分析的重点。（　　）
6. 比较分析法只能确定成本指标的差异数,不能找到影响指标变动的具体原因。（　　）
7. 连环替代法有着三个明显的特点,即因素替换的顺序性、因素替换的连环性和计算条件的真实性。（　　）
8. 当实际产量发生变动时,必然会影响产品成本的降低额和降低率。（　　）
9. 影响材料消耗量变动的因素主要有材料质量的变化、产品生产工艺的改变和新技术的采用,以及原材料的综合利用。（　　）
10. 原材料利用率与产品单位成本成反比关系。（　　）
11. 反映产品质量的指标主要有废品率、合格品率、等级品率和返修率。（　　）

二、单项选择题

1. 成本报表编制的主要依据有报告期产品成本的账簿资料等,而下列_____不能作为编制成本报表的依据。
   A. 以前年度的成本报表资料
   B. 本企业与成本管理有关的统计、生产技术资料等
   C. 本期成本计划和费用预算资料
   D. 产品销售计划

2. _____不属于质量成本。
   A. 废品成本   B. 预防成本
   C. 鉴定成本   D. 故障成本

3. 下列_____不是成本分析的评价标准。
   A. 历史标准   B. 基本标准
   C. 行业标准   D. 预算（计划）标准

4. 差额计算是_____简化形式。
   A. 连环替代法   B. 比较分析法
   C. 比率分析法   D. 因素分析法

5. 技术经济指标变动的分析主要是对_____的各项指标进行分析。
  A. 产品产量   B. 产品总成本
  C. 产品单位成本   D. 产品单位成本和总成本

三、多项选择题

1. 成本报表按内容分类,可分为_____。
  A. 反映成本水平的报表   B. 反映管理水平的报表
  C. 反映费用支出情况的报表   D. 反映成本管理专题的报表
2. 成本报表按编制范围分类,可分为_____。
  A. 行业成本报表   B. 企业(全厂)成本报表
  C. 车间成本报表   D. 班组成本报表
3. 工业企业反映成本水平的报表有_____。
  A. 制造费用明细表   B. 责任成本报表
  C. 商品产品成本表   D. 主要产品单位成本表
4. 成本分析在成本管理中的重要意义有_____。
  A. 为编制成本计划提供依据   B. 促进企业完善成本管理责任制
  C. 降低产品成本   D. 提高企业成本管理水平
5. 成本分析的内容主要包括_____及其他成本费用分析。
  A. 技术经济指标变动对产品成本影响的分析
  B. 可比产品成本降低计划完成情况分析
  C. 全部商品产品成本计划完成情况分析
  D. 单位产品成本分析
6. 进行成本分析时在分析方法上应注意全面分析与重点分析、经济分析与技术分析、_____相结合的原则。
  A. 数据资料分析与调查研究   B. 事后分析与事前、事中分析
  C. 成本分析与责任分析   D. 专业分析与群众分析
7. 比率分析法有多种形式,如_____。
  A. 构成比率分析法   B. 动态比率分析法
  C. 环比分析法   D. 相关比率分析法
8. 对全部商品产品成本计划完成情况的分析,可从_____等多方面进行。
  A. 产品品种(类别)   B. 成本项目
  C. 单位成本   D. 成本性态
9. 影响可比产品成本的因素主要有_____。
  A. 产量变动   B. 品种结构变动
  C. 单位成本变动   D. 工时变动

四、计算分析题

1. 成本报表的编制

建设工厂2020年度及该年12月份有关产品、产量、单位成本等资料如表10-16所示。

表 10-16

产品、产量及单位成本资料

金额单位：元

产品名称	全年计划产量（台）	全年实际产量（台）	12月份实际产量（台）	上年实际平均单位成本	本年计划单位成本	12月份实际单位成本	本年累计实际平均单位成本
可比产品							
甲	820	800	68	408	396	385	386
乙	640	700	60	818	802	810	808
不可比产品							
丙	180	200	20	—	320	326	330
丁	310	300	25	—	960	904	900

要求：编制按产品品种反映的商品产品成本表。

2. 对成本计划完成情况的计算与分析

见习题 1 资料。

要求：以表格及文字说明形式，按产品品种分析全部商品产品成本计划的完成情况。

3. 可比产品成本降低情况的分析。

见习题 1 资料。

要求：

(1) 以表格及文字说明形式计算分析可比产品成本降低计划的完成情况。

(2) 对可比产品成本降低计划的完成情况进行三因素分析。

4. 产品单位成本项目的分析

建青工厂 2020 年 D 产品单位成本资料如表 10-17 所示。

表 10-17

D 产品单位成本明细表

金额单位：元

成本项目	计划金额	实际金额
直接材料	150.00	144.40
直接人工	100.80	102.60
制造费用	78.40	78.30
合计	329.20	325.30

(续表)

主要技术 经济指标	计划			实际		
	数量	单价	金额	数量	单价	金额
甲材料	10 千克	9.00	90.00	10 千克	8.20	82.00
乙材料	5 千克	12.00	60.00	5.2 千克	12.00	62.40
直接人工	2.8 工时	36.00	100.80	2.7 工时	38.00	102.60
制造费用	2.8 工时	28.00	78.40	2.7 工时	29.00	78.30
合计	—	—	329.20	—	—	324.90

要求：逐一分析 D 产品各成本项目变动对产品单位成本的影响。

5. 分析原材料利用率变动对产品成本的影响

建东工厂 E 产品有关原材料资料如表 10-18 所示。

表 10-18

E 产品单位成本及原材料资料

金额单位：元

E 产 品	计 划	实 际
产品单位成本	280	270
其中：原材料	140	—
原材料利用率(%)	80	83

要求：假定其他条件不变，试分析原材料利用率的提高对 E 产品单位产品成本的影响。

第十一章 作业成本法

第一节 作业成本法概述

一、作业成本法的产生

作业成本法的思想起源于 20 世纪 30 年代末,美国会计学家科勒在 1938—1941 年期间任田西纳河谷管理局的主计长和内部审计师,他根据水力发电行业和成本构成的特点形成了早期作业成本法的基本思想。其后,美国会计学家斯托布斯又对作业成本法进行了探讨。但是直至 20 世纪 80 年代,西方会计学家才开始对传统的成本会计系统进行全面反思,对作业会计法进行了全面的探讨:1983 年,美国哈佛大学的会计学家卡普兰在发表的《管理会计之演进》《相关性消失:管理会计的兴衰》的文章中对作业成本法进行了研究;1988 年,美国哈佛大学的会计学家库珀和卡普兰一起在《成本管理》杂志上发表了《一论作业基础成本计算的兴起:什么是作业基础成本系统?》的文章,以后,他们又发表了一系列有关作业基础成本计算的论文,对作业成本法进行了系统的、深入的探索,将作业成本法的形成和完善向前推进了一步。因此,他们被西方会计界普遍认为是作业成本法的奠基人。

二、作业成本法产生的历史条件

(一)适时制生产系统的实施及其理论的拓展

适时制是指只有在接到客户的订单,组织生产时才购进原材料,只有在有组装要求时才加工零部件,只有在有销货要求时才组装成品并发往客户的企业营运机制。在这种机制下,要求企业生产的各个环节紧密协调配合,在供、产、销各个环节实现"零存货",以提高企业资金使用效率。很显然,企业难以完全达到适时制所要求的"零存货"的理想环境,但是适时制使企业存货的水平比以往有了很大的降低,为降低产品的成本创造了条件,提高了企业在市场上的竞争能力,从而改变了将存货作为生产经营过程中必不可少的平衡供需物资的传统观念。

以后,适时制逐渐从存货控制拓展为一种哲学的核心观念,这种观念认为在一个企业内部只要有可能,就应将管理的重点放在"精简"和"减少浪费"上。适时制哲学的核心思想有以下三点。

第一,消除对产品或服务不具有增值作用的所有作业。产品或服务不具增值性的作业被称为非增值性作业。例如,某产品制造时间的算式如下:

$$制造时间 = 加工时间 + 检测时间 + 传送时间 + 等待时间$$

在这一算式中,加工时间是实际用于产品的工作时间;检测时间是用于保证产品符合质量标准的时间;传递时间是将材料或零部件在工段之间的传递时间;等待时间是指用在产品等待加工、等待运送,或等待销售发运的时间。在这四种时间中,唯一能使产品增加价值的作业是加工时间。因此在适时制哲学思维下,对检测时间、传送时间和等待时间都应尽可能予以压缩。这些非增值性作业加大了产品的成本,却不会增加产品的市场价值。这种认识同样适用于企业的其他作业。

第二,企业必须注重所有各种作业的质量。在适时制环境下,每一个工序都是根据下一个工序的要求提供原材料或零部件的,其中一个工序出现差错,都可能导致整条生产线组停止运转。因此,要进行全面质量控制,强调较高的一次成功,避免返工和浪费。企业在适时制环境中,通过强化员工培训和自动化来推动全面质量控制。这种质量强调从产品生产部门向营销、会计等经营和管理部门拓展。

第三,企业各种作业的管理数据的运用必须持续不断地改进。持续不断地改进可以从对外和对内两个方面来看:对外以向客户提供更大价值的持续不断的追求,以不断地赢得新的客户;对内是会计、供应、生产、销售等主要职能部门只有在长期致力下,持续改进成本系统,拓宽其框架,以及产品和服务成本新计算方法的开发等。才能提供更大价值。于是作业成本法应适时制的产生而产生,又因适时制的发展而发展。

(二)传统的成本计算方法使成本信息严重扭曲

传统成本计算方法是建立在"业务量是影响成本的唯一因素"的基础上的。这种方法要求将构成全部成本的直接材料、直接人工和制造费用全部计入有关产品成本中去。由于直接材料和直接人工均可以直接追溯到有关产品上去,而制造费用所归集的间接费用,往往在总成本中所占比重较低,而这些费用的发生通常与生产工人工时或机器工时有显著的相关性,因此制造费用采用生产工人工时或机器工时作为分配标准,分配至各种产品的方法能适应传统的经营环境。

然而,自从20世纪70年代以来,随西方发达国家高新技术广泛地应用于生产领域,企业生产已高度自动化、电脑化,这就导致许多人工被机器取代,节约了大量的材料、能源和劳动力。因此,直接材料和直接人工成本的比重大幅度下降,而制造费用则大幅度上升,同时日益激烈的竞争压力迫使不少企业放弃大批量的生产方式,采用以客户为导向,对客户的要求能及时作出反应的弹性生产系统,并改用小批量、差异化产品生产方式,这就极大地增加了生产过程的复杂程度。因此,在现代制造技术环境下,特别是在技术密集型的企业中仍采用传统的成本计算方法,分配占产品成本比重越来越大的制造费用,分配产品设计、物料搬运、质量检验、设备维修等与生产工人工时或机器工时无关的作业费用,而忽略了批量不同产品实际耗费的差异,这将造成产品成本信息的严重扭曲。

成本信息的严重扭曲将会导致企业错误地选择产品经营方向的严重后果,有些有盈利的产品,因成本信息反映为亏损,对该产品采取了停产的决策;反之,有些亏损产品成本信息却反映为盈利,对该产品作出长期经营的决策,从而丧失了企业提高竞争能力的机会。此外,有的产品的实际成本比传统成本计算方法提供的成本低得多,由于管理人员无法得到准确的成本信息,从而丧失了降低产品售价,以扩大市场份额,提高竞争优势的有利时机。

综上所述,由于产品生产的客观条件发生了变化,使传统成本计算方法提供的成本信息严重扭曲,容易导致企业生产经营决策的失误。因此,西方不少会计学家认为必须对传统成本计算方法进行彻底的改革。改革的核心是改变制造费用的分配基础,将分配制造费用的数量基础改为作业基础,由此产生了作业成本法。

三、作业成本法的基本理论

作业成本法简称 ABC 法,是指以各作业中心为基础,通过作业中心成本库归集产品成本,产品完工时,再按各作业中心的成本动因确定各自的费用分配率,再将所归集的成本计入产品成本的方法。

作业成本法在成本计算过程中,对所有的作业活动进行动态反映,可以更好地发挥它在决策和控制中的重要作用,以促进整个作业管理水平的不断提高。

作业成本法认为产品耗用作业,作业耗用资源。作业成本法的基本理论由下列内容构成。

(一)资源

资源是指执行作业所必须消耗的经济要素。资源可以分为货币资源、原材料资源、燃料及动力资源、人力资源以及厂房设备资源等。它是企业进行作业的物质基础。

(二)作业和作业链

1. 作业　它是指企业在生产经营过程中相互联系、各自独立的活动。这种活动可以作为企业划分控制和管理的单元。按作业的层次不同,作业可分为以下四类。

(1)单位作业　它是指使单位产品受益的作业。这种作业是重复发生的,每生产一单位产品,就需作业一次。例如,直接材料、直接人工等。这些作业成本与产品产量成正比例变动。

(2)批别作业　它是指使一批产品受益的作业。例如,设备调试准备、订单处理、产品批检等。这些作业成本的高低通常与作业的批量成正比例的变动,而与产品的产量无关。

(3)产品作业　它是指为维持特定产品线存在所发生的作业。例如,产品开发与设计、设计改良、产品生产安排等。这些作业成本与特定产品生产线相联系,而与产品产量及批量无关。

(4)生产能力作业　它是指为维持企业生产环境而发生的作业。例如,厂务管理、厂房维修、职工培训、人事管理、塑造企业形象等。这些作业成本通常与企业总体生产能力相联系,而与产品的批量和某种产品的产量无关。

2. 作业链　　它是指为了满足客户的需要而建立的一系列前后有序的作业集合体。

（三）价值链

价值链是指为了满足客户需要而建立的一系列前后有序的作业集合体在各作业过程中所耗费的资源的货币表现。

由于产品耗用作业，作业耗用资源，这样每完成一项作业，就需要耗用一定量的资源，届时将有一定的价值量随同产品转移到下一个作业，依次逐步转移下去，直至最后一个作业将产品提供给客户。作业转移的同时必然伴随着价值的转移，最终产品是企业全部作业的集合体，同时也体现了全部作业的价值集合。因此，作业链形成的过程也就是价值链形成的过程。

在作业成本法下，按作业是否增值可分为增值性作业和非增值性作业。增值性作业是指会增加产品最终价值的作业；非增值性作业是指不能增加产品最终价值的作业。从企业的角度来看，没有非增值性作业不会对产品的质量造成损害，而这些作业却要消耗资源，因此是生产经营中的一种浪费。传统的成本会计对非增值性作业并不进行计量和核算；而作业成本法不但对非增值性作业进行计量和核算，而且还着重于价值链分析，其分析的目标是尽可能减少甚至消除非增值性作业，避免资源的浪费，以挖掘降低产品成本的潜力。

（四）成本动因

成本动因又称成本驱动因素，是指驱动耗费、形成成本的原因。成本动因是构成成本结构的决定性因素，由于它远离生产过程，因此不易为人们所发现。成本动因按照成本费用产生的原因不同，可分为数量相关成本动因和作业相关成本动因两种。

1. 数量相关成本动因　　它是指与产品产量相关的成本动因。数量相关成本动因与产品产量成正比例的变动，它导致了短期变动成本的发生，是短期变动成本分配的依据。短期变动成本是指直接材料、直接人工和直接制造费用。数量相关成本动因包括产品的产量、生产工人工时和机器工时等。

2. 作业量相关成本动因　　它是指与产品生产作业量相关的成本动因。作业量相关成本动因与产品生产的作业量相关，它导致了长期变动成本的发生，是长期变动成本分配的依据。长期变动成本是指间接制造费用。作业量相关成本动因包括生产批数、订单数量、验收次数，设备调整次数等。

第二节　作业成本法的产品成本的计算

一、作业成本法的核算程序

作业成本法在核算产品成本时，不以产品作为核算对象，而以作业作为核算对象，根据作业对资源的消耗情况，将资源的成本分配到作业，再由作业根据成本动因追踪到产品成本的形成和积累过程,从而取得最终产品成本。作业成本法的核算通常有以下四个程序。

（一）确认作业

首先,需要仔细观测从收到原材料到完成产成品检验入库全过程的每一项作业活动,包括原材料管理、等待时间、各道工序的加工时间、半成品在加工点之间的运送、检测等,并据以编制详细的工序流程图;其次,对记录在流程图中的每项作业进行分析,判别其属于增值性作业还是非增值性作业。在保证产品质量的前提下,尽量减少或消除工序流程图中非增值性作业,最后确认产品生产的各项作业。

（二）确定作业中心

企业确认了产品生产的各项作业后,由于作业的数量繁多,倘若将各项作业都视作成本中心,那么核算工作将会相当繁琐,从而增加核算的成本,这显然是不经济的。因此,可以根据重要性原则,对所有的作业进行有效筛选,对于成本影响大的作业,可以确定为一个独立的作业中心;对于成本影响不大的作业,可以将若干个有关联的作业合并为一个作业中心,以减少成本核算的工作量。

（三）以作业中心为成本库归集和分配生产费用

成本库是指可以用一项共同的成本动因进行生产费用归集和分配的单位。作业成本法将作业中心作为成本库,归集各作业中心所发生的生产费用,以确定各个作业中心的资源耗用量。

制造费用可分为直接制造费用和间接制造费用两类。直接制造费用是直接用于产品的制造费用,如生产产品的机器折旧费。间接制造费用是指间接用于产品制造的费用,如产品设计费。对于归集的直接材料、直接人工和直接制造费用等各作业中心的成本库,俟产品完工时,可以将其归集的生产费用按其成本动因直接转入产品成本;对于归集各项间接制造费用的各作业中心的成本库,期末应将各成本库归集的生产费用按各作业中心的成本动因进行分配,计入相关产品成本中去。间接制造费用分配时,其计算公式如下：

$$\text{某作业中心成本库分配率} = \frac{\text{该作业中心成本库归集的可追溯生产费用}}{\text{该作业中心成本动因总量（即作业量）}}$$

$$\text{某产品应分配间接制造费用} = \text{该产品耗用成本动因数量} \times \text{该作业中心成本库分配率}$$

（四）计算产品总成本和单位成本

在各作业中心分配生产费用完毕后,将各种产品在各作业中心成本库耗用的资源量汇总后,即为各种产品的总成本,再将各种产品的总成本除以其产量后即为各种产品的单位成本。

作业成本法产品成本的计算过程如图11-1所示。

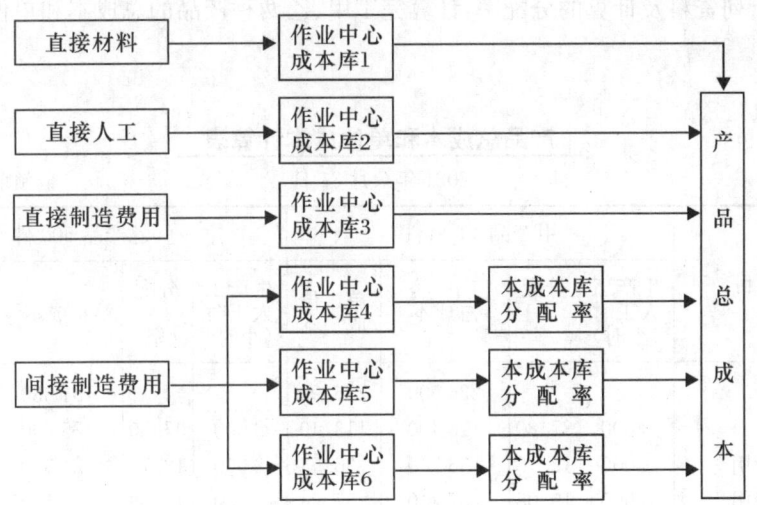

图 11-1 作业成本法产品成本计算过程

二、作业成本法的应用

采用作业成本法计算产品成本,与传统的成本计算方法相比较,其主要的区别是按作业中心建立成本库,归集和分配生产费用。由于直接材料、直接人工和直接制造费用的发生是受数量成本动因影响的,因此,在这些作业中心成本库归集生产费用的分配方法和分配结果与传统的成本计算方法相同。而各项间接制造费用的发生是受作业量相关成本动因影响的,因此,在间接制造费用各作业中心成本库中归集的生产费用,就需要按各作业中心的作业量进行分配,这是作业成本法与传统的成本计算方法的区别。以下将通过举例进一步说明这两种方法在应用上的区别。

【例 11-1】 开捷公司系广泛应用高科技的企业,2021 年 7 月投产甲产品 1 000 件,乙产品 500 件,月末已全部完工。耗用直接材料 378 530 元,直接人工 189 000 元,直接制造费用 60 900 元,间接制造费用 95 400 元。其中:甲产品耗用直接材料 226 900 元,耗用生产工人工时 3 000 小时;乙产品耗用直接材料 151 630 元,耗用生产工人工时 2 000 小时。

1) 用传统成本计算方法计算甲、乙两种完工产品的成本。直接人工、直接制造费用和间接制造费用均按生产工人工时分配,其计算如下:

$$直接人工费用分配率 = \frac{189\,000}{3\,000+2\,000} = 37.80$$

$$直接制造费用分配率 = \frac{60\,900}{3\,000+2\,000} = 12.18$$

$$间接制造费用分配率 = \frac{95\,400}{3\,000+2\,000} = 19.08$$

根据上列资料及计算的分配率,计算完工甲、乙两种产品的总成本和单位成本如表11-1所示。

表11-1

产品总成本和单位成本计算表

2021年7月31日　　　　　　　　　　　　　　　金额单位:元

成本项目	甲产品1 000件				乙产品500件			
	生产工人工时（小时）	分配率	总成本	单位成本	生产工人工时（小时）	分配率	总成本	单位成本
直接材料			226 900	226.90			151 630	303.26
直接人工	3 000	37.80	113 400	113.40	2 000	37.80	75 600	151.20
直接制造费用	3 000	12.18	36 540	36.54	2 000	12.18	24 360	48.72
间接制造费用	3 000	19.08	57 240	57.24	2 000	19.08	38 160	76.32
合　　计	—	—	434 080	434.08	—	—	289 750	579.50

2) 用作业成本法计算甲、乙两种完工产品成本。企业采用作业成本法计算完工产品时,发生直接材料、直接人工和直接制造费用的各作业中心,其发生的成本是受数量相关成本动因的影响,因此分配的方法与传统成本计算方法相同,不再另行计算。

(1) 计算间接制造费用各作业中心成本库分配率。间接制造费用的各作业中心发生的成本是受作业量相关成本动因的影响,因此应按作业量分配各作业中心的生产费用,现计算该公司间接制造费用各作业中心成本库分配率如表11-2所示。

表11-2

间接制造费用各作业中心成本库分配率计算表

2021年7月31日

作业中心成本库	可追溯生产费用（元）	作业量（次数）			分配率
		甲产品	乙产品	合　计	
(1)	(2)	(3)	(4)	(5)=(3)+(4)	(6)=(2)÷(5)
产品设计	24 600	26	34	60	410
设备调整	17 820	40	50	90	198
物料搬运	13 750	125	150	275	50
质量检验	20 480	165	155	320	64
设备维修	18 750	45	80	125	150
合　　计	95 400	—	—	—	—

(2) 计算甲、乙两种产品应负担的间接制造费用。根据表 11-2 间接制造费用各作业中心成本库分配率计算表计算的各作业中心成本库分配率及作业量分配间接制造费用,如表 11-3 所示。

表 11-3

间接制造费用分配表

2021 年 7 月 31 日　　　　　　　　　　　金额单位:元

作业中心成本库	分配率	甲产品		乙产品		作业成本合计
		作业量	作业成本	作业量	作业成本	
(1)	(2)	(3)	(4)=(3)×(2)	(5)	(6)=(5)×(2)	(7)=(4)+(6)
产品设计	410	26	10 660	34	13 940	24 600
设备调整	198	40	7 920	50	9 900	17 820
物料搬运	50	125	6 250	150	7 500	13 750
质量检验	64	165	10 560	155	9 920	20 480
设备维修	150	45	6 750	80	12 000	18 750
合　计	—	—	42 140	—	53 260	95 400
产品数量		1 000		500		—
单位产品应分配间接制造费用		42.14		106.52		

(3) 计算甲、乙两种产品的总成本和单位成本。根据表 11-3 "间接制造费用分配表"分配的结果将分配给甲、乙两种产品的间接制造费用和传统成本计算方法中计算的直接材料、直接人工和直接制造费用进行汇总,计算甲、乙两种产品的总成本和单位成本如表 11-4 所示。

表 11-4

产品总成本和单位成本计算表

2021 年 7 月 31 日　　　　　　　　　　　单位:元

成本项目	甲产品 1 000 件		乙产品 500 件	
	总成本	单位成本	总成本	单位成本
直接材料	226 900	226.90	151 630	303.26
直接人工	113 400	113.40	75 600	151.20
直接制造费用	36 540	36.54	24 360	48.72

(续表)

成本项目	甲产品 1 000 件		乙产品 500 件	
	总成本	单位成本	总成本	单位成本
间接制造费用	42 140	42.14	53 260	106.52
其中：产品设计	10 660	10.66	13 940	27.88
设备调整	7 920	7.92	9 900	19.80
物料搬运	6 250	6.25	7 500	15.00
质量检验	10 560	10.56	9 920	19.84
设备维修	6 750	6.75	12 000	24.00
合　　计	418 980	418.98	304 850	609.70

计算结果显示，采用传统成本计算方法，甲产品的单位成本为434.08元，乙产品的单位成本为579.50元；而采用作业成本法，甲产品的单位成本为418.98元，乙产品的单位成本为609.70元，甲、乙两种产品单位成本分别比传统成本计算方法减少15.10元和增加30.20元。两者之间产生差异的原因是间接制造费用的分配标准不同。由于传统成本计算方法不论是直接制造费用，还是间接制造费用，都不考虑产品生产中不同的设计、技术、批量、质量要求等各种经济因素对产品成本的影响，都按相同的分配标准即生产工人工时进行分配，造成产品成本信息扭曲，从而容易给企业管理层在经营决策上造成失误。而作业成本法体现了它的先进性，充分地考虑了各种经济因素对产品成本的影响，根据间接制造费用动因，细化了分配标准，从而提高了产品成本的真实性和可靠性。

第三节　作业管理

作业成本法不仅能显著提高高科技企业产品成本信息的准确性和真实性，而且成本管理人员可以运用作业成本法的新观念，以形成产品成本的各种作业为对象，对企业产品生产的整个作业过程进行管理，以降低产品成本，提高企业的获利能力和竞争能力。

作业管理的主要内容有对企业作业全过程进行分析和改善企业生产经营过程两项，现分别予以阐述。

一、对企业生产作业全过程进行分析

企业通过对生产作业全过程的分析，可以充分认识各个作业过程，以挖掘改善的途径。企业可以通过以下四个方面进行分析。

1. 分析影响客户对本企业所提供产品价值高低的各种因素　　影响客户对本企业所提供产品价值高低的因素较多,不同类型的客户往往具有不同的看法,企业只有在明确自己的市场定位的前提下,才有可能发现哪些作业能增加产品的价值,而哪些作业却不能增加产品的价值,从而为自己的客户提供价值最大化的产品。

2. 分析各项作业间的联系　　企业各项作业之间存在着有机的联系。企业作业链需要不断地改善,这种改善不是通过将各项作业逐一优化来实现的,而是通过分析整个生产作业流程中各项作业之间的有机联系,不断地协调改善各项作业来完成的。

3. 分析各项作业成本动因　　企业为了对作业成本实施事前控制,应分析各项作业成本动因,以合理制定生产预算,为节约作业成本奠定基础。

4. 分析各项作业执行的效果　　企业为了对作业的执行过程实施有效的控制,就需要对各项作业执行的效果进行分析,以寻求降低作业成本的机会。作业执行效果优劣的衡量标准有作业成本的高低、完成作业的必要时间和作业完成质量的好坏等。

二、改善企业生产经营过程

企业通过对生产作业全过程的分析,发现了生产作业过程中存在的不足之处,从而为改善生产经营过程提供了信息。企业可以从以下两个方面进行改善。

(一) 重构作业链

企业重构作业链主要有以下四项措施。

1. 消除不必要的作业　　不必要作业是指可取消的非增值性作业和过剩功能的作业。消除不必要作业是重构作业链的主要环节。企业对于一些无法彻底消除的非增值性作业,也应尽量节约资源降低其成本,缩短其所消耗的时间。

2. 改进产品工艺设计　　企业可以从各个方面改进产品工艺设计。例如,改变部分工艺设计,增加不同产品之间零部件的通用性,或者减少每件产品所需零部件的种类和数量等,以降低产品生产过程的复杂程序,简化作业流程,从而缩短了整个生产作业的流程,降低了作业成本。

3. 合并或分解作业　　企业对于划分过细、关系密切、成本动因相同的作业,可以根据具体需要予以合并,以提高作业的总体效率;对于划分过粗,成本动因不同的作业,按成本动因应予以分解细化,以提高产品成本的准确性。

4. 改善作业流程　　企业应改善作业流程,主要是改进作业地点布局。例如,将原功能相近的机器设备集中在一起可以改为将生产特定产品的机器设备配置在一起,缩短加工零部件的传递距离,以缩短整个生产作业过程的时间,降低作业成本。

(二) 合理资源配置

在企业产品生产的全部作业中,有时会出现有的作业工作紧张,处于过度饱和状态,人力和生产设备显得不足,而有的作业却较为宽松,造成人力和生产设备的闲置,产生资源浪费的情况。

为了改善资源总体的利用效果,使企业资源利用效果最优化,必须合理资源配置。因此对处于忙闲不均的作业,企业可以根据具体情况,采用不同的方法予以解决。一种方法是改进产品设计,适当减少超过饱和状况作业的工作量,增加处于宽松状态作业的工作量;另一种方法是调整生产设备,增加超过饱和状况作业的生产设备,减少处于宽松状态作业的生产设备,并且加强对企业员工的培训,提高他们的技能,使他们能一专多能,会操作多种生产设备,以充分利用人力资源。

第四节 作业成本法的评价

一、作业成本法的优点

(一) 能够提供准确真实的成本信息

传统成本会计方法将直接材料、直接人工和制造费用均按业务量分配,计入产品成本。而作业成本法认为产品设计、设备调整、质量检验等许多间接制造费用传统地按业务量进行分配是不合理的。这些间接制造费用与业务量之间没有内在的联系,而与那些导致间接制造费用发生的作业量相关联。因此作业成本法改变了间接制造费用传统的按生产工人工时或机器工时分配的不合理的方法,采用按各项间接制造费用的作业量进行分配。其核算的结果是提供产品成本的信息比传统成本会计方法更准确、更真实。

(二) 有利于企业作出各种正确的决策

作业成本法根据成本与成本动因的关系,将成本划分为短期变动成本和长期变动成本,通过选取成本动因,清晰地将各项成本与消耗资源的作业联系起来,企业可直接地掌握反映间接制造费用的各项作业成本的详细情况,以利于作出正确的生产经营决策。准确的成本信息也有利于企业作出正确的定价决策和开发新产品决策。

(三) 有利于节约和控制成本提高收益

由于作业成本法是根据各项作业实际消耗的资源来归集和分配成本的,因此作业成本法可以在分析作业成本与成本动因的基础上,找出消除或减少非增值性作业的途径,从而达到节约和控制成本的目的。作业成本法的着眼点在作业上,企业应尽量增加有利作业,减少不利作业,通过改进作业以提高企业的收益。

(四) 拓展了成本服务的范围

随着企业竞争的全球化,企业管理层对于成本的概念早已超越传统意义上的范围。将企业与客户、产品及服务的所有作业,包括订货合同处理、营销、售后服务等作业所耗费的资源均包括在企业的成本范围内。采用传统成本计算方法已无法适应这一变化,而作业成本法却具有很大的灵活性,可以将那些贯穿于全部价值链的作业包括在内。

这些作业成本往往是由客户驱动的,因此可以从客户的角度进行分析。

此外,作业成本法也适用于服务行业,因为提供服务和产品生产一样,也会发生非数量相关的间接计入成本。我们可以通过成本动因,将这些作业的成本与服务相联系,以取得准确的服务总成本和单位服务成本。

二、作业成本法的缺点

(一)计算的成本仍有残存的主观性和随意性

首先,作业成本法是以作业中心成本库归集成本的,当企业生产产品发生作业成本时,虽然从理论上来说,只要将同一性质的作业成本归入同一作业中心成本库内即可。但是,在实际工作中,往往有些作业费用如厂房的折旧费、生产车间发生的机物料消耗、保险费、动力等费用,可能为几个作业中心成本库共同发生的耗费,但又缺乏作业耗用的计量手段,使其成本的分配存在一定的主观性。

其次,作业成本归集到作业中心成本库后,就必须选择适当的成本动因将其分配到各个产品中去。即使成本相当细分化,再配以大量的作业中心成本库,每个作业中心成本库内的作业成本的同质性仍然是有疑问的。这样,用单个成本动因来理解整个作业中心成本库的全部作业成本的成本性态,也就必然存在片面性。

再次,作业成本法的基础成本资料来源于传统的权责发生制的计算方法,如折旧费、修理费等成本的期末分配,其计算的结果仍将会受到随意性的影响。

(二)计量成本较高

作业成本法由于以作业中心成本库来归集成本,这对成本计算和成本管理的组织体系提出了新的要求,大大地增加了核算和管理的工作量,因此计量成本较高。特别是对于那些生产产品品种繁多、生产工艺流程复杂的企业,更是如此。

三、作业成本法的适用性

作业成本法目前还处在应用的初级阶段,还具有一定的局限性,尚待进一步完善和发展。通常具有下列条件的企业可以试行运用作业成本法。

第一,制造费用占全部产品成本的比重较高。

第二,产品的产量、批量或产品生产的复杂性有较大的差异。

第三,产品品种结构复杂繁多。

第四,产品生产工艺复杂多变,经常发生设备调整成本。

第五,企业管理层及销售人员在生产经营决策及产品定价决策时对传统成本核算方法提供的成本信息的准确性提出了疑问。

作业成本法是新兴起的成本计算方法,企业在运用时可以先在重要的作业中心试行,成熟以后,再逐渐全面实施作业成本法。随着电子计算机在成本会计工作中的广泛应用,工作效率的提高,将有助于解决作业成本法核算工作量大的问题。

课后练习题

一、判断题

1. 在适时制生产系统的实施及其理论的拓展和传统的成本计算方法,使成本信息严重扭曲的历史条件下产生了作业成本法。( )
2. 作业成本法认为产品耗用作业,作业耗用资源,作业可以作为企业划分控制和管理的单元。( )
3. 按作业的层次不同可分为单位作业、批别作业和产品作业。( )
4. 价值链是作业链的货币表现。( )
5. 成本动因可分为数量相关动因和质量相关动因。( )
6. 数量相关动因导致了短期变动成本的发生,是短期变动成本分配的依据。( )
7. 作业成本法有确认作业、确定作业中心、以作业中心为成本库归集和分配生产费用、计算产品总成本和单位成本四个程序。( )
8. 直接制造费用是直接用于产品的制造费用,如产品设计费等。( )
9. 重构作业链的措施主要有消除不必要的作业、改进产品工艺设计和合并或分解作业。( )
10. 作业成本法将订货合同处理、营销、售后服务等作业所耗费的资源均包括在企业的成本范围内。( )

二、单项选择题

1. 能使产品增加价值的时间是_____。
   A. 加工时间　　　　B. 检测时间　　　　C. 传送时间　　　　D. 等待时间
2. 与特定产品生产线相联系的作业是_____。
   A. 单位作业　　　　B. 批别作业　　　　C. 产品作业　　　　D. 生产能力作业
3. 数量相关成本动因不包括_____。
   A. 产品的产量　　　B. 订单数量　　　　C. 生产工人工时　　D. 机器工时
4. _____不是作业成本法的缺点。
   A. 计算的成本仍有残存的主观性　　　　B. 核算工作量大
   C. 计算的成本仍有残存的随意性　　　　D. 计量成本较高

三、多项选择题

1. 适时制理论的核心思想有_____。
   A. 在供、产、销各个环节实现"零存货"
   B. 消除对产品或服务不具有增值作用的所有作业
   C. 企业必须注重所有各种作业的质量
   D. 企业各种作业的管理数据的运用必须持续不断地改进
2. 资源可以分为燃料及动力资源、厂房设备资源、_____等,它是企业进行作业的物质基础。
   A. 货币资源　　　　B. 原材料资源　　　C. 产成品资源　　　D. 人力资源
3. 作业量相关动因包括_____。

A. 生产批数　　　　　B. 订单数量　　　　　C. 验收次数　　　　　D. 设备调整次数

4. 企业可以通过分析影响客户对本企业所提供产品价值高低的各种因素、_____对企业生产作业全过程进行分析。

A. 分析各项作业间的联系　　　　　B. 分析各项作业成本动因
C. 分析各项作业对资源配置的影响　D. 分析各项作业执行的效果

5. 企业可以从_____方面改善生产经营过程。

A. 重构作业链　　　　　　　　　　B. 改进产品工艺设计
C. 合理资源配置　　　　　　　　　D. 消除不必要的作业

6. 作业成本法的优点有能够提供准确真实的成本信息、_____等。

A. 有利于企业作出各种正确的决策　B. 有利于节约和控制成本提高效益
C. 有利于压缩非增值性作业　　　　D. 拓展了成本服务的范围

四、计算分析题

1. 作业成本法的应用

嘉华公司系广泛应用高科技的企业,2月份有关产品成本计算的资料如下：

(1) 投产A产品1 200件、B产品600件,月末已全部完工。耗用直接材料550 480元,直接人工265 860元,直接制造费用85 176元,间接制造费用122 640元。其中：A产品耗用直接材料316 320元,耗用生产工人工时3 750小时；B产品耗用直接材料239 160元,耗用生产工人工时2 550小时。

(2) 传统成本计算方法的直接人工、直接制造费用和间接制造费用均按生产工人工时分配。

(3) 间接制造费用各作业中心成本库归集的可追溯成本及作业量如表11-5所示。

表11-5

各作业中心成本库归集的可追溯成本及作业量

作业中心成本库	可追溯成本（元）	作业量（次数）	
		A产品	B产品
产品设计	39 440	30	55
设备调整	22 400	48	80
物料搬运	14 760	108	138
质量检验	20 240	110	120
设备维修	25 800	42	78

(4) 作业成本法的直接人工、直接制造费用按生产工人工时分配,间接制造费用按作业量分配。

要求：

(1) 根据"资料(1)""资料(2)",用传统成本计算方法计算A,B两种产品的总成本和单位成本。

(2) 根据"资料(1)""资料(3)""资料(4)",用作业成本法计算A,B两种产品的总成本和单位成本。

丁元霖财会精品系列教材

会计学基础 定价:35.00 元
会计学基础习题与解答 定价:31.00 元
财务会计 定价:42.00 元
财务会计习题与解答 定价:28.00 元
成本会计 定价:49.80 元
成本会计习题与解答 定价:29.00 元
财务管理 定价:47.00 元
财务管理习题与解答 定价:12.50 元
管理会计 定价:27.00 元
管理会计习题与解答 定价:13.50 元
税务会计 定价:25.00 元
税务会计习题与解答 定价:18.00 元

全国各地新华书店、经济书店均有销售

本社发行科可以办理邮购

电话：021 - 64388409　　　　　传真：021 - 64391885

地址：上海市中山西路 2230 号　　邮编：200235

丁元霖财会精品系列丛书

商品流通企业会计	定价:43.00 元
商品流通企业会计习题与解答	定价:36.00 元
商品流通企业会计模拟实习	定价:32.00 元
商品流通企业会计模拟实习解答	定价:14.00 元
旅游餐饮服务业会计	定价:48.00 元
旅游饮食服务业会计习题与解答	定价:24.00 元
银行会计	定价:48.00 元
银行会计习题与解答	定价:28.00 元
外贸会计	定价:48.00 元
外贸会计习题与解答	定价:39.80 元
物流企业会计	定价:45.00 元
物流企业习题与解答	定价:22.00 元

全国各地新华书店、经济书店均有销售

本社发行科可以办理邮购

电话:021-64388409　　　　传真:021-64391885

地址:上海市中山西路2230号　　邮编:200235